国家社会科学基金项目（编号：13BTQ003）

中国方志馆

潘捷军等　　编著

方志出版社
Publishing House of Local Records

图书在版编目（CIP）数据

中国方志馆/潘捷军等著．—北京：方志出版社，2016.2

ISBN 978-7-5144-1948-1

Ⅰ．①中… Ⅱ．①潘… Ⅲ．①地方志博物馆-研究-中国 Ⅳ．①G269.264

中国版本图书馆 CIP 数据核字（2016）第 040552 号

中国方志馆

著　　者：潘捷军　顾志兴　吕克军　汤敏华　赵海良
责任编辑：刘方圆

出 版 人：冀祥德
出 版 者：方志出版社
　　　　　地址　北京市朝阳区潘家园东里 9 号（国家方志馆 4 层）
　　　　　邮编　100021
　　　　　网址　http://www.fzph.org
发　　行：方志出版社发行中心
　　　　　电话（010）67110500
经　　销：各地新华书店
印　　刷：杭州嘉业印务有限公司

开　　本：787×1092　1/16
印　　张：28.5
字　　数：405 千字
版　　次：2016 年 2 月第 1 版　2016 年 2 月第 1 次印刷
印　　数：001～1500 册

ISBN 978-7-5144-1948-1　定价：68.00 元

目 录

序　言

地方志是中华民族特有的传统文化形式，方志馆则是传承历史、弘扬民族文化传统的重要场所。从古时的史馆、翰林院、图志局、一统志馆，到近现代的通志局、地志博物馆等机构，先后都不同程度地承担了志书的编纂职能，也为方志馆的建设做出了贡献。中华人民共和国成立后特别是改革开放以来，伴随着全国各地文化事业的大发展大繁荣和两轮修志事业的蓬勃发展，全国方志馆建馆热潮方兴未艾，目前各地已有近300座方志馆，客观上面临着很多亟待从理论上解答更需从实践上加以指导的具体问题。

浙江省地方志办公室主任潘捷军研究员主持的《中国方志馆研究》课题，系近年来全国方志系统申报国家社科基金项目的一次突破，是全国史志学界首次对这一问题进行的系统研究，课题成果《中国方志馆》也是该研究领域填补空白的创新之作。该书在全面系统梳理中国方志馆事业发展历程的基础上，对当代新型方志馆的总体框架、规划设计、具体管理及未来发展趋势等问题，都做了具体的分析探讨。同时该书还对全国各地方志馆的建设情况作了综合归纳，并列举了大量实例，配发了不少图片，因而既具有一定的理论深度，又具有可行的现实操作性。

近年来，在第五次全国地方志工作会议和《全国地方志事业发展规划纲要（2015—2020年）》引领下，全国地方志事业呈现出日趋繁荣、全面发展的良好态势，方志馆建设同样也处于这样一个全面发展繁荣的重要时期，因此，相信这本书的问世，会对全国方志馆的建馆工作具有直接的参考价值并产生积极的指导意义。

是为序。

2015年10月1日

绪 论

潘捷军

地方志是中华民族特有的传统文化形式，作为集编纂、收藏、展示、研究诸功能于一体的官方史志编纂机构，自古至今各种类型的方志馆为传播中华文明、传承民族文化做出了特殊贡献。但从中国数千年地方志的编修历史来看，具有真正意义的方志馆出现很晚，大部分方志馆多集中出现在近现代，而且从形式到内涵都发生了重大变化。特别是随着改革开放以来全国两轮大规模修志活动的开展，各地方志馆建设方兴未艾，中国的方志馆建设事业正处在一个重要的历史发展时期。

作为一个国家社科基金项目，同时又是全国方志学界一个创新探索，本书拟向读者着重介绍的有以下几个问题：

一、研究背景和价值意义

（一）研究背景

地方志是中华民族特有的传统文化形式，方志馆是展示这种文化的重要场所。从历史看，中国的方志馆主要有三种类型：第一类是未单独设置，而是与史馆、藏书楼、图书馆、档案馆等文化场所兼容合并的综合性场馆；第二类是单独设置，以存放和展示纸质志书等文献为主要形式的传统方志馆；第三类是以现代化手段展示特定行政区域历史文化和现实地情为主、同时兼及传统形式的新型方志馆。据查询，在本课题立项之前，尚未发现专以方志馆为对象的系统研究和专项成果，以往的研究主要集中在以下几方面：

一是对史馆、藏书楼、书院等与方志馆有历史渊源的文化场所的历史研究。由于真正专业意义上的方志馆历史并不长，大多附着于史馆、藏书楼、书院等场所，因此上述研究无疑有重要的参考价值。

二是对图书馆、档案馆、博物馆等与方志馆有密切联系的现当代文化场馆的系统研究，这方面的研究可谓汗牛充栋。由于现当代方志馆有的在场所上与它们合署，有的在功能上重合互补，因此这些成果为方志馆研究提供了很好的借鉴参考。

三是对方志史的系统研究和对方志馆初步零散的研究。前者大量研究无疑为本课题提供了重要的参考依据，而后者目前尚未形成气候。

以上成果既为中国方志馆研究提供了很好的借鉴，同时也说明这一领域目前仍是空白点，亟待关注。特别是据统计，从 2008 年 11 月第四次全国地方志工作会议到 2014 年 4 月第五次全国地方志工作会议短短五年间，国家方志馆已在北京建成，各地新建的省、市、县三方志馆近 300 个，更多的方志馆已获准立项或正在建设中，因而急需通过研究解决一些重大理论问题并对建馆工作实践加以指导，这是这一项目得以立项的重要背景。

（二）价值意义

首先，如上所述，对方志馆进行深入系统研究，是中国图书馆学、档案馆学、方志学等相关交叉学科领域的创新之举和填空之作。

其次，由于方志馆（特别是以展示综合性地情为主的当代新型方志馆）是各级政府按国务院《地方志工作条例》要求，展示本行政区域“自然、政治、经济、文化和社会”“历史与现状”的重要文化工作和重大文化场馆，目前全国各地方志馆建设方兴未艾，所以对其进行深入系统研究，是方志馆建设的重要前提和当务之急，对实际工作具有重要理论价值和指导意义。

第三，由于地方志是中华民族文化宝库的重要组成部分，各种类型的方志馆是传承历史、弘扬民族文化传统的重要场所，因此深入系统研究这一问题，不仅对建馆实践工作具有实际参考价值，而且对推进各地方志工作发展和文化事业繁荣，特别对贯彻落实党的十八大“建设优秀传统文化传承体系，弘扬中华优秀传统文化”的战略目标具有重大现实意义，是从一个侧面对这一目标的具体实践和重大举措。

二、主要内容和研究重点

（一）关于中国方志馆发展的历史分期问题

从数千年中国地方志发展历史看，方志馆形式上从无到有，从合到分，从简到繁，大致经历了以下几个发展时期：

宋朝以前，由于方志尚未完全成型，而且受史志同源、史志合一等历史传统的影响，方志馆主要以两种形式存在，一是多系依附于官方史志合一的各类编修机构，二是散布于社会各层面的各种书院、藏书楼等收藏编纂场所。

自宋朝起，方志日渐成熟，逐步定型。北宋九域图志局的成立，则标志着独立志书编纂机构的正式成立。而且自此开始一直延续到清末民初，特别受章学诚《州县请立志科议》的影响，尽管史志合一的官方志书编纂机构仍占主要比重，尽管有的仍是功能单一的志书编纂场所而非具有综合性功能的方志馆，但形式逐步独立，修志功能日益明确，却是其总体发展趋势。

民国是方志馆建设事业发展的一个特殊时期。尽管当时处于“乱世修志”的艰难困境，但各时期各地政府特别是一大批有“志”之士，或通过创办史馆、通志局（馆）等史志机构，或通过在图书馆等场馆中附设方志馆，或通过创办“民众教育馆”等其他相关机构，在不同程度上仍艰难推进了方志馆的建设事业。

中华人民共和国成立以来方志馆的建设事业又可分为几个阶段：一是中华人民共和国成立初期，以借鉴苏联经验，以全面展示综合地情的山东地志博物馆的兴建为标志，方志馆建设事业正式起步。二是以改革开放后建立的浙江（建德）方志馆和上海通志馆等为标志，拉开了新时期方志馆的建设热潮。但这时所建的方志馆，大多仍以收藏志书为主，兼及编纂、办公、展示等功能，因而从总体上仍属于传统形式的方志馆。三是进入新世纪后，随着全国地方志事业的快速发展和日趋繁荣，以陆续建成的国家方志馆和山东、江苏、江西、广西、北京、黑龙江、广东等地的方志馆为标志，运用传统与现代化多种手段展示特定行政区域历史文化和现实综合地情为主要模式的当代新型方志馆建设方兴未艾，综合地情馆也是新时期方志馆建设的一个重要标志和发展趋势。

梳理方志馆的历史发展过程，有几个重要结论（中国方志馆发展史上的几个“第一”）值得关注：北宋九域图志局是历史上第一个专业性方志编纂机构，清代章学诚的《州县请立志科议》第一次对方志馆建设作出了系统论述，建于1914年的浙江通志局是中国近现代史上第一家省级方志馆，建于1956年的山东地志博物馆是中华人民共和国第一家综合性地情馆，建于1990年的浙江（建德）方志馆是改革开放后第一家冠以“方志馆”的专业机构，建于1996年的上海通志馆是新时期第一个省级方志馆，国家方志馆和广东、广州、深圳等省市方志馆是当今中国规模最大的一批新型方志馆……这一组史实也清晰勾勒出中国方志馆的发展历程。

（二）关于方志馆与史馆等历史上其他相关机构的关系问题

需要说明的是，中国方志馆的发展历史走到今天，从其外在形式和所承担的实际职能看，都已发生了重大变化，即传统形式上的史馆等史志机构与今天以综合地情馆为主要功能的方志馆，两者恐已不能相提并论。

一方面，应当充分肯定史馆等相关机构为中国方志馆发展所做出的历史贡献。从古代史馆、翰林院、方略馆，以至藏书楼、官书局等各种机构，到近现代各种形式的图书馆、博物馆、档案馆、民众教育馆，等等，它们都在不同历史时期、在不同程度上承担了地方志书的编修、成果展示等职能。如果无视它们为中国方志馆发展所做的历史贡献，就难以解释，在中国数千年历史上，既然专业方志馆出现很晚，但地方志成果却又浩如烟海，编修事业绵延不断，而且大多又系“官书”形式，那么，如此丰硕的成果从何而来？又系何人所为？因此，不能以历史虚无主义的态度对待历史，对待前人为方志馆事业发展所做的客观贡献。

另一方面，还是要清晰梳理中国方志馆发展的历史脉络。既要承认史馆等相关机构为中国方志馆发展所做的历史贡献，又要实事求是地看到，史馆等机构毕竟不是严格意义的方志馆，尽管从古代史馆发展到现当代方志馆的历史历程十分曲折，尽管历史留给后人的史料十分稀少，但只有把这一过程清晰完整地梳理出来，才是《中国方志馆研究》这一国家项目的应有之义，也是我们所要做的主要工作。因此，在梳理从古到今各类史馆等机构为方志馆所做贡献的同时，我们又试图沿着北宋九域图志局——明清一统志馆——民国通志馆——中华人民共和国地志博物馆——新时期方志馆这一历史脉络，梳理中国方志馆的历史发展脉络，对中国方志馆的内涵外延作出清晰界定。同时，在实事求是分析方志馆与其他场馆之间所存在差异的基础上，尝试构建了方志馆有别于其他场馆的独立体系。

（三）关于当代新型方志馆的主体思路和发展趋势问题

一是应充分肯定传统方志馆为中国方志馆发展史所做的历史贡献和相应地位。所谓传统方志馆，一般是指以志书编纂为主要职能，同时又不同程度兼及收藏展示、研究办公等职能。不仅明清时期的一统志馆、民国时期的通志馆等机构如此，即使中华人民共和国成立后直到改革开放初期，很多新建方志馆的职能也基本如此。一般历史越往前推，由于各种客观物质条件和主观理念所限，往往越是古老的方志机构越偏重收藏、编纂等职能。随着历史的发展变化，特别由于发展理念的日益更新和物质条件的渐趋改善，这种状况才逐步得以改观。而发生实质性根本变化的，则源于本世纪初开始的二轮修志时期。需要强调的是，承认当代新型方志馆的主体理念和建设模式，并不意味着就此可忽视甚至否认传统方志馆的历史贡献和相应地位。

二是应强调强化"综合地情馆"这一当代新型方志馆的主体理念和主要模式。与传统方志馆不同，"综合地情馆"是当代新型方志馆的主导理念和主体模式。应当说，这一模式首现于中华人民共和国成立初期，以中国文博界借鉴苏联经验所建设的山东"地志博物馆"为代表。尽管这种模式并非源于中国，也非方志界首创，但同样应实事求是地尊重历史，尊重前人所创经验。因此，承认传统方志馆的历史贡献和相应地位，同样也不否认方志馆这一与时俱进的创新理念和发展模式。

三是还应看到的是，从传统到现代，中国的方志馆建设事业在经历了漫长而又艰难的历史岁月后，构造了全新的发展格局和良好的前景态势。但即便是在传统方志馆基础上创新而来的当代新型方志馆，在瞬息万变的今天，也将面临新的挑战，需不断创新理念，不断更新平台，不断实现超越。因此，本书专设了"方志馆的发展前景"一章，通过分析探索"数字方志馆"等一些新的建设方式和发展路径，试图勾画未来方志馆的发展趋势，促进中国方志馆事业与时俱进的可持续发展。

三、研究方法和力求创新之处

首先，对方志馆的历史和现状进行了全面梳理。一是从纵向看，在较为详细地查阅现有文献资料基础上，对以章学诚、朱希祖等为代表的全国学术界长期以来就各类史馆、北宋九域图志局、明清一统志馆、民国通志局（馆）等研究进行了系统归纳提炼，从而理清了方志馆与上述机构从“合”到“分”、从单一到综合的发展脉络；二是从横向看，对改革开放后正式出现的“方志馆”这一机构也即本书主题，从不同类型、规划设计、内部管理、发展趋势等几方面进行了研究归纳，并列举了一些实例；三是从纵横结合上，对自古至今的藏书楼、民众教育馆、文献展览会以至近现代以来的图书馆、博物馆、档案馆等相关场馆进行了比较分析，从而既为方志馆建设提供了有益借鉴，又在分析基础上界定了两者的不同。

其次，在对全国方志馆的基本情况进行系统梳理基础上，对方志馆的功能、类型、特征等问题进行了全面分析，提出并阐述了“当代新型方志馆”的概念，并初步构建了“方志馆学”的学术框架。课题组在通过赴北京、广东、江苏、江西等地做大量的实地调研，通过赴国家图书馆及有关省市查阅史料文献等方法，在全国方志界率先对各地方志馆的建馆情况作了较为全面、系统的统计，包括传统和现代各种方志馆的类型、目前全国三级方志馆的总体情况、各地的基本经验和主要做法、存在的突出问题等情况，还专门制作了“全国部分省（区、市）方志馆建设情况一览表”附于书后，从而基本摸清了全国方志馆的建馆情况。

最后，在运行管理手段上，尝试提出了方志馆规划设计、运行管理的一些方法。例如：借鉴国内外图书馆、博物馆等业界的成功经验，相应设计了“方志馆功能分区图”“方志馆服务标准构成表”“方志馆与有关文化场馆对比情况一览表”“方志馆评估评价表”等一批图表，同时提出了方志馆的“专业评估”和“社会评价”方法，便于在实践中具体运用操作。而且考虑这个项目不仅是一个学术课题，还要力求指导建馆实践，即应兼具学术性、科普性和应用性等多种特点，因而在写作风格上注意深入浅出，尽量避免过于学术化，同时还在书中配发了大量照片、实例，以求对现实建馆工作更有针对性和现实意义。

第一章 方志馆历史沿革

地方志是中华民族特有的传统文化形式。作为集编纂、收藏、展示、研究诸功能于一体的官方史志编纂机构，自古至今各种类型的方志馆为传播中华文明、传承民族文化做出了特殊贡献。具体来看，中国的方志馆可分为以下几个发展阶段和几种相应的类型：

宋代以前，从全国看，由于方志尚未完全成型，而且受史志同源、史志合一等历史传统的影响，当时的方志馆主要以两种形式存在，一是由于地方志历来多表现为官修“官书”的形式，因而多系依附于官方史志合一的各类编修机构，二是散布于社会各层面的各种书院、藏书楼等收藏编纂场所。而且自此以后，方志馆基本按这两条路径轨迹发展延续（为此本章特辟一节，专门介绍分析官私志书收藏对方志馆发展的历史贡献）。

自宋代起，方志日渐成熟，逐步定型，从而大大推动了独立方志机构的建立与发展。特别是北宋九域图志局的成立，标志着中国历史上独立的志书编纂机构的正式成立。自此开始一直到延续到清末民初，尽管史志合一的编纂机构仍占主要比重，尽管有的机构仍是功能单一的志书编纂场所而非具有综合性功能的方志馆，但形式逐步独立，修志功能日益明确，却是其总体发展趋势。

民国时期是方志馆建设事业发展的一个特殊时期。虽然当时处于“乱世修志”的艰难困境，但受中华民族文化传统生生不灭的巨大影响，各时期各地政府特别是一大批有“志”之士，或通过创办史馆、通志局（馆）等史志机构，或通过在图书馆等场馆中附设方志馆，或通过创办“民众教育馆”等其他相关机构，在不同程度上仍艰难推进了方志馆的建设事业，也为传承弘扬民族文化传统做出了一定贡献。

中华人民共和国成立以来可分为几个发展时期：一是中华人民共和国成立初期，以借鉴苏联经验，以全面展示综合地情的山东地志博物馆的兴建为标志，中华人民共和国的方志馆建设事业正式起步。二是以20世纪80年代改革开放后建立的上海通志馆和设在新安江畔的浙江（建德）方志馆等为标志，拉开了新时期方志馆的建设热潮。但这时所建的方志馆，大多仍以收藏志书为主，同时兼及编纂、办公、展示等功能，因而从总体上看仍属于传统形式的方志馆。三是进入新世纪后，随着全国地方志事业的快速发展和日趋繁荣，以中国社科院副院长、中国地方志指导小组常务副组长朱佳木的倡议和总体思路为开端，以陆续建成的山东、江苏、江西、广西、北京、黑龙江等地的方志馆为标志，运用传统与现代化多种手段展示特定行政区域历史文化和现实综合地情为主要模式的当代新型方志馆建设方兴未艾，中国方志馆建设目前也正处于这样一个重要节点和历史转型期。

本章主要讨论自中国历史上有史志编修机构以来方志馆的历史沿革，特别将着重考察自北宋九域图志局成立以来各类史志机构的变迁，从中梳理分析方志馆的历史发展过程。同时，还将考察分析其他有关史志收藏机构和场所（主要是中国历史上各种类型的藏书楼）对方志馆发展所做出的历史贡献。

第一节　方志馆的历史变迁

一、方志馆产生的历史环境和条件

作为展示方志文化的特定场所，方志馆的产生发展与整个中国地方志事业的历史发展进程息息相关，环环相连，具体又分为以下几个阶段和相应特点：

（一）从图志一体到方志独立定型：方志馆产生的客观前提

从方志史发展过程看，地方志并非从一开始就具有今天这样独立完整的形式。自两汉至南北朝时期，方志多表现为“地记”形式，以记载自然状况为主，尚未涉及政治、经济等内容，甚至还有较多的神话和传说成分。发展到隋唐时期，图文并茂的“图经”逐渐盛行，成为古代方志又一种典型形式。明代成化年间的《山西通志序》中说：“图以著山川形势所在，志以验言语土俗、博古久远之事。”民国《贵州通志·叙例》也曾载：“贵州省志……至明嘉靖间，所作曰图经，曰通志。”可见当时方志处于过渡时期的互通关系。金毓黻曾说过：“章学诚谓后世之方志，专详一方之事，如古之列国史，应无所不载，与专详疆域山川之图经异，其说允矣。然探究前代记地之书，二者漫无经画，区分甚难，方志为一方之史，世人已无异议，而图经亦详建置沿革人物古迹，以明一方之变迁进化，备史之一体，且为宋以后郡县志书之所本。故述方志，不能置图经而不数。”① 顾颉刚早年在《当代中国史学》中也曾指出：“方志之作，古已有之。”但“真能说明方志的意义的，只有章学诚。前此之为方志的，皆为图经的概念所囿，以为仅一地之地理书而已。”

这样，从宋代向前追溯，可以发现在地方志书的发展过程中，有多条并行路径，即由舆图到图经再到图志，具体又可分为三个阶段：“第一阶段——先秦至秦汉，方志尚处于萌芽阶段，图为主，经为辅。第二阶段——六朝后期至唐宋，方志以图经为主，图与经并重，图的地位开始下降。第三阶段——南宋至清末，此时方志已经定型，图文并茂成为基本要求，但图已成为附庸。”② 据统计，宋代各种志书约有八百种，其中北宋称“图经”者 96 种，称“志”者 24 种；而到南宋时期，称“图经”者 31 种，称“志”者已达 248 种。③ 正如清代学者郭嵩焘所言：“地志体例，经始于北宋，至南宋而始备。”因此，就其源头和发端看，

① 金毓黻：《中国史学史》，河北教育出版社，2003 年，第 139 页。

② 邱新立：《民国以前方志地图的发展阶段及成就概说》，《中国地方志》，2002 年第 2 期。

③ 仓修良：《仓修良探方志》，华东师范大学出版社，2005 年，第 77 页。

从“图志一体”到“图志分离”，不仅完成了地方志成熟定型的历史转折，也是方志馆等各类专业方志机构得以产生的客观前提。特别要看到的是，志书从图经到图文并茂，再到文为主、图为辅的发展过程表明，它并不仅仅只是一种形式的变化，而且越到后期，其涉及的内容面更广，记述程度更深，这对志书从编纂方法到编修条件，显然都会提出更高的要求，因而从图志一体到志书独立定型，是方志馆产生的客观前提和条件。

(二) 史志合一的管理体制和运行机制：方志馆成立的重要条件

中国方志史实际显现了“殊途同归”的发展路径。众所周知，“资料性文献”是2006年国务院《地方志工作条例》为地方志书所作的“质”的规定，但这一结论的得出却经过了漫长的历史岁月。方志的定性和关系归属在中国方志史上也始终是一个多有争议的重大问题，即便当今中央人民政府以行政法规形式作了明确规定，方志学界仍有不同声音。因此，自古至今地方志便有“地方史”“地理书”“地方百科全书”等多种认识，它们也都沿着各自的认识路径发展前行，也都有名称不同但职能相近的机构承担此事。如在清康乾时期所确立的史学体系中，方志便隶属于史部“地理类”。《四库全书》的史部“地理类”分为：“总志、都会、郡县”，“河渠、边防”，“山川、古迹、杂记”，“游记、外记”，等等，从而同样构建了一个较为完整的方志体系。直到清中后期，以章学诚的《方志略例》等理论建树为标志，地方志从内涵到外延，从理论体系到编纂方法，才逐步形成共识，日渐规范。为此金毓黻曾说过：“隋、唐以来诸史之经籍、艺文等志，皆以方志之书入史部地理类。直至章氏，始辨析方志与图经之别……此可谓创通大义前无古人者矣。”[①] 这一过程不仅直接影响了地方志作为一项事业、一门学科的发展进程，而且也不同程度地影响着方志馆等志书编修机构的发展历程。

---

① 金毓黻：《中国史学史》，河北教育出版社，2003年，第267页。

不过可以肯定的是，在众多复杂关系中，地方志与历史编修及所属史馆等机构的关系无疑最为直接密切。首先作为一门学科，地方志与史学历来关系密切。在梁启超《新史学》中，“地志”便与“正史”、“史学”等一道被列为史书的10种体裁之一。从历史看，史志同源应是不争的事实，而且方志学至今仍属“历史学”学科中二级学科“专门史”下的一个三级学科。有研究认为：“志之体裁始于《史记》，然司马迁谓之曰书，以下各史多谓之志矣。……论其名称，大体则名同者内容相近，亦有名同而内容渐更改者。”① 正因两者历来关系如此密切，以往有的学者又往往将方志归入史部，而且它们在形式体裁上也存在较多的交叉重合，有时确难区分。如古人便认为：“古有列国之史，而今有一方之志，是虽名谓有殊，而核名实以记时事者，其义同也。”故“夫志，史乘之流也。”对此顾颉刚曾指出：有的“虽无方志的名称，但分地记载其风土人物，实即等于后世的方志。”梁启超在《中国近三百年学术史》中也曾说过：“最古之史，实为方志”。并举例说：“如《孟子》所称晋《乘》、楚《梼杌》、鲁《春秋》……比附今著，则一府州县志而已。”此言是否确当自可商榷，但从中可见史志关系之密切。

同样，尽管严格意义上的方志馆并非古已有之，但如从其最早的萌芽发端算起，特别是从它与史馆等其他相关机构的密切关系看，可谓源远流长。朱希祖经过专门考证梳理后认为：“吾国历代撰史之所，其名约有六种：曰观、曰省、曰局、曰曹、曰馆、曰院”，但“史馆之名，称馆称院，各有所宗。称局者沿魏、隋，称院者举宋代，称馆者述唐制，而辽、金、元、清等之自桧。”② 从而对其总体情况作了清晰概括。作为史志机构的一种重要形式，方志馆的历史发展过程表明，无论是名称还是职能，它们与各类史志机构都具有十分密切的历史联系。学界也

---

① 李宗侗：《中国史学史》，中华书局，2010年，第169页。

② 朱希祖：《朱希祖文集》之《史馆论丛》，中华书局，2012年，第189、191页。

有一种观点认为，由于作为一种专门机构，严格意义上的方志馆出现很晚，似是近现代的事，所以不能将古代的史馆等机构视为方志馆的雏形，也不能将两者混为一谈。实际上，方志馆不是无源之水，无本之木。而且如果承认地方志是中华民族特有的传统文化形式，那么方志馆同样也不可能是西方“舶来品”，它必定附着于中国历史上各种不同形式的编修机构，开始是相互融合，而后才逐步分立。否则就难以解释，自古至今如此浩瀚博大的中国地方志资源从何而来。而且历史已证明，大量历史所载和留存至今的地方志书，私撰毕竟只是少数，大部分仍是依托各类官方史馆机构编修完成的，史馆也是古代方志机构（包括方志馆在内）的主要形式。关于这方面情况，后面还将作详细的梳理介绍。关键是现存史料匮乏，相应对史馆与方志馆相互间关系特别是梳理其历史发展过程的研究甚少，这是一个急需拓宽的研究领域和亟待解决的问题，是一个问题的两个方面，但不能就此而否认历史上各类史志编修机构与方志馆的历史联系。所以，研究和分析方志馆的历史沿革，不能不关注和考察中国古代官方史学的发展脉络特别是史馆等各类修史机构的变迁历史，这是方志馆得以正式成立的重要历史条件。

（三）志书从私撰到官修：方志馆发展的关键因素

在中国地方志发展历史上，从总体上看，志书“历来就是‘政书’‘官书’，有很强的政治性。”[①]“方志”一词最早见于《周礼·地官》，它其实是一部记述周代官制的著作，其所言明确：“诵训，掌道方志，以诏观事”，此处的“方志”即外史所掌的“四方之志”，从而从一个侧面说明了地方志与古代官方统治者的历史渊源。

自孔子修《春秋》开后世私家撰史之风后，我国的史书编修便分为官修和私撰两种模式。起初，官方史志机构尚处于并不完备的初始阶段，而继司马迁《史记》和班固《汉书》之后，私人修史却十分盛行。

① 见《一九九〇年全国地方志工作会议纪要》。

从古史类的《尚书》《国语》到编年类的《春秋》《左传》和二十四史中的前四史《史记》《汉书》《后汉书》《三国志》等莫不如此，方志同样如此。对这种现象，陈垣曾作过评论："中国历史书籍，官书向被学者所蔑视，因为官书不免有塞责、隐讳、曲笔之弊，于是崇尚私书。惟时至今日，私人著述实属不易，盖私人之精力、财力、时间均属有限，而团体或国家之力皆远胜之。"①

这表明，历史上一度盛行的私撰之风并不意味着官修史志的弱化。相反，有研究表明："有意识地以文字形式记载历史，在中国是从官方开始。中国古代，官方始终从事着史学活动和史学建设，甚至将治史、修史作为必备的国务机制，这是中国史学发展史上独具的特色。"② 正如《隋书·经籍志》所载："古者天子诸侯，必有国史，以纪言行，后世多务，共道弥繁。夏殷已上，左史记言，右史记事，周则太史、小史、内史、外史、御史，分掌其事，而诸侯之国，亦置史官。"③ 即使私修为主时期，统治者也都十分关注，有的甚至直接以行政手段加以控制，方志同样如此。如有研究便认为："所谓'方志'，在严格意义上应以确认全国统一政权为前提，并按国家当时行政区划为单位，记述某一区域内的地理、历史与社会人文状况的典籍。"④ 从"本质上说，方志就是地方政府活动记录，是地方政府所在地域地理、人文的介绍。""正在于中国强政府的存在，有了强大的中央政府，也就有了强大的地方政府的存在，于是有了方志。"⑤ 正因如此，古人早有"地志，官书也，以存

① 陈垣：《官书与私书》，《陈垣学术论文集》（第二集），中华书局，1982年，第348页。

② 乔治忠：《中国古代官方史学的兴盛与当代史学新机制的完善》，《河北学刊》，2005年第2期。

③ 《隋书》卷33，《经籍志》，中华书局，1973年。

④ 乔治忠：《〈大清一统志〉的初修与方志学的兴起》，《齐鲁学刊》，1997年第1期。

⑤ 钱茂伟：《国家视野下的传统史学》，《史学月刊》，2010年第10期。

一方掌故，以示千秋鉴戒”的远见，顾颉刚也早有“今存方志十之八九皆由地方官奉行故事，开局纂修”的结论，这也已成为方志界历来的共识。

志书从私撰到官修的转折点在唐代。如据考证，隋至初唐，浙江地区几乎没有一部私人编修的州县志书。发展到明代，由于统治者的日益重视和严格控制，官修方志渐为主流，私撰方志日见萎缩。清代则不但是方志发展的鼎盛时期，同时也是官方控制和管理最为严密的阶段。清代各时期的统治者还以行政手段强力干预修志并对过程严加控制，其程度大大超过元、明时期。如康熙要求“恪勤乃事，务求采搜闳博，体例精详。”并一再表示“朕将亲览”。雍正则严令编纂“必详细调查，慎重采录”，如所纂之书，“倘时日既延，又草率滥略，亦即从重处分”。乾隆在这方面更是有过之而无不及，他甚至要求志稿文本要“随缮随进，俟朕裁定”，其事必躬亲的认真态度同时也是严厉干预程度为历代鲜见，并使得各地各部门对此事普遍高度重视，雷厉风行，丝毫不敢懈怠。这从不同侧面反映了历代地方志官修官书、官职官责的本质特征，同时这实际上也是历代方志馆及相关机构得以设立并逐步发展的最为重要的因素。

需要说明的是，史学界有种观点认为：“唐及清中叶，史由官修，定于一尊，私家修史多以肇祸，故史学最不振。”因而这一时期也被视为中国史学史的“中衰期”，[①] 这或许是从史学史一种角度所作的如实分析评价，但从方志馆发展沿革看，它之所以能从无到有、从合到分、从小到大，官修方志的强势地位无疑是最为重要的制度保障因素。

二、早期的官修史志机构

在中国数千年历史上，尽管各时期的史志机构形式、职能等都不尽相同，但“总的趋势是在封建朝廷的统一调控下，逐步实现组织严密

① 金毓黻：《中国史学史》，河北教育出版社，2003年，第10页。

化、条例明细化，并且形成多种记史、修史机构分工并立的局面。”[①]一般认为，在中国历史上，第一个具有实际意义的官方修志机构——九域图志局建于北宋。在此以前的各类修志机构，则或呈史志合一格局，或基本不具备方志馆的特质。现作如下梳理：

（一）以东汉兰台、东观和北齐史馆为标志：史志机构的肇始

相传中国古代夏朝、商朝即有史官，大约在周代就有了专门搜集类似地方志等文献的官员，如西周已有太史、内史、史正等史官。东周则有大史、小史、左史、右史、内史、外史、守藏史、柱下史等史官。如《史记·秦奏本纪》载：“（秦文公）十三年（前753），初有史以纪事，民多化者。”不过，这些官吏的名称后人有不同说法，而且其职能并不独立，十分繁杂，包括保管典籍、记录时事、起草文书、宣达王命、讲颂史事等职能，甚至还包括从事祈祷等宗教活动。

西汉时已设“兰台”作为宫中图书秘籍收藏之处。汉代史官一般分为两大类，一类先为中丞，至东汉时设兰台令史，专掌史料图籍；一类为太史令丞，专掌疏记撰述。东汉初著述及秘籍收藏也在兰台，后移到南宫东观，并著《东观汉记》，这是中国古代封建朝廷诏令史官修史的发端。而且，地方修志的最早记载也在东汉，光武帝刘秀为彰乡里之盛，修《南阳风俗传》，从而开地方修志的先例。此后，设馆修史编志制度逐步形成和确立，成为古代之朝政大事，并开始形成官、私两条并行不悖的编纂体制。当然也有研究认为，从严格意义上说，汉朝的兰台、东观主要是皇家收藏书籍档案的场所，它虽承担修史职能，但与后来的专门修史机构仍有重要区别。[②]

至魏明帝太和年间（227—233），据《晋书》卷二十四《职官志》载：正式“诏置著作郎，于此始有其官，隶中书省。”其职责为“掌国

① 乔治忠：《中国古代官方史学的兴盛与当代史学新机制的完善》，《河北学刊》，2005年第2期。

② 谢保成：《中国史学史》，中国社会科学出版社，2008年，第85、86页。

史，集注起居”，即负责记注皇帝的起居言行。刘知幾在《史通·史官建置》中对此有详述：“每天子临轩，侍立于玉阶之下，郎居其左，舍人居其右。人主有命，则逼阶延首而听之，退而编录，以为起居注。”“起居注”汉时即有专人掌记，汉武帝时便作有《禁中起居注》。但发展到此时分工更细，职责更清，如有正郎、佐郎之分，前者担执笔撰史之责，后者行收集资料等辅佐之事。另外还有修史臣、校书郎等其他临时性辅佐官员。这也是中国古代历史上设置专职史官的最早记录。

北魏以“修史局”为修国史专设机构，并创起居令史制度。继北魏之后，《唐六典》卷九《中书省》载：“北齐因之，代亦谓之史阁，亦谓之史馆。史阁、史馆之名，自此有也。”史馆又称史阁，馆、阁均为楼，二者互通。自东汉起洛阳宫中便有秘阁，专司收藏图籍之事。秘阁又称秘馆，主要由监修大臣、著作郎、著作佐郎、修使臣、校书郎、令史等组成。当时邢劭所作《酬魏收冬夜直史馆诗》中载：“寄语东山道，高驾且盘桓”，“东山道”是通往史馆的道路即代指史馆，“高驾”当指“愿得直笔东观”且负责史馆著作编修的魏收。据此有学者判断北齐史馆很可能在邺城东（约在今河北省邯郸市临漳县境内）的东山宫中，史馆设置的具体时间大致在天保二年（551）至天保四年（553）之间，并一直延续了正常的编修活动，直至北齐灭亡。[①] 这也是中国封建社会设立专门修史机构的最早记载。

需要说明的是，由于受“史志同源”的历史渊源影响和各方面客观条件的限制，当时无论是史官等各种纂修人员实际承担的编纂任务，还是史馆等各类编纂机构所担负的职责职能，史、志两者你中有我、我中有你，相互交叉融合的现象十分普遍。而且当时的史馆、史官更多地专注于著史而非修志，客观上方志也未独立成型，所占比重很小。后来，随着历史发展和史、志学术研究的逐步深化，两者在融合中的分工才逐

① 牛润珍：《北齐史馆考辨》，《南开学报》，1995 年第 4 期。

步明确，各自职能也日渐清晰。

（二）隋唐史馆史官：官修史志制度的正式确立

1．隋代的史志机构

隋代结束了南北朝分治局面后，隋文帝于开皇三年（583）下令"罢天下诸郡"，改州、郡、县三级行政建制为州、县两级，并以州统县，同时大规模开展行政区划整顿、户籍清查等工作，这是当时官修史志被予以重视的重要前提。清代学者王谟为此曾总结道："盖自隋文帝受周禅，至开皇三年罢天下郡，其县乃隶州而已。九年平陈以后，四海一家，大业三年罢州为郡，四年大簿，凡郡国一百八十三，而图经于是乎作。"开皇十三年（593），隋文帝还下诏："人间有撰集国史、臧否人物者，皆令禁绝。"一时令私修史志者闻风色变，人人自危。

有研究认为："朝廷设立修志机构，最早不是宋代，而起码应当是在隋大业年间（605—616）"[①] 当时曾沿南北朝著作制度，在秘书省设著作曹，主修国史、前朝史。朝廷同时还"普诏天下诸郡，条其风俗、物产、地图，上于尚书。"开始把以图经、图志等为主要形式的地方志编纂工作集中到中央政府加以管理，并在各郡志书的基础上大规模编纂全国性的图经和图志等。如隋炀帝于大业五年（609）即命秘书学士编成1200卷的《区宇图志》，从而开了官府修志之先河，标志着中国地方志进入了一个新的历史发展阶段。而且自统治者明令州府修志之后，皇家垄断史志纂修的倾向日益明显，魏晋以来私人编修史志之风至此开始受到抑制并呈颓势。

2．唐代的史志机构

唐代统治者清晰地意识到："朕睹前代史书，彰善瘅恶，足为将来之戒。"因而"以史为镜，可以知兴替"。"成当今之务，树将来之势，

① 诸葛计：《纠正方志史上一个流行的错误说法》，《中国地方志》，2008年第8期。

则莫若版图地理之为切也。”① 唐代进而也沿袭了官修史志的传统。一般认为，全国设置修史机构及官方修正史，始于唐太宗时编修《晋书》。贞观三年（629），唐太宗下令将史馆从秘书省中分离出来，置于禁中，处于国家政治权力中心，宰相监修至此也成为常态定制。《唐会要（卷六三）》中《史馆上·史馆移置》和《旧唐书·职官志》等文献中均有记载：“武德初，因隋旧制，隶秘书省著作局。贞观三年闰十二月，移史馆于门下省北，宰相监修，自是著作局始罢此职。及大明宫初成，置史馆于门下省之南。”甚至还有“馆门下东西有枣树七十四株，无杂树”② 等详细记载。清晰表明史馆取代了著作局的修史之职，成为独立的修史机构。唐代馆修史志以太宗时期为盛，自此，经五代、宋、元各时期，基本沿袭这一制度。

除修史之外，修志也是当时史馆的一个重要任务。如《唐会要（卷三六）》曾有记载：（显庆三年）五月，以西域平，遣使分往康国及吐火罗等国，访其风俗物产及古今废置，画图以进。令史官撰《西域图志》（又名《西域国志》）六十卷，许敬宗监领之。书成，学者称其博焉。同样在《唐会要（卷六三）》“诸司应送史馆事例”中也有明确要求：“祥瑞，礼部每季具录送；天文祥异，太史每季并所占详验同报候……有年及饥，并水旱、虫霜、风雹及地震，流水泛溢，户部及州县每有即勘其年月日，及赈贷、存恤同报。”③ 其实，史馆要求报送的这些事项同时也是志书所应记载的重要内容。另如中唐时就有史官要求：国史修撰不仅要依据“行状”，还要广采“四方之志”，以充实国史。唐太宗时期所修《晋书》“书中十‘志’追述至东汉末期，弥补了《后汉书》《三国

① 李吉甫：《元和郡县图志序》，中华书局，1983年。

② 《中华大典》编委会：《中华大典·历史典（史学理论与史学史分典）》，上海古籍出版社，2007年，第493页。

③ 转引自杨翼骧编著，乔治忠、朱鸿斌订补：《增订中国史学史资料编年》（先秦至隋唐五代卷），商务印书馆，2013年，第231页、276页。版本下同。

志》无‘志’的缺陷。”如“出自李淳风之手的《天文志》《律历志》《五行志》记载了古代重要的科学知识，《食货志》多载重要的经济史料。”① 贞观十五年（641），“五代史”修成后，朝廷又诏令于志宁、令狐德棻等修《五代史志》，至高宗显庆元年（656）成书，后人附于《隋书》后，又称《隋志》。② 而且研究也认为：“《唐会要》卷63，页码1092将书名误载为《梁陈齐周隋五代史》，而非‘记’，但其所指明确无误地是同一种三十卷的著作。此书原本是一部独立的著作，但后来并入了《隋书》，构成了它的志书部分。”③ 这都反映了当时史志合一、机构职能共担的实际情况。当然也要看到，正因史志关系如此密不可分，因而当时所编修文献有的虽以“志”为名，但并非严格意义上的方志；也有的虽未明确以“志”相称，但却带有一定的志书色彩。正如李宗侗所言：“大体则名同者内容相近，亦有名同而内容渐更改者”，这种情况一直到宋代志书逐渐成熟定型后才发生较大变化。

唐代的史志编纂有几个显著特点：

一是志书从形式上看仍以图经为主，尚未成熟成型，同时志书也未成为官方史著的主流形式。与史相比，志书从形式到内容，都还存在相当的不确定性，尚未形成科学规律和规范的编纂方法，因而编纂难度较大。南朝史家江淹早有断论：“修史之难，无出于志”，因而“修史以志书为难度最大，此乃历代史家的共识。”④

二是朝廷深知史志编修乃“三王盛业，藉以垂名”之功，同时又深感“此才之难，其难甚矣”，因而十分重视史馆条件和所聘人员的待遇问题。如曾“三为史臣”的刘知幾便有记载：“暨皇家之建国也，乃别

① 李福长编著：《20世纪历史学科通论》，齐鲁书社，2012年，第30页。

② 朱清如：《论唐初史馆》，《湘潭大学社会科学学报》，2000年，第2期。

③ ［英］杜希德著，黄宝华译：《唐代官修史籍考》，上海古籍出版社，2010年，第19页。

④ 陈其泰：《中国古代设馆修史功过得失略论》，《河北学刊》，2003年第5期。

置史馆，通籍禁门。西京则以鸾渚为邻，东都则以凤池相接。馆宇华丽，酒肴丰厚，得厕其流者，实一时之美事。”[①] 当年邢劭也曾对北齐史馆的人员待遇作过如下描述：“兼豆未能饱，重裘讵解寒？况乃冬之夜，霜气有余酸。风音响北牖，月影度南端。灯光明且灭，华灯新复残。”而且当时史官的品级、俸禄均较低，如著作郎（从第五品）岁禄一百二十匹（三十匹为一秩），校书郎（九品）岁禄二十八匹（七匹为一秩）。所以有些史官品行低下，甚至以接受贿赂求温饱，工作也无视史实，任情褒贬，以至于《魏书》刚修好就被“群起而攻”，称之为“秽史”。[②] 与唐代相比，两者可谓天壤之别。但在唐代待遇丰厚的体制环境中，史志编纂同样会逐渐形成重重积弊恶习。为此刘知幾在《史通》一书中，对史馆制度的得失利弊也进行了深入剖析，诸如修史多秉承监修意志，扼杀一家之言，手法多隐晦曲折，不敢秉笔直书；不少亲信庸官因滥赠乱送得职而滥竽充数，效率低下。往往“每欲记一事，载一言，皆阁笔相视，含毫不断”，以至“争学苟且，务相推避，坐变炎凉，徒延岁月”，等等。包括上述对人员待遇的描述，实际也从一个侧面揭示了史馆弊端，并隐含了对封建专制主义本质的抨击之意。

三是由于当时封建统治者的高压态势，对历来以“直笔见诛”为传统的私人史志编纂形成极大遏制。如唐元和年间皇帝有次上朝，当众询问《时政记》记何事，为何经常不修？当时任监修国史宰相并极力主张君相必须干预“实录”编撰的李吉甫，便将《时政记》从永徽到贞元百余年间仅修过两次的原因归咎于保密，意在避免臣下侵犯君权。这话在皇帝听来十分悦耳，但对当殿聆听的大臣和史官，却不啻是发出的一种公开警告。因此唐代史志机构的导向就是必须依照权力者的指授编修，

① 刘知幾：《史通·史官建置》，上海古籍出版社，1978 年，第 318 页。

② 分别参见牛润珍：《北齐史馆考辨》，《南开学报》，1995 年第 4 期；朱清如：《论唐初史馆》，《湘潭大学社会科学学报》，2000 年第 2 期。

不可背离官修传统，这是当时的常态体制。[①] 而且唐太宗曾明令史官“不书吾恶”，只能“记朕功业”，以“致主于无过之地”。同时从当时的资料、人力等客观条件看，个人史志编纂行为自然无法与官方相比，加之官方史馆和官聘史志编纂人员待遇优裕，因而唐代私人史志编纂虽未绝迹，但事实上呈现出明显的两极现象：大多局限在官方规定和控制的范围内，以馆外“制许”等变相的官修形式进行；有的甚至改换门庭，直接以“征招”“被荐”等方式进入官方史志机构；少有的私修则在高压状态下被迫转入秘密状态，或者干脆改为记载杂事掌故等非主流的编纂活动。当然，这种现象在不同时期的表现程度不尽相同，但总体上呈“官盛私衰”的发展趋势，从而客观上也进一步促进了官方史志机构的扩张发展。

（三）北宋九域图志局：方志馆的初始形态

宋代同样十分重视史志编修事业。尽管自隋代起，历代多设有史馆等修史专门机构，但宋代的史志机构当属最多，有史馆、编修院、国史院、实录院、日历所、起居院、会要所、玉牒所、圣政所、时政记房等多种机构，其规模之庞大，功能之完备，为以往历代所不及。这种格局构架自然促使官修史志事业大兴，如开宝四年（971），朝廷即下令“重修天下图经”。宋初还“于门下省置编修院，专掌国史、实录、修纂日历。”当时朝廷又屡次下诏，要求尽收图籍，汇于京师。至太平兴国三年（978）初，在史馆、昭文馆、集贤院三馆基础之上，新三馆建成，太宗命名为崇文院，其东廊为昭文馆书库，南廊为集贤院书库，西廊以经史子集四部为史馆库，所藏史籍文献达八万卷之多，可见其景之盛。这些机构以史馆地位最重，其主要职能一为修史，二是藏书。

宋代文化繁荣，著述丰富，宋人为此豪言自评：“本朝国书，有日

① 朱维铮：《史官与官史——韩、柳的史官辩》，《复旦学报：社科版》2006年第3期。

历，有实录，有正史，有会要……行状、志、铭之类，不可胜纪！”与此同时，统治者同样严控史志私纂行为，如北宋崇宁、宣和年间，朝廷曾下令焚毁一批史书印版；南宋绍兴年间，朝廷也曾两次下令“禁私作野史，许人告。”嘉泰年间，再次对“私家史书，下令史官考订，决定废留，其余悉皆禁绝。”当时史志编修“官盛私衰”的局面同样可见一斑。

与修史一样，大型志书特别是全国总志，内容浩瀚，材料丰富，一般非个人所能为，需要调用皇家馆阁藏书、档案、文书等大量文献，同时需组建一个工作班子并调集各种擅长某方面知识的人员始能毕其工、统其役。特别值得关注的是：宋初朝廷令史馆负责“重修天下图经”“或为后来‘九域图志所’之滥觞”。[①] 北宋真宗赵恒大中祥符年间（1008—1016），李宗谔、王曾先后编成《九域图》。至宋神宗赵顼熙宁八年（1075），鉴于宋境行政区域有较大改变，《九域图》等已不能适应形势发展变化，同时也应战事需要，宋神宗为此诏令曾任史馆检讨和国史编修官等职的王存等人重修志书。《元丰九域志》于元丰三年（1080）编成进上，次年成书，并注明“略仿前书，旧名‘图’而无绘事，乃请改曰‘志’”。元丰六年（1083）神宗皇帝下诏书刻板印制，前后经历了12年时间。因成书于元丰年间，定名为《元丰九域志》。其体例较为简略，主要包括北宋立国以来之沿革、地理、县之乡数、镇名、主要山川河渠古迹名称。

尽管自隋代起，历代多设有史馆等专门机构，但多以著史为主，设局修志则始于《元丰九域志》的编纂，特别宋代是中国的方志定型时期，这对官方“设局修志”起到了直接的推动作用。以往因史志合一等多种原因，一般难有一个固定班子专任其事，即便有也往往是一部文献

① 潘晟：《宋代图经与九域图志：从资料到系统知识》，《历史研究》，2014年第1期。

编完，机构自然撤销，待有任务时再予组建。北宋九域图志局的设立，则使这一传统发生了重大变化，这是朝廷设置的中国历史上第一个具有实际意义的官方修志机构。当然，历来对其名称有不同叫法（如还有九域图志所、详定九域图志所等其他名称）；对其成立的确切时间也有不同意见。如有的认为应设于崇宁五年（1106），有的认为应设于大观元年（1107），还有的认为应设于“元丰三年以前，很可能始设于熙宁七年（1074 年）”，相互间相差 30 多年。前者“结合朱弁、程俱的记载，可以推断‘九域图志所’之设立似在崇宁五年”。“至于黄鼎等人大观元年之记载，亦可解。……因崇宁五年后即为大观元年。当时各州郡着手为‘九域图志所’编纂地理资料，实际上多始于大观元年。因此，时人误以为朝廷于大观元年创制九域图志所，实乃正常。”当然，还有的甚至不同意九域图志局是方志编纂机构，而是从方志从属于地理书的传统角度出发，视其为“官修地理书之编撰机构”，等等。其实，无论从当初方志与地理书的相互关系看，还是从当时志书本身尚未定型的实际情况看，这种划分定论同样可以理解。所以综合各方面研究意见看，九域图志局作为中国历史上第一个官方修志机构由北宋首设一说基本已成共识。正是在此意义上，九域图志局被视为中国历史上第一个方志馆的初始形态。①

九域图志局设立后，在校订州县户口数、核对州郡等第名号奏准、校订全国州县并省废置情况等方面，做了大量工作。如史载：“尝考究其州山川地理，古迹姓氏，应典籍者为书，上于九域图志局”，可见这一举措对当朝修志影响甚大，并为后世所效仿。而且，其对史料收集整理要求甚高，取舍甚严，如“流传鄙俗，难以书于地志”，从而对修志起到了直接的行政指导作用。

---

① 参见诸葛计、潘晟等相关研究。

九域图志局在当时之所以能正式成立，还有一个重要原因在于，作为官修机构，它“在相当程度上成为北宋晚期仕途的一条捷径”，“九域图志，前朝因尝修定，止就馆阁而不置局。崇宁虽就秘书省，然置局设官，以从官为详定，馆官为参详，修书官为编修官，检阅编修，其进用视秘书省官而无定员。当时宰执从官，大抵由此涂出。”[①] 如王黼、蔡京等人皆曾为左右朝政之权相，因先后曾入此局而仕途得意。这不仅反映了当时统治者对修志大业和主参人员的重视程度，也从一个侧面印证了九域图志局作为中国历史上第一个方志馆的盛景。但更需要看到的是，这种“盛景”从根本上看对修志事业并非真正有利，而且事实上当时有一段时期“前后所差官不少，然竟不能成”，九域图志局也终于宣和二年（1120）罢局。

九域图志局罢局后，虽然尚“令省官分修”，但因王黼等人影响，故最终未能成书。不过自此以后，设局修志模式开始兴起并得以延续，对于后来州郡地理书的修撰产生了巨大的影响，后世所谓地方志之生产，多半渊于此类修撰。[②] 如南宋高宗绍兴三年（1133），“诏复置史官，以从官兼修撰，余官兼直馆、检讨”。起初史馆隶属秘书省，后机构名称虽几经变迁，史志编修命运多舛，但这一传统并未中断，并基本以“十年一造”的方式延续后世。如《(景定) 建康志》的编者周应合就写过一篇《修志始末》，记述他受南京（即北宋陪都南京应天府）留守兼建康知府马光祖之聘，“开书局于钟山之下”，“入局修纂”《建康志》的经历，他在文中不仅描述了“夜考古书，朝订今事，右分编纂，左付刻梓”的编修情景，而且一一列出主纂助手、事务管理人员、抄写人员等

① 程俱：《麟台故事》卷四《职掌》，中华书局，1991 年，转引自白寿彝主编，吴怀祺著《中国史学史》第四卷，上海人民出版社，2006 年，第 202 页。

② 参见潘晟：《宋代地理学的观念、体系与知识兴趣》，商务印书馆，2014 年。

书局人员的编制和分工。[①] 特别是此时方志已呈定型状态，这对方志编修和方志馆建设事业都有不同程度的促进意义。

三、元明清设局编修一统志与方志馆的发展变化

顾名思义，“方志”首先自然是指特定行政区域的“一方之志”。但需要说明的是，从中国地方志数千年的编纂历史看，方志的含义又不仅限于此。因为“国家”是一个历史范畴，中国自古以来区域的不断变动，使得“地方”本身成了一个相对概念，并无绝对的范围界定和时间限制。正如有学者分析：“古代国家的领土是经常变动的，人民的归属也是随意变动的，因而疆界也不具有近代国家疆界的神圣不可侵犯性，其实际意义不过就是行政管辖的控制线。”在此意义上看，“国家是一个历史范畴，随着时间推移，国家的疆域和国中民族的构成部分是不断变化的。”[②] 远古时期的一个国家现在实际上可能已成为国内的一个固定行政区域。由于地方志是中华民族特有的传统文化形式，正因为中国行政区划具有如此漫长复杂的历史变迁，因而从地方志这一特殊角度看，判定一种文献形式是否属于方志，关键不在于记述范围有多大，而在于其记载形式是否规范，是否符合方志编纂的科学规律，也即它是否按“资料性文献”要求，以特有的“记述”方式，对一个特定行政区域“自然、政治、经济、文化和社会”进行“全面、客观、系统”的记载。据此，方志界又将志书分为全国性“总志”和区域性“方志”两种形式。而且早有史载：“后周有外史，掌书王言及动作之事，以为国志”。按这一标准衡量，《汉书·地理志》《括地志》《元和郡县图志》《太平寰宇记》《元丰九域志》等历朝历代的国家性地理总志和元、明、清各朝所修的“大一统志”都是方志的典型形式。而且为它们所建的大批官方史志编修机构，有的事实上就带有方志馆的雏形性质。

---

① 周迅：《中国的地方志》，商务印书馆，1998 年，第 76—77 页。

② 陈玉屏：《关于“国家”理论的若干思考》，《西南民族大学学报》，2014 年第 8 期。

（一）元代：依托翰林院开一统志编修先河

中国方志史向来有“元衰明兴”之说。但值得关注的是元初，统治者既为“削平江南，而大统始一，舆地之大，古所未有”而喜，又为“武功迭兴，文治多缺”而忧，至元二十二年（1285），元世祖命秘书监“大集万方图志而一之，以表皇元疆理无外之大。诏大臣近侍提其纲，聘鸿生硕士立局置属，庀其事。”[①] 至元二十三年（1286），集贤大学士、中奉大夫行秘书监事札马剌丁奏请元帝，建议编纂“大一统志”，对其“方今尺地一民，尽入版籍，宜为书以明一统”的建议，忽必烈予以采纳，命札马剌丁和秘书少监虞应龙等主其事，于是秉承“史馆不立，后世亦不知有今日”的理念，开始依托翰林国史院修全国总志。元朝从而以《大元大一统志》为标志，开创了国家一统志的编修先河。

一统志由秘书监组织编修，在元王士点撰的《秘书监志》中，曾详细记载了机构设置、人员组成变动和编纂进程等情况。一统志具体由翰林国史院负责实施。“翰林”意为文翰如林，系文人才子聚集之处。据载，翰林院原以起草诏书等职能为主，与史馆并非同一机构。至元四年（1268），改立翰林兼国史院，始合二为一。它位于“大内以北，傍依积水潭畔”，“其地高爽，古木层荫，与公府相为秘荫，规模宏敞壮丽。”[②] 可见其规模之大，同时也可见当时皇朝对史志编修的重视程度。

经过八年努力，至元三十一年（1294），总数为755卷的一统志编成。此后，又陆续得到《云南图志》《甘肃图志》《辽阳图志》等省区的图志，因而有人倡议重修。后由李兰肹、岳铉等主持续编，至大德七年（1303）增为1300卷。《大元大一统志》对全国路府州县建置沿革及山川、土产、风俗、里至、宦迹、人物等，皆有详述。而且其内容繁博，体例严密，为历代总志所不及。另外该志还绘有彩色地理图，引入

---

① 《秘书监志》卷四《纂修》，转引自谢保成主编：《中国史学史》，商务印书馆，2008年，第324—325页。

② 萨兆沩：《元代翰林国史院述要》，《北京行政学院学报》，1999年第1期。

阿拉伯绘图之法。特别值得关注的是，《大元大一统志》首创“一统志”先例，它所产生的影响特别是所提供的许多重要史料文献，对之后明清修一统志和全国各地修志事业起到了重要的推动作用。如后《四库全书总目》所载：《明一统志》“其义例一仍《元志》之旧，故书名亦沿用之。”而这种成就的取得，与翰林院、国史院等史志编修机构的作用是分不开的。

（二）明代：始设一统志馆，官修史志工作强力推进

明代十分尊崇“治天下者以史为鉴，治郡国者以志为鉴”之说，并高度重视修志，可谓史志并重。明初“循元之旧，翰林有国史院”，后国史院被罢，但仍“以修撰、编修、检讨专为史官，隶翰林院”。其后虽仍有变化，但翰林院下设史馆并负责修史的制度却并无根本改变，而且两者关系十分密切。如当时注意到“志书修撰的好坏往往是正史成败的关键，所以明史馆在撰修元史志书时一反厌元态度，对元史的地理、河渠、食货、兵、刑法、百官等志倾注了特别的热情。”①史馆有时还直接承担了方志编纂任务，如明初修《元史》时，便有《天文》《五行》《职官》《兵》《刑》和《河渠》等诸志。另据《謇斋琐缀录》载：景泰年间，朝廷打算修《续通鉴纲目》，但当时正在修纂《寰宇通志》，所以只能“伫俟志书完日开馆”。

洪武二年（1369），为修《元史》，朝廷正式成立史局，归翰林院所属，后又发展为文翰、文史二馆，史志编纂的专业职能日益强化。据载，明代史馆共分十馆，其中东面四馆主纂史料，西面六馆主修史书。可见其规模之大。洪武三年（1370），朱元璋诏令中书省：“将天下城池、山川、地理、形胜，亦皆已成书，藏之内府，以垂永久。”同时又命儒臣魏俊民等六人，当年编成“凡天下行省十二，府一百二十，州一百八，县八百八十七，安抚司三，长官司一。东至海，南至琼崖，西至

① 商慧明：《明代史馆考述》，《江淮论坛》，1991年第1期。

临洮，北至北平”的《大明志书》，这也是明代最早的全国总志。此后，又于洪武十六年（1383）、洪武十七年（1384）和洪武二十七年（1394），多次诏令编修方志。

永乐年间明成祖朱棣也曾“诏令天下郡县卫所皆修志书”，并三令五申予以督促，因而不仅中央政府高度重视，而且地方也纷纷响应并设馆修志，当时州县志的编纂十分繁盛，以至明朝“今天下自国史外，郡邑莫不有志。”“僻郡下邑，率多有志。”仅当时山西一地，便有大量局、馆之类的机构。如嘉靖编修《汾阳志》时，便“敦请乡进士龙冈王纬开馆撰次，数月书成。”直至万历三十五年（1607）编修《孝义县志》时，也“会台司督征各郡邑志，余遂设局授饩，集众卒业”。[①]

“一统志”明初由翰林院组织编修，而至景泰五年（1454），代宗专设一统志馆，“并设有总裁、副总裁、纂修、催纂、誊录等人，形成一套系统的编写班子，这一模式不仅影响了《大清一统志》的编修，而且使明及以后的府州县地方志书的编修有所遵循。”[②] 天顺二年（1458），因深感“修志乃国家大政所关”，且已编“《寰宇通志》多泛滥”，据《明英宗实录》卷二九四载：八月……己卯，敕谕吏部尚书兼翰林院学士李贤、太常寺少卿兼翰林院学士彭时、翰林院学士吕原曰：“朕惟天下舆地之广，不可无纪载以备观鉴，古昔帝王率留意焉。我太祖、太宗皇帝尝命儒臣修之，未底于成。景泰间虽已成书，而繁简失宜，去取未当。今命卿等折衷群书，务臻精要，继成太祖之初志，用昭我朝一统之盛，以幸天下，以传后世，顾不伟欤！卿等其尽心毋忽。”另据《明英宗实录》卷三二七载：天顺五年（1461）夏四月……《大明一统志》成。御制序：“虽历代地志具存可考，然其间简或脱略，详或冗复，甚至得此失彼，舛讹殽杂，往往不能无遗憾也……朕念祖宗之志有未成

① 参见刘益龄：《明代山西方志编纂考略》，《中国地方志》，2004年第10期。
② 张英聘：《论〈大明一统志〉的编修》，《史学史研究》，2004年第4期。

者，谨当继述，乃命文学之臣重加编辑，俾繁简适宜，去取惟当，务臻精要，用底全书，庶可继成太祖之志，用昭我朝一统之盛。而泛求约取，参极群书，三阅寒暑，乃可成编。名曰《大明一统志》。”①

《大明一统志》内容广泛，是中国又一部比较完备的全国性地方总志。它较为详尽地记载了京师及全国各地的建置沿革、山川形胜、风俗物产、城池苑囿、桥梁井泉等，内容丰富翔明，反映了明代全国各府州县的情况。万历年间又加补修，增入嘉靖、隆庆年间的史事，文献价值很高。

不仅是中央政府，当时地方政府也十分重视志书编修。据杨军仕研究：“与宋元时期相比，明代修志设立的志馆或志局数量增多，内部分工也比较明确。这种组织形式虽然比较松散，并且志书编纂完成后自行解散，但逐步为后代所沿用，并加以规范化和制度化。”他在文中还以明代弘治、嘉靖、万历三朝为例，列举了弘治《徽州府志》《温州府志》《汝州志》，嘉靖《山东通志》《九江府志》《香山县志》，万历《新修南昌府志》《高州府志》《雷州府志》等二十多个地方分别设志局、志馆修志的情况。②

另外，明代史馆还十分重视馆臣的选任待遇和编纂规范。起初史志编纂任务繁重，升迁缓慢，史官们一度甚至“以早离史局为幸”。为此当朝统治者很快便采取措施提高了人员待遇，如“修撰三人从六品，编修四人正七品，检讨四人从七品”，等等。景泰年间《寰宇通志》修成后，主修者陈循等人也因此而加官封赏。与此同时，朝廷还对编纂质量规范提出鉴世为旨、分而纂之、严而审之等一系列明确要求，从而把史馆等史志机构的规范化建设继续向前推进了一步，为后世发展打下了基础。③

① 转引自《增订中国史学史资料编年》（元明卷），第182页。

② 分别参见杨军仕：《明代地方官员与方志编修》，《中国地方志》，2015年第3期；《明代志局（馆）浅议》，《中国地方志》2015年第4期。

③ 商慧明：《明代史馆考述》，《江淮论坛》，1991年第1期。

（三）清代：以一统志馆等为标志，史志机构全面繁荣

清代是中国方志发展史上的鼎盛时期，统治者“顾由汉以来，方舆地理，作者颇多，详略既殊，今昔互异”。认为方志编纂将“使伟绩懿行逾久弥光，乃称不朽盛事。”因此二百多年间共修方志近六千种，约占我国现存方志的三分之二以上。上起全国一统志和各省通志，下至府州厅县乡镇志等，不仅是从上到下各级而且包括各种类型，可以说一应俱全，无不有志。正如梁启超所言：“清之盛时，各省府州县皆以修志相尚。”同时清代也是方志馆发展的一个重要时期，在数百年间，方志馆从原来的史志合一管理体制和运行机制中，职能逐步分离并日渐清晰。

1. 三修一统志对方志馆建设的影响

谈及史馆等清代史志机构的发展，不能不提到《大清一统志》的编纂。《大清一统志》自康熙二十五年（1686）设一统志馆开局纂修，至道光二十二年（1842）完成，历经康熙、雍正、乾隆、嘉庆、道光等五朝，历时157年，耗时之长，费力之巨，为历代所仅见。它不仅强力促进了一统志的编修任务，是清代史志编纂事业兴盛的一个重要标志，同时也对各类史志机构的发展起到了直接而又重大的推动作用。

清初顺治元年（1644）曾沿袭明制，始设翰林院，但组织规模都更为庞大，且《清史稿·职官志》中载明翰林院要“修实录、史、志”。康熙九年（1670年），废内三院而设置内阁、翰林院，各司其事。翰林院下置国史馆、起居注馆，设各级史官，负责编修实录、史、志、起居注等。康熙十一年（1672），保和殿大学士卫周祚上疏“各省通志宜修……聘集宿儒名贤，接古续今，纂辑成书，总发翰林院，汇为《大清一统志》。”康熙皇帝采纳了这一建议，随即“下明诏”，“以昭车书一统之盛。”并于十二年（1673）下令各省编修通志，以备将来修一统志之需。但由于当年“三藩之乱”已起，全力平叛为清廷首要之务，纂修《大清一统志》事也暂被搁置。康熙二十二年（1683），接大学士明珠等奏：“《一统志》关系典制，自应催令速修”，朝廷再次敕令各省修志。据

《康熙起居注》载："从前用兵之际，各省所修通志稍觉迟延。今兵事既息，俟各省修完送到之日，应即行纂修《一统志》书。"于是康熙二十五年（1686）再次诏令："爰敕所司，肇开馆局，网罗文献，质订图经，将荟萃成书，以著一代之巨典，名曰《大清一统志》。"[①] 可见此事在当时统治者心目中始终所处的重要地位。而且鉴于以前修志工作附于礼部，官员地位较低、很难协调的实际情况，当年康熙先是要求"内阁会同翰林院以编纂《一统志》"，继而以特开形式专设"一统志馆"，委任大学士勒德洪等为总裁官，内阁学士徐乾学等为副总裁官，翰林院侍读20人为纂修官，并被赋予较高地位。

从现存相关史料看，当时不仅设立了"一统志馆"等一统志编修机构，而且形式、地点等多有变化。为此有学者专门作了较为详细的系统研究，并制作了一张"初修《大清一统志》纂修进程表"（如下），详列了当时一统志的编修工作地点[②]。

初修《大清一统志》纂修进程表

表 1

起止时间	实际领修者	工作地点
第一阶段（1686—1689）	陈廷敬、徐乾学	大清一统志馆（碧山堂）
第二阶段（1690—1694）	徐乾学	太湖洞庭东山—嘉善—昆山
第三阶段（1694—1704）	韩　菼等	大清一统志馆
第四阶段（1705—1724）	王项龄等	大清一统志馆
第五阶段（1725—1732）	蒋廷锡等	大清一统志馆
第六阶段（1733—1740）	任兰枝等	大清一统志馆

据史料记载和相应研究，康熙二十九年（1690），在京城专设一统

① 《中华大典·历史典（史学理论与史学史分典）（三）》，上海古籍出版社，2007年，第490页。

② 王大文：《康雍乾初修〈大清一统志〉纂修研究》，《第四届中国地方志学术年会论文汇编》。

志馆的同时，因事被劾回乡的徐乾学还曾在苏州太湖洞庭东山席家埠头桔庄，在翁天浩所建的社西草堂和敞云楼等建筑内另设志局。此地“乃迭五湖之滨，洞庭之山，僦园池亭馆之美者而分居之”。这一机构除参与编修的主纂人员外，仅“供事之员、善书之士及奔走使令之役复三四十人，呜呼盛也。”这也从一个侧面反映了清代一统志的编修盛景。据说康熙还曾专门到此巡视。后因“洞庭山中颇嚣杂，乃避居嘉善，已又栖息郡西华山之凰村而病作。”之后，尽管一统志馆始终以不同形式存在，但由于种种原因（如总裁更替频繁；又如康熙五十四年国史馆人手不够，便要求“一统志、明史馆暂停纂修，恳请照例方略馆之例，将一统志、明史馆贡监生员内善书者选拔十六名借赴本馆速行抄写。”等等），因而直至康熙去世，《大清一统志》终未能成书。

至雍正朝，“世宗宪皇帝命天下重修通志，上诸史馆，以备一统志之采择。”并于雍正三年（1725）再组“一统志馆”。而且当时的一统志馆极具权威，如《世宗实录》卷五十七载，雍正六年（1728），《一统志》总裁蒋廷锡等上奏称：“各省志书既多缺略，即有采录，又不无冒滥，必得详查明核，采其行义事迹卓然可传者，方足以励俗维风，信今传后。请谕各该督抚，将本省名宦、乡贤、孝子、节妇，一应事实，详细查核，无阙无滥，于一年内，保送到馆，以便细加核实，详慎增载。”雍正为此下令：“著各省督抚，将本省通志重加修辑，务期考据详明，摭采精当，既无阙略，亦无冒滥，以成完善之书。如一年未能竣事，或宽至二三年内纂成具奏。”并强调有关事宜应“详查确实，先行汇送一统志馆，以便增辑成书。”要求此事“当速行办理为是”，如“所纂之书又草率滥略，亦即从重处分”。[①] 雍正十一年（1733），一统志馆为详查直隶各省府州县户口、田赋、市镇、文武职官等等事项，也照会户部，令转行各省，限于三个月内查清造册报部送馆。照会后附“行查事项”

① 《雍正帝命重修省志汇送一统志馆》，《中华大典·历史典（史学理论与史学史分典）（三）》，上海古籍出版社，2007 年，第 326 页。

十四条，要求逐条行查上报。并再三强调此事“关系本朝典礼考订，固不可草率，而办理亦不可稽迟。”① 尽管如此，当时一统志也未修成。

乾隆八年（1743），一统志馆又改由方略馆编修，同样被赋予相当的行政权力。清廷明令每省先立部类，所列之目有分野、建置沿革、形势、风俗、城池、学校、户口、山川、古迹、名宦、人物等二十一门，冠以图表，所立纲目皆统括全省。凡诸府、直隶州又各立一表，各县又系之于下，外藩及诸朝贡国作为附录。方略馆等机构在承编一统志的同时，还初步修成天文、时宪、地理、舆服、卫、礼、乐、兵、刑法、职官、选举、食货、河渠、艺文等十四志。经长期努力，最终历时三朝五十七年，完成自康熙朝以来的第一部共356卷的《大清一统志》。

乾隆二十九年（1764），据《清高宗实录》卷七二二载：当年十一月，御史曹学闵奏称，从前纂修《大清一统志》，于乾隆八年告成，久已颁行海内。近年来平定准噶尔及回部，拓地二万余里，实为振古未有之丰功。前命廷臣纂修《西域图志》，并令钦天监臣前往测量各部经纬地度，增入舆图。帷《一统志》尚未议及增修，请饬儒臣，查照体例，将西域新疆敬谨增入。再查《一统志》自成书以后，迄今又二十余年，各省府厅州县，添设裁并，多有不同，亦应查照新定之制，逐一刊改等语为此……请即将《一统志》所应载者按类择取，增入志末，以成全书……从之。于是在前志基础上，清廷又重修一统志，并于乾隆五十年（1785），完成多达500卷的清代第二部《大清一统志》。当时史籍对此便有评价记载：“盖我国家土宇宏开，德威遐播，山河两戒，并隶职方，自有书契以来志舆图者，孰有如是之大一统而扩无外者乎！”②

嘉庆六年（1801）开始了清代三修《一统志》的准备工作。嘉庆十二年（1807），经奏请，由潘锡恩任提调总纂官的国史馆得到旨准续修，全面恢复了帝纪、十四志等纂修工作，还承担了《大清一统志》的修

① 参见《雍正修志上谕》，《雍正内阁一统志馆行查事项》，黄苇主编：《中国地方志词典》，黄山书社，1986年，第678页。

② 转引自《增订中国史学史资料编年》（清代卷），第330—331页，第377页。

撰。后来国史馆一份名为《现在纂办各种书籍》的报告中也有明载："一统志全书于嘉庆十六年正月由方略馆奏交本馆纂办，当经本馆议奏，所有通体沿革、裁改各事宜，其在京各衙门令于三个月内交全，在外各直省令于半年内交全。俟各衙门各直省交全后，立限二年将全书纂校进呈，俟钦定后咨送武英殿刊刻。"并规定了具体的编纂要求和时间期限。国史馆还通过扩大人员编制、改革章程制度、加强资料征集和纂修进度的督查等方式，以使功能更适应《大清一统志》的编修。据《清仁宗实录》卷三一二载："嘉庆二十年十一月己亥，又谕：《大清一统志》于嘉庆十六年交国史馆补纂，当经该馆行文各直省，将建置、沿革、职官、户口、人物一切裁改各事宜，限半年内查明送馆，以便勒限纂校。乃已阅五载，各直省视为不急之务，或全不登复，或遗漏舛错，实属疲玩。着各该督抚分饬所属，查照该馆咨取事宜，迅速详查，造具清册送馆，毋得仍前延玩。"可见国史馆对一统志及各省通志编修的积极态度和重视程度。[①] 嘉庆二十三年（1818），国史馆还再次行文敦促各省呈送本省通志以备"采择"。尽管如此，嘉庆朝并未完成纂修任务。

道光四年（1824），国史馆奏准以十四志作为馆内常行功课，即与列传一样每季进呈一次，每次四卷。次年国史馆还专门制定了《一统志凡例》。道光十六年（1836），朝廷正式敕修《大清一统志》，由国史馆总裁、大学士穆彰阿主持，其"督饬

《大清一统志》

① 分别参见乔治忠：《中国史学史》，中国人民大学出版社，2011 年，第 268—269 页；《增订中国史学史资料编年》（清代卷），第 445 页。

在馆各员，将全书纂辑”。至道光二十二年（1842），经历了三十一个春秋，第三部一统志也终告完成，全志共560卷，所记内容始于嘉庆继位，终于嘉庆二十五年（1820），同名为《大清一统志》，也称《嘉庆重修大清一统志》。

从这个发展脉络可以看出，虽然机构名称不同，编修难度进程不一，但清代一统志馆、方略馆等史志机构却以各种方式始终存在，并不断发展。此后，各类史志机构章程进一步健全，人员有较大扩充，职衔设置日益细密，这一阶段也是中国地方志事业发展的鼎盛时期。

2．清代史志机构的主要特点

从方志馆等史志机构的设立和发展角度看，清代史志机构的主要特点在于：

一是机构形式十分丰富。当时的史志机构可分为常开、例开、阅时而开以及特开等四种类型，并形成了以常开、例开为主干，以阅时而开和特开为辅助的史馆格局。“常开之馆”常设不闭，持续进行，有国史馆、方略馆、起居注馆等；“例开之馆”即定期开设，书成即撤，实录馆、圣训馆、玉牒馆、律例馆等便属于这种类型；“特开之馆”为修辑特定史籍而开设，书成馆闭，不再重开。这种形式最为普遍常见，如《明史》馆、《八旗通志》馆、“三通”馆、《明史纲目》馆、《明鉴》馆、《通鉴辑览》馆、《西域图志》馆，等等；“阅时而开之馆”则根据具体情况开办，修纂具有明显接续性系列的史籍，会典馆、一统志馆即属此类。这四类机构，以实录馆、国史馆、方略馆等常开、例开之馆为主体，其他各种形式相辅，自顺康时期开始形成并逐步趋于稳定。而且，它们之间也非绝然相离而是有着密切的联系和融合机制。如乾隆年间，方略馆成为常设之馆后，不仅编修方略，还承担了《西域图志》《大清一统志》等志书的编纂任务；同样，嘉庆、道光年间，国史馆也承担了《大清一统志》的编纂任务，等等。从而形成了历代延续、规模日益扩大，机制日趋完备的官修史志编纂体制，这样的格局为中国古代史所仅见。[①]

二是经历了从史志融合到逐步分离的发展历程。清代起初沿袭旧制，史志机构融合，职能相互兼顾，关系十分密切。如从行使职能看，国史馆通过查询志书、提供咨询等方式，承担了重要的资政工作。国史馆等机构不仅承担着国史的重要编修任务，而且还实际承担了《大清一统志》等大量志书和相关历史文献的编纂工作。如康熙年间，为设馆修明史，翰林院掌院学士叶方蔼上疏称："令督抚责成各省学臣，或遣官专行采访，凡载有故明事迹，及郡县地志，皆修史所必需，务令加以搜罗，以期必得。"[②] 雍正年间有文献载："今方大修《一统志》，由县而州，而府而省，各籍其所属，以上于史馆。"而且从史馆所设置的十四志处、长编处、总纂处等机构名称和承担职能看，显然它不仅是国史馆所必需的，同时与方志编纂的性质和功能也是基本适应的。又如咸丰年间礼部有多件移文，要求国史馆详查历代僧道、庙宇、神灵之事，以便确定哪些应准许民间崇祀，哪些应行禁止。有的移文甚至点明应从《一统志》等书中查阅，这是方志存史、资政职能的重要体现。在现台北"故宫博物院"所藏的大批编号为"故志"的原清宫所藏方志中，其编目卡片中不少就注明原藏地为"清史馆"，也即说明这些志书在移出紫禁城前，就贮藏在当时位于东华门北侧宫墙内的"清史馆"，可见两者关系之密切。[③] 这种延续不断的史志融合体制和运行机制，不仅有效保证了一统志等志书的编纂，而且为方志馆今后的独立设置和逐步发展提供了先期经验，打下了扎实基础。至于各时期特别是后期，随着一统志馆等一些较为规范的方志机构的单独设立，更标志着方志馆事业的逐步

---

① 乔治忠：《清朝的修史制度及其特点》，《中国官方史学与私家史学》，北京图书馆出版社，2008 年，第 93—94 页。

② 陈其泰：《中国古代设馆修史功过得失略论》，《河北学刊》，2003 年第 5 期。

③ 卢雪燕：《台北故宫博物院收藏方志特色》，《首届中国地方志学术年会方志文献国际学术研讨会论文集》，中华书局，2012 年。

兴盛和日趋规范。

三是史志机构的管理机制和运行方式，也为方志馆的发展创造了良好的物质条件。如从人员选任看，为解决史志编纂人员因缺乏专业技能而影响质量和进度的问题，清代采取了一些行之有效的措施，主要是：以科举考试而广泛收罗，行荐引延请而专门擢用，视真才实学而委以重任。具体方式有：一是科举考试中增加史学内容和比重。二是允许采用举荐和延请方式聘用编纂人员。如徐乾学奉旨修《大清一统志》，曾聘请顾祖禹、胡渭等多人。郑江与修《一统志》，皆因受人举荐。三是对史才卓越者调以他职，委以重任，如徐乾学、方苞、顾祖禹、阎若璩等一批极具才华的文臣在一统志编纂机构中工作，是促使方志馆设立发展乃至整个方志事业发展的最重要的保证。

雍正年间，时任《大清一统志》总裁的方苞在《与一统志馆诸翰林书》一文中，便阐述了其鲜明的修志原则：一是"体例不一，犹农之无畔也"，更不能"各执斧斤，任其目巧，而无规矩绳墨以一之。"二是"地志非类书之比也"，"所尚者简明，而杂冗则愈晦"，因而要由博返约，提倡简略。三是要在注重资料来源可靠性基础上，善于以"群书互参"等方式做好后期的编纂校勘工作。[①] 显然，这不是对一般性史志编纂的泛泛而谈，而是特别针对方志编纂所阐述的真知灼见，因而在当时较为普遍的史志融合的体制中，此番论见对一统志馆等方志机构如何独立开展工作，更有独特的价值意义。

四是地方纷纷设立史馆等史志机构，进一步推动了方志馆的建设进程。清代作为中国方志发展鼎盛期的一个重要标志是，不仅中央政府设置了大批机构从事史志编修工作，而且对各地也提出明确要求。在这种传统和现实影响下，各地也纷纷效仿中央政府建立史志机构。客观上由

① 分别参见来新夏：《中国方志学理论的发展与现状》，《中国地方志》，2005年第2期；吴筱霞：《方苞与地方志》，《中国地方志》，2007年第4期。

于清初“藩乱”四起，中央政府虽已定一统志编修大局，但事实上又难兼顾，因而采取自上而下或先下后上的方式逐级谕令修志，并颁布《河南通志》等省级志书格式以为范本，同时给各地下达硬任务，继而州县志成而修府志，府志成而修通志，层层编修，逐级汇纂，最终修成《大清一统志》。这种体制格局大大拉动了各地的修志热潮，一时“省既开馆，延文学之士以黼黻之外，而各府、州、县皆同时兴举”。如康熙十一年（1672），一统志编修诏令下达后，两广总督金光祖即奉命在省城设局主修《广东通志》，同时还下檄各府州县修志上送。康熙二十年（1681）秋至康熙二十四年（1685）秋，黄贞泰出知四川南部时，因清廷敕修《大清一统志》而强调“奉宪檄纂修县志，事不容缓”，于是邀集邑绅雍居敬等，在城南书院等处设局新修《南部县志》。当时河北各府州县也普遍设馆修志，且多由知府、知州、县令任监修或总裁，聘进士、举人等贤士编纂。如安平县令陈宗石便“慨然修辑，捐费聘贤，勒为成书，上于史馆，以备昭代《一统志》之所采择”。[①] 同样雍正七年（1729），督臣唐执玉等曾设局于保定府莲花池修《畿辅通志》；雍正九年（1731），署理两江总督尹继善等地方官员，则“征集在籍儒臣之博洽工文、通达治体者，开局于江宁”，编修《江南通志》。又如嘉庆年间设立的松江修志局，也聘请140多人参加，内分提调、总纂、总校等各种职务，仅采访员就有47人，规模同样可观。[②] 再如光绪十六年（1890），黑龙江便已设有舆图局（后改为通志局）等机构。直到清末宣统年间，新疆通志局还“设局三年，竟能蒇事，且共为志二十九种，计书一百一十六卷，约二百余万言”的《新疆图志》也告修成，等等。

当时各地修志不仅机构健全，而且“兵强马壮”，有的规模远超当今的方志机构。如清光绪年间，江西为修《庐州府志》而专门设局，该

① 牛润珍：《河北方志考略》，《中国地方志》，1984年第3期。
② 刘纬毅等：《中国方志史》，三晋出版社，2010年，第233页。

机构配备了管理、业务和后勤保障等三方面人员，具体有：总裁2人，协裁3人，倡修1人，总修1人，同修17人，总理1人，协理1人，提调1人，总纂3人，代办总纂兼分修1人，协纂5人，分修20人，删定1人，总校3人，分校33人，采访65人……，总计竟达167人之多。①在今天看来，这些所设职务令人眼花缭乱，甚至有过多过滥之嫌，但却如实反映了当时对修志事业的高度重视，这种体制格局不仅拉动了各地修志热潮，同时客观上又助推了史馆等机构的发展兴盛。

当然需要说明的是，当时不仅是承担一统志编纂的国史馆，即便是方略馆等，也不是今天所指严格意义上的方志馆。但到后期，随着方志专业特性的日益显现和地位的日渐确立，随着统治者对方志事业的日趋重视，史志分离的趋势不断呈现，促使方志馆等专业方志机构开始独立设置并日趋发展完善。如清后期光绪年间山东通志局、黑龙江舆图局和宣统年间江苏通志局等地专业方志机构的直接设立，便是典型几例。光绪三十三年（1907），为修《山东通志》，时任山东巡抚杨士骧重整通志局并亲任总裁，通志局内也设有监修、总纂、会纂、总校、分纂、分校、采访、文案兼收支、庶务、收掌、缮写、图绘等机构，可见其分工之细密，机构之完备。同样，自宣统元年（1909）始，由缪荃孙任总纂的江苏通志局，开始编纂多达352卷的《江苏通志》，因辛亥革命爆发后工作中断，通志局也告撤销。后再由民国恢复史称，《江苏通志》编纂未竟之业得以延续，从中也可见方志馆从古代到近现代一脉相承的历史联系。而且至此之后，各地方志馆的建设发展开始逐步走上正轨。

四、民国时期方志馆的艰难发展历程

民国年间，各种战事不断，社会动荡不安，全国各地的地方志事业自然也受到极大影响，黄苇为此曾称之为“乱世修志”。但各时期仍通

① 张安东：《清代修志机构的人员设置和资料来源》，《中国地方志》，2015年第7期。

过颁发政令、建立机构、编纂志书等举措，试图强化地方志的官修地位，推进方志事业发展，其中各种形式的方志馆在艰难时局中也得到了一定发展。

（一）浙江通志局与民国方志馆建设事业的发端

1914 年前后的浙江与全国各地一样，大事迭现，乱象频生：袁世凯就任大总统，孙中山到杭，浙江省督军朱瑞因宣告“中立”而被章太炎、蔡元培通电抵制，全省各种灾情屡发……可谓是是非非，世事难断。“乱世修志”的真实原因现已难考，也许应了老话：历史需要沉淀，功过后人评说，当年春，时任浙江省督军朱瑞、巡按使屈映光决定在雍正版《浙江通志》基础上，续修《浙江通志》并设立浙江通志局。1915 年制定的《浙江续修通志局组织大纲》第一条即有说明：“本局定名为浙江通志局”。据查，1923 年 5 月，浙江省长官公署在《结束浙江通志局追加十一年度经费案》中，曾明确记载：“《浙江通志》，创始于民国三年。”洪焕椿在《浙江方志考》中也有相同记载。尽管至今尚未查到浙江通志局成立的确切日期，但在目前中国方志界中，它系民国时期第一个省级方志馆当无疑义，因而也为中国近现代的方志馆事业做出了开创性贡献。当然，需要说明的是，就主要功能而言，浙江通志局仍是一个形式单一的志书编纂机构，与方志馆后来的发展特别是与方志界今天所设计的以综合地情为主的方志馆仍有相当差别。

浙江通志局的创立与沈曾植所做的历史贡献是分不开的。沈曾植（1850—1922），浙江嘉兴人，系清光绪六年（1880）进士，先后官至刑部主事，总理各国事务衙门章京、江西广信知府、安徽布政使等职。他为学严谨博大，以专治辽、金、元三史及边疆历史地理、中外交通史知名当时。以其学识名望，应是当时担此重任的不二人选。接受《浙江通志》总纂重任后，时年已愈 60 且体弱多病的沈曾植特地从上海来到杭州，手定《续浙江通志稿》凡例，规定上限自清乾隆元年（1736）起，以与雍正《浙江通志》相衔接，下限止于清宣统三年（1911）。由于沈曾植常住上海，因而多委托他人代行志书编纂、财务和日常管理等工作。

沈曾植所做的一件大事便是广揽人才。《浙江续修通志局组织大纲》规定：浙江通志局“延聘总纂一人，委任提调一人，其纂修四人，分修二人，协修四人，名誉纂协修无定额，特别征访员无定额，均由总纂延订。征访十一员，文牍二员，会计兼庶务一员，校对员书成后选派，书记随时增减，由本局提调委。”① 按此方案，通志局及沈曾植聘请归安（今湖州）朱祖谋、刘承干，秀水（今嘉兴）陶葆廉、金蓉镜，海宁章梫、王国维，钱塘（今杭州）吴庆坻，仁和（今杭州）叶尔恺，海盐朱福清等人参与纂修，以徐定超、喻长林为提调。又设分纂二十余人，各县采访若干人，共同从事此项大业。这些人的加盟无疑是《浙江通志》编纂的幸事，如据《沈曾植年谱长编》（中华书局 2007 年版）载，当时沈曾植与王国维过从甚密，仅王国维专程拜访的记载便有数十次之多，沈曾植对其还有“浙志得公相助，且为湖山生色”的溢美之词。1916 年 12 月，王国维在致友人的信函中也有记载：“乙老（注：沈曾植）则又商襄办《通志》事，云明年拟以维为分纂，则为月薪而非记字取酬”。在其日记中也有“1 月 10 日午后，书《通志考异》稿五页。12 日，书《考异》稿二页”等具体记载。② 从中可见两人的密切关系。1990 年初，据曾任嘉业堂藏书楼第一任编目部主任的上海华东师大教授周子美回忆：“那时王国维住在盐官家中，续修《浙江通志》，工作人员很少集中在一起，有时要商量就到嘉兴去碰头开会，平时各人写个人的。王国维较少参加会议，每月薪俸 80 银圆，在当时待遇是很丰厚的。”据考，王国维先后为通志局撰写过《两浙古刊本考》二卷、《五代两宋监本考》三卷、《乾隆浙江通志考异》四卷、《乾隆浙江通志》补二卷，这些著作文论在 2009 年被汇为一册，作为《王国维全集》的第 7 卷，由浙江教

---

① 《浙江续修通志局组织大纲》，原件现藏于浙江省嘉兴市图书馆。

② 徐逸龙：《沈曾植与上海修志群体》，《浙江方志》，2014 年第 4 期。

育出版社、广东教育出版社联合出版，可见王国维为编纂《浙江通志》所做出的实际贡献。

这支编纂队伍中还有一位重要人物：徐定超。徐定超系浙江省永嘉县枫林人，清光绪九年（1883）进士，曾任国史馆协修、京畿道掌印监察御史。1915 年春受聘担任浙江通志局提调。徐定超与沈曾植有 30 年交情，修志工作配合默契。如因当时沈曾植常住上海，“总有班老（注：徐班侯，即徐定超）到沪面呈”，工作辛苦程度可见一斑。1918 年 1 月 4 日，沈曾植在上海设宴送别徐定超到温州征集文献，未料 5 日凌晨，徐定超所乘普济轮行至吴淞江口外铜沙洋，因与从福州返沪入港的新丰轮相撞沉没而遇难。沈曾植惊闻噩耗，痛作《徐班老挽诗二首》：“送君昨日话檐阿，岂料飞来薤露歌。……卅年耐久交期尽，七鳅齐眉命者耶！”1 月 7 日，王国维《致罗振玉书》说：“前日往温州之普济轮船在吴淞外失事，死者二三百人，徐班侯与其眷属皆罹其祸，可谓钜矣。”[①]

以上这些续《浙江通志》的编纂人员多有从政经验，且多为浙江著名学者，熟悉浙江地情史事，是理想的省志编辑队伍。在政局动荡之际，浙江在全国率先开展编纂通志工作，其艰难程度可想而知。人员选定后，还要解决办公场地问题。1915 年制定的《浙江续修通志局组织大纲》第二条“地址”言明：“本局设于省城高桥巷后前省议会旧址”，省议会原系清末浙江省咨议局大院，后来成为国民党浙江省党部驻地(现为省公安厅办公地)。1915 年 8 月 13 日上午，徐定超、金蓉镜等“赴省议会旧址布设通志局，开始应办各事宜。其他分纂及庶务会计各员，日内即可一律到杭，遂定自昨日起，开始办理局务。”[②] 标志着通志局正式开始运行。

当时政府也十分重视通志局和《浙江通志》的编纂工作，1915 年 10

---

① 参见徐逸龙：《徐定超和浙江通志局》，《浙江方志》，2012 年第 5 期。

② 《省通志局之开幕》，《申报》，1915 年 8 月 15 日。

月，浙江巡按使公署专门发文，制定了《续修浙江通志征访细则》共二十二条。省都督吕公望还要求各县“迅速补送备纂，毋任延缓。”1916年11月，因有的县对修志态度消极、行动迟缓，省长公署又多次发布训令，再次强调“事关重要”，应从速办理。当年，在研究全省五年度地方税岁出入预算后，经省长咨交省议会决定，拨付浙江通志局的经费为三万五千五百九十二元。[①] 当时虽偶有“请款”之举，但经费总体上还是有保证的。这也从一个侧面反映了浙江通志局盛时的工作境况。

浙江通志局正式开办后，十分注重借鉴前人、他人修志经验，如沈曾植便强调“读一省之志不可不知一省之事”。刘承干也曾从自藏书库中检出《广西通志》八十册，供沈曾植等人阅习。特别值得一提的是，他们十分重视资料的征访、搜集和整理工作。1915年9月，通志局在修志资料征集方案中，强调一是要以各县现行志书为修志依据，二是要重视摘录官衙公牍，三是各县应设访员，并采取实地调查访问的形式，为修志提供一手资料。并对征访员的人数、年龄和征访办法等事项作出了详细规定。金蓉镜在给沈曾植的信中还强调：“征访员极难得，薪需增。”可见对此事的重视程度。当年10月浙江巡按使公署发布的《续修浙江通志征访细则》中，又进一步明确要求各府衙配备一名专职征访员，且务必品学端正，留心掌故，三十岁以上。如果有人借修志之名招摇撞骗，必须立即辞退。规定还要求征访员要广为征访各种与修志有关的文献，无论已刊刻或未刊刻的，无论官方文献还是私家著述都要广加收录。并鼓励征访员补充建议，集思广益。[②]

然好景不长，自1916年夏季始，因政局动荡，军政长官更替频繁，报纸有缓办通志消息刊布，通志编纂工作便显现颓势。同时客观上因沈曾植、王国维等人常居上海，事实上形成沪、杭两个修志中心，工作十

① 《申报》1916年12月5日。

② 参见徐逸龙：《徐定超和浙江通志局》，《浙江方志》，2012年第5期。

分不便。1916 年 2 月，王国维在《致罗振玉札》中便转引沈曾植的话说："乙老云：今年经费尚未全有着落……颇复悲观。"而且当时通志局内部也时常关系不顺，矛盾不断。如 1918 年 12 月王国维在致罗振玉的信中，对沈曾植便多有抱怨：主要是"当《浙江通志》初修之时，先生柳下惠则可，我则不可，一言之，大触其忌。"其实是隐喻沈曾植委屈了他，给他的职位太低，却又不许他表示不满。另外"维之园而不能兼办《通志》，亦其一因。"文中所言之"园"系指英籍犹太人哈同之宅即俗称的哈同花园，自 1916 年春季开始，王国维曾在此工作达七年之久，实际上这才是他的本职，修《浙江通志》反而属兼差。于是他认为沈曾植对自己不能专心修志也有所不满，等等。这都从不同侧面反映了《浙江通志》编修所面临的种种困境。① 更何况当时还有人只挂名拿钱而不干实事，如王国维当时便为有人"延之校书，乃终年未有一字。编《通志》者亦大半如是"的抱怨，这些原因都使得通志编纂困难重重。

面对困境，徐定超等人仍坚持不懈，并通过各种方式向省长公署要求拨款。如金蓉镜在给沈曾植的一封信中提及："今日班老复进署请款，传闻先给万元之说。看光景，延祸方长，请款愈迟愈难。"② 1917 年 2 月，徐定超还以通志局提调名义，呈文当时的省长齐耀珊，要求各地申报户口数据。同时，附抄海盐等 43 个县的清单，可谓矢"志"不渝。

但毕竟国运飘摇，时局艰难，编纂工作时停时续，难以为继，参与《浙江通志》的编纂人员也陆续离职，续修《浙江通志》最终仍成未竟事业。据查询，因存在各种矛盾困难，《浙江通志》编纂工作曾三度延期仍未完成。据 1919 年 3 月《申报》载："浙江通志局原定本年 6 月撤局，因通志事关全省文献，非仓促所能，展期两年，以便从容编订。"4 月，省议会研究后认为："浙江通志局开始于民国三年，迄今五载尚未

---

① 李红岩：《王国维开罪沈曾植》，《中国近代史学史论》，中国社会科学出版社，2011 年，第 303 页。

② 金蓉镜：《金蓉镜致沈曾植尺牍十九通（附诗草）·十一》，嘉兴秀州书局，2011 年翻印本。

告成，且内部办事人员局设杭城多驻沪上，省长已交议展限续办，现经省议会财政股审查结果，修正预算，删减驻沪各员，酌定以八年度为限，报告大会公决。”同月“经省议会决定，展限续办两年应需经费三万四千九百九十六元，列入八年度临时门咨”，并由“省署公布”。[①] 可见当时各方既十分看重此事同时又深知其难的矛盾心态。

1922 年 11 月，沈曾植病逝，浙江通志局 21 人共作《海日楼哀輓录·浙江通志局同人公祭沈乙盦尚书文》，实际预示着浙江省志编纂史又一个时代的结束。[②] 1922 年 12 月 29 日下午，省议会在议长沈钧业主持下举行会议，共有 103 人与会，会议的第七项议题便是研究讨论“结束浙江通志局办法”。[③] 此后，省议会又就“结束浙江通志局办法”“结束浙江通志局追加十一年度经费案”等问题多次进行过研究。1923 年 5 月，省议会通过了省长咨文《结束浙江通志局追加经费案》，从而正式宣告了浙江通志局的正式裁撤。[④]

浙江通志局虽仅存世 9 年，但它为中国方志馆事业无疑做出了开创性贡献。同时其所存成果也为浙江后来的修志事业打下了基础，一些重要成果如王国维所撰志稿《两浙古刊本考》尤为世所重。据核查统计，遗存的《浙江续通志》300 多册稿本

2014 年纪念浙江通志局创立 100 周年座谈会场景

① 分别见《申报》1919 年 3 月 31 日、5 月 3 日和 1919 年 5 月 26 日。

② 《沈曾植年谱长编》，中华书局，2007 年，第 517 页。

③ 《申报》1922 年 12 月 30 日。

④ 董郁奎：《民国初年续修〈浙江通志〉述评》，《第三届中国地方志学术年会两岸四地方志文献学术研讨会论文集》，方志出版社，2014 年。

中，浙江图书馆收藏204册，又藏物产志、人物传等传抄本48册（根据散落上海的原稿本传抄）；上海图书馆收藏文苑传、艺术传、选举、职官、金石、古迹、经籍各门稿本24册，又藏物产志、人物传稿本48册；嘉兴图书馆藏有城池、关梁、古迹、水利、田赋、蠲恤、积贮、钱法、海防等门稿本21册；上海师范学院收藏寺观、祠祀、陵墓等门稿本12册；另外还有数册散于全国各地。它们见证了浙江通志局短暂而又颇为辉煌的历史。

（二）民国方志馆的艰难时世

民国是我国方志馆事业发展的一个特殊时期。民国初期，中央政府十分重视修志。如1914年、1917年及1919年，当时的教育部、内政部等部门，多次通令发文，要求各地编修方志，全国各地也因此成立了不少方志编修机构。在以后的数十年中，尽管系"乱世修志"，但同样必须承认的事实是，从总体上看，作为中华民族特有传统文化形式的地方志编修工作并未中止，方志馆的建设发展同样如此。客观上1914年中国近现代史上第一个省级方志机构浙江通志局的率先成立，在全国方志界产生了重大影响和积极的示范效应。各地在纷纷借鉴效仿的同时，还十分注重沿袭自身修志存史的优良传统，相继以开办通志局（馆）等形式加快发展地方志事业。而1929年南京国民政府内政部颁布的《修志事例概要》二十二条对通志馆建设所提的明确要求，更对各地方志馆的建设起到了直接的助推作用。

梁启超说过："方志地位，虽亚于国史，然编纂之形式，率沿唐后官局分修之旧，故得良著甚难，而省志尤甚。"[①] 工欲善其事必先利其器，成立专职机构对修志工作至关重要。据统计，民国时期共成立了22个通志馆，包括20个省级馆，2个市级馆。按时间顺序看，抗战前成立的有15个，抗战期间成立的5个，战后2个。即于1927年前设立

① 梁启超：《中国近三百年学术史》，东方出版社，1996年，第373页。

的山东、江苏、福建、四川等省份的通志局，于1929年到1934年期间设立的广东、青海、陕西、新疆、湖北、绥远、热河、察哈尔等省份的通志馆，抗战期间设立的江西、四川、宁夏等省份的通志馆，等等。其中开馆时间最长的是云南通志馆，前后维持了长达18年，最短的是台湾通志馆，成立仅一年便被改撤。就地域范围而言，华东以5个居首，西北4个，东北、华中各3个，华北、华南和西南各2个，台湾1个。①尽管当时名称不尽一致（如有的叫通志馆、通志局，有的叫修志馆、修志局等等），规模条件参差不齐，功能繁简不一，存世长短时间不同，但都是各地修志事业的重要平台，它们不仅为传承本地的方志文化和区域文明作出了重要贡献，也把方志馆的建设大大向前推动了一步，为中国的方志馆事业留下了弥足珍贵的发展经验。

民国初期的方志机构多以“局”命名。作为一种机构形式，“局”在19世纪前就已存在。但作为政府官制的重要组成部分，则始于清末民初，甚至官修方志在其中起到了直接的助推作用。当时《上海县续志》“建置”卷内专辟的“各局”一栏明载：“前志仅载制造局，今推前志意，凡为厅局委设之局，均行采列。”该志为此还专门列表，详载了当时30多个以“局”命名的机构，并说明“可见‘局’这种官方委设的组织，作为常规在地方上出现，是同治后期才开始的。”② 包括晚清光绪年间山东通志局和宣统年间江苏通志局等地专业方志机构的直接设立，应当也是这种形势影响下的产物。

按一家方志馆最早成立的时间为序，此处仅对以“通志局”“通志馆”等冠名的有关省级方志机构作如下梳理：

黑龙江通志局③：在中国方志史上，黑龙江是最早设立省级通志编

① 参见曾荣：《民国通志馆述略》，《中国地方志》，2013年第2期。

② 参见梁元生：《晚清上海：一个城市的历史记忆》，广西师范大学出版社，2010年，第189页。

③ 柳成栋：《黑龙江方志文献考略》，《第三届中国地方志学术年会两岸四地方志文献学术研讨会论文集》，方志出版社，2014年。

纂机构的省份之一。早在清光绪十六年（1890），就设有黑龙江舆图局，并开展了《黑龙江舆图》的编修工作。光绪二十三年（1897）还开展了《黑龙江通志》的筹编工作并拟定了《黑龙江通志条目》。光绪二十五年(1899)《黑龙江舆图》告成。光绪二十六年（1900），因编纂经费等原因，这一机构宣告暂停。

进入民国后的1913年，黑龙江民政长朱庆澜专门上呈《呈大总统创修黑龙江通志谨陈筹办情形文》，既阐述了修志的重要性，又如实列举了档案失散、人才匮乏、古无旧志、现缺藏书等四大困难，同时还制定了《黑龙江通志局章程》。1914年8月通志局成立后，由涂凤书任局长，巡按使公署次年还拟定了《黑龙江通志目录》。1919年11月通志局因故停办。1929年又重新开局，但“九一八”事变后，通志局书牍及所成稿被焚无遗，有关总纂、纂修或去或病，通志局已无法再支撑下去。最后经已卸任的省政府主席万福麟等出资并多方努力，《黑龙江志稿》终于形成。尽管通志局几经起落，此书编修前后历经竟40年之久，甚至该书“不敢居通志之名也，曰《黑龙江省志汇稿》，方副其实。”但它毕竟是黑龙江第一部较为完整的省志，特别是国难深重之际，此举更为不易。

广东通志馆[①]：1915年，广东修志馆（又称广东修志局）正式成立，地址在广州聚贤坊的广雅书局，由省政府聘任馆长1人，总纂2人及征访、顾问若干人，纂修10人，馆长还自行委任、聘任了统计员、绘图员、总务主任、缮校等多人，其规模、功能可见一斑。1928年，广东民政厅长兼中山大学副校长朱家骅提出纂修《广东通志》的议案，经省政府四届委员会第107次会议讨论通过后，交中山大学办理，故将广东修志馆改名为中山大学广东通志馆（又称广东通志馆），聘广东省教育厅厅长兼中山大学校长许崇清任馆长，并规定校长全面主持方志馆工

① 林子雄：《广东通志馆与民国〈广东通志〉之编纂》，《广东史志》，2001年第4期。

作，馆址也设在广州中山大学西楼。学校为此专门成立广东通志馆委员会，由校长聘请若干位教授及五位纂修组成，同时在校内还聘有助修兼征访员、绘图员、缮校等专兼职人员，另外在全省划分五区，由校长聘选专人负责修志，并由各地自行聘任一批采访员专事此项工作。这种做法不仅大大节省了政府财政开支，也由于学校师生直接接触到方志工作，从而有效提升了方志的学术质量水平。

1932 年，邹鲁接任校长后，也借助通志馆做了大量通志编修工作。他主张学校应与社会建立联系，应能担负更为重要的社会责任。他所主持的中山大学对通志编纂工作也格外重视，一时广东区域历史文化研究在校园内蔚然成风。如该校出版的《文史学研究月刊》便刊登了《广东通志》的编纂体例、总目及说明、征访体例、征集广东名人传条例等资料。另外，罗香林的《广东通志民族略系篇》，朱希祖的《广东通志馆征访条例》《广东通志略例及总目》《广东通志总目说明书》等，也都是那个时期通志重要的编纂实践和研究成果。

但虽经两次编修，《广东通志》最后均未成书，故名为《广东通志未成稿》，前者 19 册，后者 120 册（大部分为采访册），共 5576 页，后藏于广东中山图书馆善本室。纵观广东通志馆的兴衰历程，尽管各时期不少参与人士满腔热忱，修志成绩斐然，但毕竟缺乏安定的社会环境和政府足够的支持，因而无论是早期的省修志馆还是中山大学通志馆，大多以热热闹闹开局，冷冷清清收场，正如李泰棻所言："省吏多非士林，上焉者以志馆属之僚绅，下焉者并设此以置亲故，故立馆而终无成者有之，成书而言之无物者亦有之。以较清代，反多远逊。"这也成为民国方志馆事业的典型模式。

贵州通志馆[①]：1919 年贵州通志馆成立，其为征集资料所颁发的《采访条例》要求"通饬各县修理志乘，凡已修者，当应续修，未修者，

① 分别参见张新民：《民国时期贵州方志纂修的文化现象探析》，《中国地方志》，2009 年第 2 期；周迅：《中国的地方志》，商务印书馆，1998 年，第 141 页。

当应新修”。当时还要求“将采访所得，陆续具报，上应首善之征求，汇辑成篇，下备一方之纪载。”但四年后，通志馆因滇军军阀唐继尧入侵而停顿。1930年恢复，不到一年，又因军阀内讧而中断。1935年国民党势力进入贵州，再次组织修志，其中数经人事变迁，拖至1944年，因日寇侵入而再次中断。可说是“累次设局，历多年而成断简零篇，或竟乏片纸只字者”。但经历代志者坚持不懈的努力，到1948年，前后花费近30年时间，总计为171卷、分装105册、卷帙浩繁且史料丰富的《贵州通志》终于付印，编修工作也告完成。

四川省通志馆[①]：与民国时期很多方志机构一样，四川的省级方志机构同样经历了几起几落的命运。1920年5月，由于时任杨庶堪省长的重视，省通志局正式宣告成立，当月的《四川公报》也发布了省通志局的成立消息。通志局成立后，便通函全省“查各县修志”。并乐观预测“全川各县，悉当一律成功矣。”1924年，被誉为“巴蜀大儒”的宋育仁出任通志局总裁后，也曾主持过《重修四川通志》的编纂工作。但至1931年宋育仁去世时，只完成了初稿，到1936年，后人共编成《四川通志》稿本共300余册。

1942年，在抗战最为艰苦时期，远在后方的四川省，仍将建立省通志馆一事提到了议事日程。当年3月，省政府第555次会议在张群主席倡议下，表决通过“聘本府委员李肇甫暂行兼任馆长”的决定。同年5月（一说9月）通志馆正式成立，下设采访、总务两组，总共约有20多名工作人员。但由于当时在机构人员、经费设施等方面存在的诸多困难，通志馆并未制定省志编纂计划，甚至连人员的职责都未明确。随着1943年1月《通志馆组织规则》的公布，特别是7月聘请庞俊为总编纂，修志工作才被真正提到议事日程。如当年8月《通志馆采访计划

① 分别参见马小彬：《四川方志撰修述略》，《首届中国地方志学术年会方志文献国际学术研讨会论文集》，中华书局，2012年；汪毅：《方志四川》，国家图书馆出版社，2014年；曾荣：《“抗战建国”与“保存文献”——“乱世修志”视域下的民国四川省通志馆研究》，《第四届中国地方志学术年会论文汇编》。

书》经省政府第639次会议通过后，通志馆做了不少富有成效的资料采访工作，编纂了9册、65万字（一说30余万字）的《四川方志简编》，同时还在抄写乡土志、整理旧档等方面也做了不少工作。

抗战胜利后，通志馆面临的各种矛盾并未缓解，有的甚至还在不断加剧。如1948年，经省政府975次会议表决原同意拨付430元经费，但就这点杯水车薪最终也未能落实。再加上庞俊总编纂的未实际到职等原因，自1947年后全馆工作便几乎陷于停顿状态。尽管直到1949年年初，新任馆长陈廷杰仍殚精竭虑，积极致力于馆址搬迁、经费申请、组建编辑部等工作；尽管陈廷杰当时还致函省政府及省财政厅，愤愤质疑如省志无法完成，“固属可耻而群起责难，咎将谁负？”但风雨飘摇中的蒋家王朝，此时已面临全面崩溃的境地，更何况当时通志馆只拿到银圆50元（还被折合为40亿元金圆券），而且馆内“所有窗户均属空洞，急应安装玻璃，以备风袭。”从其困境可以想见，“乱世修志”中的四川通志馆同样避免不了这一最终命运。

安徽通志馆[①]：1920年，民国安徽通志馆始建，陈澹然任馆长。因时局动荡，经费不足，旋即关闭。1930年8月，省政府召开会议，到会委员提议援引江浙两省先例，设馆兴修本省志书。于是会议决定成立安徽通志馆筹备处。9月19日，安徽通志馆在省垣安庆开馆。先是租赁安庆状元府街张姓私宅为馆址，但馆舍狭窄，昏暗潮湿，条件简陋。经通志馆呈请，1932年6月，省政府同意将教育厅教育成绩展览室的西侧两栋楼房中的17间给通志馆。通志馆将上层12间作为馆长、副馆长、事务股主任、会计、文书股主任、管理员等办公室，下层5间则是办公、会议、庶务、书记和勤务室等场所，至此办公条件大为改善。通志馆设正副馆长、总纂各一人，编纂和特聘编纂若干人，多时有60余人，均由省政府聘请。内设文书股和事务股两个重要机构，文书股办理公文

① 参见江贻隆：《漫谈民国时期的安徽通志馆》，《黑龙江史志》，2013年第15期。

函牍稿件、收发文件、保管案卷、绘制图表以及收藏图籍、志材、志稿和校对志稿工作，采访员采辑志材所需的各项采访表格亦由文书股拟定格式；事务股负责编造预算、出纳款项、购置图书物品及职员考勤。文书股和事务股主任及职员均由馆长聘任。通志馆还编制了《安徽通志馆组织规程》，对修志机构作出具体规定。1938 年，安庆沦陷前夕，通志馆将馆内藏书和各种志稿志材运至桐城县小龙山花山中方寺密藏。1942 年，日本侵略军在桐城大举扫荡。12 月 2 日，迎江寺住持本僧率众僧将这批藏书秘密运回安庆，庋藏于迎江寺振风塔第三层，这批文献得以幸存。1946 年 9 月，省通志馆在安庆恢复建立，但因经费等问题，通志馆与安徽省文献委员会龃龉一直不断。当年 12 月，省政府又决定将省通志馆并入省文献委员会并由其管理。但在战火不断、民生凋敝的时代，通志馆空耗经费、无所作为，也难免招致报纸的挞伐、社会人士的指责和文献委的诘难，整理《安徽通志稿》的愿望最终仍未实现。1949 年 4 月 23 日，安庆解放，通志馆为军管会文教部接收，馆藏文献也辗转至安庆市图书馆和安徽省图书馆存藏。

河南通志馆[①]：1921 年 12 月 19 日，经河南省议会审议通过，在开封成立河南通志局（馆），并通过《河南通志局组织简章》，拟定《河南通志》简目 26 门。同时成立河南金石修纂处，由时任省议会议员、有“河南一支笔”之誉的许钧任金石修纂处主任兼纂修，专修《河南金石志》。后来，河南省政府将河南通志馆和河南金石修纂处合并，由教育厅直辖，改名为河南省政府教育厅重修河南通志处，仍由许钧任协修。1924 年后，由于政局动荡，机构时存时亡（如 1934 年通志馆并入河南大学，1942 年又重新恢复设立），修志时续时断，虽然花了十多年时间修了一部志稿，但由于抗战爆发未及付印，稿子也被运至四川，抗战后再运回来时已损失大半。因此实际上“只保持‘重修河南通志局’‘重

① 分别参见霍宪章：《新方志编纂论》，中州古籍出版社，2015 年；黄苇主编：《中国地方志辞典》，黄山书社，1986 年，第 689 页。

修河南通志处’‘河南通志馆’‘河南通志编审委员会’等机构名，直到解放，始终未能成书。”

奉天通志馆[①]：早在1907年，清政府民政部便曾给东三省总督下文，要求“酌量设局，重修通志”，但应者寥寥。1928年张学良主政东北后，东北地区呈现出相对稳定繁荣的景象，编修省志工作也被提到议事日程。1928年11月1日，时任东三省保安总司令的张学良和奉天省长翟文选，共同议定成立奉天通志馆，11月17日联合署名下发通令，并于22日的《奉天公报》全文公布，动员征集官府图书和私家著述，以形成“合大小县治而为省，征古今文献以成书”的局面，《奉天通志》编修工作随之正式展开。张学良亲任通志馆总裁，强调“盛京为胜朝发祥之地，志书为一省文献所关，续议纂修，实为巨典。学良自愧不文，惟义笃敬恭，既承推举，自当随诸公之后，乐观厥成”。省长翟文选任副总裁，正副馆长及总纂、纂修等职务，均由省长延聘硕学名儒担任，前后参与编纂的有80余人，其中担任总纂的7人，纂修17人，分纂10人，如张学良恩师白永贞、著名学者吴廷燮、金毓黻等均曾参与其中并做出重大贡献。通志馆最初设在藏有《四库全书》的故宫文溯阁东院，后移到小南关合兴福胡同一座四合院内，共有瓦房20间。随着1930年奉天改称辽宁，奉天通志馆也改为辽宁通志馆，1931年“九一八”事变后恢复馆务时，仍为奉天通志馆。

《奉天通志》编纂从1928年11月开始，到1935年编竣，历时七年。期间奉天通志馆尽管因“九一八”事变曾陷于停顿，1932年伪满省长臧式毅也“主持”过馆务工作，但一批有“志”之士传承民族文化的信念矢“志”不渝。如当时日军曾请白永贞任地方治安维持会副会长和伪满洲国文教大臣等要职，被严词拒绝：“国土沦丧，我痛不欲生，何惜一死？”他仍倾力于《奉天通志》的编修。最后经吴廷燮、金毓黻等共

---

① 董慧云：《〈奉天通志〉续写151年辽沈历史》，参见“辽宁档案信息网”。

同努力，终于成就了一代巨著。

甘肃省通志局：1928 年，甘肃省通志局成立，编制 70 人，并分别拟定了《甘肃通志馆章程》和《甘肃通志馆办事规则》等详细规程。省政府为此还拨银洋 35 万元用于编修《甘肃通志》，由省政府主席刘郁芬、孙连仲督修。1932 年又改为甘肃通志馆，由时任省民政厅长杨思任馆长，张维任副馆长。后因战事频繁，省政府主席频频换人，财政也十分拮据，修志工作难以为继。1934 年，原定五年期限已到，但编纂工作并未完成，且面临经费停发、人员遣散之忧。此时张维等人商约由私人负责、义务尽责，坚持修志。1936 年，经八年艰辛努力，130 卷、450 万字的志书终得编成。

河北省通志馆[①]：1931 年 9 月，河北省通志馆在天津成立，为《河北通志》的专门编纂机构，由时任省政府秘书长刘善琦兼任馆长，聘请曹树殷为总纂。以后，瞿宣颖、高凌霨等先后也任过馆长。通志馆还拟定了《河北通志目录》，后来方志学家甘鹏云也参与其中并撰成《河北通志凡例》。1937 年 7 月抗战爆发后，馆中人员纷纷离津，时任总裁的张国淦则携部分志稿、史料南下。当时虽已有稿本 38 册、志料 24 册和目录、序文等材料，但并无条件付印，稿本也通过朱士嘉之手转存湖北省图书馆。而原通志馆也成了汉奸高凌霨的私家宅第，河北通志馆和省志编纂至此中止。

云南省通志馆[②]：1930 年 2 月，云南通志筹备处得以成立。1931 年 9 月，云南通志馆正式成立，由时任省政府主席龙云主修，周钟岳、赵式铭等编纂。通志馆随即制定了《修志概要》十八条和《全省各县志纲

① 分别参见吕志毅：《民国〈河北通志稿〉研究》，《方志文献国际学术研讨会论文集》，中华书局，2011 年；柳成栋：《张国淦与地方志》，《第四届中国地方志学术年会论文汇编》。

② 分别参见赵善庆：《云南方志的利用价值与地方史研究新视域的挖掘》，《第四届中国地方志学术年会论文汇编》；“云南人民出版社网”。

目草案》，从体例结构、资料取舍、文字文风和图表数据等方面，对志书编纂作了具体规定。至1944年完成《新纂云南通志》定稿，1949年2月卢汉任省政府主席时铅印成书800部，正式刊行，历时18年。《新纂云南通志》计266卷，分别装订成140册，“全书共六百四十八万二千七百余字，表五百三十篇，地图一百九十八张，插图七十八张”。云南省通志馆因而也成为民国时期存续时间最长而又成就卓著的省级方志机构。

上海市通志馆①：1928年，上海与江苏完成治权划分，成为特别市。1930年1月，市教育局首先向政府提出“设立市通志馆，兴修市志，以垂永久”的请求。同月市政府148次市政会议决定：“自十九年度（1930）七月起成立市通志馆，由市府指派委员筹任。”并拟定《上海特别市通志馆组织规程》《编纂人选标准》等文件。1931年4月，上海市通志馆筹备委员会在市府礼堂举行成立大会，时任市长张群在讲话中说：地方志是国史取材的重要依据，编修市志“是本市很重要而值得纪念的事”，本府和各位筹备委员“责任所在，无可旁贷”。委员会成立后，尽管在收集资料、编制《上海史表长编》等方面做了一系列准备工作，但总体进展并不顺利。

1932年1月，吴铁城任上海市市长，准备正式成立通志馆，并拟请柳亚子出任馆长。柳亚子（1887～1958），江苏吴江人，出生于书香世家。1909年参与创立南社，1923年与邵力子、叶楚伧、陈望道等组织

① 分别参见陈鸿：《上海市通志馆的发展变迁及其运作》（《中国地方志》，2013年第8期），胡道静：《序跋题记·学事杂忆》卷（上海人民出版社，2011年）及《上海通志馆及上海通志稿》（《上海地方志》，2012年专刊），袁燮铭：《上海市通志馆筹备始末》（《上海地方志》，2012年专刊），朱敏彦等：《民国时期旧志整理出版探讨——以民国〈上海市通志〉稿为例》（《第三届中国地方志学术年会两岸四地方志文献学术研讨会论文集》，方志出版社，2014年），胡训珉：《〈民国上海市通志稿〉整理偶得》（《第四届中国地方志学术年会论文汇编》），《上海通志馆期刊》《发刊词》，1933年4月第1卷第1期，等等。

新南社。曾任国民党中央监察主席、江苏省党部常委兼宣传部长等职。1927年后因屡屡反对国民党，最终被开除党籍。1948年参与组建中国国民党革命委员会，任常委兼秘书长，中华人民共和国成立后曾任中央文史馆副馆长等职。

开始柳亚子对此事一口拒绝，后吴铁城又请邵力子劝说，柳亚子表示：要担当此任，必须答应他三个条件：一是志书编辑方针、通志馆人事等事务，不得受外界干涉；二是志稿须突破“官书”惯例，使用白话撰写；三是通志纪年一律以公元为主，年号为辅。其中，第一个要求是为排除当局干扰，而后两个要求在当时却是被视作“有损尊严”和“破坏法统”的事。柳亚子表示，当局必须完全接受这三个条件才会考虑任职。后经邵力子从中协调，吴铁城终于答应。曾任编纂馆员的胡道静在《〈上海市通志馆〉〈上海市通志〉及〈上海史料之搜集保存者〉》文中也有记载：市通志馆为上海市政府直属单位，柳亚子馆长由国民政府直接任命，这种情况在民国时期各省中是独一无二的。“柳亚子之所以接受此职，更深层次的原因是这项工作极具挑战性和开拓性。……近代上海包容的就是这样一部矛盾交叉和关系复杂的历史，编志的意义非同寻常。”柳亚子说得十分清楚：“上海市通志馆，实为以科学方法研究地方史料之首创者，允宜列为永久机关”。在各方努力下，上海市通志馆于1932年7月15日正式创办，馆址设于萨坡赛路（今淡水路）291号。当时除馆长柳亚子外，还有副馆长朱少屏，下设编辑部（内有名誉编辑主任、编辑主任、编纂、特约编纂、采访员等多人，聘胡道静等人为编纂)、总务部（一说事务部，设有文书课、会计课、庶务课等机构)。通志馆办有《上海通志馆期刊》，另外还成立了“上海通社”和“市年鉴委员会”等两个附设机构，其主要职能是通过研究上海地方史和编纂年鉴为通志编修服务。在其创办的《上海通志馆期刊》《发刊词》中，他们旗帜鲜明地表示：“我们以为编新志书，至少在消极方面，应当肃清迷信的色彩，摆脱封建的思想，扫除崇拜古昔的观念；在积极方面，应当具有深刻的研究，树立整个的体系，分划合理的门类，搜集丰富的资料，写出明白精确的记述。”这在当时显然是十分先进的方志编纂理念。

但在当时的历史条件下，柳亚子领导下的上海市通志馆同样命运多舛。原计划以一年为期编成至少250万字的《上海通志》，后改为四年。因抗日战争全面爆发而中止，一些馆藏重要资料也被转移至柳亚子家中，其间共撰成志稿一千余万字并排出部分三校清样稿。1945年抗战胜利后，上海市通志馆重新开设，市长钱大钧聘胡朴安为馆长。次年改为上海文献委员会，胡朴安仍任主任委员（后由徐蔚南继任），内设机构也作了相应调整。但直到上海解放，《上海通志》编纂任务仍未完成，所成书稿经多次辗转，由震旦大学图书馆移交给市文化局，最后由市历史博物馆收藏保存至今。

广西通志馆[①]：在中国方志馆发展史上，广西通志馆以其创立时间长、功能齐全、成就显著等等特点，具有十分重要的地位。

1932年3月，广西省政府在南宁设立广西省修志局，由省主席黄旭初亲自兼任督办，马君武博士任总纂，另设协纂、分纂若干。1936年冬又迁至桂林，1938年因抗战停办。1942年冬，复设广西省志编审委员会。1943年1月，改称广西通志局，3月又改称为广西省通志馆。该馆设馆长一人，下设副馆长、编纂、襄纂及秘书、干事、办事员、书记等职位，共有30多人。1947年7月，馆内机构改组，仍设馆长一人总理馆务，取消副馆长及干事、办事员职位，改设第一、第二组。其馆务分为行政、组织人事和业务三大类，如业务即有广西省志编审工作概要；广西大事记编纂计划（初稿）；省文献委员会及该馆关于调查、报送文献志材、图表、私家谱牒的办法；该馆编纂、襄纂及职员的业务来往信函、电报；省修志局与各县采辑处的来往信函；广西文献资料初步

① 《广西通志馆馆刊·创刊号》，广西通志馆编，1948年1月号，第41—43页，转引自雷坚：《广西方志编纂史》，广西人民出版社，2007年。

调查材料；广西通志稿目录；省属地方志书一览，等等，可见其详尽规范的程度。同时省志编修工作也取得明显成效，至1949年，省通志馆修成《广西通志稿》18册（油印本），并编有《广西通志馆馆刊》。以下是《广西通志馆组织章程》，详细列出了该馆所承担的业务功能和人员职责。

附：

广西通志馆组织章程

（中华民国36年7月修正）

第一条 广西省政府遵照部章编纂省志，特设广西通志馆（以下简称本馆）。

第二条 本馆设馆长一名，承省政府之命总理馆务。

第三条 本馆设编纂7人，承馆长之命分任编纂工作。

第四条 本馆设襄辑8人，承馆长、编纂之指导，分别担任汇集志材、助编辑事务。

第五条 本馆设秘书1人，承馆长之命，办理文书及其他指派事务，下设第一第二两组办理下列各事务：

第一组掌管图书、报刊、志稿材料等之搜集、登记、保管、校对及绘制图表等事宜。

第二组掌管文件收发、撰拟、缮校、保管及出纳、庶务、交涉等事宜。

第六条 每组设组长1人，受秘书之指挥，分别综理各该组事务，设组员、雇员若干人，受组长之督导，分别负责办理主管事务。

第七条 本馆设会计员1人，由政府委任，依照《广西省会计人员章程》办理会计、岁计事务。

第八条　本馆馆长及各编纂均由省政府聘任，襄辑、秘书及一等组员由省政府任命，会计员由省政府委任，二、三等组员由馆长呈请省政府核委。

第九条　本馆每月召开馆务会议 2 次，必要时得召开临时会议，组长以上人员均须出席参加。

第十条　本馆办事细则另定之。

第十一条　本章程自公布日起施行。

从以上这个“章程”可以清楚地看出，民国时期的广西通志馆至少有几个主要特点：一是政府十分重视，从馆长一直到三等馆员，都由省政府通过不同方式委任，从而很好体现了地方志“官书”“官职”的行政特点；二是人员配备齐全、层级分明，而且各自职责清晰、分工明确；三是虽层级众多，事务纷繁，但制度严明，办事程序规范，管理有序。因此这个“章程”不仅有助于我们了解当时通志馆的管理体制和运行机制，是研究民国方志机构的珍贵史料，即使对今天方志馆的建设管理仍有积极的参考价值。

江西通志馆①：江西通志馆于 1940 年 12 月开始筹备，次年 4 月正式成立，随即开始编修江西通志，由历史学家吴宗慈任总纂。在当时的内忧外患之中，通志编纂在行政组织、资料收集、人事安排、经费筹措等方面，都有很大困难。再由于南昌沦陷，不得已只能在泰和桔园村、南康上坪村、遂川南城村等穷乡僻壤开展编纂工作。通志馆还曾遭受日机轰炸，图书资料被烧毁，工作人员黄裳和江瑞芝身受重伤，吴宗慈右眼因被硝烟灼伤而流泪不止，不能张视，甚至浸及右眼，一度双目失明。但他们并未因此而放弃，经过近十年的艰苦努力，终于完成稿本共

① 参见张志勇：《江西地方志发展历史述略》，《第四届中国地方志学术年会论文汇编》。

九编数目，这也是江西历史上最后一次编纂省志通志。但当时由于种种困难并未正式出版，仅有少量的油印本和铅印本问世。一直到1985年，以江西博物馆的100册影印本为标志，先人的这一夙愿才终于得以实现。

抗战时期的浙江通志馆旧址

抗战前后的浙江通志馆：抗战时期的浙江通志馆成立于1943年。早在1940年11月，曾任民国众议院代理秘书长、司法部次长、广东通志局总纂（辞未就）和浙江参议会副议长的浙江龙游人余绍宋，便在省第一届临时参议会第二次会议上正式提出《拟请省政府设委员会征集通志县志材料》的提案。提案指出：文献赖志书以存，其为重要，自不待论。惟向来省县政府，多未措意及此。故一遭变乱，散佚无遗。即如浙西各县，经此沦陷，一切地方掌故训令档案，从前因未有人负责收集整理，遂至无从移出，以后更无人考证。其损失之浩大，岂容思议。前车已覆，来轸堪虞。自宜略仿清儒章学诚《各县应设志科》之议，先时预为之备。由省政府通令各县，聘请有学识之绅士数人，组织一委员会，专司其事(小县则不必设会，专聘一二人任之亦可)。拨定经费，以供采访抄录之需。其浙西沦陷各县，仍宜设立。一面征佚补亡，一面专记沦陷后情事，以备异时载入志书，藉资警惕。省会则由省政府聘请淹通博雅士绅若干人，组织委员会，以总其成。其详细办法，应由民政厅详为拟定。经费一层，则需稍裕，方足尽其能事。如是则将来事定后，编成志书，不患无所取裁，可成信史。万一有变，亦能转徙，不致散亡，实为目下急要之务。或谓当此抗战之时期，不必为此不急之事，不知文献是历史根基，无历史则无人类社会，失其凭藉，而民族精神，亦无从资以发挥，未可忽也。[①]

余绍宋的这个提案，受到不少有识之士的重视。1942年5月，经省民政厅长阮毅成、省教育厅长许绍棣提议，省政府决定成立省史料征集委员会，任命余绍宋为该委员会主任。时任省政府主席黄绍竑在致余绍宋的信中说："吾浙文物失坠，史材散佚，非急搜求整理，将恐所闻所见荡焉以尽，泯焉无传。夙钦先生道德文章，乡国矜式，乘笔方志，士流争推，敬请主持规划。""通志为一省之史乘，罗纲文献，垂示来兹，所系綦重……事在千秋，当仁何让。"次年，在省政府第1302次会议上，决定筹设浙江省通志馆，省政府为此发布了训令。黄绍竑又聘请余绍宋为馆长、凌士钧任副馆长，孙延钊、钟毓龙任总编纂，下设编纂及分纂共20余人。因当时省政府已先后从永康、松阳等地辗转迁至云和，黄绍竑为此还亲自选定在云和县大坪村设立省通志馆。大坪村距县城约有五里路，通志馆设在梅家大院。这是一座三进三开间的老宅，背靠白龙山，周边竹木葱绿，溪水潺潺，环境幽静，十分适宜修志，于是余绍宋一班人便在这个穷乡僻壤中正式开始了《重修浙江通志》的编纂工作。[②]当时通志馆设正副馆长各一人，内设编纂室、秘书室、采辑室、总务课、会计室等机构，各时期分别约有20—40名工作人员。省通志馆同时还在浙东临海县、浙西昌化县各设有一所办事处，并在各地聘有一批采访员、编纂员等专兼职人员。为规范有序开展工作，通志馆还编有"组织规程"等一系列文件规则。

但毕竟是"乱世修志"，当时至少面临断修时间长（由于历次通志均未修成，因此实际间隔已长达200多年，接续难度大）、时间紧、通讯不便和缺史料、缺人才、缺经费等六大困难。对这一艰难困苦的经历，余绍宋曾以"窜身穷谷，茧足荒山，冲寒徒踱。莫漫多愁，天涯何

① 龙游县政协编：《余绍宋》，团结出版社，1989年，第32—33页。

② 分别参见余子安：《亭亭寒柯——余绍宋传》，浙江人民出版社，2006年，第184—185页；洪焕椿：《浙江方志考》，浙江人民出版社，1984年，第36页。

处容安泊”的诗句记之，可见当时修志的艰辛境遇。[①]

抗战胜利后，浙江通志馆又随省政府迁回杭州，在西湖静江路（今北山路）108号梅庐继续修志。这原是一位资本家的别墅，一直空着，便被通志馆租用作办公场所。它面对孤山林和靖墓，院林葱茏，小楼回廊，十分幽静。在这个相对平静的环境里，余绍宋如鱼得水，通志馆成就显著。如余绍宋很快便写出了《略评浙江省通志兼述重修意见》《重修浙江通志初稿体例纲要及目录》等文稿，印发国内学术界有关人士征求意见；创办了《浙江通志馆馆刊》，主要稿件由洪焕椿编辑；在《东南日报》开辟了《文献汇刊》副刊，以广泛宣传修志并征求社会意见。余绍宋还聘请了竺可桢、童第周、茅以升等20多位卓有成就的专家学者为通志馆的特约编纂，尽管报酬很低，但很多人热情很高，寄来不少很有价值的拓片、照片和文字材料，可谓乐在其中，乐此不疲。[②]

1949年3月，杭州解放前夕，通志馆暂停工作并告解散。至此前后共计六年，共编志稿125册（未分卷），约500万字，同时还采集了总量在五万件以上的史料文献。同年5月杭州宣告解放。当时的省通志馆负责人、秘书谢邦藩个人署名并钤印的给解放军华东军区杭州市军事管制委员会文教部一份报告，内称“全浙文献，求之不易，散失自属可惜，拟请指定有关机构接收保管”。5月11日杭州市军事管制委员会文教部军代表王鼎新率刘德山接管了浙江省图书馆、博物馆、通志馆和体育专科学校。[③] 后来浙江通志馆所编纂的《重修浙江通志稿》一直交由浙江图书馆保存至今。2010年，浙江省地方志编纂委员会历时多年，组织整理出版了15册近80万字的《重修浙江通志稿（标点本）》，从一定意义上也为这一段历史画上了句号。

---

① 云和县史志研究室：《浙江省通志馆在云和（1943—1945年）》（内部刊印本）。

② 唐家仁：《追怀余越园》，浙江省政协文史资料委员会《浙江文史集粹·文化艺术卷》(6)。

③ 许小富主编：《杭州历史大事记》，方志出版社，2006年，第540页。

南京通志馆[1]：1946年11月，南京通志馆在秦淮河畔夫子庙泮宫155号一栋小楼正式成立，此楼也由“青云楼”更名为“征献楼”。该馆的工作人员大多为专家学者、乡贤耆宿，对本土历史人文颇有研究，由名望一时、知识渊博的卢前任馆长。通志馆当年12月初便开始公开接受社会各界所藏“惠贤所著书稿及遗像等”，还接受“有关抗战期间之死难市民、忠烈事迹”，“无论开具简略或前往该馆口述者”，都受到欢迎。此外，馆员们还深入社会不同阶层探访，奔波于市内各个角落寻觅线索。

次年1月，该馆还创刊出版了《南京文献》，相继整理出版了67种金陵乡邦文献，收录年代最早的文献是元代张铉的《至正金陵新志》，另有明代《金陵古今图考》《洪武京城图志》《秦淮志》《南京气候志》等一批珍贵志书。其中，《倭寇祸京始末纪》《丁丑劫后里门闻见录》《陷京三月回忆录》，都是当时不可多得的反映侵华日军南京大屠杀的真实史料。此外，该馆还编辑刊印“征献楼金陵秘笈丛书”等文史资料，其编辑出版的《南京》一书，则比较系统地概述了本土地理形胜、城市介绍等方面内容。1948年南京市文献委员会正式成立，通志馆随后归其管理，卢前仍兼任委员会主任。一直到1949年中华人民共和国成立后，南京通志馆才撤销。

（三）民国方志馆的主要特点

首先，各时期政府不同程度的重视，是成立方志馆的必要前提。

民国初期，各级政府延续了重视方志编修的传统。李泰棻在《阳泉县志》中曾有记载：“国府通令各省，省府通令各县，催促修志，急如星火，既为功令，势必奉行，故省无间南北，县不分大小，莫不各续志书，待梓报命。”例如，早在1912年和1914年，原属江苏的上海县、川

① 分别见周安庆：《鲜为人知的南京通志馆》《江苏地方志》，2011年第3期；周安庆：《南京通志馆抗战后曾抢救出大批珍贵文献》，《南京日报》，2013年2月17日。

沙县便分别成立了修志局并开展了县志编修工作。1927 年南京国民政府成立后，同样十分重视地方志事业，从而也为全国各地通志馆等修志机构的成立提供了客观条件。1928 年 10 月，刚就任国民政府文官长的古应芬向国民政府主席呈文，提出“各省省志、县志失修已久，长此不加整理，必至事实湮没，似应令行各省设局修理，并谕各县一律修理。”此议随后为第 11 次国务会议采纳，内政部和各省政府先后接到行政院训令，各地的修志工作就此得以全面展开。此后，民国政府内政部等部门又先后于 1929 年、1930 年、1934 年、1944 年、1946 年等年份多次下文，对志书编修周期、资料征集、编纂方法以至审核程序、印刷出版规范等问题都提出了详细严格的要求，实际也是对方志馆规范的建设要求，从而在不同程度上又推进了方志馆建设进程。

例如，1929 年 12 月，国民政府内政部以训令形式颁布了《修志事例概要》，文中明确指出：“各省应于各省会所在地，设立省通志馆，由省政府聘请馆长一人，副馆长一人，编纂若干人组织之。”“各种通志馆成立日期、地点、暨馆长、副馆长、编纂略历，并经费常额，应由省政府报内政部备案。”“各省通志馆成立后，应即由该馆编拟志书凡例及分类纲目，送由省政府转报内政部备案。”“各通志馆应酌量地方情形，将本省通志成书年限，预为拟定，送由省政府转报内政部备案。”① 从而从机构名称、人员配置、经费安排等行政要务，到志书凡例、分类纲目等业务问题，都作了明确规定，由此构建了一套国民政府内政部统一管理、地方政府直接负责的通志馆运行体制，大大推进了当时的修志事业和通志馆等方志机构的建设进程。

《修志事例概要》颁布后，各级政府和各类官员普遍开始关注修志一事，有的省市行政长官甚至亲自主持通志馆的筹建工作。如察哈尔省政府主席宋哲元“设通志馆于省府”，热河省政府主席汤玉麟、绥远省

① 参见彭静中编著：《中国方志简史》，四川大学出版社，1990 年，第 450 页。

政府主席李培基、上海市市长吴铁城、陕西省政府主席杨虎城、云南省政府主席龙云等纷纷主持筹办通志馆，着手启动通志编纂工作。还有的行政长官干脆直接任职于通志馆。其中，张学良任奉天通志馆总裁、河南省政府主席刘峙任河南通志馆总监修、甘肃省政府主席刘郁芬任甘肃通志馆督修，而宁夏省政府主席马鸿逵、云南省长周钟岳、河北省政府秘书长刘善锜、四川省政府秘书长李肇甫等，则分别出任各自所在地的通志馆馆长一职。

民国时期修志机构的此番盛景还不仅限于省级，当时省以下各种形式的方志机构同样十分盛行。据留存至今的安徽省《休宁县志馆第一次报告书》、《绩溪县志馆第一次报告书》和《绩溪县志馆采访表》等一批珍贵史料记载，当时不少地方不仅有县志馆，而且做了大量实际工作。如《绩溪县志馆采访表》便按志书体例，分为舆地志表、民群志表、食货志表和文献志表等四大类 28 目。该馆为此还组织采访团专事收集志材，并规定每团须配备编纂员、摄影、拓碑、助理员、挑夫等专业人员。他们按县志馆所定条目及采访概要，分组分类走乡串户进行采访调查。同时为广泛收集资料，该馆还发出《致旅外同乡函》，表明“此次修志拟于重要事端均为较翔实有系统之记载，吾邑旅外同乡颇不乏人，营业生活状况亦有调查之必要，用特另制一表邮寄前来。”当时基层方志馆所做工作的细致程度由此可见一斑。[①]

另如早在 1922 年，浙江龙游县便成立了志局，由余绍宋任总纂，同时在城乡各聘专职采访员 1—2 名，名誉采访员 100 名。难能可贵的是，余绍宋其时身在北京，来往多有不便，于是志局将采访员按提纲要求采访所得的大量资料寄往北京，由余绍宋在此基础上进行编纂。有的还要通过书信往返提出质疑，交换意见，要求当地进行再调查、再考

① 张小坡：《民国徽州地方志编纂理念的创新及实践》，《中国地方志》，2010 年第 11 期。

证。因而三年间仅书信来往就有近300封，一部120万字的《龙游县志》也几乎由其一人承担编成。[①] 这不仅体现了余绍宋在方志编纂业务上的深厚功力，其实也为其后来主持浙江通志馆工作积累了经验。

再如民国时期的广西省，省政府为加强对地方志编纂的统制，还要求各县修志机构由在任县长担纲，部分县的参议会议长和县党部书记长任副职，而且要求修志机构的章程及县长履历均需呈报省政府备案，如违反规定省政府即责令改组。如贵县修志局便设有主修1人，由县长亲自担任，其他则有协修、局长、副局长、编纂正副主任及其他工作人员共计94人，系民国时期广西省人员最多、分工最细的县级修志机构。[②]

但在“乱世修志”的民国时期，这种局面在当时显然难以为继，特别由于日本帝国主义的侵华战争而屡遭劫难。1931年“九一八”事变后，位于东三省境内的奉天通志馆首当其冲，所有馆务工作陷于停顿。特别是1937年卢沟桥“七七”事变和上海“八一三”事变等中日激烈冲突的相继发生，使各地方志机构受到极大冲击。据统计，从1935年至1940年间，除少数机构（如由日伪政府主持的奉天通志馆、河南通志馆等）仍在运作外，各地非但未成立新馆，包括广东、安徽、山东、河北、绥远、热河、陕西、甘肃、新疆、上海等地已建成的通志馆也都相继停办。

随着抗战形势的逐步好转，各地通志馆的筹建工作又逐步得到恢复。在此背景下，国民政府适时调整全国修志规划，于1944年5月召开行政院第660次会议，通过了内政部制定的《地方志书纂修办法》，规定“省志30年纂修一次，市志及县志15年纂修一次”，要求“应由各省、市、县政府设立修志馆”。与此同时，民政部还颁布了《市县文献委员会组织规程》，明确要求“市县政府得依本规程设置市县文献委

① 余子安：《亭亭寒柯——余绍宋传》，浙江人民出版社，2006年，第80－81页。
② 雷坚：《广西方志编纂史》，广西人民出版社，2007年，第176—177页。

员会”，“委员会以市县政府民政科长、教育科长、区乡镇长、中心国民学校校长、图书馆长、民众教育馆馆长及市县党部代表为当然委员，并得延聘熟悉地方掌故硕学通儒为委员，互推一人为主任委员，综理事务，并指挥监督所属职员。”“文献委员会得设置总干事一人，干事若干人，并得酌用雇员；总干事及干事一人委任，余由主任委员就县市政府及所属机关内遴员，呈请市县政府兼派。”[①] 这似是一个与方志馆平行的政府机构，以从行政层面加大官修方志力度，客观上也助推了方志馆的专业工作。

其次，重视史料征集收藏工作。

注重史料文献的广征博收、收藏利用也是当时各类方志馆一个普遍特点。

如徐定超任浙江通志局提调期间，拟定征访细则和政府公文，要求分门别类整理官牍档案资料，以补旧志和采访之不足。1915 年 9 月，他还以浙江巡按使公署名义，发文要求各地从发文之日起五个月内，将乾隆到宣统年间的疆域分并、城署桥梁、运河堤岸、人口增减、税厘、钱法、海运等各种资料分门别类、明晰起止时间，造册备案之后送到浙江通志局，供修志人员参考选用。[②]

上海市通志馆成立后，也十分注重资料的收集整理工作。该馆不仅制定了《市通志馆征求参考图书办法案》《上海市通志馆采访员征集细则》，规定了采访员“公私记载之征集”“文献掌故之调查”等职责，同时柳亚子还曾亲致信函，大力征集“上海市各机关团体之组织概况”。该馆还公开发布《征集史料启事》，征集范围“包括上海市各机关、团体、学校、工厂、公司等之资料，以及前代人物传记，与天时、地理、人文、风土等记载。”“凡承捐赠史料，当于参考完毕后移送公共图书馆

① 原载民国 34 年 5 月《浙江通志馆馆刊》第 1 卷第 2 期，杭州古籍书店，1986 年影印版。

② 参见徐逸龙：《徐定超和浙江通志局》，《浙江方志》，2012 年第 5 期。

保存。”“凡史料之只能借抄或用他法移写者，承示后当托妥员前来接洽办理，以最短期间移写完毕并不损伤原件为度。”“凡珍异之史料须有相当报酬方能移写者，承示后即当商洽办理。”① 胡道静也曾有详细回忆：一是收集古今中外包括旧志在内的图书资料，如他们还特别注意收集反映租界情况的年刊，以准确反映十里洋场的情况；二是收集旧报纸，如通过关系进入徐家汇天主教会图书馆，阅读并购买报纸以收集有价值的资料；三是收集刊印旧志，如花巨资将保存在天一阁中最早的明代弘治上海志进行翻拍刊印；四是收集衙门、商业会馆、同乡会馆等机构碑刻中有价值的史料；五是收集商业资料，如有的原被视为商业机密的年度报告，时过境迁后已成废纸，通志馆为此收集了数千本之多，用作编纂的重要参考资料。② 可见其收集资料面之广、量之大，但同时难度也很大。据 1933 年《上海通志馆期刊》第 1 期《发刊词》载：“著手工作以后，发现志料采集的困难，远非预想所及。”当时“社会人士对于当地文献尚少重视，不但应征志料可称绝无仅有，即本馆案发各种调查表格，未见寄回的颇多，因此在搜求方面，工作进行不能如预期的顺利。……整理考证方面，处处觉有事倍功半之感。”③

广泛征集既为各地修志提供了大量史料，无疑也成为各家通志馆珍贵的史料遗产。如广西省通志馆所藏史料丰富，全宗档案共 990 卷，全部档案分为馆务和史料两大部分。档案起止时间为 1921 年—1949 年。仅“地理类”的便有汉前广西地理沿革图；广西地理郡县沿革；广西通志稿；地理天度、地理面积、地质；广西地理疆域；各县疆域调查表，设县标准和调整县治材料；各县历代地理沿革；广西诸山川史料；广西

① 分别参见柳无忌编：《柳亚子年谱》，中国社会科学出版社，1983 年，第 90 页；吕志伟：《民国时期上海修志人收集志书资料的方法》，《中国地方志》，2015 年第 6 期。

② 上海通志馆编：《上海通志馆期刊·发刊词》第 1 卷第 1 期，1933 年 6 月。

③ 金建陵、张末梅：《南社与民国方志建设》，《中国地方志》，2004 年第 7 期。

全省地质图；各县市地质概要；各县城池建置史料；各县各种地图；各县乡村一览表。"文化类"的则有宋、元、明、清铁钟石刻、木刻碑文；广西省政府石刻拓本目录；各县金石、铜鼓考；桂林石略；各县古物调查表；阳朔亭、桥、路碑记；广西历代文人艺文录；广西艺术汇载；各县著述汇载；诗文杂存；古代学术思想摘录；全省各地戏剧活动情况调查材料；广西文化团体及图书馆、博物馆、展览会调查材料；各县历年出版报纸调查表；广西史略；国民政府年鉴广西部分；莫、陈、黎、何氏族谱及广西僻姓氏族表，等等。显然这都是修志的重要史料文献，也为后世了解区域历史文化保留了一大批珍贵资料。

第三，"官""学"并举，"建""研"并重。

民国时期，各级政府主官重臣对修志工作的亲力亲为，大多还是一种象征行为，因此聘请名宿硕学担当总纂及纂修，成为当时方志界的一种普遍现象。如金毓黻等人主纂《奉天通志》，吴宗慈主纂《江西通志稿》，李泰棻主纂《绥远通志稿》，余绍宋主纂《重修浙江通志稿》等。各通志馆聘用的编纂人员，也多为硕学之士。与此同时，一些文化团体也参与到通志馆的编纂工作中来。如近代拥有一千多人并散布于全国各地的著名文学团体"南社"，其社员普遍置身于当地通志馆并参与方志编纂。其中，南社创始人之一的陈去病曾任江苏通志局局长，黄节担任过广东修志馆馆长，赵式铭、李书城分别为云南、湖北两省通志馆馆长。柳亚子在出任上海通志馆馆长之前，也向上海市政府提出，要求从馆长到馆员，全部为南社、新南社的成员。

将通志馆移交大学办理，也是民国时期修志的一个显著特色。如1932年，经由广东省政府主席林云陔致函中山大学，广东通志馆正式移交该校，校长邹鲁亲自出任馆长，编纂事宜"聘请史学专家总其成；其有关于地理、天文、测量、物产等事项，则分交理工农各学院办理。"该校理工学院徐甘棠为通志馆主任，中国语言文学部和历史学部名誉导师温丹铭为纂修，而参与各门类编纂工作的罗香林等人均任职该校，甚至广东通志馆一时也被人称为“国立中山大学广东通志馆”。同样云南大学教授方国瑜曾任职于云南通志馆。河南通志馆于1934年移交河南大学后，根据《河南通志馆组织章程》，馆长一职也须“由河大校长兼任”，等等。

更为重要的是，大批文化名人、学术大家的入行，不仅大大提升了地方志书的质量水平，而且有效促进了方志学理论的发展繁荣。学者们通常以会议、函电、书信、报刊专栏等形式，分别就方志源流、方志体例、编纂规范等各种问题进行广泛探讨交流。如广东通志馆纂修朱希祖对“通志”定义作了新的诠释：“通志之名，媲于通史，肇自远古，讫于当今，是名曰通”。[①] 1923年梁启超在《东方杂志》发表的《清代学者整理旧学之总成绩——方志学》，开创了方志学研究的先河。1935年，分别任职于绥远通志馆的李泰棻和湖北通志馆的傅振伦，相继在上海商务印书馆出版了《方志学》和《中国方志学通论》。此外，湖北通志馆总纂王葆心的《方志学发微》，江西通志馆总纂吴宗慈的《方志丛论》，湖北通志馆纂修甘鹏云的《方志商》，等等，都是当时方志学的研究力作。同时这种学用结合的实践，也有效推动了方志馆事业的发展。[②]

但民国毕竟是“乱世修志”，即便某一时期、某些官员再重视，方志工作者再努力，从总体上看，其方志事业并未得到应有的发展，方志馆同样如此。正如朱希祖所言：“及至抗战，又视为不急之务。不知存亡绝续之交，史务尤宜重视。”[③] 仅从大多机构冠以“通志馆”的名称就可得知，这些机构大多限于修志，有的连最基本的修志业务都难以为继，更何况其他方面的发展。因此有的机构并非真正意义上的方志馆，事实上也不可能建成今天理念和标准意义的方志馆。同时由于未修全国一统志，所以当时也没有全国性的方志馆，各省修志基本也是各行其

① 周文玖选编：《朱希祖文存》，上海古籍出版社，2006年，第148页。
② 曾荣：《民国通志馆述略》，《中国地方志》，2013年第2期。
③ 朱希祖：《史馆论议》，中华书局，2012年，第171页。

是，缺少全国统一的领导和指导机构，这当然是那个时代的重大缺憾。

需要特别说明的是：民国各时期所建的各种类型的“通志馆”是当时方志馆的主要形式，但“通志馆”与“方志馆”还不能完全画等号。这里主要有几个原因：一是就志书概念本义而言，“通志”有其特定的含义，它一般是指贯通古今的省志。尽管自古至今一些市县州府等志书也有贯通古今的形式，甚至有的市县志书本身就贯以“通志”名称，如仅浙江省，当时就有陈训慈所主编的《鄞县通志》等，但方志界大都不视其为“通志”，这是历来对“通志”约定俗成的共识。而且事实上本书所介绍的民国时期的“通志馆”大多也是由省级政府主办、以编纂省级志书为主要形式。二是从当时各种类型的修志机构看，它们的名称十分丰富，并不都冠以“通志馆”名称，而且也不仅仅是编纂省级志书。例如 1915 年广东省成立的“广东修志馆”，等等。三是其职能也大多限于修志，与今天所言的综合性地情展示有较大区别。从这个意义上说，今天我们所说的“方志馆”不仅在名称上与“通志馆”不同，而且其功能和涉及范围也不一致，应当说今天的“方志馆”与以前的“通志馆”相比，内容更丰富，范围更宽泛，收藏展示手段也更为现代化，这是“通志馆”所难以企及的。

五、中华人民共和国成立以来方志馆的发展历程

在中国方志发展史上，方志馆与地方志事业发展的全过程相伴而生，相随而行。尽管我们承认历史上形形色色的史馆、通志局等机构不同程度承担了方志馆的重要职能，方志馆的发展确实也经历了一个由多机构融合共处到逐步分离独立的漫长过程，但同样应当肯定的是，新中国成立后，方志馆的建设与发展才真正走上正轨。特别是上世纪改革开放后和进入新世纪以来，伴随着全国两轮大规模的修志工作，方志馆建设呈现出前所未有的发展势头，而且无论从内涵到外延，还是从展陈格局到运用手段，与传统方志馆相比，当代新型方志馆都发生了实质性变化。

（一）标志："地志博物馆"的引入与创建

中华人民共和国成立初期，苏联的阿穆尔州、赤塔州等地的"地志博物馆"模式引起了我国文博界的广泛关注。由于它以综合地情展示为主要标志，而且后来为我国博物馆建设所普遍借鉴，因此可以将其视为综合性地情馆的开端。

以阿穆尔州地志博物馆为例，该州与我国黑龙江省黑河市接壤，面积约36万平方公里，人口约100万。全境幅员辽阔，物产丰富。1891年，时为沙皇王位继承人的尼古拉·阿列克桑德拉维奇·罗曼诺夫（即末代沙皇尼古拉二世）来阿穆尔州首府布拉戈维申斯克市后，该市即着手建立博物馆。当时展品多为矿物、动植物标本，主要来自社会各方的捐赠，到1913年时已达2899件。1917年十月革命后，新生的苏维埃政权日益重视博物馆建设，到1927年，该博物馆已下设自然历史、社会经济、历史文化、综合技术教育、自然生物等多个部门，综合地情馆已初见雏形。特别是1931年，博物馆还出版了《苏维埃地方志》《阿穆尔州地方志》等杂志，对提升博物馆的整体水平起到了重要作用。发展到上世纪末本世纪初，博物馆的总面积已超过4000平方米，共设有25个陈列大厅，下设保管部、自然部、历史部、科学部、宣传部等机构，藏品已达约20万件，同时还收有资料照片5000多张，展示了当地从自然到历史，从反法西斯战争到经济社会建设的历史过程。另外该馆还下设雅克萨、伊万诺夫卡等11个分馆，每年约有10万人到馆参观，成为俄罗斯远东地区最古老、最大的地志博物馆。[①]

1951年，时任文化部社会文化事业管理局副局长的王冶秋，在考察了苏联地志博物馆后，深受启发，回国后即向文化部汇报并广为宣传倡导，文化部也同意以苏联地志博物馆为中华人民共和国综合性博物馆

① 分别参见〔俄〕г·A·托玛什克著，程艳、程鹏汉译：《阿穆尔州地志博物馆》，《北方文物》，1998年第3期；缪小咏：《参观阿穆尔州地志博物馆》，《江苏地方志》，2005年第6期。

的建设模式和发展方向。1951年10月27日，文化部在下发的《对地方博物馆的方针、任务、性质及发展方向的意见》中明确提出："博物馆事业的总任务是进行革命的爱国主义教育；各大行政区或省、市博物馆，应当是地方性的和综合性的。即以当地的'自然富源''民主建设''历史发展'三部为陈列内容，使之与地方密切结合。但同时又要注意全国性与地方性的配合。"1952年，文化部社会文化事业管理局还为此组织翻译了《关于地志博物馆科学研究、搜集、陈列与文化教育基本条例》《地志博物馆的陈列方法——苏维埃时期之部》《地志博物馆的陈列方法——自然之部》《地志博物馆苏维埃时期材料的搜集工作》等介绍苏联地志博物馆建设经验的文件，供全国各地学习借鉴。[①]

1954年6月10日，文化部办公厅还曾发出《文化部对各省（市）地志性质博物馆现阶段工作的意见》，要求各地应集中力量做好征集工作，结合举办专题展览，为正式陈列打基础；具有条件的博物馆，在文化主管部门统一领导下，应及时配合本省（市）基本建设，组织现有干部结合征集、陈列工作，研究学习有关本省（市）自然、历史、各项建设的业务知识与有关政策，学习苏联地志博物馆的先进经验，及时总结本馆经验，边做边学，以逐步提高现有干部的政治与业务水平。

1953年，文化部决定以山东博物馆为地志性博物馆试点，并调集黑龙江、浙江、南京等全国十几个省市的专业人员协助筹建。博物馆筹建期间，著名历史学家郭沫若、吴晗、范文澜等，都在北京听取了情况汇报并给予了精心指导。山东地志博物馆于1954年8月开始设计布展，占地面积1800平方米，基本陈列由山东自然之部、历史之部、社会主义建设之部等三部分组成。整个投入共用事业费7万多元，建筑仓库投资4.5万元。到1956年2月，《山东地志陈列》在山东省博物馆西院

① 国家文物局党史办公室编：《中华人民共和国文物博物馆事业纪事》，文物出版社，2002年。

(原济南道院)正式对外开放，这是中华人民共和国成立后第一个大型地志陈列，也是全国第一个地志博物馆，开馆后轰动一时，排队等候参观的观众队伍绵延半里多。很多外宾专程从北京慕名而来，留言簿写了厚厚一摞。在开放后直至“文化大革命”前10年时间里，共接待了国内外100多万观众。在1956年召开的全国地志博物馆工作交流会上，山东地志博物馆被评为红旗馆，成为全国学习的样板，在全国同行以至相关业界引起了热烈反响。[①]

1956年5月，中华人民共和国成立后首次全国博物馆工作会议暨全国地志博物馆工作交流会在山东召开。王冶秋在会上指出：“通过这次会议的讨论，可以肯定地志博物馆的方针、任务和方向是正确的。如果一个省地志博物馆不按照自然、历史、社会主义建设三部分来陈列，它就不可能全面地介绍一个地区的各方面情况。如果脱离了这个方向，它也不会得到当地党政领导以及有关单位的重视和支持。”“也只有这样才可以发挥博物馆的教育作用，使观众在很短的时间内对整个地区的各方面有了概括的了解；使观众不仅看到本地区的过去和现在，而且也看到了将来；不仅了解本地区的自然、历史，而且也了解社会主义的建设和发展；既进行了爱国主义教育，又进行了社会主义教育，鼓舞了人民前进的信心。”在谈到地志博物馆的性质时，他强调指出：“地志博物馆的性质是地方科学研究机构，文化教育机构，物质文化与精神文化遗存和自然标本的主要收藏室。这三位一体的性质是正确的。”[②] 他同时也实事求是地指出了山东地志博物馆建设中所存在的问题。这次会议还出版了《全国博物馆工作会议与全国地志博物馆工作交流会议汇刊》，从而

① 分别参见国家文物局党史办公室编：《中华人民共和国文物博物馆事业纪事》，文物出版社，2002年；郭思亮：《筚路蓝缕　薪火相传——山东省博物馆发展史》，《中国博物馆》，2012年第2期。

② 王冶秋：《在全国地志博物馆工作经验交流会议上的发言》，国家文物局《王冶秋文博文集》，文物出版社，1997年，第18—19页。

在全国拉开了成规模建设地志博物馆的热潮。一年后，在全国已建成的73个博物馆中，地志性博物馆就有31个。其展陈格局也与阿穆尔州和山东等地志博物馆基本相仿，主要由当地“自然资源”（包括地理、民族、生物、资源等）、“历史发展”（包括革命史）、“民主建设”（包括政治、经济、文化等方面的建设成就）等三部分内容组成。如1956年2月甘肃省博物馆正式成立，该馆基本陈列即由“丝绸之路，甘肃文物精华”“甘肃自然富源”“嘉峪关魏晋壁画墓”“黄河古象”“中国共产党甘肃新民主主义革命史”等内容组成，也是典型的地志性博物馆。1958年11月，“全国省、市、自治区省级地志博物馆革命纪念馆馆长会议”在江西南昌召开，会议对地志博物馆的有关工作再次进行了讨论部署。

“地志博物馆”的引入与创建不仅对当时全国各地的博物馆建设起到了重要的推动作用，而且为方志馆建设提供了积极的参考借鉴价值。但由于种种历史原因和地方志事业自身的发展局限，方志馆建设当时远未成气候，更未成为文博馆业界的主流。不过从广西通志馆等少数机构的运行实践中，仍能看到传统的延续和适应地方志事业自身发展规律的探索，尽管当时的方志馆几乎“凤毛麟角”，处于“鹤立鸡群”的地位。

广西地方志事业向来具有悠久的历史传统。早在1932年就建有广西省修志局，后又分别改名为广西通志局、通志馆，并一直延续至新中国成立前。1959年8月，广西壮族自治区通志馆在南宁重新宣告成立，这是新中国成立后，少数有记录可查的仍以“通志馆”形式长期运行的省级方志馆。该机构为正厅级事业单位，由自治区人民委员会副主席莫乃群任馆长，另有副馆长多人。通志馆下设办公室和太平天国、中法战争两个业务组，后又分别增设辛亥革命组、广西现代革命史组，以为新修《广西通志》打基础。以现在方志馆的规划标准看，这种机构设置似乎“文不对题”，但显然有当时地志博物馆的深深烙印——尽管两者仍有明显差别。按这一计划目标，1960年，广西通志馆便组织人员，深入本地及云南、广东等省169个市县，走访了数百名太平天国后裔和当地老人，收集并研究、整理了1000多万字的档案等地方文献。之后出版了《忠王李秀成自述核补本》《太平天国革命在广西调查资料汇编》《中法战争调查资料实录》等文献成果，还召开了纪念太平天国起义110周年、纪念辛亥革命等各种内容的学术报告会、讨论会。“文化大革命”期间（1970年10月），通志馆再被撤销，人员调离，资料分别移交自治区档案局和博物馆。改革开放后的1981年9月，自治区党委决定恢复成立通志馆，先与自治区社科院合署办公，后单独设立，并出版了《广西地方志通讯》。广西通志馆既以“通志馆”的形式延续了自清末始、民国续的方志机构的传统，同时显然又受当时苏联地志博物馆模式的影响，因而对中国方志馆事业具有承前启后的里程碑式的重要意义。①

苏联地志博物馆的建设经验在我国产生了持久深远的影响。1977年，黑龙江省哲学社会科学研究所历史研究室还专门编译了苏联《阿穆尔州地志博物馆与方志学会论丛》，由黑龙江人民出版社正式出版。该书有《古代黑龙江沿岸地区》《阿穆尔州考古图资料》《阿穆尔大事记（1689—1858年）》等一批珍贵翔实的地情资料，客观记述了黑龙江流域原属中国的区域变迁历史。由于地方志是中华民族特有的传统文化形式，因而也许今天会有人对其“方志学会”的称谓存有异义，我们暂时也难以进行深度考察分析（或许因该区域原属中国领土，编修地方志的文化传统一直得以传承延续所致）。但从方志馆的专业角度看，“地志博物馆”作为综合性地情馆的创始地位和价值无疑是值得关注的。而且直到现在，俄罗斯一些地方的博物馆还保留着这样的称呼。

一直到改革开放后的1981年7月，在中国地方史志协会成立大会暨首届地方史志学术讨论会上，据诸葛计有关资料记载，傅振伦在发言中，在谈到当年国家文物局筹办地志博物馆确定的以“全国为纲，突出

① 参见黄苇主编：《中国地方志辞典》“地方志大事记”，黄山书社，1986年。

地方”的方针，以及相应的三个展陈内容（自然环境与资源的“自然之部”、古代至“五四运动”的“历史之部”、新民主主义与社会主义的“革命与建设之部”）时指出：我以为新编地方志也可以采用这种方法，分这三部分。可见当年地志博物馆持续的历史影响，这也从一个侧面反映了改革开放初期方志界对新时期方志馆建设的初步思考探索。

山东省方志馆展览大厅

2010年，山东省还建立了全国第一家以“博物馆”命名的“山东省史志博物馆”（现改名为“山东省方志馆”），其馆藏、陈列主要分为三类：地方志成果、旧志和反映山东省自然、人文以及历史文明的各类资料与实物，包括旧志编纂与传承、新方志编纂与管理、年鉴管理与出版、方志馆建设等各方面内容，共展出9万余册各类志书及历史文献、3000余件史志文物，1000余幅图片。同样，2011年11月，作为广西方志馆的配套项目，“广西史志博物馆”也与方志馆同时在南宁开馆。尽管“史志博物馆”在全国方志界包括博物馆界为数不多，但它确是以志书收藏和展示为主，同时兼及其他形式的一种创新，因而对全国各地方志馆建设具有重要的启示借鉴意义。

由上可见，“地志博物馆”与方志馆特别是以综合地情展示为主要内容的新型方志馆，确实有一定的历史渊源。从这个意义上看，与其说全国各地近年来是在纷纷新建综合地情馆，不如说是方志界在原有基础上的传承和再度创新。

（二）转型：从传统到现代

上世纪中后期中国进入“文化大革命”的动荡时期后，地方志工作同样受到了极大冲击，当时仍能编修志书的地方寥寥无几，方志馆建设更是几乎处于停顿状态。这种状况自改革开放后发生了显著变化，尤其进入新世纪后，伴随着全国第二轮修志工作的全面展开和持续深入，伴随着公共文化事业大发展大繁荣的发展进程，各地方志馆建设呈现出前所未有的发展势头。特别是占地近1.2万平方米的国家方志馆的建成，更是为集中展示全国方志成果和事业成就提供了宽广平台，也为全国方志馆建设起到了重要的先导示范作用。

1. 改革开放后专业方志馆的出现

改革开放后，伴随着全国第一轮大规模修志热潮，新时期的方志馆建设开始被提上议事日程，第一批真正以“方志馆”冠名的方志机构开始出现。

1985年，时任中国地方史志协会副会长董一博在黑龙江调研时，提出建立黑龙江省方志馆的建议，这也是改革开放后全国方志系统首次涉及“方志馆”建设一事。这一建议引起时任黑龙江省省长、省地方志编委会主任陈雷的高度重视并表示积极支持，但由于种种原因，黑龙江省方志馆当时并未开建，直到2013年6月才正式建成开馆。

原浙江方志馆（位于建德市）外景

1990年3月1日，浙江省地方志编纂室、省地方志学会、建德县（今建德市）地方志办公室联合发出《关于征集地方志筹建方志馆的通知》（“浙地志〔1990〕5号”），面向全社会征集包括省、市、县、乡镇和专志等各类志书。同时说明“本馆尚未正式定名，希望全省修志工作者积极提名，以供选用。”这从一个侧面也反映了当时“方志馆”尚未成为一个被普遍采纳的名称概念。经过一段时间的筹备，“浙江方志馆”在该县新安江镇正式挂牌建立，馆舍借建德县档案馆库房，存放征集到的志书。据《浙江方志馆入藏新编地方志目录》记载，该馆共收藏方志类图书、史料等8类1052种计2320册（数据截止到1997年），其中，县市志441种541册，专志323种520册，乡镇志29种47册，年鉴18种74册，方志论著13种16册，旧志、志稿79种742册，史料145种367册，其他类10种13册。当年4月15日，新华社播发通稿："我国第一家专门收集社会主义时期第一代方志的方志馆最近在浙江省建立，收藏志书的范围包括建国以来各省市县镇志和各种专业志，还包括部分珍贵的旧志书。我国新一代方志的编纂工作始于80年代初。目前全国仅县一级方志就有150多部，其规模和质量远远超过以往历代。"[①] 从而以此为标志，拉开了新时期全国各地方志馆的建设热潮。这也是迄今为止方志史上有据可查的第一家以"方志馆"命名的方志机构，在全国方志界起到了重要的导向作用。

1992年，上海市地方志办公室正式向市计委提出《关于申请建立上海通志馆的报告》并得以获批开建。1996年，位于浦东新区的上海通志馆正式建成并投入使用，该馆建筑总面积5800多平方米，总投资近一千万元，主要功能是方志编纂、成果展示、资料收藏服务、业务培训和学术研究、方志文化交流等。作为一个完全独立的省级方志馆，它的率先建成，对当时的方志馆建设具有重大示范意义。

1993年，广州市计委批复同意广州市方志馆建设正式立项，其建筑面积由最初的2500平方米增至4700平方米，投资也相应由原来的220万元调整为700万元。1993年7月，该项目正式动工，1995年6月竣工，1996年6月正式开馆，实际总投资达1000多万元。

与此同时，武汉方志馆（1994年）、苏州方志馆（1998年）、湖南方志馆（1998年）、湖北方志馆（2000年）等相继竣工开馆，它们都成了改革开放后全国方志馆事业发展的重要历史印迹。但这时各地所建方志馆，大多仍以收藏志书为主、同时兼及编纂、办公、展示等功能，因

① 虞云达、慎海雄：《浙江建立全国首座新方志馆》，《人民日报》，1990年4月15日第2版。

而从总体上看仍属于传统形式或从传统向现代转型的方志馆。

2. 进入新世纪后综合型地情馆成为方志馆建设的主导趋势

进入新世纪后，伴随着全国方志系统第二轮修志热潮的兴起，特别是伴随全国各地文化大发展大繁荣建设进程的持续加速，方志馆建设被各级党委政府提到了前所未有的重要议事日程。

2009年，山东省在全国范围内，率先召开全省方志馆建设工作会议，下发了《关于加快方志馆建设的若干意见》，在全省部署并掀起了建馆热潮。到2011年，该省已建成市级馆14家，县级馆95家，馆舍面积达2万平方米，馆藏志鉴书籍50万册。其中东营、泰安、威海、滨州等市及所属县（市、区）方志馆已全部建成，很多馆还有正式的机构和人员编制，在全国方志系统起到了积极的示范引导作用。2014年11月，江西省全省方志馆建设现场会在景德镇市召开，同日，景德镇地方志馆正式开馆，标志着该省方志馆建设进入了一个历史提速期。

近年来，由于各级党委政府的高度重视和全社会的大力支持，全国各地新建方志馆，不仅保留了方志文献收藏展示、志书编研和机构办公等传统功能，而且普遍加大了综合地情展示的比重，因而大多具备了综合型地情馆的功能和雏形。如新建国家方志馆和江苏、江西、广西、北京等省市的方志馆，不同程度呈现出建筑壮观、设施先进、功能齐全等特点，有的已成为当地文化建设的重要地标。

例如：坐落于北京东三环南路88号的北京市方志馆，建筑面积达1万平方米，每层约1600平方米。该工程系与首都图书馆二期合建项目，两馆总建筑面积6.7万平方米。整体建筑分为地下一层，地上10层，总投资4.7亿元

北京市方志馆外观

人民币。其中，方志馆建筑面积1万平方米，建筑高度30米，地下一层，地上6层。包括门厅（序厅）、展厅、多功能厅、阅览厅、馆藏书库、地方志编修室、地情研究中心、地方志学会、北京地方志杂志社、北京年鉴社、信息网络中心和交流厅、贵宾室、会议室等行政办公场所。其功能定位是：全市地方志、地情资料的收藏展示中心，市情、地情的研究咨询中心，地方文化的交流活动中心，爱国家、爱家乡、爱岗位的教育基地（简称“三中心、一基地”）。展出内容包括历史变迁、发展成就、志书文献等等各方面主题，同时运用了大量现代化传播手段。它的落成开放，不仅因与首都图书馆毗邻而居，进一步丰富了广大市民的文化生活，而且因其理念超前、设施先进、功能齐全，因而成为全国方志馆建设又一个里程碑式的重要标志。

国家方志馆外景

特别值得关注的是，2008年，经过长期选址论证，国家发改委正式批复中国地方志指导小组，同意建设国家方志馆。该项目位于北京市朝阳区中心区域的二环与三环之间，交通便利，人文环境氛围浓厚。其总建筑面积约为1.19万平方米，总投资将近1.42亿元。国家方志馆的建成，将填补我国国家基础文化设施建设的一项空白，成为中国历史国情和当代建设成就的重要展示中心，成

中指组领导为国家方志馆揭幕

为全国地方志编修、研究和培训中心，同时也是当代中国地方志事业的盛世标志。

第二节　官私志书收藏对方志馆的发展贡献

前已述及，中国方志馆的发展历史其实有两条脉络：一条是主脉，即从依附于官方史志合一的各类编修机构，到逐步独立成型的发展历程；另一条是散布于社会各层面的各种藏书楼、书院、官学等收藏机构场所，它们同样以不同方式，在不同程度上为中国方志馆的建设发展做出了重要贡献。故本书专列一节着重对这一问题进行分析。

一、历代官私收藏方志概述

中国的藏书文化源远流长，至今已有两千多年的历史，基本由官府、私家藏书和寺观、书院藏书等四大系统构成，各种形式的藏书楼则是传播传承这一文化的重要载体。无论是官方还是民间，“或秘藏于士族之家，或韬隐于巨儒之室”，都十分注重收藏包括地方志在内的典籍文献。据文献记载，最早的私人藏书楼始于北魏，其后历史上曾相继出现过几千座藏书楼，其中有影响的就有上千座。秦汉以来，私家藏书与官方藏书各有所长，呈交相辉映之势。特别是从唐代出现雕版印刷技术、书籍开始普及后，又把藏书文化大大向前推进了一步，至宋元已日成风尚，明清则更是达到鼎盛水平。它们在为中国文化史作出重大贡献的同时，也以替代、融合、借鉴等不同方式，为中国的方志馆事业做出了独特贡献。

（一）历代官藏方志

地方志书是中国历史典籍文献宝库重要的组成部分。“典籍”一词最早出于《孟子·告子下》：“诸侯之地方百里；不百里，不足以守宗庙之典籍。”在中国历史上，历代统治者向来十分重视典籍收藏，官府藏书最早可追溯到商周时期，当时专藏甲骨的龟室可视为最早的文献收藏之所。周王室的藏书场所便称为“藏室”，老子也曾在其中任柱下史。政府大规模的典籍收集则始于汉代，汉代萧何所建的天禄、石渠、麒麟三阁及兰台、东观等，都是较为典型的藏书机构。通过几次大规模搜集、整理，仅西汉政府所藏典籍很快就达到数万卷之多，并且建立了中国封建社会第一个完整的国家藏书体系。此后，各朝各代基本因循汉制。

隋代，官方曾三次大规模收集典籍，从而使官藏各类文献达37万卷。而且当时图书已明确分为经史子集，并建四库存藏，其公藏典籍也达到了我国封建社会中期的顶峰。

唐代是我国封建文化发展的鼎盛期，而且此时雕版印刷已开始出现，民间私人也可以写书、抄书出售，官方为此开始注意向私人征集典籍文献，从而使其公藏典籍到开元年间达到顶峰，如秘书省便有“四部御书十二库，共七万余卷”，公藏典籍总量达12.5万卷。

到宋代，经长达百余年的搜集，公藏典籍增长迅速，至宋仁宗时已达3.06万余卷，宋徽宗时则达7.38万卷。

元代至惠宗至正二年（1342），公藏典籍也有2490部计2.58万册之多。

明代政府对征集及公藏典籍同样十分重视，以至“惟其所欲与之”，使秘府所藏“充栋汗牛，莫可纪极”。明宣宗时，秘阁藏书即有2万多部、近百万卷。

清代更盛，其官方典籍的收集在乾隆年间达到高潮。如乾隆三十七年（1772），为编修《四库全书》，高宗颁发征求图书谕旨，规定征书范围和办法。但由于以往残酷的文字狱使人记忆犹新，藏家谨小慎微不敢献书，地方官也怕引火烧身而敷衍了事。官方为此投其所好地制定了一系列措施，如凡进500种以上的，奖励《古今图书集成》一部，等等，这些措施对那些希望显亲扬名、荣宗耀祖的官僚及藏家具有极大的吸引力，进书行为为此也十分活跃，有的地方多次甚至十几次进呈，仅浙江一省采进呈献的书籍即达4500多种，从而也大大促进了官方典籍收藏活动。如乾隆所建南北七阁，各珍藏《四库全书》7.9万多件，与长城、大运河一起，并为中国文化史上三大盛举奇迹之列。

而且自古以来，历代统治者都十分注重收集收藏包括地方志在内的各种历史文献。就中央政府而言，大多贮于政府和皇家馆阁，地方除府州县衙署例有收藏外，多数藏于各州府县的学校，便于随时备查，同时又可作为学校的基本藏书和教学之用，故各地府、州、县学除教学功能外，还具有官方档案馆和图书馆的职能。如旧时还有规定，皇帝如有赐书也藏在学校，有的学校为此还设有御书楼（专藏皇帝赐书）和尊经阁、稽古楼，等等。

然而由于历史的原因，宋元以前及宋元时期皇家馆阁和政府藏书没有留下书目，例如南宋建都临安，皇家馆阁藏书超过北宋，内建有御书院、高宗损斋、理宗缉熙殿等藏书处，前人记载仅片言只语，未涉及方志的收藏。中央政府秘书省藏书极为丰富，例如陈骙《南宋馆阁录》谈到秘书省史（书）库，有绿橱七，藏史部书，王应麟（玉海）卷五二所记史部书也仅有个粗略数字，实际并不详细。相比而言，明代宫廷《文渊阁书目》虽然也很简略，但却有所藏方志的书目和数字。清代《四库全书总目》集中了内廷的文渊阁、翰林院、武英殿等及征集全国私人、地方官府等进献的藏书修编而成，不仅有书目，而且还有“提要”式的简介，不仅是皇家和政府藏书总目大成，同时对方志收藏记载也较为全面。加之明清时期自宋代方志定型以后，编纂、刻印都超过前代，清代所编方志质量也较高。

（二）历代私藏方志

中华民族历来有耕读传家的历史传统，私人藏书记载虽稍晚于官方，迄今也有2500多年历史。北魏以前，一般只有皇家才有藏书，北魏开始出现了民间私人藏书机构。仅以民间藏书家数量看，远的不说，隋唐时拥有上万卷的便有40多人，宋代私藏万卷至10万卷的已达200

多人，明代则又发展到近千人，清代更是号称“三千”。另据《中国私家藏书概述》统计，明清两代全国著名藏书家就有4600多人。特别还值得一提的是，自古至今，仅历史所载的私家藏书楼就有1000多座，它们为传承民族文化，包括对方志事业和方志馆发展做出了不可磨灭的重要贡献。

需要说明的是，在中国历史上，对各类藏书机构其实并没有统一的称谓，也并不都以“楼”命名，藏书楼只是一个泛称而已。自清代以后，随着类似机构的大量出现，这一名称才被普遍使用。在此之前，馆、阁、斋、轩、居、室，等等，各种名称都有，由此也可见中国藏书史的盛时之景。

我国各地私人藏书历来历史悠久，品种丰富。如据记载，南朝湖州人沈约藏书曾达2万余卷。而有“浙西词派”领袖之称、并创办潜采堂藏书楼的清代嘉兴人朱彝尊，家有藏书更达8万卷之多。到明清时期，江浙两省名闻全国的藏书家已达2000多人，约占当时全国总数的40%。据史料载，当时的浙江、江苏，藏书楼遍及山村水乡，各地藏书楼主人因个人爱好等原因，千方百计收藏书籍。有的藏家对藏书的爱好，已不仅是节衣缩食的程度，而是不惜身家性命贮藏图书，从而构成了一部丰富的中国藏书史，这种传统一直延续至民国。

还值得一提的是，自古以来，中国的方志等大批珍贵的历史文献之所以能得以保存传承，自汉代而始的抄书业功不可没。如明清时期，宋元版方志文献数量稀少，价格高昂，每页计价数百甚至上千，一般藏家自然望“书”兴叹，因此抄书就成为民间传播方志文献的一种普遍方式。许多方志文献在原刻本散佚之后，抄本往往成为孤本。在宁波天一阁所藏孤本中，除刻本外就有不少明抄本，如弘治《偃师县志》、正德《新乡县志》等，这些文献都是在当时得不到刻本的情况下，用蓝格棉纸抄录下来的，流传至今，极为珍贵，抄书传统也因此得以延续。如杭州文澜阁，曾经是许多学人、士子前往抄书之地，乾隆皇帝也曾允许江浙士子“得以就近观摩誊录”。清嘉庆、道光年间，浙江纂修府县志而登阁阅书者日踵其门，阮元、陆心源等诸多藏家，都曾登阁阅览抄录。正是有赖于历代有“志”之士一点一滴、坚持不懈的努力，大批方志才得以传承至今。

另外，除抄书业外，随着雕版印刷技术得以应用并日渐成熟，书坊刻书、官府刻书和私家刻书等三大刻书系统在五代十国时期便已全部形成，同样大大助推了藏书事业的发展。如浙江为我国雕版印书的发祥地之一，刻书历史至少可上溯到中唐时期。自北宋开始，杭州成为全国刻印业的中心，南宋时杭州的印刷作坊有铺名可考的就有10家。到明清时期，湖州的刻印业后来居上，其他如宁波、绍兴、台州等地，刻印业都十分兴盛，从而促进了方志文献的刻印、流布和收藏。当时在湖州还出现了专门以贩书为业的“贾客书船”，织里镇甚至几乎家家户户还以“佣书为业”。这些书商为开拓业务，利用江南水网纵横的特点，常驾一叶扁舟在江浙一带数百里区域内活动。书船则集出售、收购、中介于一身，与各地藏书家维持着良好的业务关系。因而明清时代江浙私家藏书之所以能为天下冠，书船起了很大的作用。可见，与抄书业一样，如果没有刻印、书船等辅助行业，也许就没有方志文献典籍事业的今天，在此意义上看，它们同样从不同方面为中国方志事业（包括方志馆建设事业）做出了特殊贡献。

二、明代方志的官私收藏与机构

明代修纂了大量的地方志，据《明史·艺文志》所载书目，根据传统目录学经、史、子、集四部分类法，地方志属史部地理类。《明史·艺文志》著录史部书分10类：

1. 正史类	一百一十部	一万二百三十二卷；
2. 杂史类	二百十七部	二千二百四十四卷；
3. 史钞类	三十四部	一千四十三卷；
4. 故事类	一百六部	二千一百二十一卷；

5．职官类	九十三部	一千四百七十九卷；
6．仪注类	五十七部	四百二十四卷；
7．刑法类	四十六部	五百零九卷；
8．传记类	一百四十四部	一千七百九十七卷；
9．地理类	四百七十一部	七千四百九十八卷；
10．谱牒类	三十八部	五百零四卷[①]。

从《明史·艺文志》所列史部著作十类来看，以部数而论地理类的地方志以471部位居第一；以卷数而论，地方志书则以7498卷位居第二，正史以10232卷位居第一。可见方志类书籍在其中所占据的重要位置。

再从收录的地方志具体书目来看，首列《大明志书》（已亡佚）《寰宇通志》《一统志》等全国总志，同时按当时行省有《顺天府志》《保定府志》《河间府志》《真定府志》《天津三卫志》《宣府志》《辽东志》《南畿志》《应天府志》《淮安府志》《泰州志》《姑苏志》《松江府志》《常州府志》《镇江府志》《山西通志》《大同府志》《山东通志》《齐鲁通志》《兖州府志》《河南总志》《河南通志》《陈州志》《郑州志》《陕西通志》《凤翔志》《宁夏新志》《兰州志》《浙江通志》《杭州府志》《嘉兴府志》《湖州府志》《绍兴府志》《江西通志》《南昌府志》《武昌府志》以及《广东通志》《云南通志》《贵州新志》等等。此外，还有一批如《黄河大志》《吕梁洪志》等水利志和《茅山志》《新安山水志》《九华山志》《西湖游览志》等山水游览志。如果再加上县志，其部数和卷数都将列于史部类各种典籍之首。

（一）中央和地方政府的官方藏志

1．中央政府方志收藏——以明代皇家文渊阁为例

明初建都于南京，明太祖即于南京皇宫奉天门东建文渊阁。文渊阁

---

① 《明史》卷九七《艺文》二。

是明代宫殿藏书阁名，也为皇帝讲读之所。明太祖朱元璋本人文化不高，但十分重视典籍的搜集和收藏。后明成祖朱棣迁都北京，又于宫内东南庑建文渊阁以藏书，并置大学士。据《明史·艺文志》载，太祖、成祖均十分重视宫廷馆阁藏书：明太祖定元都，大将军收图籍致之南京，复诏求四方遗书，设秘书监丞，寻改翰林典籍以掌之。永乐四年，帝御便殿阅书史，问文渊阁藏书。解缙对以尚多阙略。帝曰："士庶家稍有馀资，尚欲积书，况朝廷乎？"遂命礼部尚书郑赐遣使访购，惟其所欲与之，勿较值。北京既建，诏修撰陈循取文渊阁书一部至百部，各择其一，得百柜，运致北京……[①]

为管理藏书，明宫廷还建立了一些制度。洪武三年（1370）设独立的机构秘书监以掌管图籍，对保存图籍、藏书管理起了积极作用。但至洪武十三年（1380），撤秘书监，而将藏书划归翰林院管理，这样就取消了独立的藏书机构。在翰林院，掌管藏书的官员为二员，从八品，由于位卑职低，对于权高位重者窃书不敢言语，兼之这些人自身素质也不高，如时有偷窃图书携出馆外以出售获利的情况发生，从而直接导致管理不善，以致藏书机构世风日下。

从《明史·艺文志》所载，可知明代宫廷藏书主要来源于元大都宫廷藏书，它们显然都是宋、金、元诸代皇家藏书的精华所在。如靖康元年（1126）夏历三四月间，金人破汴京，北宋建国一百六十余年所蓄积的文物宝藏被劫掠一空，其中就包括原来藏于馆阁的皇家藏书。但这些宋代皇家藏书并未完全损毁。据文献研究，元平金后，曾将收集到的典籍图书，尽载送元都燕京收藏。[②] 元立国后，又向各地调运书籍。至元十六年（1279），设秘书监专掌国家图书保管，以后不断向各地征调书籍，以充实庋藏。由于元代皇家藏书保存较好，所以明大将徐达破大都

① 《明史》卷九六《艺文志》。

② 参见陈登原：《古今典籍聚散考》卷二《兵燹卷》，上海书店，1983年。

时，奉朱元璋之命“收其秘阁所藏图书典籍，尽解金陵”①，实际上是将宋、金、元三代皇家藏书尽归于明皇朝的宫廷藏书，这是一笔十分可观的文化财富。

为充实明代皇室宫廷藏书，朱元璋于洪武元年（1368）下诏征求民间遗书，以后又陆续设置大本堂、弘文馆、秘书监、文渊阁、东阁、华盖殿以庋藏图书。经此多方努力，明初皇室南京宫廷藏书大为充实。据沈德符《万历野获编》卷一《访求遗书》载：“时宋刻板本，有一书至十余部者。”于此可见宫廷藏书之价值。此外，朱元璋为充实皇家藏书和政治上的需要，还大力提倡刻书，以增加图籍和发展出版事业。仅明初洪武元年（1368）至永乐十八年（1420）迁都北京前，皇家内府就刻印和缮写了不少书籍，其中有的用黄绫包背装，装帧十分考究。上行下效，明代官吏每逢奉使出差外地，回京以后必刻一书，以一书一帕馈赠上司和亲朋，谓之“书帕本”，余风所及，民间刊书亦盛。在这样的大背景下，明人修志既多，且方志为官府所修纂，即或经济困难的县、府，刻一部方志亦非难事，这显然对当时的官藏方志起到了积极推动作用。

北京明代皇宫文渊阁所藏典籍虽然丰富，但开始并无书目，直到明英宗天顺六年（1462），少师、兵部尚书、华盖殿大学士杨士奇奉命编纂《文渊阁书目》，始知大略。杨士奇所编书目，取《千字文》的“天地玄皇，宇宙洪荒，日月盈昃，晨宿列张，寒来暑往”的前二十字分类排号，分五十橱贮藏，涉及地方志收藏的为“来字一橱，一百六十八号”贮古今志（杂志附）；“暑字共三橱，五百八十四号”，贮旧志；往字共三橱，贮新志。这个书目编得十分草率，从严格意义上说，如《四库全书总目》所言“士奇等承诏编录，不能考订撰次，勒为成书，而徒草率以塞责”②，书目所载仅是书名和册数，既无作者姓名亦无卷数，

① 沈德符《万历野获编》卷一《访求遗书》，中华书局，1959年。

② 永瑢《四库全书总目》卷八五史部·目录类一。

无法考知年代和版本等。

《文渊阁书目》所载"来字号第一橱书目"《古今志（杂志附）》，共著录《古今志（杂志附）》书籍一百二十八种，共三橱，其中既有传统意义上的地方志，如《大元大一统志》《析津志》《严州图经》等地方志，还夹杂入少量《蒙古字训》《蒙古字母》《营造法式》等与志书无关的书籍。分析其因，编制书目时并未严格分类，而只是就橱内所贮之书，逐一清点登录而已。

"暑字号第一橱书目"：著录之书始自《南京至北京驿道方面》《洪武志》《北平志》以下各地方志220种，包括河北、江苏、安徽等省地方志书，多数称"图志"，如《北平府图志》《昌平县图志》等，可能有部分为宋元旧志。"暑字号第二橱书目"：始自《浙江要览》《杭州府志》《海昌图志》以下浙江各地方志99种。杭州南宋称临安府，元称杭州路，称杭州府始自明代，考杭州元时未曾修志，因而称《杭州府志》始自明代。正统以前杭州两修府志，一为徐一夔洪武初所修《杭州府志》，由此可以判断《文渊阁书目》所载旧志，是以英宗朱祁镇为界，凡洪武、建文、永乐、洪熙、宣德以前，包括宋元两朝及以前皆称旧志。"暑字号第三橱书目"：始自《建安郡志》《建安续志》等271种，包括福建、湖北、湖南、广东、广西、四川、云南、山西、陕西等省府县地方旧志590种。

《文渊阁书目》所载"往字号"三橱书目，均注明为"新志"，即是明英宗朱祁镇正统、代宗景泰和英宗天顺六年（1462）这一时段所编纂的地方志，尽管仅二十余年的时间，然所编志书及收藏颇多，"往字号"第一橱收府县志288种，包括北京、河北、江苏、安徽、浙江、江西、湖北、湖南等地。"往字号"第二橱收府县志202种，包括福建、广东、广西、河南、山东、山西、陕西等地。"往字号"第三橱著录府县志78种，包括四川、云南、贵州等地。三橱总计收各类地方新志568种。据《文渊阁书目》所载，此次编纂书目全部存书贮五十大橱，旧志、新志各三橱，合共六橱占全部藏书的11%左右。文渊阁所贮的旧志、新志相加共六大橱 1058 种，其规模之大可见一斑。[①] 还应指出的是这 1058 种方志，仅是止于英宗天顺六年（1462），以后成化至崇祯九朝尚有陆续入藏，只是未编续书目，故不知其详。

文渊阁藏书，包括地方志书的收藏至弘治、正德年间由于长期无人管理导致逐渐散佚，明人沈德符言：祖宗以来，藏书在文渊阁，大抵宋版居大半。其地既居邃密，又制度卑隘、窗牖昏暗，虽白昼亦须列炬。故抽阅甚难，但掌管俱属之典籍，此辈皆赀郎倖进，虽不知书，而盗取以市利者实繁有徒，历朝所去已强半。[②] 在这种情况下，大学士梁储等奏请原管主事李继先等修补整理，此议虽为武宗朱厚照所采纳，但是李继先等典籍官不仅未加整理修补，反而盗取益甚，沈德符续言："至正德十年乙亥……由是为继先取其精者，所亡亦多。"除了李继先等管理人员监守自盗外，有些馆阁之臣利用权重位高，借书不还，所以沈德潜曾慨叹地说，至正德朝"历朝所去已强半"，"至于今日则十失其八。更数十年，文渊阁当他为结绳之世矣。"文渊阁藏书情况不幸被沈德符所言中，《四库全书总目·文渊阁书目》称："国初曹贞吉为内阁典籍，文渊阁书散失殆尽。……今阅百载，已散失无余。"[③]

史学家吴晗曾说，历代官府藏书，多随政治局面之隆替而兴废，"且其采掇，仅凭官司，无论精校丹黄，即品评得失，亦绝不可得。甚或深幽琼阁，徒饱蠹鱼，日蚀月销，终归湮没，其不为学者所重也固宜。"[④] 明宫廷文渊阁藏书同样摆脱不了"徒饱蠹鱼，日蚀月销，终归湮没"的命运，然根据杨士奇这个《文渊阁书目》，尚可得见一代秘书所藏之概貌，统计出所藏地方志旧志、新志之情况，这也从一个侧面反

① 以上有关文渊阁收藏情况，据清《四库全书》之文渊阁本《文渊阁书目》有关记载加以整理和统计。

② 以上均见沈德符《万历野获编》卷一"先朝遗书"条，中华书局，1959 年。

③ 永瑢：《四库全书总目》卷八五史部·目录类一。

④ 吴晗：《吴晗史学论述选集·江浙藏书家史略》，人民出版社，1984 年，第 118 页。

映了它为方志馆以至中国方志事业发展所做的特殊贡献。

2．地方政府方志收藏——以杭州府学为例

前已简述，地方州、府、县主办的学校，即府学、州学、县学通常为官府藏书之所，经、史、子、集四部书皆备，有时还藏有皇帝赐的御书，但却大多无藏书目录传世，前人记载亦仅一鳞半爪，关于方志的记载更为罕见。顾志兴所著《浙江藏书史》中，根据文献整理对此问题作了专门梳理。

以杭州府学为例，其遗址今存于杭州劳动路孔庙内。这座孔庙自南宋起历元明清四朝其地未变。明洪武七年（1374）杭州知府王德宣奉诏重建，设尊经阁以藏书，王德宣捐俸购《史记》等31部藏之。永乐年间（1403—1424）朝廷又赐《御制大诰》、《诗传大全》等17部。正德年间（1506—1521）提学副使刘瑞认为府学藏书尚不丰足，请以刑金购求书籍藏庋尊经阁。此次所购之书约计万卷，四部书皆备，椟藏于阁，并由一训导专事管理。顾志兴根据有关文献钩沉这万卷书中有地方志多种，其目如下：《大明一统志》二部计48册，《八闽志》二部计40册，《嘉兴府志》一部计9册，《桐乡县志》一部计1册，《湖州府志》一部计6册，《会稽县志》一部计10册，《宁波府志》一部计4册，《萧山县志》一部计2册，《嵊县志》一部计4册，《宁波府志》一部计4册，《慈溪县志》一部计4册，《兰溪县志》一部计2册，《严州府志》一部计10册，《遂安县志》计1册，《温州府志》一部计6册，《处州府志》一部4册。①

从以上书目可以看出，明代杭州等地府学所藏方志除全国性总志《大明一统志》及福建的《八闽志》而外，其余多为两浙地区地方志。其余各地府县学未见书目传世，但估计收藏情况大体类似。在当时专业方志机构尚未出现之前，府学所存藏的大量志书珍贵文献，无疑为传承方志历史文脉作出了独特贡献，在此意义上看，它实际已成为方志馆历

① 参见顾志兴《浙江藏书史》，杭州出版社，2008年，第189—191页。

史发展的重要一支。

(二) 民间藏志——以宁波天一阁为例

宁波天一阁内景

明代是中国藏书事业的繁荣期，传统藏书以经史子集四部书为主，而且特重版本，不惜重价购置宋刻元椠，对当代志书尤其是地方志往往不够重视。但到嘉靖、隆庆以后这种观念有所改变，藏书内容有所拓展，例如，山东章丘的李开先所藏多元曲，有“词山曲海”之称；河北涿州高儒以话本小说著称，而小说戏曲等书籍本为朝廷明令禁止的，亦为传统藏书所不屑。与此同时，浙江宁波范钦以收藏当代地方志为主要目标，这在传统的藏书家来看，似乎有点“离经叛道”。

1. 范钦及天一阁。

范钦（1505—1585），字尧卿，号东明，鄞县（今浙江宁波鄞州区）人。明嘉靖十一年（1532）进士。曾知随州（今湖北随州）、袁州（今江西宜春），后调任按察副使，继升广西参政，再转福建按察使，进云南右布政使，迁陕西左布政使。嘉靖三十八年（1559）起任副都御史，终官兵部侍郎。不久离职，回归故里，以藏书为乐。范钦一生嗜书，凡官至一地，皆留意当地典籍，尤其广事收购各地新编地方志书，所藏日富，以致旧有东明草堂不敷应用，遂在月湖之西、宅邸之东建天一阁藏书楼，以庋藏典籍。

天一阁藏书楼建于嘉靖四十年（1561）至四十五年（1566）之间，建阁距今已 450 年左右，为中国现存最古藏书楼，也是世界现存最古老的三个家族图书馆之一，建阁时间略晚于意大利的马拉特斯塔图书馆和洛伦佐图书馆。关于天一阁的命名，据全祖望《天一阁碑目记》所述：阁之初建也，凿一池于其下，环植竹木，然尚未署名也，及搜碑版，忽得吴道士龙虎山天一池石刻，元揭文安公所书，而有记于其阴，大喜，以为适与是阁凿池之意相合，因即移以阁名。这是天一阁命名之由来。骆兆平经研究认为，天一池碑记只有“天一生水”之语，而无“地六成之”之说，所谓“天一生水，地六成之”，是弘历《文源阁记》和阮元《天一阁书目序》都“认为天一阁的建筑上通为一，下分六间，皆有精义，盖取‘天一生水，地六成之’之意”。

天一阁藏书楼由范钦精心设计，为一排六开间的两层木结构楼房，坐北朝南，前后均有窗户，以通风防潮；楼上为一大通间，中间用书橱隔而为六，用以藏书。正中悬有王原相所书“宝书楼”匾额，楼下并列六间。天一阁前有一水池，即作防火之用。清康熙四年（1665）范钦后人范光文，又在藏书楼利用山石堆砌成“九狮一象”之景，并植竹养鱼，更把天一阁装点得格外幽静，具有浓厚的江南园林特色。

清乾隆三十九年（1774），杭州织造寅著曾奉军机大臣传谕乾隆旨意，亲往天一阁实地考察后，向乾隆禀告云：天一阁在范氏宅东，坐北朝南，左右砖甃为垣，前后檐上下俱设窗门。其梁柱俱用松杉等木。共六间。西偏一间，安设楼梯。东偏一间，以近墙壁恐受湿气，并不贮书。惟居中三间排列大橱十口，内六橱前后有门，两面贮书，取其透风。后列中橱二口、小橱二口。又西一间，排列中橱十二口。橱下各置英石一块，以收潮湿。阁前凿池。其东北隅又为曲池。传闻凿池之始，土中隐有字形如“天一”二字，因悟“天一生水”之义，即以名阁。阁用六间，取“地六成之”之义。是以高下深广及数目尺寸，俱含六数。特绘图具呈。①从中略可看出二百余年前的天一阁藏书楼风貌。值得注意的是“天一生水”“地六成之”之说，可能即出于此。

2. 天一阁藏书来源及特色

天一阁藏书是范钦一生心血所萃。据文献记载，范钦藏书主要来源

① 王先谦：《东华续录》乾隆卷七九，光绪甲午（1894年）上海积山书局石印本。

有以下几个方面：一是得之于鄞县城西丰坊万卷楼藏书。鄞县历来为人文荟萃之地，自宋以来藏书、版刻事业发达。丰坊为鄞县宋代旧家子弟，丰家历代为官，家富藏书。丰坊晚年得心疾，整日潦倒于书淫墨癖之中，故不善治家，后家产丧失殆尽，其万卷楼藏书，凡宋椠、写本等为故旧门生辈窃去不少，后又复遭火灾，损失更多。范钦原与丰坊交好，曾从丰坊万卷楼中抄书，并求丰坊为作《藏书记》。后丰坊将所有藏书售与范钦，成为后来天一阁藏书的一个组成部分。二是抄自王世贞等藏书家。范钦与王世贞素有抄书之约，相互约定彼此各出书目，互补缺失，从而丰富了藏书。此外，另一重要来源是范钦的刻意搜求。范钦曾历官湖北、江西、陕西、河南、广西、福建、云南等地，每到一地，就留意该处所见之书，尽力收藏，故天一阁藏书盛时达七万余卷，清全祖望称范氏之书“虽未能复丰氏之旧，然亦雄视浙东焉”。

范钦的天一阁藏书，主要为宋元以来刊本、稿本、抄本，而以明刻本为主，其中尤以明代地方志、科举录为其收藏特色，著称于世。据骆兆平《天一阁明代地方志考录》称，天一阁原藏省、府、州、县方志有435种，比《明史·艺文志》著录还多。1934年，著名版本目录学家赵万里登天一阁作《重整范氏天一阁藏书记略》时，据统计尚存240部。新中国成立后，经清理共有268种，加上以后陆续依据旧目补入的《正德姑苏志》《嘉靖山东通志》《嘉靖宁波府志》的原刻本等，总数达271种，即在今日，所藏明代方志尚名列全国各大图书馆之首。这些地方志中，以嘉靖、正德、弘治年间所修者为多，少数为万历刻本，有的纸墨精湛，触手如新，多作包背装，是地方志中的精品。还有164种在《中国地方志联合目录》和《台湾公藏方志联合目录》中均属仅见之本。其中如郭经、唐锦修纂于明弘治十七年（1504）的《上海志》（八卷），为国内孤本，述上海之建置颇详。据钱福序称：“上海，华亭一旧镇也，至元间始割为县，属松江府。”此本也是上海志中现存最早之本。又如嘉靖《武康县志》（八卷本），系国内仅有的也是最早的武康县志。再如杨循吉纂修于明嘉靖八年（1529）的江苏《吴邑志》（十六卷）也是现存最早的吴县志，等等。[①] 天一阁珍藏的这些地方志，是祖国文献宝库中的明珠。特别是如此多的明代方志和科举录，以及明人其他著述和所刊明前古籍，为赵万里赞赏不已："天一阁之所以伟大，就在能保存有明一代的直接史部。"[②] 同时它对中国方志馆事业也具有无可置疑的重要价值，做出了里程碑式举足轻重的重大贡献。

三、清代方志的官私收藏与机构

（一）官方藏志——以四库全书馆为例

1. 四库全书馆的由来及机构设置

清乾隆三十八年（1773）2月21日，大学士刘统勋为校核《永乐大典》拟定十三条规定呈请乾隆皇帝批示，同日乾隆皇帝阅后批复："是。依议，将来办理成编时，著名《四库全书》。钦此。"[③] 这就是《四库全书》定名的由来。乾隆四十七年（1782），乾隆帝还下圣旨正式公布了四库全书馆的工作班子：正总裁为皇六子永瑢、皇八子永璇、皇十一子永瑆，余则为刘统勋、刘纶、舒赫德、阿桂等16人，副总裁为梁国治、曹秀先、刘墉等10人，以德保、周煌、庄存与等15人为总阅官，总纂官为纪昀和陆锡熊、孙士毅3人，总校官为陆费墀。这些人多为当朝大臣，或大学士，或六部尚书、侍郎等高官。这个班子除少数人挂名外，大多数都有实职，例如正总裁之一的王际华兼任《四库全书荟要》总裁，发凡体例等多为其所定，在编纂《四库全书荟要》中"研精殚思，晓夜研勤"。乾隆四十一年（1776）王际华因病卒于任所，乾隆皇帝特下上谕予以表彰。又如纪昀不仅是负全书总纂官之责，且《四库全书总目》不少部分即出于他的手笔。

① 以上天一阁藏地方志有关内容参见骆兆平《天一阁藏明代地方志考录》，书目文献出版社，1982年。

② 赵万里：《重整范氏天一阁藏书记略》，原载《国立北平图书馆馆刊》第八卷第一期，见李希泌、张椒华编《中国古代藏书与近代图书馆史料（春秋至五四时期）》，中华书局，1982年，第433页。

③ 中国第一历史档案馆编：《纂修四库全书档案》上册，上海古籍出版社，1997年，第58页。名单详见《四库全书总目·卷首》。

为《四库全书》编纂的顺利进行，除设置正副总裁、总阅官、总校官等负总责外，还设置了翰林院提调官、武英殿提调官、总目协勘官、校勘永乐大典纂修兼分校官等分工明确的具体工作部门。这些部门的工作人员多由学有专长的翰林院编修、庶吉士，各部主事、员外郎、中书以及笔帖式等担任。这份《奉旨开列办理四库全书在事诸臣职名》有362人之多，除去陆费墀、王嘉曾二人因兼职关系，姓名两见，实为360人，这还不包括各地以私人身份参与工作的人员。

《四库全书》的真正最高领导者是乾隆皇帝，他虽不列正总裁之名，但实际是总裁，其他暂且不论，为编纂《四库全书》仅《纂修四库全书档案》一书收集的上谕、圣旨，截止乾隆六十年就有1511道之多，有时曾一日之内颁发二、三道，可见其亲力亲为的程度。

2.《四库全书》中所藏方志

《四库全书》是迄今为止我国最大的一部丛书，共收书3503种，合计卷数为79330卷，总字数达9.9亿字之多。存目未编入全书的有6819部，94034卷。丛书编纂过程中集中了清宫文渊阁、翰林院、武英殿的所有藏书和全国各地的官府藏书，因而整理和保存了大量中国古代文献，价值很高。同时为编好这部丛书，乾隆皇帝还多次颁发圣旨向全国藏书家征集藏书，各省督抚亦当作头等大事来落实。包括地方志的编录在内，可以说凡是乾隆皇帝编书时所能见到的书，几乎无不囊括其中，其价值和对方志馆建设的推动意义自不待言。

而且和明代《文渊阁书目》所不同的是，前者只提供了一个旧志、新志书目，并无撰者、卷数、编纂年代等基本要素，而《四库全书》著录的史部类分正史类、地理类等15类，除存目者外，所收录的地方志皆有抄录之书，且有内容提要，全国共抄录了7份，这无疑是收藏、保管方志的一种极佳办法。今据《四库全书总目》卷六八史部·地理类一对《四库全书》所收录的方志略作研究分析。

纪晓岚等四库馆臣在收录地方志时定下了一个基本原则："今惟去泰去甚，择尤雅者录之。凡芜滥之编，皆斥而存目。其编类首宫殿疏，尊宸居也；次总志，大一统也；次都会郡县，辨方域也；次河防，次边防，崇实用也；次山川，次古迹，次杂记，次游记，备考核也；次外记，广见闻也；若夫《山海经》、《十洲记》之属，体杂小说，则各从本类，兹不录焉。”① 根据这个基本原则，宫殿疏收录梁陈间人所作《三辅黄图》6卷和元王士点撰《禁扁》5卷等两部。总志收录唐李吉甫撰《元和郡县志》40卷和宋乐史撰《太平寰宇记》193卷、宋王存等奉敕撰《元丰九域志》10卷、宋欧阳忞撰《舆地广记》38卷、宋祝穆撰《方舆览胜》、明李贤等奉敕撰《明一统志》90卷、清乾隆间奉敕撰《大清一统志》500卷。

都会郡县志所收皆为宋元明旧志及清代所修通志，其数量达47部、2752卷之多，具体又分为以下几种情况：

一种是宋元明三代旧志，宋志有宋朱长文《吴郡图经》续记、宋周淙《乾道临海志》、宋梁克家《淳熙三山志》、宋罗愿《新安志》、宋施宿《嘉泰会稽志》、《宝庆续志》等15种；元志有元徐硕《至元嘉禾志》、元袁桷《延祐四明志》、元张铉《至大金陵新志》等5种；明志有明王鏊《姑苏志》、明康海《武功县志》、明董斯张《吴兴备志》等6种及清《钦定日下旧闻考》一种。明清以来，公私藏书以宋元旧本为贵，清乾隆编《四库全书》也难免此俗。在《四库全书》所收旧志中以宋代为最多，如周淙的《乾道临安志》原本15卷，清杭州藏书家孙仰曾寿松堂藏有宋椠残本首3卷，四卷以下俱佚失，四库馆臣不以其残而加收录，所重在该志的文献价值；又如宋常棠的《澉水志》8卷，澉水即澉浦，为浙江海盐一小镇，《澉水志》实为一部镇志，四库馆臣以为此志“可谓体例精严，藻不妄抒者矣”“以镇为郡县之分区，故附缀于都会郡县类焉”。对仅存的一些宋元旧志（尽管有的是残本），也加著录，不失为保存地方志文献资料的上上之策。

第二种情况是清代雍正年间新修的一批各省通志。明代起各行省曾

---

① 永瑢：《四库全书总目》卷六八。

修有一批通志，清代康熙十一年（1672）大学士卫周祚上书康熙皇帝，令天下郡县分辑志书，此举得到康熙同意，下诏各省纂修通志，这次修志各行省皆有修纂，但如《畿辅通志》等通志，往往短则数月，多者年余而成书，未为详确。雍正七年（1729）雍正皇帝下诏命天下重修通志，送呈史馆，以备纂《清一统志》采择。清四库馆臣修入库书的各省通志主要有：

《畿辅通志》一百二十卷，清直隶总督李卫等监修，成书于雍正十三年（1735）。

《江南通志》二百卷，清两江总督赵宏恩等监修。成书于乾隆元年（1736）。

《江西通志》一百二十卷，清江西巡抚谢旻等监修。

《浙江通志》二百八十卷，清兼管浙江、江南总督嵇曾筠等监修，开局于雍正九年（1731），成书于雍正十三年（1736）

《福建通志》七十八卷，清浙闽总督郝玉麟等监修，开局于雍正七年（1729），成书于乾隆二年（1737）。

《湖广通志》一百二十卷，清总督湖广等处迈柱等监修。成书于雍正十一年（1733）。

《河南通志》八十卷，清总督河南、山东军务王士俊等监修。成书于雍正间。

《山东通志》三十六卷，清山东巡抚岳 濬等监修，开局于雍正七年（1729），成书于乾隆元年（1736）。

《山西通志》二百三十卷，山西巡抚觉罗石麟等监修，开局于雍正七年（1729），成书于雍正间。

《陕西通志》一百卷，陕西总督刘于义等监修，成书于清雍正十二年（1734）。

《甘肃通志》五十卷，甘肃巡抚许容等监修。开局于雍正七年（1729），成书于乾隆元年（1736）。

《四川通志》四十七卷，四川总督黄廷桂等监修，开局于雍正七年

(1729)，成书于雍正间。

《广东通志》六十四卷，广东巡抚郝玉麟等监修，开局于雍正八年(1730)，成书于雍正九年（1731)。

《广西通志》一百二十八卷，广西巡抚金 铁等监修，成书于雍正十一年（1733)。

《云南通志》，云南总督鄂尔泰等监修，开局于雍正七年（1729年)，成书于乾隆元年（1736)。

《贵州通志》，大学士鄂尔泰等监修，开局于雍正七年（1729年)，成书于乾隆六年（1741)，为各省通志中成书最迟的一部。

《历代帝王宅京记》二十卷，清顾炎武撰。

清代雍正间纂修的各省通志，以备纂修《大清一统志》采录，这些雍正间新修的通志《四库全书》皆加收录，材料信而有征，其价值自高。据《四库全书总目》卷六九、《史部·地理类二》、卷七十《史部地理类三》、卷七十一《史部·地理类四》等卷所载，编入《四库全书》的方志类地理书尚有河渠之属23部570卷；地理类边防之属2部34卷；地理类杂记之属28部213卷；地理类外纪之属16部89卷。这些地理志书囊括了河渠水利志、边防志、山志、游览志、佛道梵宇志、宫观志、风土志、风物志等方方面面的地方性志书。这些地方志书除旧的皇家、政府部分藏书外，大部分由各地巡抚采进和全国著名藏书家所进呈，经四库馆进行编校，分缮7部，藏于皇家内苑四阁及江浙两省文化发达之区的杭州、扬州、镇江三地。乾隆皇帝为了让《四库全书》充分发挥作用，乾隆四十九年（1784）2月又专门向内阁发了一道上谕，其中提到“前因江浙为人文渊薮，特降谕旨，发给内帑，缮写《四库全书》三分，于扬州文汇阁、镇江文宗阁、杭州文澜阁各藏庋一分。待到《四库全书》缮竣并发往“南三阁”时，乾隆五十五年（1790）2月又专门向江浙督抚发了一道上谕，内称“所有江浙两省文宗、文汇、文澜三阁应贮全书，现在陆续颁发藏庋。该处为人文渊薮，嗜古好学之士自必群思博览，藉广见闻。从前曾经降旨，准其赴阁检视抄录，以资蒐讨。但地方有司恐士子等翻阅污损，或至过为珍秘，阻其争先快睹之忱，则所颁三分全书，亦仅束之高阁，转非朕搜辑群书，津逮誉髦之意。……著该督抚等淳饬所属，俟贮阁全书排架齐集后，谕令该省士子，有愿读中秘书者，许其呈明到阁抄阅，但不得任其私自携归，以致稍有遗失。”①

从以上简单介绍中可以看出，中国官府藏地方志自宋元以来以清四库馆所编纂的《四库全书》最为完备，不仅搜集了当时所能搜集到宋元旧志和明清尤其是清代编纂的一些地方志书并加以传录保存，同时鼓励和允许需要者前往借阅和抄录，这在此前任何一代官府藏书中是独一无二的，清《四库全书》中保存的地方志是中国地方志保存最全的，实际上承担了方志馆保存方志的重要功能。

3.《四库全书》的利用

由于清乾隆帝定下的规则，《四库全书》要供有需要的士子阅览并允许传录，故《四库全书》成书后，尤其是“江南三阁”都是这样做的。据顾志兴研究，杭州西湖文澜阁库书自清乾隆以后直至民国初期前往文澜阁阅书校书并抄录的知名学者有汪中、孙星衍、阮元、刘凤诰、朱绪曾、陈奂、胡培翚、谢启坤、张金吾、钱熙祚、张文虎、钱泰吉、陆心源、孙衣言、马浮（一浮）等。民国早年宁波张寿镛辑刻《四明丛书》、青田端木彧辑《处州丛书》，皆往文澜阁抄书。清嘉庆以后浙江各府县纂修地方志书，亦从文澜抄书。②

有清末全国四大藏书楼之一之称的湖州陆心源皕宋楼，所藏书以宋元旧版著，然《皕宋楼藏书志》著录陆心源从文澜阁所抄录的地方志有宋郑瑶、方仁荣撰《景定严州新定续志》10卷，元沙克什撰《河防通议》2卷，元江大渊撰《岛类志略》1卷等。这一事实证明，《四库全书》中的宋元旧志，陆心源据以抄录，丰富了陆心源的藏书，应该补充说明的是陆心源所抄录的文澜阁《四库全书》，经史子集四部皆有，

① 中国第一历史档案馆编：《纂修四库全书档案》，上海古籍出版社，1997年，第2189页。

② 顾志兴：《文澜阁与四库全书》，杭州出版社，2004年，第20—28页。

以上方志类仅是举例而已。

（二）民间藏志

清代藏书家收藏方志较明代为普遍和重视，除宁波天一阁在此方面继续承担重任外，特别是以列为清末四大藏书楼的山东海源楼、浙江湖州皕宋楼和杭州八千卷楼等，同样以收藏大批方志而著称，从而为方志收藏和方志馆建设事业做出了重要贡献。

1. 山东聊城海源楼及所藏方志

海源楼坐落于今山东聊城市西南，由清代藏书家杨以增创建于道光二十年（1840）。杨以增（1787—1856），曾任陕西巡抚、江南河道总督等职。他在任职期间，不惜重金博收群书，并陆续运回故里，同时创建海源楼加以珍藏。海源楼也因此与江苏常熟的铁琴铜剑楼、浙江湖州的皕宋楼和杭州的八千卷楼，并称为“清代四大藏书楼”。

顾名思义，“海源”之名表明了其既注重广博收藏，又注重崇尚原典、寻根溯源的创建宗旨。据统计，其藏书量约为3680多部，22.4万余卷。而且杨以增及后代十分重视收藏地方史志等文献资料，海源楼所收的地方志便有170多部，以山东、陕西、湖北、江苏等地为最多，其珍本善本包括宋刊本《咸淳临安志》《舆地广记》《新编方舆揽胜》等，明刊本则有《山东通志》《姑苏志》《长安志》等，此外还收有河渠、边防、山水、古迹等专志近百种。特别值得称道的是，新中国成立后，杨氏后人又将包括方志在内的大量珍贵历史文献捐赠给山东省图书馆及其他有关图书机构，在大大充实这些机构图书资源的同时，客观上也为方志馆建设做出了重要贡献。[①]

2. 浙江湖州皕宋楼及所藏方志

皕宋楼由浙江湖州府归安县人陆心源创建。陆心源（1834—1894），字刚父，别号存斋，晚号潜园老人，著名藏书家、版本目录学家。所藏

① 分别参见骆伟：《海源阁与地方志》，《中国地方志通讯》，1983年第2期；张杰等：《海源阁：百年庭院泛书香》，《中国社会科学报》，2013年9月13日“A03版”。

之书，特重宋元旧版，有皕宋楼、十万卷楼、守先阁等藏书处，全部藏书达二十余万卷。

皕宋楼是陆心源宋元旧本藏书处所，“皕”寓有二百之意，即所藏宋本便达二百种之多，可见其收藏之丰。为此成于清光绪八年（1882）的《皕宋楼藏书志》，以120卷、续志4卷的篇幅作了详细记载。如其中史部地理类五卷主要著录所藏宋元旧志，“地理类一”著录有《元和郡县图志》40卷2种，一为宋淳熙刊本影写本，一为旧抄本，有《太平寰宇记》193卷，《舆地纪胜》200卷，等等，总数达400多种。光绪十四年（1888），陆心源还曾向国子监捐献《元和郡县志》（抄本）、《新安志》、《严州图经》（抄本）等大量书籍。但他去世后，1907年，由于家道败落、战乱频仍等原因，陆氏所藏大量志书等珍稀文献被日本静嘉堂所收购，总量约有403种421部，包括总志6种、通志25种及大量府志、州志、县志、乡镇志。如以朝代计，则有唐代志书2种、宋代志书30种、元代志书8种、明代志书18种、清代志书345种，其中仅宋元方志便约占现存宋元方志的一半以上。尽管此事有不同原因，后人也有各种说法，但大量珍贵志书文献流失确是一件十分令人痛惜的事，否则，皕宋楼所藏方志很可能会像天一阁、海源阁等一样，为后世的文献收藏包括方志馆事业做出更大的贡献。①

3．杭州八千卷楼及所藏方志

杭州八千卷楼为丁申丁丙兄弟所创建。丁申（？—1887），原名壬，字竹舟，清钱塘人；丁丙（1832—1899），字嘉鱼，别字松生，晚号松存。丁氏兄弟为著名藏书家、文献学家。清咸丰十一年（1861）太平军进入杭州，“江南三阁”之一的文澜阁阁圮书亡，丁氏兄弟合力抢救残存库书。太平军退出杭州后，他们又在重建文澜阁、补抄《四库全书》

① 巴兆祥：《陆心源所藏方志流失日本考》，《安徽大学学报：哲社版》，2007年第6期。

中做出卓越贡献，为世人敬重。

丁氏兄弟藏书达20万卷，藏书处除八千卷楼外，尚有后八千卷楼、小八千卷楼、善本书室等。善本书室主要收藏善本书籍，后编有《善本书室藏书志》。该志共40卷，第十一、十二两卷著录所藏地方志善本105种，如有《元和郡县志》等6种，著名的宋志“临安三志”也在其列，约占藏书总量的5%。应说明的这些方志并非丁氏所藏方志全部，仅是其中的善本而已。这些志书，都为宋元明以来的旧志，都为宋刻抄配本、景宋抄本、旧抄本及明刊本、明抄本等。除了版本、目录学上的价值外，从收藏角度说也有特殊意义，因都为明清以来江浙著名藏书家的旧藏、珍藏，如明江苏叶氏菉竹堂、明绍兴祁氏澹生堂、清杭州赵氏小山堂、汪氏振绮堂、吴氏瓶花斋、北京曹寅楝亭藏书等等，几乎集中了明清以来江南著名藏书楼的藏品，价值很高。

四、民国方志收藏及对方志馆建设的影响贡献

进入民国时期，地方志这种中华民族独有传统文化形式的价值日益为社会所关注。1932年《（国立）北平图书馆馆刊》载：“地方志书之重要，近颇惹人注意，以故公私搜藏颇成一时风尚。”这种风尚，一是表现于传承至今的私人收藏领域，二是表现于近现代开始出现的公共图书馆事业。两者的逐步融合，客观上又促进了中国近现代方志馆事业的发展。

如被视为“我国藏书史上唯一一位专门收藏地方志的藏书家”任凤苞（1876—1953），秉承“方志一门，为国史初基”和“诸志之大成，则中华文物胥汇于此”的理念，积数十年之功，建起了“天春园”藏书楼。经“百计访求”，其收藏方志2500多种，多达数万卷。其数量之巨，当时一般私家藏书甚至是专业机构都难望其项背，只有国立北平图书馆方可与其相比。同时他还编制了我国私人藏书界中一部规范化的地方志专科书目：《天春园方志目》。更难能可贵的是，新中国成立后，任凤苞又将其所藏志书悉数捐赠给了天津图书馆。[①]

又如浙江湖州南浔人刘承干（1881—1963），一生酷爱收书藏书。他不仅早年与沈曾植等一道参与续修《浙江通志》的工作，并曾有编修《南浔志》的经历，而且自1920年始，在其家庙侧置地20亩，用金12万建造藏书楼，直至1942年正式建成，并以溥仪所赏“钦若嘉业”九龙匾为名，命为“嘉业堂”藏书楼。同时他还不惜重金，长期广收方志，从州志、府志到县志、镇志，几乎来者不拒。在嘉业堂达50万余卷、计18万余册的藏书总量中，方志多达1200多种，3.3万多卷，因而与宋元版本、稿本钞本及校勘本一起，被公认为嘉业堂藏书的三大特色。在由缪荃孙、吴昌绶等近代学者编纂并由复旦大学出版社1997年出版的《嘉业堂藏书志》中，从书名、卷数、著者、版本及藏印等不同方面，对这一情况作了详细的载录。

浙江湖州南浔嘉业堂藏书楼内景

再如浙江平湖葛氏家族，为显尊祖葛洪（抱朴子）之意，自晚清起至民国时期，历经几代，建起当时江南著名的“传朴堂”藏书楼，此楼为八间三层，其中三层“守先阁”主要用于藏书。“传朴堂”初建时藏书已有10万卷，后又增至40万卷。其主要特点是以收藏方志为主，所藏志书便有2000多种，同时还兼顾别类，如所藏善本类、宋版及海内孤本多达4000余种。当时由张元济创办的上海“涵芬楼”已以所藏1400多部方志知名天下，而据说“传朴堂”收藏更多，许多品类为“涵芬楼”所未见。为此其时与葛嗣浵已结成儿女亲家的张元济，面对

① 参见江庆柏：《任凤苞与地方志收藏》，《中国地方志》，1999年第4期。

“传朴堂”“守先阁”“越三十余年，积书四十万卷”的盛景，发出“藏书之富，骎骎乎为浙西之冠”的由衷赞叹。①

第三节　历史以来其他有关场馆对方志馆建设发展的贡献及借鉴意义

回顾历史可以清晰发现，中国的方志馆事业之所以能发展到今天，除方志界自身因素外，历史以来相关领域的建设实践和引领示范，也为方志馆的建设发展提供了重要的借鉴范本。特别是真正意义上的方志馆在历史上出现时间很晚，在相当一个历史时期内，在相当程度上它们与图书馆、档案馆、博物馆和其他各种类型的展览场馆融合度较高，关系密切，因此研究这些场馆的发展历程，特别是它们与方志馆的密切关系，对当代新型方志馆的建设具有积极的借鉴价值。

一、图书馆对方志馆建设的历史贡献与借鉴价值

图书馆是收集、整理、保管、传递和交流人类知识和信息，以供读者参考、利用的文化机构或服务体系。从历史发展看，图书馆与存放纸质志书为主的传统方志馆有着千丝万缕的密切联系。虽然真正意义上的图书馆始于上世纪初，但历史上各种形式的藏书机构不仅以收藏历代卷帙浩繁的历史文献而名闻中外，传之久远，而且因收藏保管和展示了大量地方志书，实际上成为在图书馆产生以前历代方志馆的一种主要形式，如前所介绍的宁波天一阁、聊城海源阁等便是典型范例。

进入近现代后，图书馆与方志馆的关系更为密切。如由浙江绍兴人徐树兰所创建的古越藏书楼，在其珍藏的7万多卷图书文献中便包含了大量方志。在20卷《古越藏书楼书目》中，卷十五《政部·舆地第十五》

① 商成勇：《江南葛家——一部系在优秀传统文化根脉上的厚重传奇》，《嘉兴日报·平湖版》，2015年5月18日“C3”版。

多数即为地方志。其中《舆地总志附地图》一目著录《元和郡县志》《大清一统志》等22种（地图略）。《国朝省府厅县志》一目著录有清雍正本《浙江通志》清乾隆本《江南通志》乾隆本《台湾府志》等各地省、府、县志35种。此外《直隶杂地志》《东三省杂地志》《江南杂地志》《安徽杂地志》《浙江杂地志》《江西杂地志》《山东杂地志》等23目，著录之志多为山志、风土志、水志、寺观志、游览志等等。[①] 古越藏书楼的诞生，被视为我国古代藏书楼的终结和近现代公共图书馆发端的重要分界线，徐树兰也因此被视为近代私人捐资创办公共图书馆的第一人。

1903年，包括拥有大量方志文献的杭州藏书楼改建为浙江藏书楼，开始对外开放，实际上成为中国近现代史上最早具有“公共”意义的公共图书馆（1909年官书局并入后改建为浙江图书馆）。在其馆藏众多的古籍和善本中，最具代表性的当数古代方志文献。据统计，浙江图书馆馆藏各朝代至民国浙江方志有省、府州、县、乡、镇志共466种、599种版本、8649卷（不含不分卷的39种）。再如1904年3月，最早以“图书馆”命名的省级公共图书馆——湖南图书馆兼教育博物馆成立伊始，即发出“募捐启事”，请社会各界人士捐书捐款，所捐图书多是湖南的志书和湘人著述，这一部分图书资料构筑了该馆最早的藏书基础。

此后，图书馆界兴起了一股方志收集热。如1912年8月京师图书馆开馆时，即由内阁大库拨交方志1000多部，且大部分是康熙刻本，系全国各地为编修《大清一统志》而进呈的底本。此后，通过国子监移藏、收购和接受捐赠等各种渠道方式，到1957年编印《北京图书馆方志目录三编》时统计，该馆所藏方志已达2100多种约5000册。1926年10月，当时的北京图书馆（1927年更名为北平北海图书馆，1929年并入国立北平图书馆）也曾发布了一份《北京图书馆函请惠赐志书》通

① 赵任飞主编：《古越藏书楼资料集·古越藏书楼书目》，广陵书社，2012年，第195—221页。

告，通告明确表明："本馆筹备伊始，当务所急，端在收集图书，而绵薄浅陋，实多有待于大方之援引，地志一类，尤非得地方有力之鼎助，难期齐备。用敢肃笺奉恳，如蒙惠赐县志、厅志各一部，感荷曷既！"通告一出，响应者众，短短不到两年时间，该馆就收集到四明卢氏旧藏嘉靖《浙江通志》等约500种珍稀方志，从而为合并后的国立北平图书馆的方志收藏做出了开创性贡献。此后，北平图书馆又于1930年，以呈请教育部通令各地等方式，继续面向社会征集方志及其他重要历史文献。中华人民共和国成立后，据1959年所编的《北京图书馆馆史资料汇编（1909—1949）》记载："北京图书馆入藏的中文图书以史部、文集、目录学、丛书为最多，史部之中，尤以方志为最多。"①

1924年，张元济在上海闸北创建了当时东亚最大的图书馆——上海"东方图书馆"（1926年开馆），该馆系商务印书馆附设的图书馆，前身为商务印书馆编译所的图书资料室——涵芬楼。到1932年战争爆发前，该馆藏书已达46万册，其中收藏的地方志便达2641种25682册（含元本2种，明本139种），仅次于国立北平图书馆的3844种和故宫博物院图书馆的3641种，居全国第三位。当时全国府、厅、州、县志共有2081种，该馆就收藏了1753种，占全国应有方志的84%，国内外图书馆均难以企及。② 又如到中华人民共和国成立时，仅天津图书馆所藏方志总量就达3614种4282部，其中方志总论36部，明版方志53部，清代方志3281部，民国方志988部。加上民国以后的新修方志及影印本则更多达7000多部。③ 朱士嘉为此曾感言："近者国内各图书馆无不各尽其力以求方志，而方志亦益不易得矣。"

---

① 杨印民：《袁同礼主持国立北平图书馆时期的地方志收藏与整理》，《首届中国地方志学术年会方志文献国际学术研讨会论文集》，中华书局，2012年。

② 张喜梅：《张元济与地方志藏书》，《中国地方志》，2007年第6期。

③ 孙连青：《一方之全史国史之要删——天津图书馆馆藏方志》，《天津史志》，2013年第5期。

但由于世事更迭、战事频繁等原因，民国时期很多藏书机构和图书馆所藏方志或毁于战火，或由于其他原因而残缺佚失。如抗战前夕至新中国成立前，北平图书馆大批所藏珍稀方志，便曾先后经历了四散分藏、装箱南运、寄存美国华盛顿国会图书馆、再辗转运至台湾地区等不同的坎坷命运。又如 1927 年，鉴于《浙江续通志稿》历时十余年、历经艰难仍未修成的实际情况，浙江省公署决定将其现有志稿（包括已编纂完成但未印刷出版的稿本、已印行的部分志书和部分采访稿等）交浙江省立图书馆收藏。但由于种种原因这一最低要求也未实现，这些志书文献当时便流散四处，以后又几经变更场所，目前至少由浙江、上海等七家图书馆分藏。艰难时世的方志编纂和收藏窘况可见一斑。[①] 同样，张元济创办的上海东方图书馆，由于 1932 年的“一·二八”事变，除了事先存放在金城银行保险库中的约 5000 册孤本珍本等古籍文献幸免于难外，该馆所有 46 万册图书（包括所藏 2641 种 25682 册方志）均毁于战火，化为灰烬，成为中国文化史上一场罕见的浩劫。[②] 尽管如此，它们为中国地方志特别是方志馆事业所做出的历史贡献却永不磨灭，永载史册。

中华人民共和国成立后，党和政府十分重视利用图书馆这个公共平台支持和推进地方志工作，客观上推进了方志馆的建设。1956 年，周恩来总理视察云南省图书馆时强调指出：“图书馆应将本地区的地方志尽可能收集齐全，对其他有关地区历史、地理的文献，也要予以足够的重视，要积极地利用地方文献遗产为社会主义建设服务。”为此当时全国各地相当一部分公共图书馆，都不同程度地承担了方志馆的职能。上世纪 60 年代，自首都图书馆率先设立北京地方文献特藏书库后，各地公共图书馆纷纷借鉴，通过设立地方文献书库、成立组织、开展研讨、

① 董郁奎：《民国初年续修〈浙江通志〉述评》，《第三届中国地方志学术年会两岸四地方志文献学术研讨会论文集》，方志出版社，2014 年。

② 分别参见张喜梅：《张元济与地方志藏书》，《中国地方志》，2007 年第 6 期；《闸北之战，东方图书馆毁于战火》，《文史参考》，2012 年 2 月号。

点校出版旧志等多种方式，逐步推进这项工作。如当时金恩辉、胡述兆主编的《中国地方志总目提要》，就是图书馆界地方文献工作共同协作的成果。受云南图书馆委托，杭州图书馆也曾利用馆藏民国云南方志底本，整理出版了《云南方志考》《云南产业志》等志书文献。湖南图书馆当时还编纂出版了《湖南地方志中的少数民族资料》，等等。[①] 1980年，浙江图书馆在经费和条件都十分困难的情况下，历时3年，组织社会上有一定书法功底的三十几位老先生，把馆藏《民国重修浙江通志稿》用毛笔工整地抄录一遍。然后采用当时还算先进的光电扫描在蜡纸上，再用手摇油印机，油印装订成书125册。[②]

国家图书馆历代旧志展厅

不仅如此，很多图书馆还编制了大量方志目录并向社会开放，如上海图书馆曾于1957年、1979年两次印行馆藏方志目录，四川、陕西、山东、广东、山西等省级图书馆和中央民族学院、中国人民大学、四川大学等高校图书馆，都曾印行过本地本单位的馆藏方志目录。再如在2014年一年中，浙江图书馆分别于4月和11月份，先后举办了“浙江省地方志成果展”和“册府千华——浙江省藏国家珍贵古籍特展”，通过制作系列展板和展出《温州经籍志》《华阳国志》《大明一统志》《雁荡山志稿》等一批珍稀方志典籍文献，向全社会有效宣传普及了地方志知识，这些都从不同侧面显示了图书馆与地方志工作的密切关系。

1997年8月，在浙江宁波召开的全国地方志颁奖大会上，时任中共

① 邹华享：《中国公共图书馆地方文献工作概述》，《图书馆》（长沙），1998年第6期。

② 刘平平：《馆藏浙江通志述略》，《中国地方志》，2005年第5期。

中央政治局委员、国务委员、中国地方志指导小组组长李铁映强调：要研究和开拓志书的应用工作，要积极探索志书使用的新经验，要在图书馆设志书室。在他直接推动下，1999 年 12 月，“中国地方志珍藏馆”在著名的宁波天一阁藏书楼正式建立，收藏了 6700 多册中华人民共和国成立后特别是改革开放以来，全国各地一轮大规模修志活动中出版的新志，约占当时全国新志总量的 80% 以上。这是方志馆建设的又一种模式途径，在双方资源整合共享、优势互补的同时，也节省了大量财政资金。这对促进相关业界与方志馆的密切联系，特别是依托图书馆、藏书楼等现有资源条件建方志馆，无疑具有重大指导意义和积极推动作用。

清华大学方志馆揭牌仪式

不仅是公共图书馆，随着民族文化传统的弘扬光大和地方志价值的日益显现，一些高校等专业图书馆也越来越重视志书文献的收藏、宣传和研究应用。如自 2007 年始，清华大学图书馆就启动了大规模收藏方志等地方文献的工作，在全国各地的大力支持下，短短几年内，先后有 20 多个省（区、市）方志机构向清华图书馆捐赠了大批方志。到 2011 年 4 月清华百年校庆之际，清华大学方志馆在新落成的人文社科图书馆正式开馆，共收藏了全国各地捐赠的志书约 3300 余册，同时该馆还收藏了台湾版《中国方志丛书》全套 6300 余册和 1000 多件地方文书，加上原已收藏的明清及民国时期的方志，清华方志馆已具有相当规模，不仅成为清华大学图书馆的一种特色资源，而且同样成为中国方志馆事业的一个重要组成部分。

二、档案馆对方志馆建设的历史贡献与借鉴价值

“档案馆”这一概念，一般认为最早由意大利档案学家波尼波利奥于1632年在《论档案》一书中首先提出。我国正式使用这个名词，档案学界普遍认为是在中华人民共和国成立后，在此以前，类似档案馆的机构一般被称为库、阁、台等。

在中国古代史上，由于历代封建统治者的高度重视，各类档案机构历来是专属于皇家贵族的御用工具，兰台、东观等各种形式的档案机构比比皆是，客观上为史志编纂提供了有力的保障条件，以至于一度依托于这些机构，史志编纂事业大兴。隋唐开始注重通过设立史馆等机构来监修史志，同时严控甚至禁止私家修史，其中一个重要手段就是由官方严控档案的收藏和使用。因此从一定意义上看，它们也构成了方志馆的一个重要来源。

1911年辛亥革命以后，受近现代西方档案学理论影响，经我国档案界一些有识之士的倡导，民国时期有些档案机构（如故宫博物院文献馆，即现中国第一历史档案馆前身）已开始印发出版大量档案史料、图册丛刊等，有的机构甚至已逐步开始向社会开放，从而为当时的史志编纂提供了便利条件。如1936年2月，朱希祖在《史料展览会征集史料启》一文中便介绍："故欧洲各国，今皆特设档案馆，且有分设中央档案馆与地方档案馆者，咸分类编目，以待修史之取材，司其事者，类皆为大学校史学主任、教授。"他还为此倡议举办文献展览会，并亲自向展览会选送自己所珍藏志书文献用于展出。

中华人民共和国成立后，从以收藏管理"五四运动"以来革命历史档案为主的中央档案馆、以收藏管理明清时期档案为主的中国第一历史档案馆、以收藏管理民国时期档案为主的中国第二历史档案馆，到各级各类地方档案馆，特别是各级政府管理的公共档案馆，都以所收藏保管的各个不同时期、不同特色的历史文献档案，为史志编纂工作提供了大量珍贵的历史文献和查询服务。不少档案馆还专辟有存放、展示以当地志书为主的方志馆。如浙江档案馆的馆藏方志分为刊印本和缩微胶片复制本两大部分，涉及从宋代一直到现当代各个历史时期，计300多种

1000余册，门类上有省志通志、府州县志、乡镇村志，还有山水志、舆图志、海防志、物产志、游览志、人物志、寺观志、风土志、掌故志、地名志等等各种类型。同样，在杭州市档案馆，也专设有杭州方志展厅，陈列着包括明《嘉靖淳安县志》、民国《昌化县志》及《云栖志》等一批珍稀古志旧志。

进入新世纪以来，随着各地文化事业的繁荣发展和行政、事业单位管理体制改革的逐步推进，有的地方还实行了档案馆、图书馆和方志馆等多馆合一的行政管理体制，如于2010年6月开工兴建、2013年底竣工的广东省深圳市方志馆，与建筑面积约12万平方米的深圳市档案馆（市档案中心）联为一体，其中方志馆建筑面积约1万平方米，也是全国规模最大的方志馆之一。浙江省嘉兴市、舟山市及绍兴柯桥区等一些县级机构先后实行了档案、史志“几块牌子、一套班子”的管理体制，相应的档案馆与方志馆有的也实行了一个整体、同时又各有侧重的展陈运行机制。同样，新建山东省淄博市方志馆由于处于该市新建文化园区内，与城市规划馆、图书馆相邻，与档案馆共用一座大楼，新建深圳方志馆也与市档案中心共用一座大楼，从而在合理配置地方历史文献资源的同时，也节省了大量公共财政支出，有效提高了行政和公共服务效率，发挥了综合社会效益。

杭州档案馆方志展厅

山东省淄博市方志馆外景

三、博物馆对方志馆建设的历史贡献与借鉴价值

一般认为，作为侧重于对大自然记录与分类的传统学科，博物学

(natural history)是西方一门古老的综合性学科，在中国系晚清以来西学东渐的产物。但值得注意的是，早在西晋时期，张华受《山海经》及《禹贡》等地志影响，同时考虑其“虽曰悉备”，却“各有所不载者”，因而即著有《博物志》，这也是我国传统博物学的代表作。在当代学界视野中，博物学应是“涵括地理山水、人民物产、异国殊俗、鸟兽虫鱼、物性物理、药论药术、方士服食、礼乐文籍、服饰器物，乃至道德人伦、杂史异闻的集合，实际上是关于体认的基本思维方式”。[①] 显然，这些都与地方志事业具有天然的契合关系。

博物馆则是保存、陈列、研究物质文化和精神文化遗存的公共文化教育场所，收藏、研究和教育一般被认为是博物馆的三大基本功能。从规模、服务对象和藏品内容等不同角度，可对博物馆作不同的分类。其中按藏品内容，可分为综合性博物馆、历史博物馆、艺术博物馆、科学和自然博物馆及其他博物馆等多种类型。而且，从发展历史来看，中外博物馆普遍经历了一个先侧重展示自然(如植物、矿产等)、后注重展示人文(如历史、考古、美术)的发展过程。其中历史博物馆显然与传统方志馆关系更为密切。传统的历史博物馆一般以收藏、展览历史文物藏品为主，并以历史发展脉络为展示顺序。它们主要展示本地出土或通过征集等各种途径收藏的历史文物，同时通过文图、数据、讲解和多媒体等其他手段，向参观者介绍当地的历史文化，以达到普及历史、文博知识并进行地情教育等目的。就与方志馆的历史联系来看，历史上各种类型的博物馆至少从以下几个方面为方志馆事业的历史发展作出了贡献，并提供了有益的借鉴经验。

一是有的博物馆本身就是方志馆特别是综合性地情馆的源头之一。如前述山东地志博物馆，系新中国借鉴苏联地志博物馆模式，在全国范

① 余欣:《中国博物学传统的世界价值》,《中国社会科学报》,2014年12月26日“A04”版。

围内建立的第一座“地志博物馆”。但如把历史再往前推，就会发现，山东地志博物馆其实并不仅仅借鉴了苏联地志博物馆的建设模式，事实上，作为综合性地情馆，其历史更为悠久。1904 年，英国传教士怀恩光在青州建立了一所“博古堂”，后随胶济铁路全线贯通而迁至济南，于 1910 年全部建成，并改名为“广智院”，是济南乃至我国最早的博物馆之一。广智院建筑群为一片气势连贯、空间相互连接的中国传统合院式平房，其设计体现了中西融合的风格。建筑坐南面北，南北长 185 米，东西宽近 70 米，占地 1 万余平方米。其正中为陈列室，左右分别为阅览室和研究所，后为布道堂，是当时济南规模最大的建筑，在中国博览建筑史上也具有相当影响。广智院陈列内容包括天文、地理、动物、植物、矿物、历史等 13 个门类，采用展橱、镜框、挂图等方式，总量超过 2000 组共计上万件展品，并且常年免费向社会开放。据载，开馆后的 1912 年，观众即超过 20 万，到 1930 年时更是多达 40 万，超过了当时济南全市人口的总和，可见其景之盛。更值得关注的是，1954 年山东地志博物馆建设时，曾划分为东、西两部分，其中广智院被定为地志博物馆东院，主要陈列展示“自然”等内容，由此可见山东地志博物馆与广智院的历史渊源。

二是在中国历史上，各种博物馆特别是有些历史类的博物院馆曾收藏了大量志书，从一定意义上替代了方志馆。如台北“故宫博物院”收藏方志达 3000 种之多，不仅有一批宋、元、明时期的珍稀版本，且存有大量清康、雍、乾、嘉期间所修旧志。另如南京博物院历史上也曾收藏了包括刻本、钤印本、活字印本、稿本、抄本、油印本、影印本等在内的大量旧方志，其中善本有 572 种，普本 2000 多种，大部分为江苏方志，同时还有部分全国性总志和其他地方的珍贵志书文献，因而同样为方志馆建设做出了独特贡献。

三是值得一提的是，民国时期有一种被称为“民众教育馆”的形式，与今天的地情型方志馆有异曲同工之妙。民国初期，一批有识之士深为当时人心不古、世风日下的社会环境而忧虑，于是由时任教育总长蔡元培倡议，教育部通令全国各地普遍建立“通俗教育馆”，以逐步提高国民包括知识、文化和道德在内的整体素养。1915年，以全国第一个通俗教育馆——江苏省立通俗教育馆为标志，拉开了全国建设通俗教育馆的帷幕，包括其后的成都、浙江、湖南、湖北等省市，也都先后成立了类似机构。如1924年由卢作孚创办的成都民众教育馆便专设有博物馆，内含自然、历史、农业、工业乃至教育、卫生、兵器、金石陈列馆，其参观人数“以全月统计而论，最多在八万人以上，全年之中游全馆者达七十余万人……其影响不可谓之不巨也。”但在当时形势下，除少数外，大多数民众教育馆的效果并不明显，有的甚至被民众称之为“饭桶机关”。于是1929年，教育部再次通令全国，将原“通俗教育馆”改名为“民众教育馆”，以大大强化“教育民众”功能，中央政府还为此分别颁发了《民众教育馆暂行规程》和《修订民众教育馆暂行规程》。“规程”规定：民众教育馆应包括阅览、讲演、健康、生计、游艺、陈列、教学、出版等内容。实践表明，改革后的民众教育馆具有与以往不同的生命力和活力。据统计到1936年，全国民众教育馆已有1503所（即使抗战时期还有800多所），从事这项职业的员工有6600多人，经费达330多万元，分别比五年前的1931年增长了67%、73%和76%。[①]显然，不论是通俗教育馆还是民众教育馆，它们与当今以展示综合地情为主要形式的方志馆主旨基本一致。而且抗战胜利后，国民政府民政部所颁布的《市县文献委员会组织规程》中，不仅要求该委员会应承担以往通志馆的职责，还明确要求民众教育馆馆长应为该委员会“当然委员”，从这个意义上看，与其说今天全国方志界纷纷建地情馆是一种创新探索，不如说是对民众教育馆历史传统的弘扬再造。

① 分别参见毛文君：《民国时期民众馆的发展及活动述论》，《西南交通大学学报·社科版》，2006年第4期；黄文记：《试论方志馆在地方文化网中的新定位——民国时期民众教育馆的历史启示》，《广东史志》，2013年第4期。

中华人民共和国成立后特别是改革开放以来，全国各地经济和社会各项事业发生了日新月异的变化，同时随着文化事业的大发展大繁荣，各种形式的博物馆如雨后春笋般星罗棋布，从各个不同侧面展示了各地悠久的历史、璀璨的文化和辉煌的成就，同样为方志馆建设提供了有益借鉴。如2012年5月，中国唯一的综合性工业博物馆——中国工业博物馆在辽宁沈阳铁西区开馆。它不但见证了沈阳这座老工业城市发展的历史足迹，也真实记录了中国工业百年发展史。更值得关注和称道的还在于：这座占地约8万平方米、建筑面积6万平方米的地标性建筑，相当一部分就地取材，即利用沈阳一些国有老企业的厂房而建，不但节约了大量资源，而且更增强了这座博物馆的真实性、历史厚重感和独特的魅力。这些以展示某一方面国情为主要内容的博物馆，与当代新型方志馆的构想更为接近，因而纷纷为全国方志系统所借鉴。

沈阳中国工业博物馆外景

2014年8月，经多年筹备，位于北京国家图书馆南区的国家典籍博物馆正式开馆。这座国内首家典籍博物馆，集中展陈空间建筑面积1万余平方米，按善本古籍、舆图、名家手稿和中国古代典籍简史等九个部分分类，在九个展厅公开展出了包括仅存29行、465字的国家图书馆“镇馆之宝”——司马光《资治通鉴》手稿在内的800多件馆藏珍品典籍。这不仅是博物馆、图书馆界的一大盛举，对方志界同样也是一件盛事。

1998年年底，由台湾中兴大学主办的“海峡两岸地方史志、地方博物馆学术研讨会”，系首次把地方志与博物馆联系起来进行研究探讨的重要学术活动，因而也吸引了海峡两岸及美国、日本等国100多位来自方志学界和博物馆界的学者代表与会。其主旨便是：“地方史志即是对地方乡土历史教材的搜集、整理、编写、保存等一系列工作，而地方博物馆可透过各种不同的、多样的、特色的题材内容，提供展示、研究、收藏等场所，这二者间皆有其专业的领域与方法，彼此关系密切，在文化意义上则全然相同。”会议交流发表的《大陆地方档案、博物馆与地方志的编纂》（柏华）、《方志在地方博物馆陈列中作用论》（刘炳元）等大量论文显示：无论是方志界还是博物馆界，都已开始意识到，双方的资源共享、优势互补，对各自事业都将产生积极的推动作用。

四、其他有关场馆对方志馆建设的历史贡献与借鉴价值

（一）会展业对方志馆建设的贡献与借鉴价值

展览馆是物质与文化展示的重要场所。一般认为，展览馆是18世纪中叶开始在英国出现的以展出临时陈列品为主要内容的大型公共建筑。按照展出的内容，可分为综合性展览馆和专业性展览馆两大类。专业性展览馆又可细分为工业、农业、贸易、交通、科学技术、文化艺术等不同类型。

展览业是中国社会现代文明的产物。在张謇等一批有识之士的推动下，借鉴西方一些大国和近邻日本的成功经验，以1906年10月在北京开设的“专供陈列中国自制各货，供人观览”的京师劝工陈列所为标志，劝工会、劝业会等各种形式的展览会、博览会在中国工商界开始盛行。如1910年在南京举行的“南洋劝业会”，其宗旨便是“激励民志由农而进于工，由工而进于商，籍以培民生之至，计立国家之大本者。”这是首次也是清末规模最大的全国性博览会，展览全部展品约达10余万件，观展约20余万人次，持续了近五个月。全国大部分省份均辟有展馆，包括英、美、德、日等国也有展品展出，因此不仅“实全国劝业会也”，“则又近于万国博览会矣”。专程来华参展的美国实业代表团，还就邀请参加1915年在美国旧金山举行的巴拿马博览会一事与中方达成协议（后中国政府派团参会，并以获1218项奖而名列各参赛国之首，以约多一倍的数量超过了第二名的日本），从而对中国近现代展览业的发展起到了重要的推动作用。①

再如上世纪20年代末，因当时国民政府还下令全国各地建立国货陈列馆，用以定期举办各种国货展览，因此以“争促物产之改良，谋实业之发达”，“起用国货，救济工商”等为宗旨，同时为庆祝北伐胜利，浙江省拟在杭州西子湖畔举办首届“西湖博览会”。1928年10月，时任浙江省建设厅长程振钧为此事在上海宴请全国商会代表及其他工商界人士致辞时指出：“西湖博览会举办之主旨，在我等深觉提倡国货抵制外货，实为中国现在救亡之大关键”，“此次博览会设立于西湖，将各种物品陈列于是，可使民众认识国货，籍此为至大之广告场，可使国货充量推销”，而且强调“我等非欲浙江一省之国货推销，并欲全国国货之畅销”，从而显示了举办西湖博览会的全国性影响和意义。②

1929年6月6日，西湖博览会正式开幕，共有来自全国各省及海外侨商的1400多万件物品参展。这次盛会仅仅展馆就分为以下“八馆二所”，“八馆”即革命纪念馆（设有革命书籍阅览室、总理纪念厅、陈列室和售书室等场所，陈列了先烈遗像、遗物、遗墨、摄影作品、图表、证件等共计2000余件物品）；博物馆（设矿产、昆虫、植物、水产、动物标本及动物图画6部分，共陈列物品4988种）；艺术馆（展品包括绘画、雕刻、金石、建筑、工艺品、民间艺术品等）；农业馆（分蚕桑、农艺、农业社会三部，征品为园艺品、农艺品、农产制造品三类）；教育馆（展品有教育成绩、统计、设计用品等44700余件）；卫生馆（分为医学、药学、食品、嗜好品、化妆品、运动器、保健、防疫、卫生教育、学校及工厂个人卫生、肺病传染等十二部，因涉及大量科普健康知识，因而参观该馆人数多达206万人次）；丝绸馆（设丝茧部、纺线部、绸缎部、服装部、装饰织物部、丝绸统计部等六大部，甚至还在服饰织

① 参见马敏：《张謇与近代博览事业》，《华中师范大学学报（人文社科版）》，2001年第5期。

② 浙江省档案馆：《浙江民国史料辑要》，第542页。

物部内特置了一个结婚礼堂，以着丝绸男女人物模型吸引公众，以引导公众使用国货）；工业馆（依展品性质分设4个分馆，其下又划分为98区，展出物品包括模型、历代工业家图像、中国伟大工程图说等十分丰富的内容）。

“二所”即“特种陈列所”：不属于其他会馆的物品均归该所陈列，又分省政府建设厅陈列室、中央建设委员会陈列室等9个陈列室，陈列物品包括图、表、模型、标本等4类共计1万余种。“参考陈列所”：该所以征集外国物品供国人参观为目的，征品又分为原料与机器两大部分。

盛况空前的杭州西湖博览会开了“中国博览会”业界的先河。当时共评出各等奖项3000多个，开幕当天参观人数就超过10万人，展会期间总参观人数更是高达2000万之众，不仅轰动浙江和全国，而且也在国际展览界产生了一定影响，对发展当时的民族工商业特别是展览业具有里程碑的意义。在今天看来，它们其实都是综合性地情的集中展示，因而一定意义上与以综合地情为主要形式的新型方志馆有同工异曲之处。[①]

本世纪初，全国图书馆文献微缩复制中心还专门编印了《中国早期博览会资料汇编》（全七册），详细收录记载了南洋劝业会、西湖博览会等展会的珍贵史料，包括南洋劝业会的“出品分类大纲”和“观会指南”；西湖博览会的“章程”，“场务概况”，“革命纪念品研究报告”，博物馆、艺术馆、农业馆等各馆“研究报告”，工业品、教育品、卫生品等各大类展品的“研究报告”，这些史料不仅是历史的缩影留存，也对当今方志馆建设具有重要借鉴意义。

还值得关注的是，通过举办文献展览会展示志书等历史文献，无疑也是中国近现代史上弘扬方志文化的又一种重要形式。如1936年2月，

---

① 参见“中国杭州西湖博览会网”。

朱希祖在《史料展览会征集史料启》一文介绍欧洲有关国家的情况后，又深感“吾国人民既鲜重视史料，而国家亦未特设馆使专门人才从事整理，既惧史料之放纷，又悯史学之不振，用特发起史料展览会，以发皇国人之目，使咸注意于斯。”文中还特别说明应征集展示“凡中央及地方所有重要档案，如写本未刊史籍如起居注及一切史稿等、稀见之图籍史志”等等。[①] 在此形势下，上世纪30年代，仅在浙江省举办的便有1936年的嘉兴文献展览会和浙江文献展览会等等。这些展览会在文献征集过程中十分注重突出“地方”特色，志乘史料（包括方志、家谱、碑拓、丛书等）也是其重要的征集范围，且征集手续十分规范完备。如由陈训慈等有识之士发起举办的“浙江文献展览会”，不但制定了“征集展览品办法”“收发及保管规则”“管理规则”“参观须知”等条例，而且出于“周密与便利起见”，还成立各地征品分会，从而保障了地方文献征集的数量和质量，征集成果十分丰硕。据统计，这个展会征集的陈列品达二万余件，除少数为公立图书馆所藏，绝大多数为私人藏品，以至展会已开幕，但应征品仍源源而来。如当年10月，朱希祖就为文献展览会送来了弘治覆宋本《嘉定赤城志》、万历本《嘉兴府志》等12种自藏稀有文献，展览结束后由沙孟海负责寄回。展览会还编制了《展览目录》《展览图录》和《展览文献之分品提要》等详尽的地方文献编目，每位参观者还发有人手一本《参观指南》。展览期间，主办方还在《大公报》刊载“浙江文献展览会特刊”，编辑出版了《浙江文献展览会专载》以及《浙江文献特辑》。展会共设12个展室，展期18天。尽管当时国内形势动荡不安，但观众仍如潮而来，观者达8万人之众，甚至很多观众特地从南京、北平、上海等地自行来杭参观。另外，同期在苏州可园开幕的“吴中文献展览会”，在沪举办的“上海文献展览会”，租借香港大学冯平山图书馆举办的“广东文物展览会”，等等，都达到了

① 朱元曙、朱乐川：《朱希祖先生年谱长编》，中华书局，2013年。

预期效果，显示了国人对民族文化传统的执着热情。[①]

新中国成立后，随着各地经济社会日新月异的发展变化，一大批建设和发展成就成果开始在各种展览馆展示展出，不仅有效树立了新中国的形象地位，而且也丰富了广大人民群众的物质文化生活。

如著名的浙江展览馆，上世纪70年代一度是杭州的标志性建筑，2010年已被列入历史建筑保护名单，是杭州最年轻的“历史建筑”。上世纪60年代末，为体现毛泽东思想的伟大胜利，不少省（区、市）纷纷开始建设永久性纪念馆，浙江省革委会也决定建造一个展览馆。展览馆于1969年春动工，1970年9月建成移交，建筑面积1.3万平方米，其中9个展厅总计5000平方米。但当初定位并不清晰，甚至连名称也不叫浙江展览馆，而是“我们心中的红太阳毛泽东思想胜利万岁展览馆”，简称“万岁馆”，1971年“九一三”林彪事件后，“万岁馆”才正式改名为“浙江展览馆”。改革开放后，浙江展览馆的功能迈出了由政治向经济转变的重要一步，开始展销本地有特色的工业产品，如龙泉宝剑、宁波冰箱、长兴紫砂茶壶，杭州的香烟、丝绸、电视机、缝纫机等等，“琳琅满橱，都是紧俏商品。这在商品匮乏的当年，简直是要命的轰动。”而“最富戏剧性的还是三楼：80年代文学盛时，《东海》杂志社就在此办公，举办各种文学讲座，常常爆满；电影兴盛了，放映厅一票难求；电影乏了，又改成舞厅；其间，还办过短暂的溜冰场。国人精神生活的转变，从文化到娱乐，这里几乎是个缩影。”[②] 再发展到后来，浙江省及杭州市一些重要的展览活动几乎都在浙江展览馆举行，在相当一个历史时期内，它实际上是浙江文化的标志性建筑，是浙江省情的重要展示场所。

---

① 周生杰：《敬乡有道：近代文献展览会》，《光明日报》，2011年12月12日第5版。

② 参见竺佳丽：《浙江展览馆：一个时代的记忆》，《杭州日报》，2011年8月11日“西湖副刊”（B7版）。

由此可见，这种展览馆虽与以存放纸质志书为主要形式的传统意义上的方志馆关联度不大，但与以地情展示为主的当代方志馆却有相似之处，从这个意义上说，它实际上也是当代方志馆的一种雏形。特别是一些综合性展览馆的展览内容、内部结构布局和各种现代化展览手段，完全可以被新型方志馆所借鉴。但由于相当一批展馆建设年代久远，从面积到功能都已难适应当代展会经济和其他工作的需要，因此各地已陆续通过改扩建或新建方式，开辟展示当地综合地情特别是当代发展成就的新场馆，以填补其他场馆的空白并满足人民群众文化生活的新需求。

(二) 当代城市规划馆对方志馆建设的贡献与借鉴价值

城市规划馆一般全景式展示特定行政区域（主要定位于城市）的规划设计、建设方案、发展前景甚至地情概貌等内容。当代新型方志馆在建设时，已注意充分借鉴其设计理念、当代地情展示等内容。

如以“规划构筑品质生活”为展示主题，定位为亲民、互动、前瞻“城市窗口”的杭州市城市规划展览馆，总建筑面积1.2万平方米，共分为序厅、“印象杭州”、“解读杭州”和“展望杭州”等三个展厅，设置了城市记忆、名城保护、山水之城、蓝图总绘、和谐人居、品质服务、通达出行、基础命脉、亮点前瞻、城市立方、网络都市等主题展区。馆内大量采用高科技手段，将激光成像、发光地图、电子翻书、虚拟驾驶、历史影片复原、动感踩吧、多通道投影、4D动感多媒体厅、360度环幕影院等现代声光电技术融入多项展示环节，从而使这个馆成为一座集规划展示、科普教育、特色旅游、商务休闲、档案查询等多功能于一体的综合性规划馆，成为展示杭州城市形象的一个重要窗口。

在该馆“总体规划展示区”，通过大型城市模型，运用声、光、电等现代化技术合成手段营造出戏剧化的效果，将城市未来发展的蓝图展现给参观者。在“住宅规划展区”，参观者可通过电子展板、互动触摸屏了解各类住宅规划建设情况，并进行规划信息查询。“综合交通规划展区”则全面涵盖了航空、高速公路、铁路、地铁、水陆、城市道路、步行交通、非机动车交通及各类交通设施，参观者也可通过电子展板、互动触摸屏、壁挂模型等手段，了解对外交通、城市交通、交通设施规划。“名城保护展示区”通过“城市记忆”“名城保护”“山水城市”等三个篇章，让游客立体感受杭州城市的发展历程，从而全面介绍了杭州城从古至今的形成及在保护老城建设新城中的总体变迁。该馆同时还设有南宋皇城微缩模型展示，让参观者全面了解南宋皇城当时的面貌、皇城历史及现在所坐落的城市位置。4D动感影院则通过三维动画实景仿真投影系统，结合互动模型船以及风雨雷电等装置展现立体效果，以使参观者实现西湖泛舟、西溪漫步、钱江弄潮等著名景点的虚拟漫游。另外，该馆还设置了所属八区五县（市）规划展区，同时还有市民中心、市奥体中心、市国际博览中心、杭州国际会议中心等城市重大建设项目的相关规划展示。

很显然，这种城市规划展览馆与我们所定位的新型方志馆形式相近，关系密切。不过从当代新型方志馆角度看，两者之间的主要不同之处在于：一是城市规划馆往往重点关注的是城市、城区，较少涉及农村；二是城市规划馆多涉及现当代内容，较少涉及一个行政区域历史演变过程和发展脉络；三是城市规划馆多用电子沙盘、多媒体等现代化展示手段，较少涉及实物。当然，这是其自身性质所决定的。也就是说，城市规划馆与当代新型方志馆仍有区别，相应当代新型方志馆的规划建设更有自身独特的发展空间。

（三）各地党史展览馆、革命历史博物馆对方志馆建设的贡献与借鉴价值

中华人民共和国成立后，各地所建的党史展览馆、革命历史博物馆等公益性文化场所，一般以当地中共党史、近现代革命史等为主题、主体和主线，以大量的人物事迹、文物实物为媒介，来反映特定行政区域特定时期的历史发展变化。因其主要从一个侧面集中反映了一地近现代以来的历史发展变化，因而与方志馆的地情型主题同样有较多融合

之处。

如建于江西瑞金的"中央革命根据地历史博物馆"（系国家一级博物馆、4A级旅游景区），便通过珍贵历史文物、油画、场景、多媒体、幻影成像、超现实仿真雕像等传统和现代化多种手段，展示了中国共产党从苏区反"围剿"斗争，到创建中央革命根据地和第一个中华苏维埃共和国中央政府的辉煌成就，向人们昭示了"人民共和国从这里走来"的艰难历程。

浙江慈溪市党史方志馆外景

近年来，有的地方还采取了将党史展览馆和方志馆融为一体的建设格局，如面积为2311平方米、布展经费为1500万元的浙江省慈溪市党史方志馆便采取了这种模式，从而既有机组合了两方面的相关资源，又有效节省了建设成本。

但各级各类党史展览馆、革命历史博物馆与方志馆所不同的是：一是其展示和介绍所涉及的时间期限相对较短，一般都是以中国共产党成立90多年的历史为限，或按中国近现代史范围适当延伸，而方志馆往往要反映一地自历史发端起的漫长历程；二是与此相应，它所反映的内容面相对较窄，一般也不涉及中国古代等更多的历史内容。如于2015年建成的杭州党史馆，从其分别设置的"民族独立、人民解放的杭州篇章""推进社会主义建设的杭州记忆""走中国特色社会主义道路的杭州实践"等三个展厅，便说明了这一问题，这同样是由其自身性质所决定的，因而也为当代新型方志馆的建设留下了空间。

据统计，从2008年第四次全国地方志工作会议到2014年4月第五次全国地方志工作会议五年间，国家方志馆已在北京建成（同时在河北秦皇岛市还建有一座分馆），各地新建省级馆7个、市级馆20多个、县级馆 80 多个，更多的方志馆已获准立项或正在建设中。截止到 2014 年上半年，全国已建成国家方志馆 1 个、省级馆 15 个、市级馆 60 多个、县级馆近 200 个。[①] 而且，部分已建在建或正在规划设计中的方志馆，纷纷从史、志、情、人、物等五个方面，力求突显地情型主题、延续性脉络、全景式展示、现代化手段等当代新型方志馆的特点气派，中国方志馆的建设事业正处在这样一个重要的历史发展时期。

① 王伟光：《发扬成绩谋划长远奋力书写地方志事业发展新篇章——在第五次全国地方志工作会议上的讲话》，《中国社会科学报》，2014 年 5 月 30 日“A04”版。

第二章　当代新型方志馆

地方志是中华民族独有的传统文化形式，自古至今各种类型的方志馆是展示这种优秀传统文化的固定场所。从本书第一章所梳理的历史来看，我国的方志馆主要有三种类型：一是未单独设置，而是与史馆、藏书楼、图书馆、档案馆等场所兼容合并的文化机构；二是单独设置，以存放和展示纸质志书等典籍文献为主要形式的传统方志馆；三是以现代化手段展示特定行政区域历史文化和现实地情为主、同时兼及传统形式的当代新型方志馆。而且，从发展过程看，中国方志馆的建设基本形成了“资源整合、机构融合”“以收藏、编修志书为主单独设置”和“转型升级为综合性地情馆”等三个发展阶段，而新型综合性地情馆是当代方志馆建设的主要模式和未来发展趋势。

本书这一章将在第一章基础上，结合分析方志馆与其他相关文化场馆的密切关系，同时梳理分析历史以来各方面对方志馆问题所作的学术研究，并着重探讨分析当代新型方志馆的建设理念和总体框架。

第一节　方志馆建设的当代视野

一、当代新型方志馆是展示实现“中国梦”的重要载体

中华民族伟大复兴的“中国梦”是当代中国人民为之共同奋斗的宏伟目标，它既是数万万人民大众和历代仁人志士为之梦寐以求、浴血奋斗的追求目标，又是当今中国人民坚持不懈、始终不渝的现实实践。而且，中国梦既是一个宏伟目标，宏大体系，但又不是无源之水、无本之木，它要通过全国各地历史长河的点点滴滴汇聚成流，通过各地传统文化的枝枝脉脉集聚成林。从这个意义上说，各地方志馆就是展示和实现

“中国梦”的重要载体。

（一）在回溯历史中传承文明

英国科学家李约瑟说过：“了解中国历史就必须了解中国的地方志。”作为中华民族特有的传统文化形式，“存史”历来被视为地方志三大职能中的首要职能。特别在当代社会，人们社会交往日趋频繁，生活频率持续提速，“不知有汉，遑论魏晋”的情况比比皆是。如何不使人们数典忘祖，而能经常寻根问祖，“始终记得住乡愁”，以“存史”为首要职能的地方志工作显然应当发挥更重要的作用。

但由于受建设理念和客观条件等多种因素的限制，传统方志馆大多以收藏和编纂志书为主要形式，有的甚至志不出阁，秘不示人，很难做到向世人展示。当代新型方志馆应有所不同，它不仅要注重“收藏”历史，更重要的是要通过系统梳理，向全社会展示一地悠久的历史和璀璨的文化，以“存”“展”并重的方式，更好地发挥地方志“存史、资政、教化”的作用，为传承地域文化和区域文明做出重要贡献，这应是当代新型方志馆的首要职能。2013 年 12 月，习近平总书记在中央政治局集体学习时曾指出：要“系统梳理传统文化资源，让收藏在禁宫里的文物、陈列在广阔大地上的遗产、书写在古籍里的文字都活起来。”[①] 这应当成为当代新型方志馆通过开发传统资源来传承文明的重要行动指南。

深圳市方志馆口述历史中心

具体而言，按国务院《地方志工作条例》规定：地方志应记述一个特定行政区域的“自然、政治、经济、文化和社会”的“历史与现状”，

① 《人民日报》2014 年 1 月 1 日第 1 版。

可见其覆盖面之宽、涉及范围之广。古往今来，有时一部县志便有数百万字规模，省志通志字数甚至有数千万字之巨，可谓纵横古今，包罗万象。清代有人下过结论："志也者，志之天文，志之地理，志人事之成败，志世数之沿革，下及一民、一物、一草木、昆虫、鸟兽、鱼鳖，纤细必志。"浙江现存最早的官修省志嘉靖《浙江通志》也以"括方千百里之地，上下千百年之事"，阐明了其编修宗旨。因而，"志书内容涉及范围之广泛，门类设置之繁复，在中国各类古籍之中，恐无一能逾之者。"①

当代新型方志馆首先就要借鉴志书"全面"地"横排门类""横不缺项"等原则方法，善于在对一地历史进行系统梳理的基础上加以全面展示。例如，于2014年1月1日向社会开放的北京市方志馆，在"北京地情展"中就有《城市变迁》和《建置沿革》两个重要内容，其中《城市变迁》详细梳理了北京从初称蓟、元改大都、明代始称北京等三千多年悠久历史的发展变迁。《建置沿革》则系统介绍了北京的行政建置始于周初、自秦至唐始终为治所重镇、由元至今基本为国家政治中心的历史沿革。两个展览还同时配以大量形象生动的图表和多媒体演示，便于观众直观清晰地了解城市的由来和演变过程。

北京市方志馆"北京地情展"

在浙江湖州市方志馆的总体设计中，也分别有两个既相互关联又各具特色的板块：《建置沿革》和《地域文化》。前者通过山水之秀、史前璀璨文明和建置沿革等内容，向世人展示"太湖菰城、古邑变迁"的悠久历史；后者则通过鱼米之乡、丝绸文化、湖笔文化、茶文化和民俗文

① 王德恒：《中国方志学》，大象出版社，2009年，第17页。

化等五个单元，展示“千古文化、各领风骚”的地域文化。两者相辅相成，相得益彰。这些都已成为当今方志馆总体设计规划时的普遍范式。

在具体实施过程中还要注意，地方志是“资料性文献”，这种质的规定性，决定了它必须遵循“存真求实”的原则，注重“述而不论”“生不立传”“越境不书”等原则，力求“客观”“记述”而不是偏重“主观”“研究”，这也是它与史学研究等其他形式的重要区别，方志馆在设计布展时同样应加以遵循。而且由于历史是一种十分复杂的现象和过程，各地历史不但往往涉及数千年甚至更长，而且实际上存在着“被描述的对象”（真实的历史）和“对对象的描述”（历史学）两种不同的复杂情况，而前者“就像数学上的极限，只能靠近，永远无法完全达到。”[①] 因此“存在的未必都是真实的”。遗留至今浩如烟海的大量文献史料，难免鱼龙混杂、良莠难辨，有的系因袭成说、失考误断，有的则有意假托、人为作伪。这就要善于运用辩伪、疑古等我国史学界的传统方法（如洪亮吉所总结的“推求本原，是正缺失”的考订法，“辨其版本，注其错讹”的校雠法等等），通过辨伪释古、证古，力求“去伪”“存真”。从一定意义上说，方志馆所展内容一般均以志书为基础，是志书的二度创作产品。但与志书相比，其内容不仅更为精炼浓缩，而且由于它往往还辅之以生动而又现代化的展陈方式，因而受众面更广，更容易为人关注，这就更需要精益求精，力求准确无误。

（二）在展示现状中彰显成就

如前所述，由于种种原因，传统方志馆的视野较多局限于过去的历史，较少关注现实。其实，国务院《地方志工作条例》明确要求，志书不仅要记述“历史”，也要记述“现状”。同样，方志馆特别是当代新型方志馆不仅要注重“收藏”历史，也要注重展示现实成就，是历史与现实的有机统一。

---

① 俞吾金：《历史主义与当代意识》，《文汇报》，2010年9月25日第6版。

但“历史”与“现状”又具有相对性，是一个延续发展过程，两者不能截然分开，也不会中断。以当代眼光看，所谓“现状”，应当是指新中国成立后特别是改革开放以来的“历史”，按“详今明古”的原则，这正是新时期全国各地两轮修志所普遍关注和记述的重点，也应当成为当代新型方志馆的关注重点和创新亮点。特别近年来各地对公共文化事业和地方志事业日益重视，纷纷加大投入力度，客观上也为建设以展示综合性地情为主要形式的当代新型方志馆建设创造了客观条件。因而，当代新型方志馆不仅要注重梳理展示“历史”，也要善于关注展示“现状”，特别要注意全面系统地展示新中国成立后和改革开放以来各地的综合地情，力求使“历史”与“现状”交相辉映，让传统文献与现实成就相得益彰。

近年来在方志馆建设过程中，创新不断，佳作迭出。如前面所介绍的北京市方志馆的“北京地情展”就是其分量最重的展览之一。它通过“自然环境”“城市变迁”“建置沿革”“人口”“经济发展”和“文化事业”等各方面内容，通过实物、文献和多媒体等各种手段，并辅以“北京教育证书展”等一些临时性特展，全方位、多视角地展示了北京数千年的历史发展过程，力求使观众全面系统了解这座古老而又年轻、熟悉而又陌生的城市。

目前有的传统形式的方志馆（包括少数新建方志馆）冷冷清清、门可罗雀，不仅发挥不了方志馆应有的作用，而且大量财政投入的综合效益也难以显现，为此，如何借鉴其他场馆的成功经验，采取有效措施让当代新型方志馆改变传统形象和固化印象，更好地展示一地的综合地情特别是发展“现状”，从而更接近大众百姓，更接社会地气，是方志馆能否聚集人气、是否具有发展活力的关键所在。这一点，国外的一些实践或许能给我们有益启示。例如，新西兰是一个建国只有 100 多年历史的太平洋岛国，若论历史的悠久程度和民族文化的丰富厚重度，它可能远远比不上世界上很多国家。但新西兰人视现实为传统的做法却很值得借鉴。在首都惠灵顿的“海洋与城市博物馆”，就有一个很有创意的地情展示厅，它按1900年到1999年共100年的时间顺序排列，每年选取一件有代表性的展品，如从世纪初的一台老式电话机，世纪中叶的一台半导体收音机，一直到世纪末的一台现代化电脑，以正好一百件不同年代的展品，向观众展示这个国家、这座城市，在一个世纪中一点一滴、一步一步地发展变化。从而使人在短短时间里，在一个容量有限的展厅中，对一个国家的历史发展脉络，有了一个初步的了解和清晰的整体印象。从一定意义上说，它除了没有志书，其实就是一座展示发展成就和综合性地情的新型方志馆。

其实，国内近年来也有很多成功经验可供借鉴。如辽宁沈阳中国工业博物馆，收藏了中国1300多件从商代至今的工业文物，如从殷商时期的铜镜、西周的青铜盔、春秋时期的盔甲，到1900年的中东铁路钢轨、上世纪30年代初的铁西规划地图等等。其中，引人注目的有7项“中国第一”：中国第一个铸造用机械手、第一个自主研发的管模、第一根超高压管的样管、第一台万能钻床、第一台八轴立式机床、第一台精密丝杠机床、第一台五轴联动机床。另外还有中国改革开放史上的多项第一：第一家破产企业，第一份厂长承包责任书，第一家大型国企股份制改造……从而真实系统地记录了中国工业艰难而辉煌的发展历程。

同样，在中国民族工业的发祥地之一江苏无锡市，也有两个独具特色的现代工业博物馆，一个是利用早年蜚声中外的茂新面粉厂厂房原址所建的“中国民族工商业博物馆”，一个是在春雷造船厂旧址上所建的“中国乡镇企业博物馆”，它们又分别从两个独特视角，见证了现代中国工业的发展历程。显然，这

中国工业博物馆展品

些以展示某一方面国情地情为主要内容的博物馆，与当代新型方志馆的构想更为接近，很值得全国方志系统加以借鉴。

特别值得关注和期待的是，国家方志馆在其总体设计方案“国情展览大纲”中，便有一个重要内容——“第三部分　当代中国”，具体包括“政区·人口·民族”“国土资源”“自然灾害”“国家制度”“基础设施建设”“城乡建设”“经济建设”“文化事业”“科学技术”“国防与外交”“人民生活”等11个单元大类，同时辅以“中国自然资源与世界比较（表）”“中国经济数据与世界数据比较（201　年）”等重要图表、沙盘、模型和其他现代化展示手段，从而按国务院《地方志工作条例》要求，对当代中国的“自然、政治、经济、文化和社会”等各方面综合国情进行了全方位展示，特别是突出展示了新中国成立后和改革开放以来全国各行各业日新月异的发展成就，这是与以往以收藏志书为主的传统方志馆最大的不同，体现了当代新型方志馆以综合地情为主题和发展趋势的建设主旨，建成后必将成为首都与其他博物馆等场馆所不同的文化新地标，成为广大人民群众全面了解认识国情并进行爱国主义教育的专业场所，同时也将成为全国各地新型方志馆建馆的现实典范。[①]

（三）在“修志问道”中“以启未来”

“修志问道，以启未来”是李克强总理2014年4月为第五次全国地方志工作会议所作的重要批示。地方志是中华民族历史悠久的传统文化形式。从以往传统和主要形式看，地方志系统面对的主要是“过去”，似乎常见的是沉浸于故纸堆中挖掘历史，而不太关注现实，更少关注未来。其实，地方志不应仅仅只记述“历史”，还应关注“现状”，更应通过“修志问道”“以启未来”。不能一味为修志而修志，也不能单纯为建馆而建馆。因此，即便志书文献以平面、静态和历史为主要表现形式，即便传统方志馆以收藏、编纂等为基本工作职能，但作为当代新型方志

①　参见中国地方志指导小组办公室：《国家方志馆国情展览大纲（讨论稿）》。

馆这个特殊平台，完全可以立体的、动态的、现实的以至发展的思维加以构建，以现代化手段加以展示。

这样，当代新型方志馆既需要梳理和收藏过去，使观众能看到“历史”；也需要展示现实成就，使观众能看到发展“现状”；更要善于使公众通过展览问“道”（即中国梦宏伟目标的实现途径），并从中受到启迪“以启未来”，以此确立传承民族历史文化的自豪感，增强实现民族复兴中国梦的自信心。事实上，长期遗存至今的地方志中有很多珍贵史料真实记载了中华民族数千年梦寐以求、始终不渝的追梦之“道”，只是为平面静态而又过嫌生涩深奥的形式所限，传统志书一般很难将这一过程和场景生动展现给读者，而作为一个展览展示平台，方志馆显然比传统的志书形式更有优势。特别是目前各地方志馆大多注重现实综合地情展示，它实际上展现的就是当地人民群众生动现实的追梦之“道”，从这个意义上说，如何通过“修志问道，以启未来”，方志馆特别是当代新型方志馆应当承担更为重要的历史重任。

二、当代新型方志馆是当今地方志事业辉煌繁荣的现实标志

（一）当代新型方志馆是对传统方志馆的历史传承

在中国历史上，尽管地方志的编修历史十分悠久，但真正意义上的方志馆出现很晚，而且职能大多限于收藏、编纂等方面，这种情况一直延续到上世纪末一轮修志时期止。如 1994 年 5 月落成开放的武汉方志馆，便集编修、研究、收藏和组织领导等职能为一体。1998 年建成开放的苏州方志馆，也具有阅览室、地方文献研究室和名人资料征集室等传统功能。另外，1998 年 10 月投入使用的湖南方志馆、2000 年 5 月竣工开馆的湖北方志馆等，都普遍具有这些传统功能。

进入新世纪二轮修志时期后，在继承传统的基础上，各地新建方志馆纷纷拓宽视野，注重创新。如于 2013 年投资 2000 万元建成并对外开放的浙江省杭州市余杭区方志馆，不仅有藏书库、公共阅览室、展厅等传统方志馆的一般功能，而且其设计理念十分独特：既注重紧扣和突出

"方志"这个主题主线，又注重从经济、社会和文化等历史与现实的各方面地情出发拓展展示内容，特别是善于将两者有机地融合为一体，可谓匠心独运。严建强认为：志书是文字形成以后的产品，有文字以前的历史（如神话传说等）一般不能进入方志馆，当然它们可以进入博物馆，这是方志馆一个重要的范域规定。同样，按余杭方志馆的主要设计者即该区方志办主任吴莹岗的理念，既然称之为方志馆，那么其所展览展示的一切都必须以志书为主题主线，即"史"须出自方志，"展"须围绕方志，言必有"志"，力求收放有度："放"以志书记载的内容为边限，"收"也要以方志文化为核心，凡是志书中没有记载的一般不予展示。因而该馆所展示的区域历史和综合地情并非始于历史发端（尽管余杭区域中有著名的"良渚文化"等历史遗迹），而是以有志书记载的历史为发端；同样，其所记载的历史人物也非不作选择地来者不拒，而是必须有相应的历史典籍著作为依据。为此该馆共设计了六个展厅："方志·源流""方志·舆地""方志·人文""方志·山水""方志·物产"和"当代方志"。与传统方志馆相比，无论是展馆功能的丰富还是展示内容的拓展，显然余杭方志馆都独树一帜，相应也更胜一筹。

（二）新型方志馆是当代地方志工作和事业繁荣发展的重要标志

中华人民共和国成立后特别是上世纪改革开放以来，由于党和政府的高度重视，中国的地方志事业取得了历史性的辉煌成就。如据中国地方志指导小组办公室统计，1982 年改革开放后新一轮修志工作开始时，全国才有 10 个省（区、市）、100 多个市（地）和 500 多个县恢复建立了修志机构。而到 1994 年，全国各省（区、市）从上到下，均基本建立了三级修志机构，专兼职修志人员约有 11.4 万人（其中专职约 2.29 万人，兼职约 9.11 万人），并一直稳定至今。

事业辉煌发展的一个重要标志便是各级方志机构工作条件的普遍改善，其中相当程度上是依托新建各类方志馆实现的。据统计，截止到 2014 年上半年，全国已建成国家方志馆 1 个、省级馆 15 个、市级馆 60

多个、县级馆近 200 个。而且值得关注的还有，相当一部分新建方志馆，除保留了传统的志书收藏、保管和展示等功能外，还新增了方志编纂、研究和办公等功能。

例如，早在 1992 年，伴随着全国新一轮修志热潮的兴起，上海通志馆得以获批开建，并于 1996 年在浦东新区正式建成投入使用。该馆主旨是立足上海，面向全国，主要功能是方志编纂、成果展示、资料收藏服务、业务培训和学术研究、方志文化交流等，从而为全国方志界树立了一个标杆，对方志馆的建设起到了重要的示范导向作用。

值得关注的还有，2007 年 3 月，广东社会科学中心暨广东方志馆在广州天河奠基。该中心总投资 2 亿元，共有 18 层，地上 16 层，地下 2 层，总建筑面积达 4.25 万平方米。其中拥有 1.1 万平方米、投资 6000 万元的广东方志馆，主体建筑已于 2014 年底竣工。该馆具有三大主要功能：一是省情展示与爱国主义教育基地，如内设 4000 平方米的展厅，展览在勾勒全貌的基础上力求突显该省改革开放以来所取得的巨大成就，仅这一部分布展经费初步预算便达 2000 多万元；二是地方文献征集、收藏与服务功能，包括书库、阅览室、广东家谱中心等，这部分约有 3000—4000 平方米；三是省情信息收集与发布功能，开馆后将把现有已达 1600 万次年点击量的省情网从省方志办移至省方志馆，力求用三年时间使这一功能实现新突破。广东方志馆也是国内目前规模最大的省级方志馆。

广东社科中心暨广东方志馆外景

近年来，新建山东、江苏、广西、江西、黑龙江和北京等省市方志馆，不但具备收藏、展览等传统功能，同时还大多辟有布局合理的办公室、宽敞明亮的多功能厅、条件完善的书库等多种场所，使方志馆工作逐步成为地方志工作“一业为主，多业并举，全面发展”的综合性场馆。

山东省早于2009年就召开了全省方志馆建设工作会议，下发了《关于加快方志馆建设的若干意见》，在全省率先部署并掀起了建馆热潮。据到2011年统计，全省已建成市级方志馆14家，县级方志馆95家，馆舍面积达2万平方米，馆藏志鉴书籍50万册。其中东营、泰安、威海、滨州等市及所属县（市、区）方志馆已全部建成，很多馆还有正式的机构和人员编制，从而为全国方志系统从上到下如何建设好方志馆产生了很好的先导示范效应。2014年11月，江西省方志馆建设现场会在景德镇市召开，同日，以“解读景德历史遗韵、挖掘地方人文元素、展示瓷都地域风情、打造地情研究中心”为建设主旨和特色的景德镇地方志馆正式开馆，至此，该省已有上饶、宜春、吉安、景德镇四个市级方志馆和一批县级方志馆，标志着该省方志馆建设进入了一个历史提速期。

江苏省方志馆阅览大厅

不仅是国家级和省级方志馆，近年来，随着全国地方志事业的持续发展和各地文化事业的日益繁荣，一些市（地）、县（市、区）级方志馆甚至民间方志馆也如雨后春笋般蓬勃而出。

2014年8月，在充分调研、反复论证基础上，广州市政府作出广州市地方志馆新馆入驻广州城市规划展览中心的重大决策。

广州市地方志馆外景

该展览中心位于广州白云新城，建筑面积达84000平方米，其中方志馆为12000多平方米。2014年，该工程主体施工已完成，并陆续进入内部施工布展阶段。市方志馆新馆分为展览区、馆藏书库、业务和管理用房、地情教育培训中心等四个主要区域，力求建成地情展示、地情文献、地情采编、地情交流、地情影音和地情服务等“六大中心”，从而向世人和方志界展示了一个典型的现代化综合地情馆。

已于2010年6月开工兴建、2013年底竣工的广东省深圳市方志馆，建筑面积达1万平方米。该馆以挖掘地情资源、展示地域文化、存史资政育人、服务社会公众为宗旨，功能设置包括大展厅、阅览厅、地情文献资料库、学术报告厅、口述史采编室等，计划馆藏文献10万余种。内设地情采编部、文献编研部、借阅咨询部、展示交流部、网络技术部、综合服务部、口述史研究中心等八个部门，实现了收集、保管、编纂、阅览、研究、咨询、展示、交流等多功能有机一体，将力求建成深圳地情变迁展示中心、全国与深圳地方志鉴文献收藏中心、深圳地方史志编纂与地情研究咨询中心、深圳历史文化名人与人文历史展示中心、中外地方史志交流中心等六个中心。

深圳市方志馆外景

2014年建成开放的浙江省绍兴市柯桥区（原绍兴县）方志馆，实行的是馆、办（区史志办）合一的管理运行体制，同时与新建区档案馆资源共享，同处一座楼。柯桥

浙江绍兴柯桥区方志馆志书陈列室

方志馆规模并不大，只有1600多平方米，但却设有志书陈列室、古籍陈列室、馆藏珍品室和地情信息中心、地情编研中心、地情展示中心等一座方志馆所必须具备的基本功能，可谓“麻雀虽小，五脏俱全”。特别在志书陈列室中，还展示了其所收齐的改革开放以来全国各省（区、市）一轮修志所编新志近万册（卷），从一个侧面显示了一座县级方志馆的专业水准。

在河南平顶山市宝丰县，还有一座集史志收藏、展览、研究、交流、教育为一体的民间方志博物馆，由当地民营企业家曹二虎投资兴建。他或动员社会各界人士捐赠，或安排专人到各地收购。如嘉庆宝丰县志在当地早已失传，当了解到北京大学图书馆藏有此志书后，他派专人联系复制，终使清代以来编修的宝丰县志全部进入馆藏。现该馆收藏各类专业志书有1.6万余套，涵盖全国31个省（区、市）和2800多个县（市、区、旗），自2012年免费对社会开放以来，已先后接待观众达5万余人次。[①]

2014年年初，河北省第一家方志馆——秦皇岛方志馆正式开馆后，经中国地方志指导小组办公室批准，该馆获批成为“国家方志馆秦皇岛分馆”，这也是国家方志馆当时在全国设立的唯一一家分馆。国家方志馆秦皇岛分馆主要收藏秦皇岛市及冀东、辽西、蒙东各市、县志书和地情书，以及长城沿线各省、市、县志书及地情书，特别是全国沿海开放城市、沿海港口志书，山川、河流、海洋、寺观、旅游、养生、民俗等方面的志书，同时还包括展示秦皇岛厚重历史和浓郁地方文化特色的艺术作品及重大发展变化等代表性志书、地情书。[②] 这无疑也是中国方志馆事业发展的一个重要标志。

（三）当代新型方志馆是地方志事业再创辉煌的现代化平台

在中国历史上，以纸质志书为主要形式的传统方志馆，对保存、传

---

① 谢运和：《平顶山有家志书博物馆》，《光明日报》，2015年4月1日第10版。

② 耿建扩等：《国家方志馆在秦皇岛设分馆》，《光明日报》，2014年2月11日第9版。

播和弘扬中华民族的传统文化起过十分重要的作用。而且即使在当代社会，仍应建设和保留一定数量这种类型的方志馆，它对显示民族传统文化的原生态和厚重度，对延续和弘扬区域文化，都具有重要意义。

但也要看到，传统纸质志书等历史文献的地位在古代社会之所以如此显赫，对人们的影响之所以如此重大，与当时人们接受信息的渠道单纯、视野闭塞，与当时文化的传播形式单调、速度缓慢等有不同程度的关系。很显然，古代社会既没有电视、网络等现代化的传播手段，也没有飞机、动车等现代化的交通工具，人们的接触面窄，活动范围小，相当程度上只能通过纸质文献学习知识，了解社会。但到近现代社会，这种相对闭塞的格局被逐步打破。特别是世纪之交，当一种体制向另外一种体制转型时，外扰程度大大增强，传统社会原有的平衡和谐态必然会受到巨大影响以至被破坏，由传统封闭的均衡状态到现代开放的不均衡状态是社会发展的必然趋势。例如：到上世纪末，博物馆的全球联系网已达 3.5 万多个成员；全世界在线视频流量占互联网的总流量已从 2005 年的 5%上升到 2012 年的 52%，预计到 2015 年将升至 62%。在这种环境中，公众相应有四个特点：获知信息的渠道越来越丰富，选择方式越来越多，发展空间越来越大，自主意识越来越强。而地方志书等一些传统文化形式，客观上内容厚重深奥，形式刻板枯燥，远不如动漫、3D 等现代化影视产品来得生动形象，从而使当代人特别是一些青少年或对其心存敬畏，敬而远之，或日渐冷漠，避而远之。目前，各地有一些已建成开放的方志馆门前冷冷清清，观众寥寥无几，从一定意义上说，这是由地方志书固有的传统特征和单一形式所决定的，这种状况也是社会发展的一种自然现象。[①]

人类不可能再回复到传统社会，我们同样也不能苛求当代人都选择同一种传统模式。因此，在坚定不移地坚守传统，始终不渝地弘扬国粹

① 潘捷军：《和谐社会视野中的社会风险问题》，《中国社会发展战略》，2005 年第 3 期。

的同时，方志界也要与时俱进，因人而异，特别要选择一些更能为当代人喜闻乐见的形式来展现传统文化，使其在当代社会再放异彩。例如，开发志书等历史文献的电子化文本，构建网络虚拟方志馆，以声、光、电形式展示地情，等等，以便让更多的人通过现代化手段来亲近传统，走进历史，来感受民族文化的博大精深和独特魅力，这非但不是对传统文化的离经叛道，反而是新形势下对传统文化的继承弘扬和创新完善。相反，如果不做这样的创新努力，传统文化自身的影响范围可能会日益萎缩，与当代社会渐行渐远，这恰恰是传统文化的悲哀，某种意义上也是当代地方志工作和文化建设的失职失误。

而且还要看到的是，就“方志”本义而言，“方”无疑是指“地方，区域”等义，但对“志”却可作不同的理解和解释。其实，“志”不仅是一种文献形式，也不仅可作名词，同时还可用作动词，系指用文字、符号等各种形式加以记录、记载，等等。如古时“志”便可作“誌”解。在此意义上理解，“志”其实既是一种纸质的固态物体和静态形式，也是一个动态概念和发展过程。

一方面，从“志”的动词意义和技术手段看，在计算机等现代传播手段出现以前，由于众所周知的原因，传统意义上的方志馆主要用于存放以纸质形式为主的各类志书文献，事实上不可能出现其他形式特别是现代意义上的方志馆。但这并不意味着“方志馆”就此与存放纸质志书的场所画等号，即“方志馆”并不等同于单一的纸质志书馆。在人类已进入 21 世纪的今天，在有效继承传统纸质方式的同时，“志”（记录、记载）的手段事实上已不限于单一的纸质形式，完全可用各种现代化手段“志”人、“志”事、“志”物。因此，现代意义上的“方志馆”，既可以是存放传统纸质方志的“志书馆”，也可以是用各种现代化“志”的手段，对一“方”区域地情及经济社会发展现状进行动态记录记载和综合展示传播的场所。应当以这种与时俱进的思维来认识和建设现代意义的方志馆，本书所涉及的方志馆，也大多是指这种意义上的新型方志馆。

另一方面，随着时代的进步，现代化技术手段的不断丰富完美，“志”的形式不断丰富，已不再局限于传统的纸质文献形式。如近年来浙江省方志办在浙江大学图书馆指导支持下，与有关企业合作，以“浙江方志网”为平台载体，陆续开发了网上《全国地方志历史文献数据库》《省志丛书数据库》《首轮市志数据库》《历史文献数据库目录》等数字化成果，收录各类文献3.7万余册，近7亿字，面向方志界和全社会开放。浙江舟山市方志办因地制宜，避“实”就“虚”，克服条件经费等现实困难，在全省方志界率先开发了网上“虚拟方志馆”。这些不但增强了公众关注使用方志的兴趣和便捷度，而且改变了“纸质文献”的传统形式，大大拓展了现代方志事业的发展领域，应当成为当代新型方志馆设计和建设的发展趋势。

三、当代新型方志馆是民族文化走向世界的宽广舞台

（一）台港澳设馆修志与民族文化的传承

地方志是中华民族共有的文化传统。长期以来，台湾、香港和澳门地区，在遵循共同规律编修方志的同时，又通过开办文献馆等不同方式，展示传承炎黄子孙共有的民族文化传统。

台湾官修方志历史悠久，早在清康熙二十三年（1684）就有官修《台湾府志》创世。道光九年（1829），台湾知府邓传安也曾专设志局重修府志。光绪十八年（1892），台北知府陈文騄又向台湾巡抚邵友濂建议创修通志并获批，随后即设通志总局专司此事，其后这一传统绵延不断。抗日战争胜利后，因日本统治半个世纪而受影响的方志编纂传统被再度弘扬。1948年6月，台湾省通志馆成立。国民党败退台湾后，各地的通志馆等修志机构逐步为“文献委员会”取代，并以此为基础，以创修、续修和重修等不同形式，开展了大规模的县（市）志编纂工作。一直到1995年，台湾省政府还通函各县市政府，要求在文化中心（相当于大陆的文化馆）内成立县市史馆，以收集资料、记录历史、典藏文

献、研究和推广等方式，承担史志编修职能。到2002年1月，文献委员会又再度更名为“国史馆台湾文献馆”，但不论其名称如何更替，台湾地区编修方志的民族传统始终未予丢弃。

2012年11月，本书作者曾专赴位于南投县的“国史馆台湾文献馆”（简称“台湾文献馆”）进行实地考察。该馆专司通志编修、官方档案保存等职能，坐落于占地约2.5公顷的“台湾历史文化园区”。一进园区大院，一幅1995年由时任“行政院长”连战题写的“台湾史迹源流馆兴建碑记”即醒目地映入眼帘，碑中言明“无分族类，不论先后”，历史应“历代相传，皆后人所不能忘”的建馆宗旨。园区内文献大楼、文物大楼、史迹大楼等建筑分列而立，各自分工明确，特色鲜明。如文献大楼内设有采集、整理和编辑等专业机构。文物大楼的常设展览包括“台湾的历史与文化导论”“台湾的民俗源流特色”“台湾民间工艺文化”“民众日常生活”等内容。史迹大楼则包括“史前遗址平浦族、原住民展示”“台湾重要历史人物事件展示”“台湾地区古迹模型展示”等内容，此外还设有“蓬莱乡情”等特展，从而从不同侧面展示了台湾悠久的历史和深厚的文化底蕴，这也是方志馆地情展示的典型模式。

台湾“国史馆台湾文献馆”大楼外景

台湾“国立图书馆”收藏的大陆方志

珍重民族传统使台湾方志事业结出了丰硕果实。上世纪70年代，达146册的《台湾通志稿》已先行出版。另据统计，仅1945年至2003年期间，台湾地区出版的省、县、市、乡、镇、区志就有1100多册。

同时在“述作议论并重”“跨领域整合”“突破纂修旧法”“建立审查机制”等方面，台湾方志界还有独到的学术创见和创新的编纂方法。进入新世纪以来，台湾还十分注重以建立“台湾文献丛刊资料库”“台湾地方志影像数据库”“汉籍资料库”等为载体，大力推进“典籍数字化计划”工程，同时也为大陆方志馆的现代化建设拓宽了发展思路，提供了可资借鉴的经验。①

香港在清朝属广州新安县管辖，康熙二十七年（1688）和嘉庆二十四年（1819）所纂的两部《新安县志》中为此均有记载。自1842年英国管治直至1997年中国恢复主权150多年中，虽未见方志对香港的记载，但这并不意味着方志事业在该地区的中止。例如，香港中文大学“中国研究服务中心”自1963年成立以来，就收藏了内地自上世纪50年代至今的省、市、县、乡镇方志及其他有关文献达八万多册，位居馆藏26个大类的第二位。2007年，在特区政府的重视和内地有关部门的大力支持下，香港地方志工程再度启动。当地方志界人士认为，应构建一个名为“香港本土研究资源中心”的“认识香港地情的平台”，并明确指出“从本质和功能来看，资源中心就是方志馆”。其“主要工作是纪录香港政治、经济、文化和社会各方面发展的历史渊源和现状。探索香港与其他地区的关系：包括香港与中国大陆、澳门、台湾的关系；香港与亚洲其他国家的关系，香港与欧美的关系等。”以“通过认识及探索香港的地情，提高香港市民对香港和国家的归属感。”具体应从有系统地建立“口述资料库”和“香港图片库”、“编纂覆盖香港全方位发展的《香港通志》”、“成立‘香港本土研究之友’兴趣小组”等方面入手，逐步实现建立方志馆的构想。这是方志馆在“一国两制”香港的积极构

① 分别参见张仲荧：《台湾的地方史志撰修及理论研究》，《中国地方志》，1999年第5期；陈德昭、徐惠玲：《论台湾方志在中国方志史发展之贡献》等，《第三届中国地方志学术年会两岸四地方志文献学术研讨会论文集》，方志出版社，2014年。

想，自然具有特殊重要的价值意义。[①]

澳门同样有方志编纂的历史记录。澳门原属建于南宋时期的香山县，因而明清历代所编纂的《香山县志》及后来清乾隆年间所编纂的《澳门纪略》等志书文献对其历史均有详载。近年来，特区政府高度重视地方志的编修工作，不仅整理出版了《澳门记略·澳门志略》等志书和历史文献，还以澳门理工学院为平台，以新编《澳门通志》为标志，地方志纂修和有关历史文献的编研工作风生水起，独具特色。而且不同于台湾、香港的是，当代澳门修志几乎是白手起家，于是修志人员注重实事求是，因地制宜，提出既不能过分依赖外语，又不能脱离当时的特殊语境，而是从搜集选择、翻译整理以葡萄牙文为主的西文史料入手，条分缕析，同时辅以口述历史等现代科学方法，力求揭示事物真相，反映历史的本来面貌。显然，这种科学方法十分适用于原无方志编修传统的澳门，澳门因此也以自己特有的方式，为传承民族共有传统做出了独特的贡献。[②]

特别值得注意的是，以 2011 年浙江宁波“方志文献国际学术研讨会”、2013 年广东东莞“两岸四地方志文献学术研讨会”等为平台和标志，内地和台湾、香港、澳门的方志交流日益活跃，学术互访日趋频繁，地方志这一中华民族共有的传统文化，经炎黄子孙携手共促，必将生生不息，不断弘扬光大。

（二）海外馆藏方志与民族文化的“失联”困境

对地方志这种中华民族特有的文化样式，世界各地历来十分关注。

---

① 分别参见葛向勇、葛丽莎：《方志文献的宝库——香港中文大学中国研究服务中心馆藏志鉴简介》，《方志文献国际学术研讨会论文集》，中华书局，2012 年；刘智鹏：《建设香港方志馆的构想》，《第三届中国地方志学术年会两岸四地方志文献学术研讨会论文集》，方志出版社，2014 年。

② 分别参见林发钦：《多语交汇中澳门地方志编纂的史料整理与翻译》，《方志文献国际学术研讨会论文集》，中华书局，2012 年；王熹：《口述历史资料与澳门方志纂修刍议》，《古代文明》，2013 年第 1 期。

长期以来，以图书馆等场所为平台，不少国家特别是一些西方大国收藏了大量地方志等中国珍贵的历史文献。据统计，世界上现存汉籍约有26万—27万种，就分布看，中国大陆馆藏约有16.3万种，港澳台地区约有3.7万种，海外散存的约有6万多种，其中相当一部分是包括地方志在内的珍稀文献。尤其是19世纪中叶以来，欧美及日本等国一直未停止以各种形式对地方志书的搜求，如美国耶鲁大学东亚图书馆就收藏了约330多种共计8600多册的中国旧志，包括明万历时期的《天下一统志》等珍稀版本和大量清代版本，而且大部分来自该校历史学教授芮沃寿夫妇的私人收藏。方志学家傅振伦曾提及：民国初期，“日本有一个文征堂，派人到北京琉璃厂买地方志，他不看内容，如果排起来够一个手杖那么高，就给价现洋一元。”① 据1969年日本国会图书馆《日本主要图书馆、研究所所藏中国地方志联合目录》记载，包括卷本、复制胶卷本在内，日本共收藏中国地方志2847种，明代方志有550种左右，其中57种国内无存。②

在著名的美国国会图书馆280余万册藏书中，中文图书文献约有95万册，其中亚洲馆特藏的中国古代方志便有4000余种约6万多册，包括100多种海内外孤本。据史料载，为此做出突出贡献的当数中国著名农林学家施永高。上世纪初，在与美方的文化学术交流过程中，施永高发现中国方志中大量关于土壤和植物的记载价值很高，于是便向美国政府提出扩大收藏方志的建议，并被美方采纳。国会图书馆甚至还曾在中国刊登广告，公开征集方志。1918年，施永高作为国会图书馆的代表，还亲自到中国各地采集方志，经约10年的努力，他所征集收藏的方志竟占国会图书馆亚洲馆所藏方志的一半。③

据1957年法国巴黎大学吴德明的《欧洲各国图书馆所藏中国地方

① 参见张升：《民国时期方志搜求热初探》，《中国地方志》，2004年第1期。

② 周 迅：《中国的地方志》，商务印书馆，1998年，第23页。

③ 参见刘东平：《走进美国国会图书馆》，《国家人文历史》，2013年第20期。

志目录》记载，英国、法国、意大利、德国、比利时、荷兰、瑞典等7个国家的25个单位共收藏中国地方志2590部。除去复本为1434种不同版本，其中有207种是《美国国会图书馆藏中国方志目录》所未收的。如英国伦敦大学东方与非洲研究院1979年出版的〔英〕安德鲁·莫顿（Andrew Morton）编《英国各图书馆所藏中国地方志总目录》，也收录了大英博物馆及牛津、剑桥大学图书馆所收的2516种方志。[①] 问题还在于，有些中国典籍文献流失海外后，普遍引发高度关注并被研究应用，但在国内却杳无音讯，悄无声息。例如，清康熙年间（1708），清廷曾命一批包括法国传教士在内的专业人士，在全国范围内进行了一次有史以来规模最大的地形测量和地图测绘，并于1718年完成了当时世界上最先进的实测地图——《皇舆全览图》。但朝廷又将这一成果和随后增修的《乾隆内府舆图》视为秘籍深藏大内，不容他人染指。而《皇舆全览图》却早由传教士寄回法国，并视为近代地理学的重要成果而公之于世。最终这一成果非但未能为中国地理学奠定基础并做出贡献，反而是对中国封建王朝文化专制主义的莫大讽刺，令人深省反思。[②]

当然也应承认，尽管历史上有些志书的外流并非通过正当途径渠道，尽管这些图书馆也未冠以“方志馆”的名称，但它们后来客观上为收藏传播中国传统文化起到了重要作用。

1995年，方志学家陈桥驿利用在北美访学近半年的时间，曾精心制作了一张西方有关国家图书馆对包括方志在内的中国历史文献的收藏情况调查表，翔实地记载了这方面的一些情况（如下表）。[③]

---

① 周　迅：《中国的地方志》，商务印书馆，1998年，第23页。

② 王扬宗：《康熙大帝与清代科学》，《光明日报》，2014年8月14日第16版。

③ 陈桥驿：《中国方志资源国际普查刍议》，《中国地方志》，1996年第2期。

有关国家图书馆中国地方志等历史文献收藏情况调查表（1995）

表 2

国别	收藏单位	收藏情况	备考
美国	国会图书馆	3750 种 60000 册	包括朱士嘉编《美国国会图书馆藏中国地方志目录》收录的中国方志
美国	哈佛大学哈佛燕京图书馆	3525 种 35000 册	——
美国	芝加哥大学远东图书馆	2700 种 17000 册	——
美国	夏威夷大学图书馆亚洲文库	944 种	中国方志作为该馆特藏
美国	宾州大学东亚文库	800 种	——
法国	法兰西学院高级汉学研究所图书馆	4211 种	——
法国	法兰西学院亚洲研究院高级汉学研究所图书馆	1000 余种	注明为原版
澳大利亚	澳大利亚国立图书馆	2000 种	注明为“中国地方史”
日本	天理大学图书馆	1430 种	——
日本	东洋文库	2800 册	属于该文库的莫里逊文库
英国	英国图书馆	1750 种	包括微缩胶卷 50 种
英国	牛津大学图书馆	1760 种	包括微缩胶卷 48 种
英国	伦敦大学东方与非洲学院图书馆	1139 种	包括 26 个省份，其中包括微缩胶卷 140 种
英国	达勒姆大学图书馆东方部	970 种	——
英国	剑桥大学图书馆	302 种	——
英国	里兹大学图书馆	269 种	——
英国	爱丁堡大学图书馆中文部	269 种	包括微缩胶卷 1 种

需要说明的是，上表所列并未包括国际上所有收藏中国方志的大户。因为有些在国际上长期以研究中国和东方而闻名的图书馆和研究机

构，虽然拥有大量汉籍，如美国普林斯顿大学葛思德东方图书馆收藏汉籍达30多万册，在收藏数量上列美国第二位；著名的耶鲁大学图书馆东亚文库馆所藏汉籍也有20多万册，但它们都未标明其中的方志数量，因而无法作精确统计。如果把这些因素也考虑进去，那么很显然，国外中国方志的收藏数量和相应的研究展示程度远远不止表中所列内容。这更说明，作为主体和重要载体，自古至今的中外图书馆在传播传承中国独有的方志传统文化等方面，具有重要地位价值。

（三）当代新型方志馆与民族文化走向世界

中共中央十七届六中全会通过的《关于深化文化体制改革、推动社会主义文化大发展大繁荣若干重大问题的决定》中指出：目前中国与世界“各种思想文化交流交融交锋更加频繁”。应当承认，“交流”是开放后客观自然的普遍现象，而且交流必然带来不同程度的“交融”（融合、一体化现象）。但也要看到，“交流交融”后带来的必然是不同程度的“交锋”，这是不同制度和不同意识形态国家间所产生的必不可免的冲突。关键是如何既遵循规律，又能“独善其身”，更要“独树一帜”，以中国梦的宏伟目标和辉煌成就自立于世界民族之林。

一方面，要拓宽理念，创新思路，善于让中华民族优秀文化“走出去”。英国哲学家罗素说过，“中国至高无上的伦理品质中的一些东西，现代世界极为需要”，“若能够被全世界采纳，地球上肯定比现在有更多的欢乐祥和”。因此，要按习近平总书记要求，“使中华民族最基本的文化基因与当代文化相适应、与现代社会相协调，以人们喜闻乐见、具有广泛参与性的方式推广开来，把跨越时空、超越国度、富有永恒魅力、具有当代价值的文化精神弘扬起来，把继承传统优秀文化又弘扬时代精神、立足本国又面向世界的当代中国文化创新成果传播出去。”①　而且“地方志应该是严谨的资料性文献，但是传播地方志的形式和方式应该

① 《人民日报》2014年1月1日第1版。

是生动活泼的。地方志开发利用做得越好、推广得越多、运用得越广泛，地方志工作的现实意义就越重大，贡献就越大。”[①] 作为展示区域历史文明和方志文化的重要平台，方志馆在这方面显然比单纯的志书编纂具有优势，当代新型方志馆更应担此重任。

特别要看到，新时期以来，海外学界对中国地方志的价值日益重视，研究日渐深入，应用日趋广泛。例如：虽然当今日本政府在钓鱼岛主权归属问题上固执己见，但日本著名历史学家井上清早以历史文献为依据，在研究了《使琉球录》、琉球国志《中山世鉴》等一系列包括地方志在内的中国古代文献史料后，明确表示：“据我对于甚为贫乏的琉球史料之认识而言，并没有关于这些岛屿曾为琉球王国领土的记录……我方能确认所谓‘尖阁列岛’的任何一岛均未为琉球所领有过。不仅如此，我更得知这些岛屿，原来是中国的领土，日本之领有，是1895年中日甲午战争胜利时的事情。……正确言之，应该是中日甲午战争时日本掠夺中国的地方。果真如此……即应自动归还中国。”[②]这是国际学界利用中国方志等历史文献研究疆域问题的有力佐证，同时也再一次凸显了中国地方志的独特价值和扩大宣传利用的现实意义。

另一方面，要加大力度，采取有效措施，力求把流失在外的方志精品“传回来”。如前所述，由于众所周知的种种原因，有些珍贵的志书在我国早已无存，而是长期流落海外，有的甚至被束之高阁，处于“失联”状态。陈桥驿多年前便为此而感“鞭长莫及，望洋兴叹”。

2014年10月，作为国家社科基金项目《中国方志馆研究》的一个重要调研任务，本书作者曾专赴德国柏林国家图书馆进行考察。据该馆东亚部考杜拉·宫布莱希特博士介绍，该馆是德国历史最悠久、馆藏最

① 刘延东：《在与第五次全国地方志工作会议部分会议代表座谈时的讲话》，《中国社会科学报》，2014年5月2日第1版。

② 参见谢俊美：《钓鱼列岛属于中国》，《文汇报》，2012年9月18日“文汇学人”版。

丰富的图书馆之一，也是德国最大的综合性图书馆，至今已有350多年的历史，而且自开馆起就十分注重中文典籍文献的收集和研究。该馆东亚部也是目前欧洲最大的东亚文献藏书中心，其馆藏和价值均居德国首位。馆藏东亚文献主要包括中、日、韩等语种，其中中文图书比重最大。其所收藏的中文典籍文献包括中医书籍、明清古籍、手稿、地图，主要涉及中国古代文学、历史、宗教和地方志等。在该馆的crossasia.org数据库中，有从1900年至2009年间70万册中文书籍的电子版本，包括2000个地区的地方志库。为此她还事先作了精心准备，以PPT方式向我们详细介绍了“宋元本”和“明清本”（如《永乐大典》、孤本宋版《周易集解》等）等该馆珍藏中国典籍文献的情况。据介绍，尽管馆方对来自中国的典籍文献十分重视，但目前每年来馆查阅中文资料的只有2000人左右，其中有1000多人来自国外，如何扩大使用范围，始终也是馆方关注的一个问题。

近年来，陈桥驿、巴兆祥等一批专家学者远赴海外进行实地考察研究，经长期努力，完成了《中国方志资源国际普查刍议》《中国地方志流播日本研究》《日本大学图书馆中国地方志调查记》等一批高水平的研究成果，在相当程度上探明了方志流失海外的家底。当务之急是要采取有效措施让方志回归，我国方志界有识之士多次呼吁：“凡我中华民族先辈所撰写或编纂的古籍，无论何朝何代，无论是何种原因，通过任何形式流失到海外的，皆应千方百计，不计代价，使之回归到华夏文化的宝库中，切勿再以‘孤本’身份，客居异国他乡，炎黄子孙至今尚不得识其真面目。就当前我们的综合国力而言，也完全有条件迎接这批文化瑰宝回到祖国。”[①]

据了解，海外中华古籍的回归主要有以下几种方式：一是“原生性

① 邵长兴：《集海外散存方志谱牒　展历代修志编谱面貌——哈佛大学燕京图书馆等考察见闻与思考》（未刊稿）。

回归”，即对流失他国的中华古籍依据有关国际公约合法追索、通过拍卖市场抢救回购、制定政策鼓励捐赠回流、馆际间合作与文献互换等手段，将古籍文献的原生实物进行回归的形式。如1997年上海市政府斥资450万美元从美国抢救回购了翁同龢的全部藏书。但限于目前的国际环境以及多年海外中华古籍原生性回归的司法实践，这项工作难度很大，收效甚微。二是“再生性回归”，即指原文献实物难以实现“原生性回归”，而通过复制、缩微、影印等形式的回归策略，也是目前通常采用的办法。但这仍然不是最为理想的方法。三是“数字化回归”，这是我国“中华古籍保护计划”的重要内容，其开发模式主要表现于国际合作典藏机构之间的共建共享，这是中华古籍数字化回归的又一种重要形式，也是一种更切合实际、收效更明显的方式。

例如，上世纪90年代，日本东京大学东洋文化研究所开始建立古籍目录数据库，2002年开始建立古籍全文影像数据库。2009年11月，中国国家图书馆与东京大学东洋文化研究所签署合作意向书后，后者将所藏4000余种汉籍，包括收藏在东洋文化研究所和一些专藏文库中的珍贵宋、元、明、清善本，以数字化方式无偿提供给中国，由中国国家图书馆负责数据维护和发布。目前，读者已可在数据库中按照题名、责任者、内容分类、出版项等要素进行模糊检索。

目前亟待解决的问题是，由于已流散海外的中国典籍文献资源分布广泛，格式多样，情况复杂，因而要在认真摸清其流布地点、数量、质量等信息的基础上，有针对性地制定数字化回归计划，并视情视时成立国家层面的协作机构，以便协调一致开展此项工作。鉴于全世界47个国家、200多家博物馆中现有中国文物160多万件的实际情况，2015年，国家文物主管部门领导明确表示：过去“一提到海外的中国文物，大家第一印象就是（因）被盗被掠而流失。其实，历史上很多海外的中国文物是通过正常的贸易渠道、文化交流等方式出境的。”我们“了解海外藏中国文物目的不在追索，而是为了更好地进行学术研究和文化交流。”[①] 这无疑显示了一个古老民族和现代化大国的胸怀气度，同时也为海内外如何看待处理这一问题提供了一种新思路和明确信号。

由于各地所建方志馆往往具有收藏、收购、交换、展示等多种功能，也具备一定的经费、场所等条件保障，无疑是接纳方志“回家”的现实平台。例如，新建深圳方志馆就明确提出：要充分发挥临近港、澳、台优势，力争建成我国最具影响力、最具活力兼具开放性的方志馆，建成“中外地方史志交流中心”。特别随着总投资逾亿元、总面积逾万平方米的国家方志馆的投入使用，全国方志界可以此为龙头，并借助全国古籍整理与出版规划领导小组等国家有关部门的支持，同时集聚各地方志馆的力量，以收购、复制、交换等各种方式，甚至可进一步解放思想，本着“不求所有，但求所在”的理念，以学术交流、展览展示等方式，让流失在外的方志早日“回家”。从这个意义上说，让方志“走出去”和“传回来”同等重要，它们同样是传承弘扬民族文化题中的应有之义。

第二节　当代公共文化场馆发展对新型方志馆建设的借鉴价值

在中国历史上，一方面，真正意义上的方志馆凤毛麟角，已有的也大多附着于其他史志机构。另一方面，方志馆在发展过程中，普遍参考借鉴了图书馆、档案馆、博物馆等其他有关场馆的建设和管理经验。本书上一章曾对档案馆、博物馆等有关场馆对方志馆建设的历史贡献作过介绍，这里，主要介绍分析这些公共性文化场馆在新形势下的建设和管理经验。

---

① 李韵：《全面展示海外藏中国文物》，《光明日报》，2015年3月31日第6版。

近年来，随着文化强国战略的逐步实施，国家对文化建设高度重视，广大人民群众的文化需求与日俱增，全国各地各种类型的图书馆、档案馆、博物馆、展览馆等公共文化设施星罗棋布，建设方兴未艾。据国家统计局统计，到2014年末，全国共有公共图书馆3110个，博物馆2760个，档案馆4246个，它们对丰富人民群众的文化生活和弘扬民族文化具有重大的推动作用，同样为当代新型方志馆建设提供了有益的借鉴参考。

一、当代公共文化场馆发展现状及趋势

（一）日益注重多种功能的融合共享和多家单位的合作发展

1. 由一种方式单独运行逐步转向多种方式的交叉融合

近年来，各种现代化手段的加速发展，使得人们的视野日益拓展，开始注重场馆多种功能的融合共享，以最大限度发挥其综合效益。

例如，目前国内外图书馆业日益注重“复合图书馆”概念的倡导和建设实践。所谓“复合图书馆”系1996年，由英国图书馆学家苏顿（S.Sutton）首倡。他按连续发展过程，将图书馆划分为传统图书馆、自动化图书馆、复合图书馆、数字图书馆等类型。并认为“图书馆已经或必定要沿着这一序列，从作为一个场所的图书馆向作为一个逻辑存在的图书馆演进。”在他看来，复合图书馆是传统图书馆与自动化图书馆的复合，是传统图书馆到数字图书馆之间的过渡图书馆。国内学者据此将“复合图书馆”定义为：“复合图书馆是在一个机构框架下，以传统图书馆为基础，实现传统图书馆与数字图书馆共存互补并有机结合于一体，是实体加虚拟，围绕信息存储的物理场所和信息空间；它应用信息技术、数字技术、网络技术与传统技术，根据版权法的规定，对印刷型、电子型和网络信息资源进行收集、组织、转化、管理，实现一体存取，为信息用户提供馆内服务和不受时空限制的网络服务。”[①] 显然，这种

---

① 黄宗忠：《论图书馆的新模式——复合图书馆》，《图书情报知识》，2002年第3期。

复合模式既继承了传统图书馆的优势，又是对传统形式的提高、创新与完善，从而与时俱进地适应了当代社会现代化的发展趋势和社会需求。

同样，上世纪 40 年代国际博物馆协会成立时，尽管对博物馆的职能认识各不相同，但“收藏”和“开放”两项职能却是各方基本的共识。时隔 30 年后的 1974 年，国际博协又将“博物馆”重新定义为：“博物馆是一个不追求盈利，为社会和社会发展服务的公开的永久性机构，为研究、教育和欣赏的目的，对人类和人类环境见证物进行搜集、保存、研究、传播和展览。”在保留传统职能的同时，关键增加了服务社会的宗旨和不盈利的经济理念。显然，这不仅是博物馆职能的简单增加，更是其建设理念的升华，而且这一定义一直延续影响至今。

2．由一家单位封闭运行逐步转向多家单位合作共行

随着时代发展和社会进步，人们开始打破单一封闭运行的传统方式，逐步转向多种方式的交叉融合。目前，欧美一些国家日益注重图书馆、博物馆、档案馆等文化场馆的馆际合作。无论档案馆还是博物馆，都要求像图书馆那样提供信息和娱乐服务，它们不再是单纯的保管与展览的场所，而正在朝着让利用者可以直接存取到它们独一无二的神圣资料的保管库方向发展。如英国便专门设立了博物馆、图书馆和档案馆理事会（Museums，Library and Archives Council，简称 MLA），统筹管理三馆的资源和经费运用，让三馆为越来越多的英国公民提供高质量的实践活动，以丰富公民的生活。[①] 为达到这一目的，有的国家还采取了有效举措加以推进。如 2007 年，美国设立了一个名为“Advancing knowledge: the IMLS/NEH digital partnership”的基金。该基金申请条件要求图书馆、博物馆、档案馆中任何一个馆必须是项目组的核心成员，同时，其主题必须与人文科学相关（而不是科学技术），项目本身要成为三馆与人文

① 郑燃、李晶：《我国图书馆、档案馆与博物馆数字资源整合研究进展》，中国人民大学复印报刊资料“情报资料工作”，2012 年第 3 期。

科学相关机构合作的典范。如符合上述要求，每个项目可获 5 万至 35 万美元不等的资助。① 上述各种发展趋势启示我们：目前，按传统思路和形式，以纸质志书为主要形式的方志馆，其外在形式和内部功能，已与图书馆、博物馆、档案馆等场馆越来越趋同，有的甚至完全可实现资源共享。

（二）日益注重运用现代化手段提高工作水平

1．通过运用现代化手段不断提高工作水平

当今时代，图书馆等传统文化场所已不再仅仅是一个实体存在的物理空间，依靠“智慧城市”等全新理念和物联网、云计算、大数据等现代化手段，其服务领域正不断拓展，形式日趋完善。

如北京中易电子公司承担的国家图书馆古代“地方志”全文数字化（一期）工程，总数约 330 万页，每页平均 500 字，共计约 16.5 亿字，是当时我国也是国际上中文全文数字化信息处理难度最大、工程量最大的系统工程。志书的数字化成果既可使大量束之高阁的珍稀文献与社会见面，使当代读者足不出户，通过现代化手段便能实现资源共享；又可使地方志这种中华民族独有的传统文化形式以安全便捷的方式生存延续。杭州图书馆则通过“三网融合”方式，即居民“待在家里，用手机就能预约借书；打开电视，动动遥控器就能看大量的数字杂志……网络、电视、手机三网融合，尽可能覆盖各层次市民，让人人都能享受到数字图书馆的服务。”② 这是一种被专家视为国内业界目前还少有的“泛在图书馆”的创新模式。

同样，当今中国博物馆业界以“数字化”为标志的信息化建设发展迅速，成效显著，主要包括两个方面：一方面是利用计算机通讯技术，

---

① 参见李农：《欧美图书馆、博物馆、档案馆馆际合作趋势》，《图书馆杂志》，2008 年第 8 期。

② 余加新：《在杭州，图书馆的存在，到底是为了什么?》，《杭州日报》，2015 年 2 月 27 日第 11 版。

在文物信息的收集整理、加工研究及开放展示等方面，不断加大信息化建设力度，以求建立不同于以往具有更高技术水准的藏品管理信息系统、观众自动导览系统、安全监控系统、楼宇自控系统等现代化管理体系；另一方面是依托计算机和网络系统建立“虚拟博物馆”，如上海中华艺术宫数字博物馆在国内最早向观众提供了全场景虚拟浏览服务，该馆可将参观路线与微信无缝连接，观众可以循着微信的参观路线实现在宫内的模拟参观。从而大大突破了传统博物馆在空间和时间上的局限，也大大为公众提供了便利。

2. 通过运用高科技技术不断吸引公众参与互动

现代化手段无疑是吸引公众参与互动的重要条件。例如，经过近30年发展，仅从观众导览方式看，中国博物馆界便实现了由人工讲解到语音导览，再到手机应用自助导览，直至二维码和微信语音导览等现代化手段，从而使观众即便远隔千山万水，也可通过互联网进入博物馆参观。同样，基于高技术所建立的三维虚拟展厅，也为观众提供了自主便捷的导览手段和全新刺激的观展体验，观众只要上网拖动鼠标，就可把所要观看的内容尽收眼底，其形象生动程度如同身临其境。

上海图书馆近年来则倾力打造“历史文献统一检索平台”，现已成为国内图书馆界最大规模的馆藏文献全文数据库。其创立的“无障碍数字图书馆”则是国内首个提供无障碍阅读、在线听书的数字图书馆，消除了残障人士和老年人的信息鸿沟，从而建起了一座“无边界的图书馆”。

又如，耗资3.5亿美元改扩建的美国克利夫兰艺术博物馆，充分利用高科技技术，在一楼展厅安放了一座大规模可互动的多点触控屏，它其实是一座长达12.2米的互动墙，墙里“藏”着4000多件包括本馆3000件藏品在内的艺术品。观众只要点击触摸某一张图片时，该图像就会立刻放大，而且与此相关的其他藏品图片也会自动显现在它的周围。观众便可从屏幕上了解这件展品在博物馆的实际位置，并据此按图索骥确定观展线路，也可通过自带或向博物馆租借的 ipad，把图像传上来独自欣赏，甚至还可为这条线路取一个有趣的题目，让其他网友观众通过网络连接并一同参观。同样，纽约现代艺术博物馆的 App，其最大亮点是除了附带各种语言语音服务，还能分享藏品并编辑相关感想发送到社交网络，从而为公众在社交网络上构建了一个个话题热点，使博物馆通过现代化交互手段更好地融入公众生活。

3. 通过构建远程服务网络不断打造现代服务体系

如早在 2003 年，杭州市图书馆便对全市所辖 7 个县（市、区）的图书馆实行“一卡通”联网服务，这是公共图书馆第一次实现跨区域共建共享服务，也是国内图书馆业第一次实现城乡区域一体化联动服务。该馆还在此基础上，逐步建立了面向全杭州所有县（市、区）的“中心馆——总分馆体系”，即以杭州图书馆为中心馆，所属县（市、区）馆为总馆，乡镇街道馆为分馆，村和社区馆为亚分馆，从而真正实现了城乡公共图书服务体系的全流通、全覆盖。①

同样，进入新世纪以来，浙江嘉兴市注重以“政府主导、统筹规划、多级投入、集中管理、资源共享、服务创新”为主要措施，努力构建多层次、全覆盖、开放式、网络化的“总分馆”式现代化公共图书馆服务体系。全市从市到县（市、区）直至乡镇，建立了多级联网、资源共享的全覆盖服务网络。这种公共服务均等化的服务理念和运行模式，最大限度地解决了按行政级别配置资源所带来的城乡差距等矛盾，使城乡各类读者都能享受到同等服务，也使公共文化资源发挥了最大效益。

经文化部的大力倡导，上述模式已在全国各地逐步得到推广。如 2006 年开始实施的《国家“十一五”时期文化发展规划纲要》中，就对各级公共图书馆明确提出建立“总—分馆制”，要求发挥县（市）图

① 叶辉：《褚树青：书香溢处，人间天堂》，《光明日报》，2012 年 5 月 10 日第 13 版。

书馆的“中心图书馆功能”，逐步建立起统一采购、统一编目的图书配送体系，充分发挥它们对乡镇、村图书馆（室）的辐射作用，通过资源共享，实现县级公共图书馆对整个区域人口的全面覆盖。

更值得关注的是：有关业界的目光现已不仅仅满足于运用“数字”“虚拟”等新技术，其视野和理念更为开放创新。例如，我国博物馆界权威人士认为，尽管数字博物馆、网上虚拟博物馆等新兴业态与传统博物馆相比具有显著优势，但它无形中在不同程度上又陷入了技术主导的新误区，导致声光电技术在博物馆的滥用，秀技术的现象非常普遍，前者流于单向信息传递模式，导致观众参观感受与实体博物馆存在巨大差异，后者也只是将实体博物馆搬到网上，信息量并未进一步扩大，等等。于是博物馆业界开始提出“智慧博物馆”的新概念，即以博物馆核心业务为主导，实施“以人为中心”的信息传递模式，提供“物、人、数据”三者之间的双向多元信息交互通道。博物馆中的人（包括现场观众和线上观众等）、物（包括藏品、各类设备设施、库房、展厅等）的信息可动态感知，并通过网络汇集，借助物联网和云计算技术，建立“物——人”“物——数据”“人——数据”之间的信息交互和远程控制，同时结合云计算和大数据技术，从而实现对博物馆服务、保护和管理的智能化自适应控制和优化。这种模式淡化了实体博物馆相互之间以及实体博物馆与数字博物馆之间的界限，形成了以博物馆业务需求为核心，以不断创新的技术手段为支撑，线上线下相结合的新型博物馆发展模式。[①] 这显然是一种更为与时俱进的创新理念和发展举措。

由于方志界所要建设的当代新型方志馆与以往以纸质志书为主要形式的传统方志馆不同，现代化手段将占有相当的比重，因而上述经验对当代新型方志馆的建设无疑具有积极的借鉴意义。

---

① 参见李韵：《博物馆也得是智慧的》，《光明日报》，2014 年 10 月 18 日第 9 版。

（三）日益注重以人为本、和谐开放的发展理念

1. 用以人为本的理念营造环境

例如，继1974年世界博物馆学会提出博物馆是不追求盈利而为社会发展提供永久性服务的公益机构之后，上世纪80年代初，世界博物馆学会主席鹤田总一郎更进一步指出："以往博物馆的学术研究太重视物了……博物馆学本应是研究人对物的研究，现在倒过来了，把物的研究放在前面，我们应该再倒过来，研究人如何利用物。"并强调"21世纪的博物馆学主要是这个问题。"[①] 在2015年中国颁布的《博物馆条例》中，把原2008年征求意见稿中博物馆三大目的即"研究、教育和欣赏"，调整为"教育、研究和欣赏"，这是最为明显的一种理念变化。

又如，与以往图书馆建筑以藏书为中心根本不同，现代图书馆同样十分强调"以人为本"的建设发展理念，具体又表现为两个方面：

一方面，在发展的根本理念上，以往图书馆往往注重的是如何通过阅读来培养公众单一的"文化素养"，而现在"传统意义上的文化素养恐已过时，正进入一个'后素养（post - literacy）时代'。所谓'后素养'，指的是包含信息、数字、技术等在内的多元素养。多年来，公共图书馆一直把提升'阅读素养'作为一项重要使命。若以'后素养'视角检视之，传统图书馆已面临变革性挑战。"即当今图书馆关注的不仅仅是读者的"文化素养"，而是正着力打造和逐步形成由文化素养、信息素养和职业素养共同组成的"3L"体系。以职业素养为例，据《美国2013年图书馆现状》报告披露：目前美国有四分之三的公共图书馆向普通读者提供包括指导填写求职申请、寻找求职信息和提供服务软件等在内的多种服务，90%以上的图书馆已面向读者开展了各种形式的技术培训。这显然是对传统图书馆办馆模式的根本变革。这种核心理念在

① 王宏钧主编：《中国博物馆学基础》，上海古籍出版社，2001年，第7页。

2013年《国际图联关于图书馆与发展的宣言》中得到集中体现：图书馆尤其是公共图书馆的重心，将逐渐从阅读向包括阅读在内的更广泛的素养转移，而且更加突出信息素养和技术素养对于现代人的重要性。[①]

另一方面，在如何以更为先进的理念营造环境上，当今的图书馆十分注重功能、布局设施及内外环境的营造，力求时时体现以为人为中心，处处给读者以亲切和关怀，以方便读者利用文献信息和进行交流活动，从而为读者提供舒适、优美的环境。如在服务与管理上以全开架形式形成“人在书中、书在人旁”、文献信息应用自如的布局，且检索便利快捷、网络电子资源随手可得，咨询服务随处可求。于2008年11月开始实施的国家《公共图书馆建设标准》明确要求，各级公共图书馆的藏书区、阅览区面积之和占60%—55%，如果再加上咨询服务区、公共活动与辅助服务区，主要供读者使用的面积最低达到80%，充分体现了以人为本的建设理念。

不仅如此，不少文化场馆还把人文关怀向所有人群特别是社会弱势群体延伸，如从2003年杭州图书馆向社会免费开放起，该馆就真正敞开大门，甚至连乞丐都允许入内阅览。杭州图书馆馆长褚树青的理念是：“我无权拒绝他们（乞丐等读者）入内，但您（其他读者）有权选择离开。”应当说，这既是人本理念的自然回归，同时也是社会进步的标志。

正如原国家图书馆馆长周和平所言：“今天的图书馆早已不是传统意义上单一的文献借阅场所，它正在日益成为一个城市重要的开放公共空间，既为城市传承历史、延续文明、拓展未来提供了重要的资源基础，更为人们提供了一个日常交流和文化休闲的场所，一个提高学习能

① 参见吴建中：《城市图书馆的挑战、创新与未来》，《解放日报》，2014年3月8日。

力与创新能力的场所。”①

2．用开发开放的举措赢得社会

现代文化场馆越来越注重向全体社会公众敞开大门，并纷纷以多种举措和真诚服务赢得社会。例如，传统意义上，博物馆较为强调收藏保管与科学研究功能，但随着博物馆教育功能的进一步加强和休闲娱乐功能的确立，博物馆已经成为公众获取知识和假日休闲的重要公共场所。1990年博物馆学家韦尔就指出：“博物馆首先应该重视的是博物馆与观众之间的联系，而不是博物馆中的展品。”贝聿铭也曾指出：“当代的博物馆已远远超越了‘艺术宝库’的范畴，而成为一种公众聚集的场所……对公众交流的关注成为现代博物馆发展一个重要趋势。”② 这一点，仅从近年来“国际博物馆日”所确定的主题便可感知其深刻变化：“处于变革世界中的博物馆：新挑战、新启示”（2012），“博物馆（记忆+创造力=社会变革）（2013）”，“博物馆藏品架起沟通的桥梁（2014）”。正如国际博协对2014年主题所做的解释：“博物馆是一种鲜活的机构，能够在世界范围内为不同观众、不同时代和不同文化架起沟通的桥梁……各种变革促使博物馆去重新审视其传统使命，去寻找新的策略让藏品更加贴近观众……。”也正如中国博物馆协会理事长、国际博物馆协会中国国家委员会主席宋新潮所言：“今天的博物馆必须成为所在地区社会发展和进步的动力，必须反映当前社会所关注的问题，至少做到应有的敏感，使自己成为呼吁为社会进步而采取行动的渠道，成为社区和大众文化体系的有机组成部分，把博物馆的服务延展到所有人群。”③

如设于国家图书馆的国家典籍博物馆于2014年8月开馆，公开展

① 周和平：《数字图书馆的建设与发展》，《文汇报》，2012年7月30日D版。

② 蒋玲主编：《博物馆建筑设计》，中国建筑工业出版社，2009年，第4页，第19页。

③ 宋新潮：《博物馆如何把故事讲得更精彩》，《光明日报》，2012年5月19日第12版。

出了包括善本古籍、舆图、名家手稿和中国古代典籍简史等九个部分共800多件馆藏珍品典籍，包括仅残存29行、465字的国家图书馆“镇馆之宝”——司马光《资治通鉴》手稿。正如该馆管理者在接受媒体采访时所言：“博物馆的传统功能基本是收藏、保护、展示、研究，有一个时期，博物馆面临门前冷落鞍马稀的窘境，很多文物养在深闺无人识，博物馆的生存非常艰难。”因此“博物馆不在于它拥有什么，而在于它以其有用的资源做了什么”。[①]

又如，中外历史上的档案机构，历来具有很强的附属性、世袭性和封闭性等特点。即因其机构向来依附于拥有者，且世代相传，因而服务范围、对象较为狭窄，轻易也不向社会、公众开放。一直到上世纪末，我国还几乎没有公共档案馆的概念，“重藏轻用”也历来是这一行业的显著特点。而今，这一状况也开始得以明显改观。如2002年国务院《政府工作报告》中，首次明确将档案馆列入“公共文化设施”，各地各类档案馆也逐步开始不同程度地向社会开放。

在对社会、公众开放方面，博物馆、图书馆业步伐更快，成效更明显。如早在2003年5月18日，即当年的“国际博物馆日”，杭州西湖周边的中国茶叶博物馆、南宋官窑博物馆、杭州历史博物馆、章太炎纪念馆、苏东坡纪念馆，加上之前已经免费开放的于谦祠、俞曲园纪念馆、林风眠故居纪念馆、浙江辛亥革命纪念馆等，均已宣布免费对社会开放；2004年，浙江图书馆在国家、省级公共图书馆中率先免费开放，并在全国率先开通网络图书馆，构建城乡一体化的公共图书馆系统“一卡通”工程。2008年9月，杭州图书馆新馆又成为国内第一家实现免证、免押金、免服务费的图书馆。2011年11月，新建成的浙江美术馆又在全国省级美术馆中开了免费开放的先河。文化部、财政部顺势而为，要求2011年底之前，国家级、省级美术馆全部向公众免费开放，

① 杜羽：《到国图，逛典籍博物馆》，《光明日报》，2014年8月2日第1版。

全国所有公共图书馆、文化馆（站）实现无障碍、零门槛进入，公共空间设施场地全部免费开放，所提供的基本服务项目全部免费。从而带动了全国约2000家博物馆等公共文化场所向社会的免费开放。

2015年3月，在国务院公布的《博物馆条例》中，特别强调“博物馆应当自取得登记证书之日起6个月内向公众开放，并向公众公告具体开放时间；在国家法定节假日和学校寒暑假期间，博物馆应当开放；国家鼓励博物馆向公众免费开放。县级以上人民政府应当对向公众免费开放的博物馆给予必要的经费支持；博物馆未实行免费开放的，应当对未成年人、成年学生、教师、老年人、残疾人和军人等实行免费或者其他优惠。”从而在国家行政法规层面进一步作了明确规定。

近年来，各类公共文化场馆为公众服务的“奇招”频出，有的以前甚至难以想象。例如，位于呼和浩特市的内蒙古图书馆，推出了一种“我阅读，你买单，我的图书馆，我做主”的名为“彩云服务”的新型服务模式，即由读者根据自己的阅读爱好和需求，利用图书馆发放的借书证，即可在新华书店买书，而由图书馆付费，读者只需到期还书即可。这种针对读者需求日趋呈现个性化、多元化、随机化趋势而改进的服务，把处于传统末端的读者一下提到了最前沿，使其成为图书购买的决策者，从而大大提高了图书的利用率，也颠覆了国际图书馆百年服务的传统模式，被专家誉为世界图书馆界的奇迹。①

从性质定位看，以特定区域历史文化发展介绍和地情展示为主要内容的当代新型方志馆，同样需要注重各种资源的互补整合，以最大限度提高效率效益；同样需要运用各种丰富生动的现代化手段来宣传传统文化和地情资源，以不断适应当代社会日新月异的发展变化；同样需要以全新理念来贴近社会，服务大众，以改变以存放纸质志书为主要形式的传统形象，使其更好地为当代社会发展服务。从这些角度看，上述文化

① 张贺：《你看书，我买单》，《人民日报》，2015年2月5日第19版。

场馆在新形势下的发展经验无疑值得参考借鉴。

二、从主要公共文化场馆与方志馆的不同特点看当代新型方志馆的定位

前已述及，中国的方志馆并非古已有之，而是从其他有关文化场馆逐步分离和发展演变而来。因此，从功能形式上看，图书馆、博物馆、档案馆等文化场馆无疑与方志馆特别是以存放纸质志书为主要形式的传统方志馆有着不同程度的联系。但由于各自性质、功能和定位不同，目前各类公益性文化场馆都只能从某一独特角度，运用某一种特定手段，展示某一领域的成果成就，并相应体现某一方面的文化和社会功能。由于目前很多地方几乎没有一个系统全面展示综合地情的场所，现有场馆也无法替代，这就很有必要建设一个能集中展示各地历史文化特别是新中国成立后和改革开放以来发展变化的综合性场馆，以弥补其他场馆的空缺和不足。下面将从这一角度，分析图书馆、博物馆、档案馆等场馆与方志馆的不同之处，以此确定方志馆特别是新型方志馆的独特功能和建设定位。

（一）从图书馆的功能定位和运行方式看与当代新型方志馆的不同

1. 从功能定位看两者不同

不同类型的图书馆具有不同的功能，从而也决定了它与方志馆的关系密切程度。

在中国历史上，古代藏书场所一般分为皇家藏书、书院藏书、寺庙藏书和私人藏书等四种类型，其功能特别是对社会开放服务的程度显然各不相同。一般来说，历史距今越是久远的藏书场所，其对社会的开放服务程度越低，有的与近现代开始出现特别是发展到今天的图书馆相比，甚至有天壤之别。如宁波天一阁，以“代不分书，书不出阁”为遗训，历代曾分别制定了连创办者范氏本族家人也不得随便开门入阁、不准擅领亲朋好友入阁及留宿阁内、不准擅自将藏书借出外房及他姓者、甚至不准妇女登阁等种种“清规戒律”，并制定了相应的惩戒办法，其控制管理之严可见一斑。即便到了藏书事业鼎盛期的清代，即便有著名的“北四阁”（承德文津阁、北京文渊阁和文源阁、沈阳文溯阁）、“南三阁”（镇江文宗阁、扬州文汇阁、杭州文澜阁）等多家规模庞大的皇家四库七阁藏书机构，有号称晚清四大私家藏书楼的聊城海源楼、常熟铁琴铜剑楼、湖州皕宋楼和杭州八千卷楼及社会三千藏家，即便这些藏书机构藏有大量各地志书等历史文献，但其封闭保守的特征并未得到根本改观，这是由当时的历史环境和社会条件所决定的。一直到近代社会，伴随着新型图书馆的出现，这种局面才开始发生重大变化。

进入近现代后，图书馆分类定位日渐分明：如以面向社会公众开放服务的图书馆，目前中国从国家到省、市、县各级行政区域，一般均设有这类公共图书馆；以专门收藏特定学科或专业文献资料，为特定读者群服务同时适当兼顾其他读者的图书馆，如各类科研院所图书馆、少儿图书馆等便属此类；按教育层次、类型和相应服务对象不同，在中小学一直到各类高等院校所设置的学校图书馆，等等。从以上分类来看，以人文社会科学书籍为主要内容、以全体社会大众为主要服务对象的公共图书馆，无疑与存放纸质志书为主要形式的传统方志馆具有最为密切的联系。如从藏书方式上看，目前很多公共图书馆都建有特藏书库，存有数量不等的地方志书、年鉴和其他有关历史文献。如中国国家图书馆，收藏有1949年以前的方志文献资料6300余种，12万余册，居海内外收藏之首；1949年中华人民共和国成立后各地新修的地方志有7000多种，1.7万余册。国家图书馆还于1993年建成并对外开放了“地方志和家谱文献中心”，利用其所藏方志和历史文献，先后编纂了《中国新方志人物志传记资料汇编》《中国新方志人物志传记资料索引》《中国古代地方志人物传记资料汇编》《中国地方志专业论文目录索引》等等大量十分有价值的方志文献，编制建立了《中国现代地方志及方志学书目数据库》，便于读者利用现代化手段检索、查询。

但从功能设计看，图书馆与方志馆仍有不同。图书馆的性质定位决定了它将把大量的面积主要用于藏书、读者阅览等用途。如按2008年11月起施行的国家《公共图书馆建设标准》规定：一座大型1级公共图书馆，按人均拥有藏书0.6册、千人拥有阅览座席数0.6个—0.4个、千人拥有面积10平方米—9平方米和服务人口200万—400万测算，总建筑面积约为20000平方米—36000平方米，总藏书量为120万—240万册，总阅览座席数为1200个—1600个。其中对藏书书库、读者阅览区等主要功能区又有各自不同的详细要求，如要求各级公共图书馆的藏书区、阅览区面积之和约占60%—55%。也就是说，图书馆的主要面积一是用于藏书，二是通过设置各种不同用途的阅览室以最大限度服务公众，这是由图书馆的性质所决定的。

而新型方志馆虽然也大量存放和展示纸质志书，但其地情馆的性质决定了它将更注重运用现代化手段，向社会介绍特定区域的历史演变过程，展示经济社会发展现状。这样，其主要功能并不仅限于藏书和读者查阅，甚至主要也不用于各级方志机构人员办公（如已建成开放的江苏省方志馆、杭州余杭区方志馆等，都实行了方志馆与方志办机构“馆”“办”分离的模式，即方志馆专注于文献收藏和成果展示等功能），而是通过大量的文字数据、图像并辅以适量的实物（如志书文献等），向公众展示当地历史文化等地情和现当代发展成就，这与图书馆显然是两种不同的功能定位。

2．从运行方式看两者不同

方志馆是向广大公众展示并供读者查询借阅方志文献的场所。但事实上在方志馆尚未普及的情况下，各地不少公共图书馆不同程度承担了方志馆的职能，有的在发展十分困难的历史过程中仍坚守了这份责任。目前不少公共图书馆，都把地方志的收藏、开发和服务作为自身运行的重要内容，很多图书馆都建有地方志家谱阅览室、地情资料阅览室和古籍善本阅览室等场所，并向广大读者提供查询、借阅甚至缩微阅览、复制等多种形式的服务。

尽管现代图书馆日益呈现纸质型实体与数字化虚拟相融合的“复合”发展趋势，“那种收藏传统印刷型文献的图书馆似乎已经过时了，有人甚至预测它将逐渐地消亡。然而事实并非如此，虚拟的图书馆并不能完全代替实体的图书馆。”① 因此，以存放大量纸质图书为主的传统图书馆形式仍将长期存在并持续发展。而且就方志本身而言，同样是在图书馆阅览，同样是纸质媒介，作为一种特殊的文献形式，志书往往卷帙浩繁，博大精深，其历史感、厚重度更适合现场阅读，更适合亲身感受。这种体验和收获又是一般“文化纸质快餐”所不具有也难以做到的。

由此可见，传统形式上的图书馆与传统意义上的方志馆形式上更为接近，也完全可实现资源整合，形式融合，即很多公共图书馆从形式和内容上都可替代或兼容方志馆。当然，建设时如果真要实现两者合并，仍要在规划设计时对各自加以适当分工，使其有分有合，既要实现资源的合理配置、共建共享，又要充分兼顾两者的不同特点，最大限度显现各自不同的价值功能，而不是简单地一并了之，这是需要注意和妥善处理好的一个重要问题。

但是，本书始终要确立的一个理念是：当代新型方志馆既不同于传统形式的方志馆，也不同于传统形式的图书馆，而是既注重志书等文献成果收藏展示、更注重当代建设发展成就展览的新型场馆。从运行形式上看，当代新型方志馆的功能设计应更注重动态：所展示的内容以动态变化为主（不同于图书馆以静态藏书为主），观众（而非读者）以走动参观形式为主（不同于图书馆相对以固定阅读为主要形式），等等，这些都是两者间的重大区别，显然也是传统图书馆无法替代兼容新型方志馆的重要原因。因此，注重两者的资源共享、优势互补，并不意味着前者完全可替代后者。相反，在条件许可的前提下，建设具有自身特色的

① 付瑶主编：《图书馆建筑设计》，中国建筑工业出版社，2007年，第21页。

方志馆，既是对方志文化的弘扬，也是对其他文化样式的有益补充，更是一地文化百花齐放、繁荣发展的重要标志。

（二）从档案馆的本质特征与现行运行机制看与当代新型方志馆的不同[①]

按《中华人民共和国档案法》规定："档案，是指过去和现在的国家机构、社会组织以及个人从事政治、军事、经济、科学、技术、文化、宗教等活动直接形成的对国家和社会有保存价值的各种文字、图表、声像等不同形式的历史记录。"而"各类档案馆，是集中管理档案的文化事业机构，负责接收、收集、整理、保管和提供利用各分管范围内的档案。"与图书馆一样，档案事业与地方志工作历来关系密切，档案馆特别是属于公共文化事业机构的各级各类国家公共档案馆，与存放纸质志书为主的方志馆更有着十分紧密的联系。

众所周知，资治、存史、教化，历来被方志界视为地方志事业的三大主要功能。新中国成立后，社会主义时期的档案馆同样承担着"资治"、"存史"和"文化传承"等重要功能，而且随着时代的发展和社会的进步，这三大功能日益凸现，社会地位作用日益重要。在这个意义上，档案馆和方志馆确有共同之处。具体来说：

首先，"资治"不仅是档案的基本功能，而且是档案现象之源。因为档案和档案管理机构的形成，最初就是出于统治者行政管理的需要。对此前面已作过分析介绍，此处不再详述。

其次，"存史"是社会赋予档案馆的最高使命，是档案馆的根本功能。现代档案馆学认为，档案馆是从总体上为整个社会的延续发展留存历史，其价值主体是社会整体，而非局限于某个机构或个人。西方档案学家为此提出了"社会记忆"（Social memory）这一概念，来形象比喻档

① 参见张照余：《档案馆"资治"、"存史"和"文化传承"功能辩证》，《档案学研究》，2004 年第 5 期。

案馆的“存史”功能和社会价值。而且与其他信息不同的是，作为客观、真实的第一手原始资料，档案文献一旦入库大多要永久保存，不得随意处置。即便人类已进入21世纪，高度信息化、现代化的手段仍不能完全取代原始的档案文献。因为，“社会记忆”是历史形成的，是任何现代化手段所无法复制再造的历史。因此要确保“存史”功能，仍要严格控制文件的生成条件和管理环境，确保生成文件的原始性、可靠性。

第三，“文化传承”是档案教化功能的具体实践。档案文化价值有广义、狭义两种不同理解。广义的档案文化价值是指档案中所凝聚着的人类一切文明成果，是指档案馆通过保存和利用发掘档案文献的各种价值，实现对整个社会文化积累、传递的功能。因此，档案既是文明的积淀和文化的产物，又是文明发展之源、文化传承之母。国外档案学家将其形象称为“文明的银行”，十分深刻地揭示了档案馆的广义文化传承功能。狭义的档案文化价值则与“资治”“存史”功能相并列，专指档案用于文娱休闲、文化教育等活动，它是随社会经济发展而逐步衍生的新的档案利用方式。它以改变以往的“重藏轻用”倾向为目的，以社会用户兴趣为导向，以提高档案文化利用率为突破口，以此扩大档案事业的社会影响和发展动力，促进档案事业的可持续发展。

由此可见，档案馆“资治、存史、文化传承”的三大功能，与地方志工作“资治、存史、教化”的三大功能，从外在形式到内在功能都有相同之处，两者关系十分密切。目前有的地方事实上也实行了档案馆和方志馆两者合一的行政管理体制，从而在合理配置地方历史文献资源的同时，节省了大量公共财政支出，提高了行政和公共服务效率，发挥了综合社会效益。

需要关注的是，1988年开始实施的《中华人民共和国档案法》明文规定：“国家档案馆保管的档案一般应当自形成之日起满三十年向社会开放。经济、科学、技术、文化等类档案向社会开放的期限，可以少于三十年，涉及国家安全或者重大利益以及其他到期不宜开放的档案向社会开放的期限，可以多于三十年，具体期限由国家档案行政管理部门制订，报国务院批准施行。”“机关、团体、企业事业单位和其他组织以及公民根据经济建设、国防建设、教学科研和其他各项工作的需要，可以按照有关规定，利用档案馆未开放档案以及有关机关、团体、企业事业单位和其他组织保存的档案。利用未开放档案的办法，由国家档案行政管理部门和有关主管部门规定。”“属于国家所有的档案，由国家授权的档案馆或者有关机关公布；未经档案馆或者有关机关同意，任何组织和个人无权公布。”尽管1996年《全国人大常委会关于修改〈中华人民共和国档案法〉的决定》中，新增了“档案馆应当定期公布开放档案的目录，并为档案的利用创造条件，简化手续，提供方便。”等条款内容，但从本质特征上看，按“档案法”规定，“集中保存、管理档案”仍是从中央到地方各级公共档案馆的主要职能。而有选择地逐步对公众开放，可以视为是其附属功能和衍生服务。

到目前为止，档案学界仍对国家公共档案馆的性质问题存有异议，远未形成共识。如“有些学者强调：档案馆作为政府必不可少的记忆工具，为政府服务是主要的；有些档案学者则强调，档案馆作为基本的和重要的文化工作，为学术研究服务、为公众服务是主要的。”即使力主档案“文化传承”说的档案界人士对此也仍存有保留态度：“我们必须认识到，狭义的档案文化效用终究只是档案利用的具体形态之一，档案职业的根本使命并不因为利用形态的发展而改变，‘存史’依然是档案职业的根本使命。我们在强调档案文化产用的同时，决不可本末倒置，忽视甚或忘却档案职业的出发点。”“笔者的这种担忧决非多余。因为部分作者……要从‘文化消费’的角度来重新审视传统意义上的档案馆”，“要把传统形态的档案馆‘改造’成适合于‘消费’的需要的场所。……21世纪档案馆应当建成文化的‘休闲超市’。”“这些似是而非的论断，虽然带来了档案文化利用的繁荣，却极可能使整个档案职业迷失

‘为文明保持记忆，为未来留存史实’的根本方向。”①

虽然这是一种档案学界的学术争论，但却真实反映了档案系统在社会转型期的不同心态和实际变化。事实上，就目前看，似乎越是处于基层的公共档案馆，面向普通公众的开放力度越大；而越是处于高端或专业性质较强的档案机构，由于众所周知的种种原因，其开放力度相应也越小，速度也越慢。例如，位于南京的以收藏民国时期档案为主的“中国第二历史档案馆”，现存有约2亿张纸容量的民国时期历史档案。近年来，由于保管技术等方面的原因，这些纸质档案原则上已不再向社会开放，公众如需查阅，只能查阅该馆已经数字化处理的档案。而由于人手紧张等原因，尽管该馆已化了大量人力财力，但到2012年为止也只处理了约1000万页容量的纸质档案，约占馆藏总量的5%，绝大部分珍贵的历史档案仍束之高阁，秘不示人。显然，这样的数字化处理速度和开放幅度远远不能满足当代史志编纂工作的需要。

有意思的是，“国际档案理事会成立后，综合分析了档案界关于这个问题的争论，决定采用‘护门神’的双面头像用为会徽，寓意档案馆性质和作用的双重性于会徽中。”这既说明，档案系统对自身性质的认识定位是一个长期的探索过程，同时也客观地反映了档案事业性质的丰富性和复杂性。② 因此，我们不能过于苛求，不能要求档案馆像公共图书馆、博物馆等场馆那样完全向社会公众开放，也不能要求它来承担当代新型方志馆的主要功能。这其实也从另外一个角度，为独立建设新型方志馆提供了思路和现实可能性。

（三）从博物馆的展示方式和观众差异看与当代新型方志馆的不同

传统博物馆学往往把收藏保管视为博物馆的第一要务。尽管世界上

① 张照余：《档案馆“资治”、“存史”和“文化传承”功能辩证》，《档案学研究》，2004年第5期。

② 参见傅荣校：《关于建国后我国档案学若干问题的评论》《国际档案大会与档案学理论研究》等系列研究成果。

最早的博物馆在欧洲出现时，就宣称面向社会免费开放，但出于为藏品安全着想等原因，博物馆对观众曾有过种种限制，如大英博物馆最初就规定，每小时只能有 10 人进出参观，观众还要经过事先登记、审批等一系列烦琐手续。为此有的参观者等待预约往往要花数月时间，进门前又要花数小时等待。无怪乎有人戏言："进入大英博物馆参观的可能性，比撒旦越过圣彼得的看守进入天堂的可能性还要小。"[①] 这从一个侧面也说明了收藏保管功能在博物馆业发展初期的地位。

当然，随着社会的发展进步，博物馆的传统观念被日益更新，为观众的服务方式也有了很大变化。但是，在外界看来，包括业界自身也认为，有些属于博物馆自身性质的本质特征并未得到根本改变，"相对于快速变化的外在世界，不少博物馆在一定程度上还是沉寂的、迟钝的，有时甚至是冷漠的"。[②] 其实从一定意义上说可能也无须改变。因为博物馆的关键在"物"，以"物博"为主要特征和展览优势。实际上，无论是博物馆一方还是观众一方，其主要注意力往往是在"物"而非在"人"等其他因素上。

在博物馆学专家严建强看来，博物馆的文物和志书等典籍文献都是人类的历史文化遗产，里面也都包含了社会记忆，但两者又有明显的不同，前者以"物"为核心，后者则以"文字"为核心。一方面，志书也是可移动文化遗产的一个重要组成部分，因而有的博物馆也可通过陈列展示志书等方式来行使方志馆的功能。但从博物馆本质来看，文物是通过制造行为本身把情感智慧及理解融入了"物"里，而一般人往往只看到了"物"，而看不到"物"所包含的丰富而又深刻的信息。因而需要把看不见的东西可视化，把观众引入这个社会记忆，让他们能真正理

---

① 洪霞等：《从精英掌控到大众文化空间——19 世纪上半叶大英博物馆的建构与功能转换》，《史学集刊》，2012 年第 3 期。

② 宋新潮：《让古老的收藏讲述鲜活的故事》，《人民日报》，2014 年 5 月 18 日第 12 版。

解，这是博物馆所要做的重要工作。但目前不少博物馆热衷于当“古董的收藏者”而不是“社会记忆的保存者”。另一方面，方志等典籍文献是“有意识的史料”，本身就是保留给后人阅读的，它的符号是“显性”而不是“隐性”的，这是它与博物馆里那些一般只供人们使用的“无意识的制造品”的一个重要区别。正因为方志馆是“有意识”地要将一个特定区域已用文字形式记载下来的文化符号系统地汇总并加以呈现，从这个意义上说，作为“社会记忆的保存者”，它同样或者说更应具有历史传承的使命感。

有的博物馆学专家认为：“知识本质和求知方式的改变深刻地影响了博物馆对物品的展现形式。”“先前的物品展览十分依赖于文字和文本，否则无法说明物品背后的那些复杂而隐秘的相似关系。相比之下，新的物品展览则无须文字说明，只要将同类的物品陈放在一起，关于‘自然’的知识也就展现在人们眼前。”① 其实并非如此。

一方面，博物馆着重向观众介绍的，主要是单个“物”的外形结构、实际功用、历史价值等内容，一般不会、也不必要、事实上又不可能把与此“物”相关的详细历史都告诉参观者。也就是说，在博物馆里，展出的“物”才是主体、主题，其他（如与“物”相关的详细历史知识）都是从属于“物”的内容。正如有专家反复强调的：“如果一个陈列不是靠文物说话而是靠附加的展品说话，那就失去了博物馆的特征，也就失去了陈列的灵魂。”“实现博物馆的价值与社会使命，还是要回到藏品、回到遗产这个问题。离开这个，博物馆就不是博物馆了。”而且“文物载有的历史信息往往不能直接展示出来”，何况“文物本身具有一定的局限性，不是任何历史问题或历史现象都有恰当的文物来表现。”② 再加上其陈列展示方法常常是“物以类聚”而非以“史”串联，

① 徐贲：《全球化、博物馆和民族国家》，《文艺研究》，2005 年第 5 期。

② 王宏钧主编：《中国博物馆学基础》，上海古籍出版社，2001 年，第 249 页。

“物”与“物”之间是相对独立的，因此，“物”与“物”之间的历史联系可能会出现不连贯甚至被无意识割断的现象。这是博物馆与其他场馆的特殊性所在。

另一方面，观众是一个由不同历史知识、文化素养和鉴赏水平组成的复杂群体。但由于博物馆不同于专门学校，其主要功能不是开展历史教育的课堂，而是展示文物的场所。正如博物馆学专家所指出的：“博物馆获得知识的途径与学校教育不同，不是通过教科书获得知识，而是通过实物获得感知。文物不是完整系统的存在，文物不可能组织得像教科书那样具有系统的逻辑。如果一定要使陈列组织得像教科书那样，只有加大辅助展品的分量使之合乎知识逻辑。”而这种“挂在墙上教科书式”的陈列，恰恰是20世纪80年代外国博物馆学界对我国博物馆弊端的共识。[①] 博物馆的这种基本特征有可能给观众带来的影响是：尽管所有观众对同一件“物”的观赏程度是相同的，即只要入馆都能看到同一件文物，但产生的实际效果却大相径庭，所谓“仁者见仁，智者见智”，即在一部分观众乘兴而来、满载而归的同时，可能还有一些观众对参观物未知何物，不知所云，只能产生十分粗浅的了解，更难对“物”背后的历史形成全面、完整的印象，大多是“围着或方或圆的玻璃柜，观众随人流匆匆转一圈，依次将陈设的展品看过去，是什么、叫什么、有什么用途，过目即忘，草草结束——沉默、静止、晦涩，博物馆给人留下的印象和体验多年一成不变。”[②] 这既是由参观者自身的历史知识素养和文化鉴赏水平所决定的，更是由博物馆特殊的展示方式即博物馆的特殊性质所决定的。叶廷芳甚至说过：“一个经常接触现代艺术的出租车司机和一个很少涉猎这一领域的科学院院士，在对同一件现代艺术作品

---

① 苏东海：《什么是博物馆—与业内人员谈博物馆》，《中国国家博物馆馆刊》，2011年第1期。

② 温源等：《博物馆为何门庭冷落?》，《光明日报》，2013年1月31日第16版。

或建筑发表意见的时候，我相信前者的见解可能比后者要在理!”① 从这个意义上说，“新的物品展览则无须文字说明，只要将同类的物品陈放在一起，关于‘自然’的知识也就展现在人们眼前”的说法可能并不适用全体观众。即如果观众缺乏必要的历史知识，“无须文字说明”的知识就很难“展现在人们眼前”。但这恰恰是博物馆的一个本质特征。宋新潮曾指出：“原来我们总想用文物说明历史，毫无疑问这是对的，但很多文物不可能直接说明历史，过多地注重历史方面的价值，可能还会忽视文物在艺术、科学方面的价值。”② 这同样从另一个角度说明了建设当代新型方志馆的重要价值。

2010年，在我国著名的历史文化名城浙江绍兴建市2500年之际，有读者以亲身经历在《中国文物报》发文感叹：“非常遗憾的是，我跑遍绍兴博物馆内的几个展厅，仅仅看到一个临时展览‘大越遗珍’，怎么也寻不到博物馆开馆理应具备的标志——博物馆基本陈列，换句话说，没有一个全面、系统、客观反映绍兴历史文化的陈列。”③ 这个意见相信会令该市有关部门如坐针毡。但换一个角度看，对博物馆“全面、系统、客观”地反映一地地情的要求本身就可能过高，我们同样不能苛求博物馆来承担方志馆串联历史、介绍地情的重要职能，因为“全面、系统、客观”本来就是国务院《地方志工作条例》赋予地方志系统的重要职责。当然，这位读者未必了解这一点，同时这也并不意味着方志界就一定能担此重任，但这番意见却足以给方志界启发，也为方志馆建设留下了独特的空间。

方志馆与上述图书馆、档案馆、博物馆等其他主要文化场馆的异

---

① 叶廷芳：《中外建筑二美说》，《光明日报》，2012年11月30日第13版。

② 徐红梅：《博物馆：激活记忆与创造力——访国际博物馆协会中国国家委员会主席宋新潮》，《人民日报》，2013年5月19日第12版。

③ 徐东波：《千呼万唤不出来的绍兴博物馆基本陈列》，《中国文物报》，2013年8月7日第7版。

同，还可通过以下这张简表来予以表示。

方志馆与有关文化场馆对比情况一览表

表 3

内容	方志馆	图书馆	档案馆	博物馆
基本形式	文献与地情展示	图书报刊阅览出借	档案藏管与借阅	文物展览
开放程度	基本对外开放	基本对外开放	有选择性开放	基本对外开放
公众活动方式	参观与阅读	阅读外借	阅读摘录	参观
外借程度	部分可外借	基本外借	一般不外借	不外借

第三节　历史以来相关研究对当代新型方志馆建设的指导意义

在中国历史上，伴随着方志编修的历史进程，方志馆建设开始为人关注。以清代章学诚的学术创见为标志，相应的理论研究也开始兴起。当然，在相当长一段时间内，较之于志书编修，方志馆研究无论在时间上还是在成果数量形式上都略逊一筹。一直到改革开放后的两轮修志时间，这种情况才发生了根本变化。

一、《州县请立志科议》：章学诚对方志馆建设的理论建树

在中国方志发展史上，浙江绍兴上虞人章学诚（1738—1801）既是方志学的开山鼻祖，同样也是方志馆建设理论的奠基人，这方面的成就集中体现在他的《州县请立志科议》一文中。一般认为这是章学诚于乾隆二十八年至二十九年（1763—1764）间，在写给国子监同窗好友甄松年《答甄秀才论修志第一书》中，从设置志科的必要性到人员职责分工等问题所提出的系统创见，这是他“屡膺志乘之聘，阅历志事多矣”所得出的真知灼见，也是他在理论上对方志机构专门化的重要贡献。

首先，《州县请立志科议》明确提出州县设立“志科”的重要意义。针对当时“一方文献及时不与搜罗，编次不得其法”等普遍存在的问题，文中说：“今天下大计，既始于州县，则史事责成，亦当始于州县

之志。州县有荒陋无稽之志，而无荒陋无稽之令史案牍。志有因人臧否、因人工拙之义例文辞，案牍无因人臧否、因人工拙之义例文辞；盖以登载有一定之法，典守有一定之人，所谓师三代之遗意也。故州县之志，不可取办于一时，平日当于诸典吏中，特立志科，佥典吏之稍明于文法者，以充其选。而且立为成法，俾如法以纪载，略如案牍之有公式焉，则无妄作聪明之弊矣。积数十年之久，则访能文学而通史裁者，笔削以为成书，所谓待其人而后行也。如是又积而又修之，于事不劳，而功效已为文史之儒所不能及，所谓政法亦存三代文章之遗制也。”①

其次，《州县请立志科议》特别强调了资料收集的独特价值。章学诚认为，方志应当比国史翔实完备，但当时方志恰恰普遍存在资料缺漏等弊端，应在制度机制上解决问题。于是提出“六科案牍，约取大略，而录藏副本可也。”具体则要求录副六科案牍、家谱、传状、经史撰著、诗词文笔等等，且力求“水灾不得侵”，“无故不私启”。这样，即使一旦失于水火、蚀于湿蠹或疏于篡窃，也因有副本存在，而使“奸吏不得售其奸”“刁民毋能逞其欲”，从而客观上起到止讼息争、安抚人心直至佐政施治、稳定社会的重要作用。可见，“志科”其实也是为收集资料所建，而这种具有文献档案性质的机构一定意义上也正是后世方志馆、通志馆的雏形。

章学诚画像

第三，章学诚还对“志科”相关职责及志书编纂班子作过分工：“职掌提调，专主决断是非；总裁，专主笔削文辞；报谋者，叙而不议；

① 章学诚著，仓修良编注：《文史通义新编新注》外篇四，浙江古籍出版社，2005年。

参阅者，议而不断。”从而“各不相侵，事有专职。”为使志科设想落到实处，他还提出将志科职能向外延伸，主张在四乡另专设采访一人，聘请“绅士之公正符人望者为之”，具体负责采访、搜集资料之事，并“持公核实”后及时呈报志科“妥藏备用”。

章学诚的“志科”创见和“立为成法”的主张对后世史馆、方志馆等机构建设具有重要的借鉴意义和参考价值。如1940年，后任浙江通志馆馆长的余绍宋便向省政府提出：“自宜略仿清儒章学诚《各县应设志科》之议，先时预为之备。由省政府通令各县，聘请有学识之绅士数人，组织一委员会，专司其事。”① 1953年，钱穆在为朱希祖所著《史馆论议》一书所作的“序”中指出：“因念实斋章氏，有‘方志体同国史之论’，今各县方竞设图书馆博物院，何不因新制，融旧规，别辟一室，专搜罗其本县之典籍器物、著作产造，博及天文地理、气候物宜、建置交通、工艺美术、风俗习尚、信仰禁忌、人物家世、流移迁转、摄影造像、标本图表、测量统计一切皆附……”“一县之志，亦即一县之史也。藏一县之往，可知一县之来。使观者于是乎得所兴瞻，学者于是乎得所研翫，教者有所指陈，作者有所渔猎。而一县之治者议者，亦于是乎而有所参稽依据。聚一县之史迹，使其常存而日富，而成一县之史志，使其常新而毋劳。”② 显然，这是对章学诚《州县请立志科议》思想的系统理解和进一步阐发，甚至可视为以综合地情为主要形式的当代新型方志馆的雏形。

当然，章学诚所设想倡导的“志科”与今天的方志馆仍有较大区别，但各种形式的方志馆之所以能一步一步发展到今天，各时期在研究与实践中事实上都不同程度受这一思想影响，因此，章学诚的开创性贡献毋庸置疑。

---

① 龙游县政协编：《余绍宋》，团结出版社，1989年，第32—33页。

② 钱穆：为朱希祖《史馆论议》所作之序，《朱希祖文集》，中华书局，2012年，第166页。

二、历史以来对史馆等问题的研究及对方志馆建设的借鉴意义

在中国历史上，伴随着方志编纂和方志馆事业的发展，除章学诚外，其他方面对方志馆的相关理论研究也始终在进行中。如明清一统志馆的设立，就为修志者探讨方志理论提供了重要平台。方苞的《与一统志馆诸翰林书》，杨椿的《上一统志馆总裁书》，程廷祚的《修一统志议》等等，都是在一统志馆工作期间，针对一统志编纂遇到的问题而作的理论研究，它们不仅为志书编纂提供了重要的理论指导，而且也在不同程度上为方志馆等史志编纂机构的建设发展提供了有益借鉴。

一直延续到民国时期，特别是上世纪40年代伴随着国史馆等一批史志编纂机构的出现，人们对古代史馆等机构的研究兴趣日益浓厚，金毓黻、傅振伦、朱希祖、柳诒徵等人都作过不同程度的研究，从而进一步推动了方志馆的建设进程。

（一）早期研究及对方志馆建设初期的开创性价值

1. 朱希祖对史馆问题的研究

朱希祖（1879—1944），浙江海盐人，中国著名史学家。早年曾入日本早稻田大学研习历史，并师从章太炎，为“章门五王”之一。1909年回国后，曾先后在浙江两级师范学堂、浙江嘉兴二中、嘉兴中学任教。后又任北京大学、清华大学、辅仁大学、中山大学、中央大学教授，还曾担任中央研究院历史语言研究所研究员、中央研究院历史博物馆筹备处筹备委员会常务委员长、中国史学会主席、《广东通志》编纂委员会委员、国史馆筹备委员会顾问等职。

1932年，朱希祖至广东中山大学，担任《广东通志》编纂委员会委员及广东通志馆纂修，并受编委会所托，起草《新修广东通志略例》、《新修广东通志总目》，他还亲自编纂《广东东林党列传》，以为《广东通志》范例。1939年底国民党召开五届五中全会时，他所提出的《建立总档案库筹设国史馆议》获通过。之后，国史馆筹备委员会得以设立，朱希祖出任总干事，并草拟《国史馆筹备委员会组织大纲》、《国史

馆筹备委员会办事细则》，撰写了多篇有关国史体例问题的文章，全面系统地阐明对国史编纂体例的见解，从而为史馆建设作出了直接贡献，同时也为方志馆发展提供了有益借鉴。他的相关成果主要体现在中华书局2012年出版的《朱希祖文集》之《史馆论议》中。《朱希祖文集》共有两部分重要内容：《中国史学通论》和《史馆论议》。《史馆论议》又分为三个部分：①

——史馆论议卷一（上篇）：包括《建立总档案库筹设国史馆议》《国民政府国史馆筹备委员会组织大纲》《改国史馆为国史院议》《史官名称议》《史阁考》等重要篇章。他提出“欲续历史，不可不设国史馆，欲保存史料，不可不设档案总库。”“今吾国家既将重兴国史，不使中绝，则其史署制度”“宜改称国史馆为国史院，弘其规模，与中央研究院同列，直隶国民政府，扬国华，一民心”等重要观点。并建议“拟时政记、日历、国史统归国史馆撰辑，而国史馆直隶于国民政府，其馆即设于府内，与总档案库相近，而以监察院院长为监修国史。”“平日编纂典章制度，如前代之会要、会典等，以备纂修史志”等等，从而对史馆名称、归属、职能等问题都作了详尽的阐述。

——史馆论议卷二（下篇）：包括《国史事例杂议质疑》序、质疑一、质疑二、质疑三等重要篇章。“质疑一”分别从“改国史馆为国史院”“国史院中辟六馆”“国史院隶行政院”“史官名称”“史官标准法”“史官登庸法”“史官员额”等等不同方面，鉴古论今，据理力争，对前述观点作了进一步论述，并提出详细的设置方案；“质疑二”则从“设起居官”“设实录馆”等方面，广征博引，对当今史馆建设提出了有益的借鉴；“质疑三”则以“论”的形式，对“志”“地理志”“方言志”“艺文志”等问题作了详细阐述，从而也道明了“志”在馆中的重要价值地位。

① 以下均引自《朱希祖文集》之《史馆论议》，中华书局，2012年。

——史馆论议卷三（附录）：包括《广东通志略例》《广东通志总目》和《新修广东通志总目说明书》等重要篇章。这是作者建立在上述理论研究基础之上的修志实践探索和经验总结，其中不乏精辟论述，如“通志之名，媲于通史……肇自远古，迄于当今，是名曰通。”等等。

上述系列论述从不同侧面反映了朱希祖对国史馆等问题的真知灼见，同时也为方志馆建设提供了可资借鉴的重要创见，这一点从前述钱穆为此书所作的“序”中也可得到佐证。

2．金毓黻的相关研究

金毓黻（1887—1962），辽宁辽阳人，中国著名史学家和方志学家。1916年北大毕业后，曾任奉天省中学教师、省议会秘书、辽宁省政府秘书长、教育厅厅长等职。学术上曾任东北大学史地系教授兼文科研究所主任，中央大学史学系教授兼主任、文学院院长、北大文科研究所教授等。他对方志事业的主要贡献在于，曾任奉天通志馆总纂、国史馆纂修等职，主要著作有：《渤海国志长编》《辽海丛书总目提要》《中国史》《东北通史》《中国史学史》等等，为《奉天通志》的编修事业包括奉天通志馆的发展做出过重要贡献。同时，据《朱希祖先生年谱长编》（中华书局2013年11月版）载，金毓黻在任国史馆纂修时，大到国史馆筹备、拟订筹委会大纲，小到史料调查等具体事宜，曾多次与朱希祖进行商议，从而也为国史馆的创建做出了直接贡献。

金毓黻对史志机构的研究主要体现在《中国史学史》等著作中，在此书中，他曾将中国古代史官史馆从汉初一直延续至清代的历史作了系统梳理，详列了“古代史官表”（自“黄帝”至“汉武帝”时期）和“历代史官制度沿革表”（自“周”至“清”时期），并提出系统而独到的创见。

（二）中华人民共和国成立以来的相关研究对方志馆事业发展的借鉴意义

中华人民共和国成立后，对史馆等史志机构的相关研究数量逐步增加，领域不断拓展，水平日益提高。研究认为，在中国历史上，严格意义上的方志馆并非古已有之。一方面，与方志早期“史”“志”同源、“图”“志”合一的特征相吻合，起初并没有单独设立的方志馆，而是与史馆等其他有关机构关系密切，有的本身在体制上就是以“一馆多制”的形式长期存在，如元代依托翰林院、清代依托国史馆等机构修志的现象十分普遍。另外，藏书楼、图书馆、档案馆等其他相关机构场所也不同程度承担了方志馆的职能。因此，研究和分析方志馆的历史沿革特别是研究早期的方志馆，不能不关注和考察中国古代官方史学的发展脉络特别是史馆、藏书楼、图书馆等各类机构的变迁，这是方志馆得以正式设立的重要历史条件。另一方面，自北宋九域图志局始，包括明清两代的一统志馆、方略馆等，特别是自清末始创并一直延续至民国的通志局（馆）等单独设置并具有方志馆意义的场所机构也在逐步发展，日渐成型。早期中国方志馆的发展呈现的正是这样两条既相互联系又各有特征的历史轨迹，这也是学界经长期研究所得出的普遍共识。具体又可分为以下几方面的研究和相应重点：

一是从中国史学史发展的历史环境和条件大背景下所作的宏观分析。在这方面，尹达、瞿林东、谢保成、仓修良等学者均有建树，例如，在瞿林东所撰的《中华文化通志·史学志》“史官制度和修史机构”一章中，在谢保成独著的《中国史学史》和主编的《中国史学史》（三卷）“史官建置与皇家修史”“皇家修史制度化”等章节中，均有详细的综合考察和系统的深度分析，从而从不同侧面为考察方志馆的历史起源和与其他机构从合并到分立的发展过程，提供了重要的参考价值。

二是按研究对象的历史发展顺序所作的分阶段截面式研究，这方面成果有牛润珍的《北齐史馆考辨》；有赵俊的《唐代修史机构辨》、商慧明的《唐初史馆略论》及《中唐史馆探微》、朱清如的《论唐初史馆》、房鑫亮的《唐代史馆建置与馆内外修史实况的考察》、王嘉川的《唐朝官修正史问题论析》、［英］杜希德的《唐代官修史籍考》和许凌云的

《刘知幾评史馆修史》；有许沛藻的《宋代修史制度及其对史学的影响》、宋立民的《宋代史馆沿革考》、何宛英的《金代修史制度与史官特点》、萨兆沩的《元代翰林国史院述要》、商慧明的《明代史馆考述》、谢贵安的《明代史馆探微》；有乔治忠的《清代国史馆考述》、王清政的《清代实录馆考述》、王记录的《清代史馆的人员设置与管理机制》，等等。

三是专就“史馆”这一专题所作的综合性或专题研究，具体有陈其泰的《中国古代设馆修史功过得失略论》、乔治忠的《中国古代官方史学的兴盛与当代史学新机制的完善》、王记录的《百余年来中国古代史馆制度研究述评》、朱桂昌的《历代史官与修史机构》、倪道善的《古代史馆述评》、商慧明的《中国古代官修史书的流弊》，等等。如倪道善的《古代史馆述评》，介绍了古代史馆的设立、沿革及其职掌。史馆虽然有刘知幾所说的种种弊端，但仍有其积极作用，一是可以集中人力、财力和丰富的史料，为修史提供优越的条件，二是开馆修史，能集众家之长，三是有助于纠正前朝史籍中的隐讳不实之词等。该文还指出历代统治者重视史馆修史，一是通过修史借鉴前朝经验，二是证明新王朝的合法地位，三是笼络士人、点缀升平，四是垄断修史、控制褒贬大权。[①] 商慧明则在《史馆制度初探》一文中指出，巨细无遗地征集资料、垄断正史与国史的修撰、规范统一的编纂体裁、完善的官家修史体制，是史馆修史的特点。史馆之所以长期维持不断，是因为统治者和史官都有着异乎寻常的政治热情，试图通过修史来完善天朝大国的形象、提高传统的地位、强化史学政治化。史馆完成了许多私人史家不可能完成的宏大修史任务，但同时也因循守旧、扼杀才智，因而史馆既是中国史学的骄傲，又是中国史学的悲哀。该文还指出宰相监修国史和一切唯上的修史规矩使官修史书流弊重重，集天下之人才，将一个原本丰富多彩的史学天地拖入一种思想、一种笔法、一种模式的沼泽之中，用一种思维规范统领众多史官，

① 倪道善：《古代史馆述评》，《历史教学》，1988年第8期。

是史馆修史的最大流弊。[①] 这些都是很有价值的研究成果。

在上述成果中，值得关注的还有王记录《百余年来中国古代史馆制度研究述评》[②]对此问题所作的综合分析评价。文中指出：上世纪40年代和80年代，是中国古代史馆研究的两个“高发期”。在“总论”中，作者系统介绍了几位学者的综合研究，如傅振伦的《中国历代修史制度考》，利用正史资料考察了中国古代官修史书制度的状况，是第一篇系统论述中国古代史馆修史的文章；刘节的《中国史学史稿》较为系统地考察了自殷商至清代史官制度、史馆制度及官修史书的情况，并对其利弊得失进行了评价；朱桂昌的《历代史官与修史机构》概括了古代史官的起源和职责、从汉至唐私家修史与修史机构的发展、唐代的史馆和官修史书、明清时期的翰林院和史书编纂等情况；陈其泰的《设馆修史与中华文化的传承》从设馆修史的肇始、史馆在北朝的出现及修史成就、唐初史馆制度的确立及其对中华文明的意义等三个方面充分肯定了史馆的意义，特别强调史馆修史在各民族走向统一中所具有的凝聚力量。

《百余年来中国古代史馆制度研究述评》还按历史发展顺序，分别以“魏晋南北朝时期的史官与史馆”“唐代史馆”“宋、辽、金、元史馆”“明、清史馆”为题，对各时期的史馆等史志机构作了概括性介绍分析。并作出结论性分析：“百余年来的史馆研究也在启示我们：其一，史馆制度的研究涉及社会史、制度史、史学史等多个学科，因此论究史馆不能囿于史学层面，也不能囿于制度层面，要兼顾到各个层面的相互影响，把握其真正的内涵。要注意史馆的活泼与弹性，及其因时因人而异的运作与转变。其二，必须将史馆置于整个社会政治、制度、史学以及文献的架构之中进行整体探讨，走出就事论事的窠臼，真正把握史馆修史在政治、文化生活中的作用和意义，探究史馆修史下传统史学的精

① 商慧明：《史馆制度初探》，《华东师范大学学报》，1990年第2期。

② 王记录：《百余年来中国古代史馆制度研究述评》，《殷都学刊》，2007年第2期。

神实质。其三，在前人研究的基础上，充分利用丰富的文献，放宽史馆研究的视野，以史馆为纽结，以史馆修史和社会政治、史学发展的关系为突破口，进行社会、政治、学术文化、史学、文献的综合研究，实属必要。”

除此之外，值得关注的还有历年来对官私藏书场所和图书馆等其他机构的研究。如前所述，与史馆一样，在具有独立形式的方志馆出现以前，自古以来各种形式的藏书楼和图书馆、档案馆等机构场所，因在不同程度上承担了方志馆的职能，同样为方志馆建设做出了贡献，因而这方面的研究对梳理方志馆发展历史和建设实践同样具有重要价值。例如，顾志兴等学者长期以来对中国藏书史包括藏书楼的研究，骆伟的《海源阁与地方志》、江庆柏的《任凤苞与地方志收藏》和张喜梅的《张元济与地方志藏书》等论文，都从不同角度对这一问题作了很有价值的分析介绍。

当然，需要指出的是，历史上的史馆、藏书楼和图书馆等机构场所，与今天严格意义上的方志馆仍有区别，而且上述涉及方志馆的内容也并不多，但从史志相互具有密切关系的历史发展过程看，它仍有助于我们认识中国历史上各类史志机构的总体发展脉络和主要特点，对梳理剖析方志馆从史志合一到史志分离，从多所共存、职能共担再到独立成型的发展沿革，无疑具有重要意义。

三、新时期以来对当代新型方志馆建设的专题研究

（一）研究综述

改革开放以来，由于党和政府的高度重视，同时伴随着自20世纪80年代至今的两轮修志热潮，作为“多业并举”的一个重要组成部分，全国各地方志馆建设方兴未艾，相应对方志馆建设等问题的研究也开始为方志学等相关学界所关注。尽管这些研究尚属初步，数量不多，水平也参差不齐，但它毕竟是对方志馆的专题研究，因而对方志馆的建设具有直接而又重要的指导意义。

——从历史梳理看，有诸葛计的《纠正方志史上一个流行的错误说法》、潘晟的《宋代图经与九域图志：从资料到系统知识》、杨军仕的《明代志局（馆）浅议》、张正吉的《谈地方志资料室和方志馆的发展——读〈州县请立志科议〉一得》、梁滨久的《从章学诚议设志科说起》、周如汉的《地方修志机构浅谈：章学诚〈州县请立志科议〉读后》、张文的《加强志科建设，构建完善的地方志搜集体系——章学诚请立志科的现实启示》、曾荣的《民国通志馆述略》、顾志兴的《沈曾植主持续修〈浙江通志〉与王国维撰写的志稿——浙江通志局课题组研究之一》、董郁奎的《民国初修〈浙江通志〉述评》、徐逸龙的《徐定超和浙江通志局》和《沈曾植与上海修志群体》、林子雄的《广东通志馆与民国〈广东通志〉之编纂》、江贻隆的《漫谈民国时期的安徽通志馆》、王守中的《民国年间河南通志馆始末》、胡道静的《上海通志馆及上海通志稿》、袁燮铭的《上海市通志馆筹备始末》、陈鸿的《上海市通志馆的发展变迁及其运作》、朱敏彦等的《民国时期旧志整理出版探讨——以民国〈上海市通志〉稿为例》、胡训珉的《〈民国上海市通志稿〉整理偶得》、金建陵等的《南社与民国方志建设》、浙江云和县史志研究室的《浙江省通志馆在云和（1943—1945年）》、周安庆的《鲜为人知的南京通志馆》和朱平的《徵献楼与南京通志馆》、綦延辉等的《从“国史馆台湾文献馆”功能的演变谈大陆方志馆延伸功能的发挥》、王云庆的《台湾文献会》、徐鹏的《七十年来海外收藏中国方志研究综述》、巴兆祥的《商务印书馆与近代方志事业》、孙连青的《一方之全史　国史之要删——天津图书馆馆藏方志》、陈友乔的《柳亚子志鉴编撰实践的意义及启示——以上海通志馆为中心的考察》、邓国宝、王晖的《发展的方向　生动的形象——全国各地建方志馆的情况调查》、潘捷军的《中国方志馆沿革考》，等等。

——从总体设计分析看，有朱佳木的《什么是方志馆以及应当怎样建设方志馆——在杭州方志馆设计方案论证会上的讲话》、潘捷军的

《当代新型方志馆刍议》、王建国等的《谈谈方志馆的建设》、李宇涵的《地方志馆与其他馆功能比较》、欧长生的《对我省方志馆建设的初步思考》、叶辉的《浅议广东省情馆建设》和《方志馆建设之我见》、黄楚芬的《试论建立方志馆是地方志事业的基础》、黄文记的《试论方志馆在地方文化网中的新定位——民国时期民众教育馆的历史启示》、陈松文的《试谈方志馆的规划建设》、陈希周等的《对目前建设县级方志馆的一种设想》、孙文飚的《存载历史文化的重要载体——论方志馆的价值与功用》、刘丹的《浅论新形势下的方志馆建设》和《试论方志馆建设的六个维度》，等等。另外，值得一提的还有程艳、程鹏汉的译文《阿穆尔州地志博物馆》和缪小咏的《参观阿穆尔州地志博物馆》，这两篇论文则从另外一个独特视角，介绍了来自于国外而且历史最为悠久的同类机构，对了解和建设以综合地情为主要形式的新型方志馆具有十分重要的参考价值和借鉴意义。

——从建设和管理实践看，有陈希周的《谈方志馆的建筑设计》、陈宏亮的《方志馆地方文献分类探讨——以广东地方文献分类为例》、黄玲等的《方志馆与方志文献的传播利用——以深圳方志馆为例》和《地情馆开发利用方志文献的途径与效果——以深圳地情馆建设为例》、滕质庆的《方志馆——了解北京的窗口——北京地情展介绍》、张满满的《方志馆馆藏建设初探》、游桃琴的《浅谈方志馆的独特地情定位与社会价值》、陈德任的《小型方志馆的文献管理方法研究》、黄琦峰的《简论方志馆馆藏资源建设》、邓鸣鸣的《广西各级方志馆建设的现状与发展思考》、高燕妮的《县级方志馆建设管理初探一二三》、吴莹岗等的《传承方志文化　弘扬地域文明——浅谈余杭方志馆的建设实践及运营发展》、毛珏珺的《试论方志馆的功能与定位》、潘捷军的《方志馆建设面面观》，等等。

——从对方志馆未来发展前景的分析探讨看，有钱茂伟等的《中国方志数字图书馆建设的构想》、杨明祥等的《方志文献数字化实践研究》、韩旭的《从北京市方志馆利用信息化技术的实践看方志馆多元化发展的方向》、贾大清的《关于杭州数字方志馆建设的思考》、黄琦峰的《方志馆的趋向特征及可持续发展路径探析》，等等。

除此之外，还有大量其他方面的研究，如图书馆、档案馆、博物馆等场馆的专题研究，如地方志在海外流播的专题研究，等等，尽管它们并不属于方志馆问题的专业研究，但都从不同角度、不同程度对方志馆的建设发展产生了积极的借鉴意义。

（二）朱佳木对当代新型方志馆的专题研究①

进入新世纪以来，针对各地普遍高度重视并兴起大规模建设方志馆热潮的现象，中国社会科学院原副院长、中国地方志指导小组原常务副组长朱佳木十分关注，并从建设理念、总体设计和发展趋势等方面，做出了独创性的贡献。他的观点可概括为以下几个方面：

首先，应当把方志馆定位为地情馆。朱佳木强调，“对方志馆要重新认识、重新定位，要在方志馆的定义上创新”，“首先要把它建成地情馆、国情馆。”他认为，现有许多方志馆的功能在普通办公楼里就能实现，“有的可以和图书馆、档案馆合并，无须建什么独立的方志馆。”他明确指出：“今天讲的方志馆不应当是指机构，也不应当是指地方志办公室的办公场所，而应当是指另外一种设施。”方志馆不应当是方志机构的办公场所，“方志馆，肯定有它另外的功能。”

在对当代新型方志馆定位的认识上，朱佳木认为，由于“方志书本质上是地情书，方志办实际上是地情办。既然如此，方志馆就应当是地情馆，即展示地情的设施。”因为“现在，从中央到地方，各级党委、政府都在强调地情教育、国情教育，但却缺少一个进行这方面教育的场所。历史博物馆、城市规划馆等虽然也可以进行地情、国情教育，但前

① 参见朱佳木：《什么是方志馆以及应当怎样建设方志馆——在杭州方志馆设计方案论证会上的讲话》（中指组字〔2011〕5号）。

者只是纵向展示历史的，并且往往以文物为中心，很少涉及现状；后者虽然介绍的是现状，但主要展示的是城区范围内的建筑和道路，并且往往侧重于远景规划。而作为地情馆的方志馆，应当是以一个行政区域为单位，用沙盘、模型、塑像、展板、影视等形式，全面介绍该区域内的自然与社会、历史与现状。就是说，把方志书中的文字变成实物，把平面的东西变成立体的东西，生动形象地展示地情和国情。”因此，“应当把方志馆定位为普及地情知识的地方，而不应当把它仅仅作为普及地方志知识的地方，更不应把它作为扩大办公面积的理由。”

其次，应当把方志馆作为开发利用地方志资源的有效途径。朱佳木指出：开发利用地方志资源，是新编地方志工作开展以来出现的一个新生事物。志书资源之所以要开发利用，与新编地方志部头太厚有关。现在各地的新编地方志，县志动辄上百万字；市志一般有几百万字，甚至上千万字；省志基本都在几千万字以上，有的接近或超过一亿字。这么庞大的志书让人很难阅读，“如果没人看，千辛万苦编出来又有什么用呢?”“因此，对志书中的资料进行再加工再发表，把其潜在的使用价值变为现实的使用价值，便成为修志工作者一项不容回避的工作。这是从新的实际情况出发，对传统方志工作的拓展和延伸。”他认为，近些年出现的信息化、数字化、网络化，给开发利用地方志资源提供了前所未有的便利条件，为志书资源的开发利用开辟了无限广阔的天地。

最后，应当把方志馆当成城市文化服务设施的一个创新。朱佳木认为，中共十七届六中全会后，各地高度重视文化设施建设，普遍把它看成是推进当地文化大发展大繁荣的重要举措。因此“只要把方志馆定位为地情馆和国情馆，那么，在公共文化服务设施和爱国主义教育示范基地的建设中，无疑也会有它的位置。”而且由于地方志是中华民族独有的传统文化形式，方志馆也是唯有中国才有的文化场所，更有其特殊的价值和地位。因此，“方志馆把地情实物化、展品化，也是对文化服务设施的一种创新。”而以这种创新思路来设计和建设的当代新型方志馆，将在普及地情知识、提升城市文化品位、突显中华民族文化魅力等方面，发挥不可替代的重要作用。

朱佳木的研究对全国各地方志馆的总体设计和建设实践具有重要启发意义，起到了积极的推动作用。

（三）近年来方志馆研究的若干关注点

对近年来全国方志界就方志馆建设所作的大量研究，主要概括为以下几个方面：

1. 梳理了自古以来特别是近现代以来方志馆的发展路径

潘捷军的《中国方志馆沿革考》[1]：按中国方志史发展顺序，依据大量史料，梳理了方志馆从无到有，从史志合一到逐步分离并日趋专业，从以单纯收藏为主到功能日益综合性、现代化的发展过程。

杨军仕的《明代志局（馆）浅议》[2]：这是一篇研究明代方志馆的专论。该文从明代志局（馆）的历史沿革（包括中央政府设立一统志馆和地方分设局馆修志的情况）、运作方式（包括从考订资料、厘定体例、内容撰写、书籍刻印和经费使用等情况）和志局（馆）作用（包括其形式规范、规律提炼和对后世借鉴等情况）等几个方面，详细介绍了当时方志馆成立、运行和发展的基本情况。

曾荣的《民国通志馆述略》[3]：系方志界研究方志馆问题的又一篇力作。该文依据大量史料，从机构沿革、人事状况、修志成果等方面，对民国时期全国各地所建的通志馆进行了系统梳理，并就政府重视方志馆建设、各宿硕学参与编辑通志、大学受政府委托承办方志馆、方志馆广泛征集史料文献和开展学术研究等问题，作了详细介绍。

綦延辉等的《从“国史馆台湾文献馆”功能的演变谈大陆方志馆延

① 潘捷军：《中国方志馆沿革考》，《浙江学刊》，2014 年第 5 期。
② 杨军仕：《明代志局（馆）浅议》，《中国地方志》，2015 年第 4 期。
③ 曾荣：《民国通志馆述略》，《中国地方志》，2013 年第 2 期。

伸功能的发挥》[1]：该文以独特视角介绍了从“台湾省通志馆”到“台湾省文献委员会”，再到“国史馆台湾文献馆”的演变过程。作者通过到现场参观的亲身体验指出，这个“巨大转变”在于：目前台湾已不仅仅偏重于方志编纂，而是更关注在更大范围内地方历史文献的征集、保管与编纂。作者据此进一步建议，大陆各地方志馆的建设，一要对各种资源的性质、容量进行准确定位，二要注重调结构、转方式，三要打破地域界线，力求在更大范围内做到资源共享，以最大限度发挥方志馆的综合效益。

巴兆祥的《商务印书馆与近代方志事业》[2]：该文独辟蹊径，从印书馆这个特殊角度，详细介绍了民国时期张元济等创办的上海商务印书馆，以东方图书馆的涵芬楼为基础，通过“购买”（又分坐等书估、藏家上门看货议价、分支机构购置、馆员外出收购、友人代购等多种方式），“借抄”、“接受馈赠”等方式，对方志馆建设所做的独特贡献。文章还详列了“商务印书馆东方图书馆方志收藏一览表”，对该馆当时收藏各省志书的数量、册数作了翔实统计，是研究方志馆历史一篇重要的佐证文献。

2. 提出了当代新型方志馆发展的总体框架和建设思路

除朱佳木的研究外，近年来涉及方志馆总体思路和基本框架的其他相关研究还有：

潘捷军的《当代新型方志馆刍议》[3]：该文对中国自古至今的几种主要类型的方志馆作了梳理，一是与史馆、藏书楼、图书馆、档案馆等文化场所兼容合并的方志馆；二是单独设置，以存放和展示纸质志书为

---

① 綦延辉、韩立胜：《从“国史馆台湾文献馆”功能的演变谈大陆方志馆延伸功能的发挥》，《中国地方志》，2013年第2期。

② 巴兆祥：《商务印书馆与近代方志事业》，《第三届中国地方志学术年会 两岸四地方志文献学术研讨会论文集》，方志出版社，2014年。

③ 潘捷军：《当代新型方志馆刍议》，《中国地方志》，2012年第12期。

主要形式的传统方志馆；三是以现代化手段展示特定行政区域历史文化和现实地情为主、同时兼及传统形式的新型方志馆。该文在与目前各种文化场馆的对比分析中，对以第三种类型为主要形式的当代新型方志馆的定位、建设理念和基本特点等问题，作了较为系统的分析阐述。

黄玲等的《方志馆与方志文献的传播利用——以深圳方志馆为例》[①]：该文记叙了改革开放后方志馆设置的缘由，明确提出应改变“办公室+资料室”的传统模式，将方志馆定名为地情馆，并提出要把深圳方志馆建成地方志文献收藏中心、地方志编纂与地情咨询中心、深圳历史文化与城市发展展示中心、地方史志交流中心、地方党史研究与宣传中心等“五个中心”的建设目标，从而在实践层面进一步勾画了当代新型方志馆的总体框架和建设蓝图。

刘智鹏的《建设香港方志馆的构想》[②]：该文结合社会各界对香港现状和未来日益关心的实际情况，提出构建“一个认识香港地情的平台”，名为“香港本土研究资源中心”，并明确“从本质和功能来看，资源中心就是方志馆”。“资源中心的主要工作是纪录香港政治、经济、文化和社会各方面发展的历史渊源和现状。探索香港与其他地区的关系：包括香港与中国大陆、澳门、台湾的关系；香港与亚洲其他国家的关系，香港与欧美的关系等。”以“通过认识及探索香港的地情，提高香港市民对香港和国家的归属感。”作者还从有系统地建立“口述资料库”和“香港图片库”“编纂覆盖香港全方位发展的《香港通志》”“成立‘香港本土研究之友’兴趣小组”等方面，提出了建立方志馆的具体构想。地方志是中华民族共有的文化传统，该文在“一国两制”的政治格局条件下，创议建立具有自身特色的方志馆，因而独具价值。

---

① 黄玲、周华：《方志馆与方志文献的传播利用——以深圳方志馆为例》，《方志文献国际学术研讨会论文集》，中华书局，2012年。

② 刘智鹏：《建设香港方志馆的构想》，《第三届中国地方志学术年会　两岸四地方志文献学术研讨会论文集》，方志出版社，2014年。

3．从不同角度为方志馆的建设和管理实践提供了有益借鉴

黄玲的《地情馆开发利用方志文献的途径与效果》①：该文是作者在《方志馆与方志文献的传播利用——以深圳方志馆为例》一文基础上的深化延伸。文章提出："方志馆要发挥它的传承与服务功能，就要成为地情馆。"并以设在深圳方志馆（馆内还设有地方党史陈列馆）中的"深圳地情馆"为例，从公众性、展示性和影响力三方面，展示了地情馆开发利用方志文献的优势，阐述了方志文献在地情馆中的价值地位，并介绍了地情馆开发利用方志文献的方法与效果。作为全国改革开放的先行者，深圳方志馆和地情馆的规划理念和建设思路，无疑对全国各地方志馆的建设具有一定的示范效应。

张满满的《方志馆馆藏建设探索——以江西省方志馆建设为例》②：作者以一位方志馆管理者的具体实践，从方志馆展陈总体布局、馆藏内容的甄别选择、图书资料的分类与管理和如何通过现代化手段充分发挥馆藏地情资料的社会功能等四个方面，就方志馆馆藏问题作了详细阐述，具有较强的针对性和实效性。

吴莹岗等的《传承方志文化　弘扬地域文明——浅谈余杭方志馆的建设实践及运营发展》③：此文从一个县级方志馆建设者和管理者的角度，详细介绍了余杭方志馆从规划理念、设计目标到申请立项、开工建设、购置设备直至修缮布展、人员招聘、日常服务管理等方志馆建设和营运的全过程。由于作者主持和参与了全过程甚至每一个步骤细节，对很多问题有直接的经验体会，因而这篇论文具有很强的现实操作性，可

① 黄玲：《地情馆开发利用方志文献的途径与效果》，《第三届中国地方志学术年会　两岸四地方志文献学术研讨会论文集》，方志出版社，2014年。

② 张满满：《方志馆馆藏建设探索——以江西省方志馆建设为例》，《中国地方志》，2012年第12期。

③ 吴莹岗、刘雪萍：《传承方志文化　弘扬地域文明——浅谈余杭方志馆的建设实践及运营发展》，《浙江方志》，2014年第1期。

视为一篇浓缩的方志馆建设操作指南。

钱茂伟等的《中国方志数字图书馆建设的构想》[①]：数字方志馆是近年来全国方志馆建设中一个引人关注的全新领域，也是一个研究热点。这篇文章从整体构架、资源建设、资源库处理等方面，提出了建立中国方志数字图书馆的详细实施方案，也是全国方志界较早探讨这一问题的一篇较有代表性的论文。

陈宏亮的《方志馆地方文献分类探讨——以广东地方文献分类为例》[②]：该文以《中国图书馆分类法》为依据，对方志等地方文献的分类作了详细的分析探讨，特别在剖析《中国图书馆分类法》优势和局限性两方面因素基础上，以广东为例，从“编制省级以下地区细分表”“方志、年鉴和其他文献的分类”等分类原则上，以及从“分类与排架相结合”“分类与数字化建设相结合”等具体方法上，为各级方志馆文献分类提供了有益的借鉴参考。

第四节 当代新型方志馆的总体框架

一、当代新型方志馆的基本特点

应当说，当代新型方志馆既是对传统方志馆的历史传承，又是在此基础上的创新。相对于传统方志馆而言，当代新型方志馆既在收藏展示方志等地方文献等方面继承了传统，同时视野更开阔，内容更丰富，形式更多样，手段更现代，从而按国务院《地方志工作条例》要求，成为一个“行政区域自然、政治、经济、文化、社会”“历史与现状”综合性地情的展示场所。如果将综合性地情馆视为当代新型方志馆的基本定

---

① 钱茂伟、祝建伟：《中国方志数字图书馆建设的构想》，《中国地方志》，2005年第2期。

② 陈宏亮：《方志馆地方文献分类探讨——以广东地方文献分类为例》，《中国地方志》，2013年第2期。

位，那么与传统方志馆相比，其相应的主要特点有：

（一）地情型主题

地情一般是指一个特定行政区域（如省、市、县等）自古至今自然、政治、经济、文化和社会等发展变化的综合性情况。地情展示是当代方志馆有别于其他文化场馆和传统方志馆的显著特点，具体可包括以下几个方面：

1. 综合性地情

综合性地情展示是当代新型方志馆的重要内容，也是其与传统方志馆不同的特色亮点。如2011年竣工开放的江西方志馆，除有传统的志书收藏展示功能外，还展示了以下七个方面的综合地情：地理（包括行政区划、人口民族、自然资源等内容）、生态（包括生态保护区、鄱阳湖区域生态等内容）、经济（包括农业、工业、旅游、商贸和金融业等内容）、社会（包括科技、教育、卫生等内容）、文化（包括地方文化、红色文化和陶瓷文化等内容）、人物（包括古代、近代名人和英模等内容）和“十二五规划蓝图”。可谓覆盖全面，特色鲜明，这种布局理念和展示内容也是当前和未来方志馆建设的发展趋势。

2014年9月，为庆祝中华人民共和国成立65周年，上海市有关部门举行了《百舸争流奋楫者先——上海改革开放回顾与展望展览》并向社会免费开放。展览分为“坚实的步履：解放思想、负重前行”“奋进的岁月：开拓创新、敢为人先”“更高的起点：转型升级、勇于突破”“崭新的征程：锐意进取、再续辉煌”等四个部分，突出展示了历年来党和国家领导人对上海的关心关怀、改革开放的发展历程和辉煌的成果成就。如以《十个第一和五个倒数第一说明了什么?》《关于上海经济发展战略的汇报提纲》《迈向21世纪的上海》等一批已经泛黄的报纸、文稿、书籍、文件、会议照片等珍贵史料，以1980年“上海向何处去”的大讨论、1984年上海经济发展战略和浦东开发开放经历的两次讨论、1993年“迈向21世纪的上海”战略研讨、2003年“世博会与推动上海发展”大讨论，以及2010年“十二五”规划大讨论等历次关系上海发展的重大关节点，回顾了上海改革开放以来的历史进程。同时通过第一家中外合资企业、第一家股份制公司、第一张股票、第一段电视广告、第一家经济开发区等重大史实，通过我国首台4500米级深海遥控无人潜水器作业系统——“海马号”和月球车、中国博览会会展综合体、浦东国际机场、东方梦工厂、上海迪斯尼乐园等一批视频实物，向社会展示了近年来上海发展的辉煌成就，并展望了未来的发展前景，展览因此也在社会产生了热烈反响。从当代新型方志馆角度看，它实际就是一个现实版、高水平的综合地情展，很值得地方志系统加以借鉴。

2．区域性地情

即一个特定行政区域（如省）所辖各地（如市、县）的综合性地情。如在省级方志馆里，可视情增设各地分馆或展厅，这样也可在一定程度上节省资源，不必各地层层再建方志馆。例如江西方志馆就分设有南昌、九江、景德镇等11个市级分馆，从而从各个不同侧面展示了全省各地的历史和发展现状。这一部分在规划设计时，要相对注重从横向方面加以布局，相对注重当代地情的介绍，这既便于公众从各方面进一步了解地情，同时也可避免与更大范围内综合性地情的重复。

例如：在浙江湖州市新建方志馆的总体设计布局中，就有以“千古雅韵　各领风骚”为题的“地域文化篇”专题展，其中以产品曾获首届巴拿马国际博览会金奖为代表的“丝绸文化”，以创史地而享誉天下的“湖笔文化”，以“茶圣”陆羽为标志的“茶文化”，等等，处处浸透着太湖文化的深厚底蕴和浓郁氛围。[①]

3．专题性地情

专题性地情可以说是当代新型方志馆最具地方特色的重要组成部分，是展示区域独特形象、吸引社会公众的重要窗口。如果说“综合性

---

① 《湖州方志馆布展具体方案》（2013年11月稿）。

地情”较为注重于特定行政区域历史发展的纵向介绍，“区域性地情”相对侧重于发展现状的横向介绍，那么“专题性地情”就是这个“纵”“横”交织的大框架中一个一个具体的“点”，正是这每一个鲜活灵动的“点”，展示了一地独特的区域形象和文化魅力。

例如，国家方志馆国情展览大纲第二部分“古老中国”第六单元“社会风俗”中，便从七个方面详细展示了自古以来各民族悠久璀璨的民俗文化[①]。依次为：

1. 服饰：历代服饰（上古、秦、汉、唐、宋、元、明、清、民国）
各族服饰（蒙古、藏、维吾尔、回、壮等）
2. 饮食：豆腐、酿酒、饮茶、菜系、餐具、炊具
3. 居住：民居、陈设、家具、园林、灯具
4. 出行：车具和马具、船舶、轿子
5. 家庭：家族、五服、家谱、宗祠
6. 节庆：元旦、清明、端午、七夕、中秋、重阳、腊八、除夕，少数民族节日
荆楚岁时记、清明上河图
7. 生育婚丧：抓周、贺岁、十二生肖、纳彩、相亲、定聘、迎娶、合髻、回房、发丧、吊唁、出殡、陵墓、碑铭、祭扫、守孝

（二）延续性脉络

作为以展示地情为主的当代新型方志馆，在总体设计时，要特别注意其规划布局的系统、延续和完整性。即它不像博物馆等场馆那样以“物”为主，可以使观众的主要注意力集中在某一件特定物品上，不一定关注整个历史的发展变迁，而是要以“史”串连，力求纵向概括展示特定行政区域历史发展的全过程。从而使观众看完展览，仿佛穿越了一

① 参见国家方志馆国情展览大纲（讨论稿）。

座历史长廊，可以对当地的历史发展脉络有一个相对清晰的概念。

具体应遵循地方志“纵述史实”“纵不断线”的原则，设计一条历史发展脉络主线，运用场景复原、模型复制、物品展示、视屏显示等多种传统和现代化手段加以展示。例如，同样在国家方志馆国情展览大纲第二部分“古老中国”第二单元“历史沿革与社会制度”中，还详细展示了中国历史的沧桑变迁，也是各地建馆很好的学习范本。[①] 具体如下：

1. 历史年表　中国历史年表（夏至民国）

2. 历代疆域　中国历朝疆域图（商周、春秋、战国、秦、汉、魏晋南北朝、隋、唐、辽西夏北宋、金南宋大理、元、明、清、民国）（投影翻滚）

禹贡山川地理图（九州图）

历代行政区划（以图表展现自汉十三州、唐十七道、宋二十六路、元行省、明清布政司到民国省的变化）

3. 重要人物、事件

重要事件、人物图表（大禹治水、百家争鸣、秦始皇统一、张骞通西域、蔡伦造纸、北魏孝文帝改革、贞观之治、玄奘取经、范仲淹题岳阳楼、王安石变法、忽必烈与元大都、郑和下西洋、张居正改革、郑成功收复台湾、康熙平定西北、乾隆修四库全书、林则徐虎门销烟、孙中山建立中华民国、“五四”运动、红军长征、抗日战争胜利、中华人民共和国成立）（可用展墙顺序排列，也可用多媒体虚拟展示）

……

我们还可从现有很多展馆相关展览中得到借鉴启示。例如，上海博物馆曾按历史发展顺序，将馆藏陈列分为史前时代、殷商时代、西周春秋战国时代、秦汉时代、魏晋南北朝时代、隋唐时代、宋元时代、明

① 参见国家方志馆国情展览大纲（讨论稿）。

代、清代和近代工艺品等10个陈列室。杭州档案馆的“千年天堂路——杭州历史文化图片展”，则按“史前文明”“先秦聚落　秦始小县”“隋唐明郡”“吴越首府　北宋州治”“南宋京城”“元明清名城”“民国省会”和“今日杭州”等八个部分内容依序排列。国内唯一由贝聿铭大师设计的苏州博物馆新馆，在3600平方米的主展区中，也将上至远古、下至明清及近现代的1160多件文物精品，分为四个各具特色的主题：“吴塔国宝”主要展示以全国重点文物保护单位虎丘云岩寺塔为主的高玄莫测、博大精深的佛教文物，“吴地遗珍”主要展示各领风骚、至今仍熠熠生辉的历代文物，“吴中风雅”则展示了当地特有的千姿百态、玲珑剔透的风俗器物，“吴门书画”则从另一独特视角，展示了大量风格迥异、各具匠心的书画精品。以上各种布展设计，既纵贯一线，能让观众在短时间内领略一地的历史变迁，又各具特色，让观众从不同角度体验各种文化的独特魅力，这些都很值得方志馆建设时加以借鉴。

在2010年中国上海世博会的北京馆里，有一侧墙上摆放着从上世纪50年代、60年代……直至2010年的5台电视机，每隔“12年”便会有一台当时的电视机放映着那个时代的社会生活和发展变化，大到北京市的宏伟规划，小到北京人的衣食住行，如1949年全国政治协商会议在北京召开、1950年第一届科学展、1951年第一套广播体操；1958年日本商业展示会、1958年十三陵水库竣工、1960年密云水库规划修改、1964年大型音乐舞蹈史诗《东方红》上演；1970年东方红1号卫星发射、1971年乒乓外交、1977年北京队与香港队足球赛、1978年小泽征尔率波士顿爱乐乐团来华演出、1978年恢复高考；1980年北京人民服饰、文化生活（吉他、舞蹈、绘画）、1988年天安门对外开放、1989年话剧《雷雨》在北京首演；1990年第11届亚运会在北京开幕、1992年粮票取消；2008年奥运会、2009年国庆阅兵式……

这既是一幅幅展示新中国历史巨变且令人目不暇接的宏伟画卷，也是一个让当代不少观众身临其境、感同身受的历史走廊。①

（三）全景式展示

正因为地情展示是当代新型方志馆的主要功能和特点，因此方志馆在规划设计时，除从历史纵向发展角度体现“延续性脉络”外，还要注意从各个横向侧面体现“全景式展示”，即从“古”到“今”、从“纵”到“横”、从“面”到“点”的系统展现，这是由地方志“全面、客观、系统”地“记述本行政区域自然、政治、经济、文化、社会的历史与现状”的性质所决定的，也便于使公众形成“纵”“横”交织的系统印象，同时也是当代方志馆与其他文化场馆和传统方志馆的重要区别。

江苏省方志馆主题墙

例如：一进入北京市方志馆大厅，映入眼帘的首先是一辐硕大的主题墙，它以中国古代旧志舆图为设计构思，同时配以精湛的錾铜浮雕工艺。主题墙核心部分被标示为一个大大的“凸”字形结构，寓意着当今的北京二环布局。围绕城池，不仅周口店遗址、故宫、八达岭长城、明十三陵、颐和园与天坛等北京六处世界文化遗产尽显其中，而且潭柘寺、卢沟桥、什刹海等众多著名景观也被浓缩在内，可谓既大气磅礴又细致精巧。江苏省方志馆入门处，在一个巨大的“凸”字红色馆徽映衬下，正面主题墙是一幅硕大的镏金壁画，浓缩了江苏的历史文化、名人古迹。这些主题墙既大气磅礴又细致精巧，有力烘托了展示主题和方志馆自身特色。同样，在广州市地方志馆大堂内，也有一幅70平方米的黑色花岗岩鎏金线雕：《两山

① 参见上海世博会志编纂办公室：《上海世博会志（第四稿：全志总纂稿）》第三册，第21页。

一水锁白云》，它以白云山、越秀山和珠江为背景，以凝重的图案烘托出广州建城2000多年来形成的悠久深厚的历史文化氛围。

又如：位于河南省郑州市的中原福塔内（建于2011年4月，系国家4A级景区），有一幅《锦绣中原》的全景画，画高18.4米，长163.5米，总面积3012平方米，总投资2亿元，由国内13位知名画家、教授历时5年，用耗达3吨的油画颜料精心创作而成。这幅画取材选取河南各地（18个省辖市）的山川原野、历史古迹、景观和现代化发展成就、城市风光等等素材，包括从"天地之中"历史建筑群、龙门石窟、殷墟等世界文化遗产，到孕育中原文化的黄河、嵩山等自然景观，再到开封清明上河图、黄帝祭祖大典、红旗渠等历史和现代人文景观，按春夏秋冬四季更迭，远、中、近三大层次九大景别绘制，既各有千秋，又一气呵成；既全景展示，又延续相承；既有自然风光，又有人文特色；既有远古历史，又有现代成就……从而系统勾画了从远古神话时代到当下中原崛起的历史文明诗章，可谓"纵览七千年，尽收一画中"，已被"吉尼斯世界"认证为世界上面积最大的全景画。特别是这幅波澜壮阔的历史画卷还充分运用了现代化手段，配合声光电特效，极富震撼力。观众坐在360度旋转的观光平台上，附着大屏幕的生动演示，移步换景，仿佛身临其境，能亲身体验河南数千年历史深厚的文化底蕴和无穷魅力，实际感受河南现代化建设的丰硕成果和时代气息。

《锦绣中原》全景画之开封清明上河图

《锦绣中原》之郑州郑东新区

当然，在设计和建设过程中，“全景式展示”是一个难度很高的要求。而且由于各方面条件因素的限制，一座方志馆即便面积再大，资金再充裕，展示的资源再丰富，也不可能面面俱到，总要有选择、有取舍。相应要处理好的关系是：

1.“主”与“次”的关系

由于地情展示是当代新型方志馆的建设主旨，因而即便是“全景式展示”，也要处理好“主”与“次”的关系，即综合性地情应是当代新型方志馆的主题、主线、主体，其他区域性地情和专题展览均要围绕这一主题、配合这一主线、服务这一主体，不能喧宾夺主。例如：地方志显然是方志馆的一个重要内容，但在以地情展示为主旨的新型方志馆中，它也只能是其中一个部分而不是主体，更不是全部。如果新型方志馆仍以志书为主题、主线、主体，那就很难与传统方志馆相区分。

2.“详”与“略”的关系

中国是一个文明古国，中华民族具有悠久璀璨的历史文化，全国各地都有自己悠久的发展历史和独特的区域文化。但由于朝代更替、历史战乱、文化浩劫等多种原因，目前许多地方一些珍贵的历史文献档案散失或遭损毁，客观上已难以复原齐全。这样，在规划设计新型方志馆时，在处理古今历史关系比重时，可能就有必要按方志界“详今明古”的原则，宜详在当代，重在现实，即在尽可能清晰勾勒一地历史发展脉络时，更加注重对当代地情的介绍展示，这同样也是当代新型方志馆与其他场馆的一个功能区分。

3.“实”与“虚”的关系

如前所述，与其他文化场馆一样，当代新型方志馆同样要以大量的实物展品来介绍一地综合地情，展示其悠久历史和灿烂文化。但一方面，除志书等纸质文献外，一般新建方志馆客观上很难像其他传统场馆那样拥有大量丰富的展品。例如，全国各地的方志机构几乎都是改革开放后建立的，一般除了拥有一些上世纪 80 年代改革开放以来两轮修志过程中出版的志书、年鉴等成果外，很少有原生态的历史文献遗存。如果要大规模购置、复制旧志等历史文献，还要花费巨资和时间。事实上包括一些史传旧志，大量珍贵的历史文献基本都保存在各地图书馆、档案馆、博物馆等传统文化场馆中。可见，就具体传统文化资源而言，其他现有场馆显然更具“实”物优势，当代新型方志馆相形见“虚”。如果也以文物、图书、档案等为主要展示手段，那就难免与其他场馆重复雷同，客观上也未必能做到。只有独辟蹊径，与其不同，才能实现与其他场馆的相互补充、错位发展，也才有特殊价值和独特魅力。

另一方面，“实”与“虚”其实是相对的。就传统文化资源而言，新型方志馆可能不具优势，但按“详今明古”原则，就以现当代经济社会发展为主要内容的资源而言，毫无疑问，新型方志馆具有大量资源和独特优势，这又是一些传统场馆所无法比拟的。因此，新型方志馆应注意避“虚”就“实”，善于把现当代资源做“强”做“实”。

（四）现代化手段

在当代新型方志馆的规划设计中，之所以要强调处理好“虚”和“实”等方面的关系，除了新型方志馆未必具备传统文化资源优势等原因外，还在于，当代社会千变万化，信息化速度瞬息万变，据分析，从传统农业社会到现代工业社会的4000年间，人类社会的行走时速提高了近7倍，知识提高了1700倍；而从现代工业社会到当代信息社会的150年间，人类社会的行走时速提高了170倍，知识提高了110倍，相应的技术手段更是日新月异，并日趋丰富完善。因此，在当代新型方志馆建设中，要充分运用这些现代化手段。这样，它不但能避“虚”就“实”、弥补展示资源的不足，而且在一定意义上可能会比传统展示方式更生动更形象，更具有艺术吸引力和现实感染力，同时它还同样可与其他传统场馆相区分。

例如，新建杭州方志馆由于利用历史建筑改建，各间展室面积相对狭小局促，因而在构思设计“地方志的地位和作用”、“杭州地情概览”

和“杭州区、县（市）地情概览”等内容时，就用了大量“触摸屏介绍查询”方式，从而在有限的环境空间展示了无穷的虚拟空间，充分显示了现代化传播手段的魅力。

应当说，现代化手段是各地新形势下方志馆建设普遍高度重视并采取的最为重要的手段，本书在其他各章都分别从不同角度作了介绍，特别还专辟一章“方志馆的发展前景”，专门就此问题展开详细分析。

二、当代新型方志馆的主要内容

不同方志馆具有不同的设计和展示格局。如国家方志馆所设想的“国情展览大纲”将国家馆的展览框架结构初定为六个部分：序、美丽中国、古老中国、当代中国、各省概况和结束语。这其实也是新形势下方志馆特别是当代新型方志馆规划设计的主要内容，对各地具有重要参考和导向价值。

于2013年10月建成开放的杭州市余杭区方志馆主要分为六个展厅：“方志·源流”厅（介绍方志起源发展）、“方志·舆地”厅（展示当地区域变迁）、“方志·人文”厅（展示当地文化成就）、“方志·山水”厅（宣传当地秀山丽水）、“方志·物产”厅（介绍当地的名特产品）以及“当代方志”厅（展示新中国成立后主要是改革开放以来两轮修志成果）。再如浙江湖州市方志界在设计方志馆时，则将其内涵和理念归纳为：“建置沿革的载体，浓缩地方文化的平台，展示古今名流的窗口，实现文化交流的场所，彰显时代风采的长廊，收藏新旧方志的宝库。”从而较为全面系统地概括了当代新型方志馆的主要内容。

将各地已建和规划在建的各类方志馆综合起来看，当代新型方志馆主要应包括以下几方面内容：

（一）史：沧桑巨变的长廊

一个行政区域的发展史无疑是方志馆展示的最为重要的内容之一，具体可由以下几种类别层次、几个不同方面来合成为一个整体系统。

1. 历史总揽（概述，可以大屏幕、电子沙盘等形式展示）

即从纵的方面，以历史发展顺序排列，按“纵述史实”、“纵不断线”原则，对特定行政区域历史发展所作的总揽式介绍展示，主要围绕其行政建置的历史沿革和更替变迁过程，着重介绍历史发展各阶段的重点、特点和重点人物、重要事物。

例如，国家方志馆“国情展览大纲”中有一个重要内容：“古老中国”（第二部分），便从七个不同方面，详细介绍展示了自历史发端至新中国成立时的历史发展进程，它与第三部分“当代中国”一起，共同构成了国家方志馆对中国“历史总揽”的总体框架。其中“古老中国”部分如下图：

古老中国

（国家方志馆“国情展览大纲”之第二部分）

第一单元　文明起源： 包括“早期人类”（含北京人、山顶洞人和旧石器文化遗址等内容）、“远古文明”（含古城与聚落、新石器时代文化遗址等）等内容。

第二单元　历史沿革与社会制度： 包括中国历史年表（夏至民国）、历代疆域（含自商周至民国的疆域图、历代行政区划变迁图等）、重要人物事件、官制（含中央和地方不同官制）、礼制（含吉礼、凶礼、军礼、宾礼和嘉礼等古代五大类礼制）、学制（含官学、私学和书院等）等内容。

第三单元　人口　民族　语言　文字： 包括人口变迁（含历代重要人口迁徙图和人口统计表两大部分）、民族融合（含史书记录的逝去民族和延续至今的古老民族两大部分）、人口迁徙与语音方言、中国文字演变等内容。

第四单元　古代经济：包括农业（含历代农业生产工具表、农作物表）、手工业（含历代手工业工具表、手工业种类表）、商业（含历代商业都市表、内陆贸易图）、外贸（含历代对外贸易表、丝绸之路图、郑和下西洋图）、交通（陆路、水路）等内容。

第五单元　中华文化：包括学术（含经、史、子、集）、天文历法（含浑仪、日晷、水运仪象、夏历、二十四节气）、文学艺术（含文学、戏剧、绘画书法篆刻、音乐、棋艺）、医药（含千金方、政和本草、针灸铜人）、军事（含火药、兵器、兵书、三十六计）、农学（含历代农学家及其成就表）、科技发明（含历代科学家、科学发明表）、体育武术、宗教（含历代宗教表）等内容。

第六单元　社会风俗：包括服饰（含历代服饰和各族服饰）、饮食、居住、出行、家庭、节庆、生育婚丧等内容。详细内容前面已作过介绍。

第七单元　城镇乡村：包括城市（含历代都城、各朝著名都城平面图、城市建筑、清明上河图等古代绘画中的城市风情、古城遗迹）、村镇（含延续至今的古镇）等内容。

2．分类介绍（分述，可以实景、实物等形式加以展示）

国务院《地方志工作条例》规定：地方志应记述一个特定行政区域自然、政治、经济、文化和社会的历史与现状，因此这部分内容实际是按“横排门类”的原则，从中观层面和不同角度对上述内容进行的详细解构，以便于人们更进一步了解特定区域某一方面的发展变化。

如，同样在国家方志馆的总体设计方案中，就专设有“美丽中国”（以沙盘宏观展示为主）这样一个重要板块，它又分别分为两个单元：疆域（含中国的地理位置和辽阔疆域两大块内容）、自然环境（含地形地貌、天气和气候、河流与湖泊、土壤与植被、海洋五大块内容），实际是从“自然”这一特殊角度出发，对中国国情所作的展示介绍。

需要注意的是，作为以介绍展示“国情”为主旨的国家方志馆，其“分类介绍”（包括下述“专题史”形式），其设计的总体结构和展示布局显然更为宏观（至于“历史总揽”部分更应如此）。但各地方志馆（特别是市县级基层馆）与国家馆应有所不同，其“分类介绍”包括“专题史”陈列展示显然相对应更为具体。因而在设计和布展时，要注意体现这一部分的灵活性、便捷性等特点，即作为展览的中观层面，它既不必要像“历史总揽”部分那样，按一地历史发展顺序陈列布局，否则就有可能会在形式上重复冗长；也不可像“专题史”那样过于细微、具体，否则就可能会显得凌乱、琐碎。

3. 专题史（详述，可以触摸屏等虚拟手段加以展示）

大量的专题史介绍无疑是各地新型方志馆的最大亮点之一，也是公众了解一地地情最为翔实的教材。例如，在深圳方志馆规划中，就专设了“深圳历史人文展厅”，拟集中展示沙头角鱼灯舞、龙岗舞龙、龙城舞麒麟、福田下沙黄氏宗亲祭典等一大批当地历史留传至今的非物质文化遗产内容，无形中也拓展和延伸了深圳的历史文脉。①

又如，浙江省在文化大省建设过程中，曾于2005年启动了规模宏大的“浙江文化研究工程”，这个工程具体又分为“浙江历史文化专题研究”“浙江名人研究”“浙江历史文献整理”和“浙江当代发展问题研究”等四方面内容，试图通过系统深入的研究，起到“挖掘浙江文化底蕴，深入研究浙江现象，打造浙江学术品牌，指导浙江未来发展”的作用。据不完全统计，在“浙江文化研究工程”已立项的项目中，与“浙江文化史”相同，仅以浙江历史发展过程中某一方面为研究对象，并冠以“浙江……史”名称的就有：浙江水利史、浙江林业史、浙江海外贸易史、浙江航空史、浙江运河开发史、浙江桥梁史、浙江渔业史、浙江

① 黄玲等：《方志馆与方志文献的传播利用——以深圳方志馆为例》，《方志文献国际学术研讨会论文集》，中华书局，2012年，第875页。

人口史、浙江城镇史、浙江灾政史、浙江少数民族史、浙江畲族史、浙江妇女发展史、浙江华侨史、浙江道教史、浙江文学史、浙江小说史、浙江古代诗歌史、浙江民间故事史、浙江文学理论批评史、浙江电影史、浙江戏剧史、浙江婺剧史、浙江民俗史、浙江博物馆史、浙江藏书史、浙江藏书楼史、浙江教育史、浙江新闻史、浙江史学史、浙江方志史、浙江篆刻史、浙江期刊史、浙江古代对外文化交流史、浙江丝绸文化史、浙江青瓷史等等 40 项之多，几乎揽括了浙江自然、政治、经济、文化和社会历史发展的方方面面，而且有相当一部分已出成果。

这样一个巨大的文化研究宝库，目前成果形式还较为分散，总体影响也较小，而且基本上都还停留于纸质形式，应该也完全可以有选择地通过一定的手段和方式向观众展示。较为可行的方法是，可以充分运用现代化手段，如通过电子显示触摸屏点击了解。这样，用现代化手段将历史知识资源进行总体整合或具体解构，以“小众化”的服务方式更为具体地展示一地丰富的历史文化资源，可以使观众因人而异，各取所需，灵活便捷地从不同侧面了解各方面知识，也可以使书面研究成果更为形象、直观，从而在不同程度上调动观众的兴趣和参与积极性，客观上会提高参观效率，同时也节省了场馆面积，还避免了与“历史总揽”等其他展览内容结构的重复。其实，类似的情况不仅浙江独有，全国各地普遍存在这种现象。要有效解决这个问题，新型方志馆不失为是一种可以操作的载体。上述内容可通过下图展示：

历史总揽（概述，可以大屏幕、电子沙盘等形式展示）

↓

分类（自然、政治、经济、文化、社会）

介绍（分述，可以实景、实物等形式加以展示）

↓

专题史（详述，可以触摸屏等虚拟手段加以展示）

↓

例如（经济类）：浙江水利史、浙江林业史、浙江渔业史……

当然，上述三大类内容并非截然分开，而是相互关联交叉，因而在总体设计和具体实施时，要善于处理好其相关关系，从而力求使各部分展览既各具特色，又成为一个有机整体。

（二）志：区域文化的瑰宝

“志”是方志馆的一个重要主题和内容。不管当代新型方志馆从形式上如何更新变化，即便是作为综合地情馆的当代新型方志馆，以志书为主的地方文献仍然是其不可或缺的一个重要组成部分，也是反映一地历史沿革和文化厚重度的一个不可取代的重要因素。具体又可包括以下一些重要内容：

1. 某一行政区域方志发展的历史沿革

绍兴章学诚故居内景

——历代志界名人及相关成果：中国地方志博大精深，历史发展源远流长。各地在发展过程中，都有一些历史人物先后做出过不同程度的贡献。如生卒于清乾嘉年代的浙江上虞道墟人章学诚，被史学界和方志学界公认为中国方志学的开创者，梁启超在《清代学者整理旧学之总成绩——方志学》中便曾明确说过：“‘方志学’之成立，实自实斋始也”。[1] 显然，章学诚的生平履历、史学及方志学学术成就、所编志书等成果在方志馆中应重点加以关注。2014 年 10 月，浙江绍兴市地方志办公室会同有关部门，对市内章学诚故居进行了大规模修缮，同时按方志之乡绍兴、章学诚生平事迹、章学诚学术成就与后世研究、绍兴历代志书等内容重新进行布展，特别从外地征集了章学诚殿试卷、手稿等一批十分珍贵的史料物品，从而为后人全面系统地了解章学诚提供

① 梁启超：《中国近三百年学术史》，中国社会科学出版社，2008 年，第 312 页。

了一个很好的场所。

同时，各地历代一些重要的志界名人和相关成果，如近代瞿宣颖所编著的我国第一部方志提要专著《方志考稿（甲集）》、张国淦的《中国古方志考》等等，都应为各地建馆时所关注并有选择地加以收录。

——历代机构变迁：与志书一样，中国的地方志编纂机构也曾经历了史志同源合署的沿革变迁。随着史志逐步分离，以设立专门机构来编修地方志，是中国地方志“官书、官职”行政职能的重要特征。如北宋创立的中国历史上第一个官方修志机构——九域图志局。元代志书由秘书监组织编纂，并专设翰林国史院负责具体实施，从而开了翰林院修国史之制。明代为强化《一统志》的编纂工作，景泰五年（1454）专设一统志馆统筹编纂事宜。清康熙二十五年（1686）朝廷正式设立一统志馆，并委任了总裁官、副总裁官、纂修官等职位。乾隆年间又改为方略馆，同时还赋予其相当的行政权力，等等。这些都从不同侧面反映了历代统治者对地方志的重视和史志融合的程度。自近现代始，以1914年中国近现代史上第一个省级通志编纂机构——浙江通志局为标志，各地方志编纂的专门机构和专业性方志馆逐步显现并日渐成型。这些都应在各地方志馆中力求加以展示。

中国第一部乡镇志——浙江海盐《澉水志》

——历代修志成果：如成于东汉时期我国第一部系统的全国地理总志《汉书·地理志》，有“一方之志，始于越绝”的《越绝书》，修于南宋的第一部乡镇志——浙江海盐县的《澉水志》，最早以“志”为名的晋代常璩的《华阳国志》，唐朝李吉甫等编著的第一部全国性总志《元和郡县图志》，北宋乐史所纂的第一部体例空前完备的《太平寰宇记》，以及北宋中期王存主编在中国方志史和地理学史上具有承前启后历史价值的《元丰九域志》，著名的《大元大一统志》《大明一统志》《大清一统志》，等等，这些中国方志史上的灿烂瑰宝，都应通过不同方式重彩浓抹加以介绍和展出。

其实，中国的地方志历史源远流长，成就浩瀚辉煌，除上述国家性志书外，数量更多、涉及面更广、同样极具特色的还有大量区域性和专业性志书。如据《中国地方志联合目录》统计，全国现存明代方志有973种，以现行区划考其分布，则浙江最多，有113种，江苏、河南次之，各有96种。明清以后，存于当今的旧志更多。另外，各地还有一大批专业志，如仅晚清时期的乡土志全国各地便修有约467种，等等，足见各地志书宝库资源丰富的程度。

当然，也应实事求是看到，从历史沿革来看，有些内容今天可能确已难考，且众说纷纭，如有的志书原物已不复存在，即使以影印等形式也难以复原，只留下一些史料；有的可能在志书性质（如一种文献是否属于典型方志）上存有异义；有的在机构存废时间上多说并存，等等，但本着“不求所有，但求所在”和“搁置争议，共同弘扬”的原则，在认真研究协调基础上，这些关系都可妥善处理，这些内容都应在各地方志馆中不同程度地加以体现。

2. 当代地方志工作和事业

“详今明古”不仅是新志编纂应予遵循的一个重要原则，也可为当代新型方志馆设计和布展所借鉴，也即集中展示中华人民共和国成立后和改革开放以来两轮修志工作辉煌成就和显著业绩，应是当代新型方志馆的一个重要展示内容。具体可包括以下几方面内容：

——党和政府高度重视地方志工作：中华人民共和国成立后，党中央、国务院和各地各级党委、政府高度重视地方志工作。如据各地公开披露的材料看，仅上世纪80年代改革开放以来，党和国家领导人关心重视各地地方志事业的实例便有：1986年7月，时任中共中央总书记胡耀邦为《黄河志》题写书名（载《中国地方志》1986年第4期）；1991年8月，时任国务院总理李鹏为《黄河志》作序（载《中国地方志》1992年第2期）；1993年3月，时任中共中央总书记江泽民会见香港知名人士查良镛时，赠送《浙江地名简志》《浙江方志源流》等17本浙江方志和有关历史文献（载《中国地方志》1993年第3期）；长期以来习近平同志对地方志工作的关怀指导（如1989年8月在福建宁德地区地方志工作会议上的讲话，2004年10月到浙江江山市看望慰问农村方志工作者，2006年12月到浙江苍南县运用志书现场指导抗台工作，2014年2月在参观首都博物馆时强调要“高度重视修史修志”等）；2014年李克强总理为第五次全国地方志工作会议所作“修志问道，以启未来”的重要批示等等，这些都是极为珍贵的历史史料，对推动中华人民共和国的方志事业特别是改革开放以来两轮修志工作具有重大意义。

——当代志书编纂事业和修志成果：中华人民共和国的修志事业成就辉煌，令世人瞩目。如据统计，1949年中华人民共和国成立后约40多年间，全国省（区、市）、市、县三级地方志机构新编志书（含正式出版和非正式出版）总共才不过1100多种。到1999年新中国成立50周年时，全国各级出版的志书已近4000部。而到2014年，据不完全统计，从2008年第四次全国地方志工作会议召开五年来，全国各地新编省、市、县三级志书的出版总量已达5800多部。另外，还出版了行业志2万多部、乡镇村志和街道社区志4000多部。如果与《中国地方志联合目录》所刊载的中国历史上留存至今的8200多种地方志成果数量相比，显然，新中国成立后特别是改革开放短短三十多年便出现了如此众多的成果，这是一个巨大的对比性变化和历史性飞跃。1997

黑龙江省方志馆“市地修志”展

年在中国地方志指导小组组织的全国性志书评奖活动中，经严格评选，有51部志书获一等奖，128部志书获二等奖，这是新时期志书编纂事业和辉煌成就的缩影，应在当代新型方志馆中得到大书特书。如在新建黑龙江省方志馆，就设有“黑土文化的丰碑——黑龙江地方志工作纪实”的专题展，通过一系列资料文献、图片实物和多媒体手段，全方位展示了该省十三个地市、两个省直管县（市）和农垦系统的修志成果。

——当代方志机构和志界名人：新中国成立以来全国地方志事业所取得的辉煌成就必须有机构等条件保障，必须有一支具有较高素质的人员队伍作为事业的中坚力量，这些历史都应在各地方志馆中加以记载。如从1982年改革开放后新一轮修志工作开始时，全国才有10个省（区、市）、100多个市（地）和500多个县恢复建立修志机构。仅仅十多年后，到1994年，全国各省（区、市）均已基本建立三级修志机构，专兼职修志人员约有11.4万人，而且一直基本稳定至今，这个历史变化应充分加以展现。

特别是长期以来，全国各地一大批方志人勤勤恳恳，兢兢业业，为事业做出了突出贡献。如从2005年到2015年，中国地方志指导小组会同人事部等国家有关部门，曾面向全国方志系统开展了三次全国先进集体和先进个人的“评先”工作，全国各地涌现了一大批如山西燕居谦、浙江何百川那样呕心沥血、鞠躬尽瘁的先进人物，这些都值得各地方志馆向全社会介绍宣传。

——当代方志学研究成果：上世纪80年代改革开放后国家启动两轮大规模修志工作以来，在编修了大量各类志书的同时，全国方志系统的方志学学术研究和学科建设也收获了丰硕成果。

如仅从学术论文角度看，有作者曾以“中国人民大学复印报刊资料”这一国内外学术界公认的学术综合性刊物为例，专门查阅了该刊自1995年向社会公开信息以来，经其转载的“历史学”大类及相关学科约2万多篇论文和其他有关成果目录，并对涉及方志学的50多篇论文作了较为系统的梳理分析。这些成果有的是综合性研究（如《〈中国地方志联合目录〉编著辑要》），有的是方志学基础理论研究（如涉及方志的起源、性质、编纂方法等问题研究），有的是方志史研究（如南宋、晚清、民国等各重要历史时期的综合研究，云南、广东、台湾等地的区域性研究，钱大昕、郑珍、阮元、陆心源、方国瑜等历代著名方家个人研究），有的则是专题性研究（如与历史地理学等相关学科和《史记》《资治通鉴》等相关成果的比较研究，对《大清一统志》《华阳国志》等著名旧志的研究）等等，研究涉及面很广，且总体水平不断提高，客观系统地反映了两轮修志以来我国方志界学术研究的发展脉络轨迹。[①] 这些成果都可在各地方志馆中以不同形式、不同程度加以体现。

江西省方志馆当代“盛世修志”简介

如前所述，尽管当代新型方志馆从内容到手段等各方面，较之传统形式都有了较大变化，但“方志”的主题并未舍弃。相反，有的通过拓展展示内容、改进展陈方式和开发展览手段等途径，使方志馆的传统形式焕发了新的生命。如新建江西省方志馆在“方志展区”中，除了有“方志渊源”、“盛世修志”和“名家名志”等部分内容外，还专设了“文化宝典”的内容，包括“方志与治国理政”“国内外方志收藏”“方志与勘测设计”“方志与爱国主义教育”“方志与农业研究”“方志与民俗研究”“方志与经济史研究”“方志与气候研究”“方志与城市建设”“方志与区域文化建设”“方志与名山开发”“方志与传统产业开发”等等，重点放

① 袁新国：《两轮修志以来方志学研究成果综述——一项对中国人民大学复印报刊资料所载成果的综合分析》，《第三届中国地方志学术年会两岸四地方志文献学术研讨会论文集》，方志出版社，2014 年。

在读志用志上。显然，与传统形式的方志馆相比，它不仅大大拓展了方志馆的展示内容，而且有效增强了方志馆对社会公众的吸引力。[①]

（三）情：地情展示的窗口

深圳市方志馆内设的“深圳地情馆”

“情”特指地情，地方志工作的一个基本性质和重要内容就是地情研究展示，按国务院《地方志工作条例》要求，它往往是指一个特定行政区域“自然、政治、经济、文化和社会”发展的“历史与现状”。显然，对全国任何一地来说，这都是一个巨大的资源宝库，如何既要全面、系统地充分展示地情，又不使其散乱无序、杂乱无章，确实是一篇大文章。在规划布局时相应要关注的问题是：

一方面，要注意按“纵述史实”“纵不断线”原则选择布局。即在选择地情时，仍要注重以“史”为主题、主线和主体，使“情”紧紧围绕“史”，自然融入其中而不是人为游离之外，从而体现纵向式展示和延续性脉络的总体格局。

另一方面，注意按“横排门类”“横不缺项”原则选择布局。方志馆既然是一地“自然、政治、经济、文化、社会”“历史与现状”的综合性展示，那就要善于通过各种方式，多视角介绍地情，全方位宣传文化。

这方面，杭州方志馆的设计方案就很值得借鉴。该馆设有一个专门展区，主要通过电子触摸屏显示，设置“西湖”“西溪国家湿地公园”“京杭大运河杭州段”“杭州的市树”“杭州的市花”“杭州的梅花”“杭州的荷花”“杭州的方言”“杭州的桥”“杭州的塔”“杭州的山”“杭州

① 参见张满满：《方志馆馆藏建设初探》，《中国地方志》，2012 年第 12 期。

的水”“杭州的里弄街巷”“杭州的博物馆”“杭州的古建筑”“杭州的工艺美术”“杭州的地方艺术”“杭州的名优特产”等等二十多个专题介绍，从而既从不同侧面，实际上组合起来又全面系统地展示了杭州丰富多彩的综合性地情。①

浙江湖州市方志馆的规划中，还设有一个独特的“城市名片”展示内容，即将该市改革开放以来所获的各种主要荣誉，按时间顺序并以图表方式予以标识，这也是一种别具一格的地情展示（如下表）。②

城市名片（摘自湖州方志馆规划方案）

表 4

荣誉称号	获得时间	授誉单位
全国“双拥模范城市”	1994 年、1997 年……2009 年	全国“双拥”办
全国城市综合实力百强城市	2003 年、2004 年、2006 年	国家统计局
中国优秀旅游城市	2003 年 3 月	国家旅游局
国家卫生城市	2003 年 7 月，2008 年 1 月	全国爱卫会
国家园林城市	2006 年 9 月	建设部
……	……	……

（四）人：精英荟萃的画卷

中国是一个文明古国，千百年来，全国各地名人辈出，群星璀璨，在各个时代、各个领域都涌现了一大批杰出人物。因此，汇集和介绍历代名人，同样是各地方志馆的一个重要内容。仅从浙江历史看，东汉以来载入史册的浙江籍文学家就有上千人，约占全国的 1/6；从当代看，中华人民共和国成立以来的两院院士（学部委员）中，浙江籍人士占了

① 浙江省杭州市人民政府地方志办公室：《杭州方志馆展陈方案》（2011 年 10 月版本）。

② 浙江省湖州市地方志办公室：《湖州方志馆建设情况汇报》，2014 年 3 月 11 日。

近1/5。为此，从2003年开始，浙江省社科院还集全省以至全国社科文化界之力，精心编纂了一套多达整整100部的《浙江文化名人传记丛书》，其中历代文化名人50部，当代（20世纪）文化名人50部。但这样一部恢宏巨著，仅仅见诸静态文字印刷品实属可惜，完全可以采用现代化手段并通过展览形式，让更多的人了解浙籍文化名人，了解浙江辉煌灿烂的地域文化。

近年来，全国各地日益注重通过各种方式展示本地这一丰富的历史文化资源。如2015年4月，气势恢宏的安徽名人馆在合肥市滨河新区建成开放，该馆总投资约3.6亿元，占地6.5万平方米（其中建筑面积3.8万平方米），八大展厅分别以“先祖”“先知”“先贤”“先驱”“先进”“先导”“先锋”和“先伶”为题，从政治、经济、思想、文化、军事和科技等不同领域，以不同方式生动详细地介绍了94组100多位安徽历史名人的成就业绩，八个展厅的主题和主要内容依次为：“文明曙光中的先祖”（展示远古—先秦时期的巢氏、皋陶、姜子牙等代表人物），“智慧星空中的先知”（展示秦汉—南北朝时期的张良、华佗、花木兰等代表人物），“文化繁荣时的先贤”（展示隋唐—宋元时期的李白、包拯、朱熹等代表人物），“巩固金瓯中的先驱”（展示明朝朱元璋、戚继光等代表人物），“学派林立时的先进”（展示清朝胡雪岩、方苞等代表人物），“变革中探索的先导”（展示晚清至民国时期的李鸿章、段祺瑞、陈独秀、胡适等代表人物），“烽火中前行的先锋”（展示从民国到新中国成立时期的王明、赵朴初等代表人物），“艺苑奇葩中的先伶”（展示严凤英、程长庚等艺术界代表人物）。另外，安徽名人馆还以电子显示屏等方式介绍了800多位安徽名人，从而构成了一幅由历代历史名人组合而成的既鲜明独特又波澜壮阔的历史画卷。应当说，以八个“先”字为题所展示的这些历史人物，不仅反映了安徽人杰地灵厚重的文化传统，同时也体现了安徽在中华民族文化传统中的地位和贡献程度。因此开馆之初，观众就络绎不绝，盛况空前，安徽名人馆的成功经验可供全国方志馆建设所学习借鉴。

安徽名人馆外景

安徽名人馆“名人互动墙”

在方志馆具体设计时，应按方志“生不立传”的要求，将所展人物严格控制在已故著名人物范围内。同时应遵循实事求是原则，凡对本地有重大影响的历史人物，都应在审慎把关基础上，按“述而不论”的原则，客观如实载录。但近年来，在志书编纂过程中，“生不立传”已非铁板一块，“生可入志”（以“人物简介”等形式和适当篇幅记述在世人物）的观点已成为值得关注的一种新趋势，同样可为方志馆建设所借鉴。其实，如果视新中国成立后特别是改革开放以来的历史为“现状”，那么很显然，这段“现状”下限距现实较近，相对所存史料丰富，事实清楚，是非清晰，有的编者本身就是这段现状的见证人和贡献者创造者。更何况当代新型方志馆不仅要注重收藏“历史”，还应注重展示“现状”，应当是“历史与现状”的有机结合。因此既要善于遵循传统原则，同时也要善于以改革精神创新理念，拓展思路，以使方志馆的展览展示更能吸引人、教育人。

“文脉——浙江文化老人档案展”

其实现实已为方志界提供了很好的借鉴范例：2013 年岁末，在浙江《钱江晚报》70 期“浙江文化老人访谈录”专刊基础上，《钱江晚报》和浙江省档案局又联合在杭州西子湖畔推出了《文脉——浙江文化老人档案展》，集中展出了省内或浙籍在文学、戏剧、史学（包括地方志）、音乐、美术等文化艺术领域具有造诣并享誉海内外的一批文化大家的事迹，同时配有手稿、证书、书画、著作、照片等一批珍贵的实物和采访视频，在社会各界引起热烈反响。这个展览的一个成功之处在于：这些“文化老人”大多是社会各界耳熟能详的在世老人，从而大大拉近了公众与他们的心理距离，更拉近了公众与文化艺术的现实距离。以至于在展览现场，常见被搀扶或坐着轮椅的“文化老人”身旁，簇拥着一大批亲属、学生甚至是要求签名合影的“粉丝”，老人声情并茂，动情诉说，观众认真聆听，用心体验，场景十分感人。

2014 年 3 月，同样是安徽省，还借助于省博物馆，在全国还创立了一种崭新的展览模式：“好人馆”。此举源于在中央文明办等单位举行的历届“中国好人”评比活动中，安徽省共有 829 人获此荣誉，占全国总数的近七分之一，成功实现“中国好人榜”开评六年皆居榜首的“六连冠”目标。为培育和践行社会主义核心价值观，让广大人民群众直观感受、直接浸染好人模范的崇高品质，省文明委决定建设安徽好人馆，把片段性、一次性的好人宣传变成系统性、长久性的形象展示，使社会主义核心价值观的宣传更为生动形象，为此该省在全国首创了这一展览模式。在该馆 1200 平方米的展厅里，分为崇德向善、见贤思齐、春风化雨等三部分内容，除了使用展板直接展示了 70 多位“安徽好人”的感人事迹外，最吸引人的是从全省各地收集了大量的实物藏品，如日记、笔记、票据、汇款单等特殊“文物”，不少是首次向公众展示。同时还展示了各地各系统选树典型的成功经验和全社会礼遇模范的有益做法。此外，馆内还有一个“点赞好人”的电子屏，不断滚动播出好人事迹，观众可以亲自动手触摸视频，为好人点赞或留言。[①] 从如何更好地宣传

① 参见《安徽日报》2014 年 3 月 31 日《走进“安徽好人馆”》等媒体相关报道。

一地的综合性地情特别是宣传“人”的角度看，安徽“好人馆”同样为当代新型方志馆提供了有益的借鉴。而且，如果把“好人馆”和“名人馆”联系起来，就会发现安徽其实已构建了一个从古到今、从历史到现实的完整的杰出人物链，从而从“人物”这个特殊角度和层面，把一地数千年悠久历史作了有机串联，这是十分令人关注的创新之举。

特别是由于种种原因，目前传统方志馆（包括少数新建方志馆）冷冷清清、门可罗雀的现象比比皆是。因此，如何借鉴其他场馆的成功经验，采取有效措施让当代新型方志馆改变传统形象和固化印象，更好地展示一地的综合地情特别是发展“现状”，从而更接近大众百姓，更接社会地气，是方志馆能否聚集人气、是否具有发展活力的关键所在。

另外，近年来，各地对弘扬方志文化高度重视，有的地方通过捐赠、征集等多种方式，开始为方志名家设立专题展馆，这其实也是方志馆的一种独特形式。如2007年，浙江杭州市萧山区投资20多万元，为祖籍萧山的全国著名方志学家来新夏建立了“来新夏方志馆”，内有馆藏包括来新夏捐赠的各类志书和历史文献4700多（部）册。2009年，浙江绍兴市为浙江大学终身教授、全国著名历史地理学家和方志学家陈桥驿建立了“陈桥驿史料陈列馆”，陈列馆临街背河，古色古香，600多平方米的展馆里，陈列了陈桥驿的学术著作、重要论文、手稿原件等包括方志学研究在内的一大批文献实物。这种介绍“人”和设置“馆”融为一体的方式，不仅有效扩大了方志名家的影响，也有力推动了当地方志和文化事业的健康发展。

（五）物：历史变迁的见证

具有一定数量的“物”（展品）是以展览为主要形式的各类展馆的重要内容，方志馆当然也不例外。但当代新型方志馆既不同于偏重收藏展示志书为主的传统方志馆，又不同于以收藏展示文物见长的其他专业博物馆，而是按“详今明古”原则，突出展示当代具有特殊意义的物品、有典型意义的产品，以集中宣传新中国成立以后特别是改革开放以来各地的巨大变化。这样，它既可弥补目前地情宣传的不足，又可与其他展馆实现内容互补、错位发展，这是其与传统方志馆和其他场馆最为不同的独特亮点。

当代新型方志馆的这种展示模式最早也许可追溯到俄罗斯阿穆尔州的地志博物馆。在这个以“地志”所命名的俄罗斯远东地区最大的综合性地情博物馆里，有一个反映普通百姓生活的历史馆，展示了人民生活衣、食、住、行的各个层面。如在展厅一角，有一个完全按近代典型中等阶层家庭生活场景布置的展览：墙上挂的是老挂钟、老照片，衣架上挂的是俄罗斯民族的妇女套裙，桌上摆放的是老式的电话和留声机……令人恍如隔世，又近在眼前，回味无穷。[①] 无疑，这种模式对上世纪 50 年代我国所建的 30 多个地志博物馆影响至深，可以说一直延续至今。

改革开放后特别是进入新世纪以来，各地相当一部分博物馆、展览馆、档案馆等场所，都把当地历史与现实的对比所发生的巨大变化作为重要素材，并通过许多具体实物展示来体现这种变化。例如，首都博物馆 2009 年 8 月举办的题为“城市记忆——百姓之家”的展览，就是以中华人民共和国成立后至本世纪初为前后界点，以几十件伴随着世世代代老北京人的生活物品为主要展品，同时将这些物品串联组合，并精心布置成一个真实典型的“家”。同时以十年为一个周期，通过“我家叙说”“岁月留痕”和“胡同余光”等三个不同主题和生活侧面，特别是通过这些传统与现代生活家具及展室布置变化的对比，从而以小见大，见微知著，既形象微缩了一个“家”的发展变迁，同时也昭示了一座城市数十年来翻天覆地的历史巨变，这是一种很值得借鉴的做法。

又如，于 2013 年建成开放的浙商博物馆，主要以当代浙商为展示重点，以文化演进为主要脉络，系统展现浙商的艰辛而又辉煌的发展历史，以成为“展示浙江力量、浙江精神、浙江贡献的窗口和平台，财富

---

① 参见缪小咏：《参观阿穆尔州地志博物馆》，《江苏地方志》，2005 年第 6 期。

伦理教育和创业能力教育的基地，浙商提升发展和产业转型升级的智库。”这座博物馆收藏的1000多件各具特色的展品均由浙商捐赠，有现任全国政协常委、浙江省工商联主席南存辉当年做街头小鞋匠时用的补鞋机，有曾为全国首富的娃哈哈创始人宗庆后因艰辛创业获奖而三次流泪的珍贵历史照片……这些物品显然是浙江改革开放历史的真实见证，是从“千山万水、千言万语、千方百计、千辛万苦”到“自强不息、坚忍不拔、勇于创新、讲求实效”，再到“创业富民、创新强省”等一系列浙江精神的生动写照，从一定意义上说，其蕴含的价值并不亚于一本志书、一件文物。这与以地情为主的当代新型方志馆的设计十分相近，完全可加以借鉴。

当代新型方志馆上述史、志、情、人、物等五个方面的展示内容，既各具特色、各有侧重，同时又非截然分离，而是相互结合，相互映衬，你中有我，我中有你，从而构成一个交织融合、交相辉映的有机整体。

第三章　方志馆的规划设计

方志馆是公共建筑的一种。公共建筑是承载城市活动所必需的基础性物质条件，是城市功能的重要组成部分。一般意义上的公共建筑是指为满足公众生活需要，保障经济运行、社会发展和人民生活所提供的基础建筑、公共交通系统、教育、文化体育、社会福利等公共性服务设施。方志馆和博物馆、展览馆、图书馆等场馆同属于文化类的公共建筑。传统意义上的方志馆主要用来存放以纸质形式为主的各类志书，而当代新型方志馆则是以现代化手段展示特定行政区域自然、政治、经济、文化和社会等历史与现状的综合性地情为主、同时兼及传统形式的场馆。现已建成的方志馆大多以传统方志馆为主，与此同时新型方志馆建设方兴未艾。因此，本章在介绍传统方志馆规划设计的同时，还将着重对当代新型方志馆的规划设计进行介绍分析。

方志馆的规划设计是方志馆进行定位并确定其功能、特点和各种现代化展示方式的综合过程。同时规划设计过程也是一个对前期设想思路深化、扬弃和升华的过程，通过规划设计可以检验前期的各种设想，并力求最终达到预想的建设效果。方志馆的建设过程十分复杂，包括多个环节和阶段，例如调研、方案设计、规划审批、征地拆迁、工程招标、施工管理、展示设计、藏品征集、布展开馆等众多环节。由于调研、征地、拆迁、招标、施工等环节更多涉及建筑工程技术领域，所以本章主要对规划和设计两个阶段进行介绍分析，其中设计包括建筑设计和展陈设计，为了叙述方便分为两节。同时为更好地阐释方志馆的规划设计，有必要对方志馆的设计进行实证研究，因此本章选择了一些具有代表性或有特色的方志馆及可供参考借鉴的展览馆、博物馆等场馆的设计方案进行介绍。

第一节　方志馆的规划与选址

规划与选址是方志馆建设的首要问题，也是需要首先讨论的内容。近年来，全国各地方志馆建设方兴未艾，特别是新型方志馆建设已成趋势，相应研究也日益深入。总体上看，现有研究成果大多限于工程技术领域，而且很多是关于图书馆、博物馆等场馆的专题研究。为此，有必要扩大外延，通过比较分析，借鉴图书馆、博物馆等场馆的相关研究成果，并在此基础上形成方志馆的规划设计思路。

一、方志馆规划

规划是涉及一项事业整体性、全局性和长期性的发展计划，规划先行是任何一项重要工作特别是重大工程的基础性工作，是其建设的先决性前提条件。所谓“预则立，不预则废”，作为各地重要的公共文化基础设施，制定并不断完善规划，同样是方志馆建设的重要基础和前提，

（一）方志馆规划的主体理念

规划先行的前提和关键是理念先行，即制定规划前在厘清各种关系基础上加以定位的基础理念，指导方志馆规划建设的主体理念可包括以下几个方面：

首先，要善于在弘扬传统文化中彰显特色。众所周知，地方志是中华民族独有的传统文化形式，作为这种文化的重要载体和表现形式，方志馆必定要深深植根于中华民族数千年的历史文化传统，并且从历史到现实，从形式到内涵，都会深深地打上这一传统的历史烙印，这是方志馆制定规划必须考虑的一个至关重要的基础理念。如果无视这个基础前提，如果离开这个立足点，任意跟风头，随意赶时髦，方志馆就可能会变成不伦不类、不中不西的“大杂烩”，这是需要切实防止的一种现象。

例如，如前所述，作为全国第一家明确宣示要以突出综合地情为主旨的新型方志馆，北京市方志馆从全馆具有浓郁中华民族特色的主体设

计，到序厅、门楼、中庭等具体部位，从展示内容到布展形式，处处体现出中华民族悠久的历史文化传统，展示了地方志精湛的人文精髓，同时还浸透着北京这座具有数千年历史文化古城的独特韵味。

北京市方志馆富有民族特色的门厅

另据报道：在浙江宁波美丽的东钱湖畔、田螺山腰，有一幢别具风格的木质建筑："田螺居"。整幢房子依山而建，设计巧妙，人文气息浓厚，远观则如长龙，颇具气势。然而不知何故，这座为某位国内外著名建筑大师设计的作品建成两年多却一直闲置至今，以至屋外垃圾成堆，屋内蛛网密布，甚至粪便满地，臭气熏人。① 尽管造成这一结局的原因各执一词，十分复杂，但惋惜之余却令人深思。尽管它也不是方志馆的建设实例，但同样可从另外一个角度为方志馆规划时所借鉴。

其次，要善于在博采众长中独树一帜。作为当代公益性文化场馆，方志馆在具有自身特点的同时，也必然会与其他公共文化场馆有许多相同的共性，这样，如何既注重自身传统等个性特点，又善于拓宽视野，虚心借鉴其他场馆的共性优势，在博采众长中独树一帜，同样是方志馆规划设计时应予遵循的一个重要理念。所谓"尺有所短，寸有所长"，更何况与图书馆、博物馆等相比，方志馆发展历史更短，经验相对也更为欠缺，因而更需通过博采众长来扬长避短。

例如，在当代图书馆、博物馆、档案馆等业界发展中，"与人为本"已成为越来越多公益性文化场馆的管理理念和发展目标，它们纷纷采取延长开放时间，扩大服务区域面积，开发现代化自主互动服务手段，甚

① 参见 2014 年 7 月 18 日《钱江晚报》。

至允许乞丐入馆等与传统颠覆性的举措，来强化和落实这一理念。正如原国家图书馆馆长周和平所言：“今天的图书馆早已不是传统意义上单一的文献借阅场所，它正在日益成为一个城市重要的开放公共空间”，“为人们提供了一个日常交流和文化休闲的场所，一个提高学习能力与创新能力的场所。”[①] 贝聿铭也曾指出：“当代的博物馆已远远超越了‘艺术宝库’的范畴，而成为一种公众聚集的场所……对公众交流的关注成为现代博物馆发展一个重要趋势。”[②] 同样，与旧时藏书楼等场所“秘不示人”等传统所不同的是，作为公共文化的一个重要组成部分，当代方志馆同样需要敞开大门，让更多的人了解方志，喜爱方志，运用方志，让方志文化传统在全民族中进一步弘扬光大，因此上述理念很值得方志馆在规划时加以借鉴。

第三，要善于在改革创新中与时俱进。规划强调遵循民族传统并不意味着方志馆就此便可因循守旧，故步自封。党的十七届六中全会通过的《中共中央关于深化文化体制改革、推动社会主义文化大发展大繁荣若干重大问题的决定》指出，要“发展面向现代化、面向世界、面向未来”的社会主义文化，地方志工作同样应加以遵循。而且，文化“传承”本来就不是一个单纯的承继关系。简言之，“传”是对历史的延续，“承”则是起承转合的新起点。所以面向现代化、面向世界、面向未来，全国地方志系统需要“传”，更需要“承”，需要发展，需要创新。[③]

例如：当今信息化手段日新月异，多媒体技术瞬息万变。同样，处于高度现代化环境中的公众，面临的资讯渠道日益丰富，自主选择意识日趋强化，单向式、封闭的展示流程和灌输式、单一式的信息传达很难适应新形势下的公众需求。这样，即便是以收藏展示纸质文献为主的传统方志馆，也必须充分关注并适度运用现代化手段，以适应方志事业不

① 周和平：《数字图书馆的建设与发展》，《文汇报》，2012 年 7 月 30 日 D 版。
② 蒋玲主编：《博物馆建筑设计》，中国建筑工业出版社，2009 年，第 19 页。
③ 潘捷军：《“三个面向”与方志文化建设》，《中国地方志》，2012 年第 1 期

断变化的发展趋势，以满足公众特别是广大青少年不断变化的学习需求，而以展示综合地情为主的当代新型方志馆则更应如此。而且还应看到，适度借鉴运用现代化手段，还有可能因节省占地面积而减少传统资源的浪费，也会更聚人气而提高展陈效率，从而产生“事半功倍”的效果。否则，方志馆就可能会日益陷入曲高和寡、孤芳自赏而且周而复始、日渐萎缩的尴尬境地，这是当前方志界面临的普遍挑战，也是方志馆规划必须加以遵循的一个重要理念。

（二）方志馆规划的指导原则

在上述理念指导下，可概括提炼方志馆规划的若干指导原则。以往有不少研究已关注到了这一问题，例如：强调方志馆规划时要以“实用、经济、美观”为原则以“合理的确定馆址”，“合理的确定建筑面积”。（陈希周 2005）方志馆的规划建设“应表达出对传统文化与地域文化的理解和传承，成为满足人们需求的精神家园，成为知识的殿堂、城市的客厅、文明的窗口；成为超越时空、历史的记录者和展示者，也是文化的承载者。”（陈松文 2014）方志馆建设要注重突出“法制支撑”“地域特色”“服务功能”“现代手段”“虚实并举”和“科学管理”等六个维度（刘丹 2014），等等。

更多的则从图书馆、博物馆等相关场馆角度，提出了可为方志馆规划借鉴的有益思路。如有的借鉴国外经验，较早提出博物馆规划选址时，一要“重视环境特点”，二要力求“交通便利”，三是大多数最好建在城区，四是不应只局限于本身，还要考虑到与教育、学术讨论、文艺欣赏和群众衣食住行等需求有关的活动和各项服务设施相临近的地区。（陈彬 1985）再如博物馆规划时应注意“馆址选择的实质是馆址环境的选择”“馆址选择的环境地段需有合适面积”“馆址选择的最佳环境应成博物馆群”（王成 2004），等等。这些研究有的虽不直接针对方志馆，但由于从不同方面指出了选址对建馆的重要性和选址诸要素，特别是其共性特点值得方志馆在规划设计时加以总结借鉴。

从不同角度可提出不同的指导原则。例如：专业性原则、独特性原则、灵活性原则、经济性原则、实用性原则、生态性原则、智能性原则、人性化原则、可持续原则、规范性原则，等等。国家方志馆在规划设计中，则提出了“都市性”“开放性”“统一性”“学术性”“有机性”“实用性”“可持续性”等七大原则。借鉴有关研究和实践范例，现概括提出以下几个基本原则：

1．独特性原则

方志馆是展示地方志这种中华民族独有传统文化形式的重要平台，独特性原则应是指导其规划设计的首要原则。特别由于目前各级党委政府普遍高度重视文化事业建设，各地各种类型的公共文化项目建设方兴未艾，已建成开放的设施星罗棋布。如据 2014 年统计，截止到 2013 年，我国各类博物馆数量已达 4165 家，比上年新增 299 家，平均一天半新增一家。面对这种发展态势，如何避免千馆一面、千篇一律，通过资源合理配置实现错位竞争和差异化发展，只有在注重“独特”上大做文章，方志馆才能独辟蹊径，独树一帜，在场馆林立的现实格局中独占鳌头。如福建省万宁市方志馆着重突出山海兼备的地域风貌和当地独有的畲族风情，而连城县方志馆则力求彰显闽西红土地文化和客家土楼民俗等独特优势，可谓各具优势，各显其长。当然，在具体设计和实施过程中，还要注重尽可能与周边文化环境相融合、相匹配，避免人为任性、哗众取宠的标新立异，力求在与大环境的有机统一中达到“人有我优”的目标。

2．实用性原则

任何建筑都要满足实用性原则，方志馆规划时同样应加以遵循。方志馆是功能性极强的建筑类型，随着时代的发展，它已由原来仅仅存放志书和编纂方志的场所，发展成为多功能、开放式的公共场馆。所以，方志馆的规划要保证其对地情展示、信息传播、宣传教育、学术交流等职能开展的要求，充分满足各方面实际需要。一个设施完备、功能齐全、便捷便利的方志馆更能方便公众参观使用。遵循实用性原则，还要注意节省成本，尽量避免贪图“高大上”式的浪费，积极致力于提高投资效率。特别要防止盲目追求扩大土建规模、外观奢华而内展空空、观众寥寥即中看不中用的所谓“地标性建筑”，这是现实中与实用性原则严重背离的一种倾向。

3．高效性原则

建筑体量和展区面积增大是现代方志馆的发展趋势，但现代方志馆在规划和建设中还要注意集约高效，布局要紧凑合理、功能分区要清晰明确，注重节省空间、节约资源，积极致力于提高面积的适用系数。同时，与传统方志馆相比，现代方志馆的突出特点之一是功能综合，展示陈列内容多呈现多元化趋势，而且还会随着不同时间段的变化而变化；另外，方志馆不仅要提供展陈活动，还要力求提供会议、交流等多功能服务。这些都要求进行集约化设计，以使功能区的包容性更强，以便于展示者和参观者通过展陈进行交流、沟通，使之更具方便高效的特性。

4．可持续性原则

所谓“可持续性原则”主要包括两方面：

一方面，规划一旦经科学程序规范严谨地加以制订，就必须强调其严肃性并认真遵循，力求“一张蓝图绘到底”。特别要防止由于主观上的忽视轻视而随意降低规划要求规格，或者将规划变成与实际操作相分离的“两张皮”，最终成为“纸上画画，墙上挂挂”的一纸空文，以确保规划的科学性和严肃性。

另一方面也要看到，现代社会发展迅速，人们生活节奏大大加快。与此相适应，方志馆的内容和形态发展速度也很快，因此在规划设计时要考虑其事业的持续发展，尽可能留有余地，以应对未来功能的扩展、面积的增加、发展目标的调整变更等问题。同时随着科技的发展，还要充分估计到网络、多媒体等现代科技的发展趋势，如果忽视现代化技术的应用，可能会为今后留下缺憾。这就要在规划中合理设计安排，特别要善于为未来发展预留一定空间，使其能随着方志事业的发展变化而进行同步调整，促使方志馆的可持续性发展。

（三）方志馆规划实施诸要素

在初始阶段，要充分考虑建设目标、建设规模、建设功能等各方面要素，以避免决策失误。具体可从宏观、中观和微观等三个不同层面对规划要素进行分析并付诸实施。

1. 依据总体建设目标规划设计

依据总体建设目标规划设计是一种宏观定位方法。自古至今的方志馆实际可分为几种类型：一是以收藏方志文献等单一功能为主要形式的传统方志馆，如古代史馆、近代藏书楼等等；二是在传统方志馆基础上，同时兼有编纂、研究等办公职能的现代方志馆，如晚清、民国时期的通志局（馆），新中国成立后直至改革开放一轮修志时期各地所建的方志馆；三是进入新世纪后，伴随二轮修志所掀起的以展示综合地情为主要形式的当代新型方志馆。显然，这是三种定位和目标各不相同的发展模式。当然，无论是传统馆还是现当代馆，实际建设时三种模式并非决然分离，而是多以一种功能形式为主，其他功能为辅。一般而言，上述三种类型的方志馆，在建设规模、展陈内容、现代化程度等重要指标上，以此类推，前者往往要小于、少于和低于后者。因此，在规划设计时，相应也应按三种不同类型方志馆的总体建设目标因地制宜、分门别类加以实施，不能搞简单的“一刀切”。

在规划设计时，既要考虑事关长远发展的总体目标，也要考虑分类、分阶段实施的中短期具体目标，一般包括从筹建、立项、主体建设到内部展陈、移交、开馆等各个不同阶段。在筹建阶段要充分考虑方志馆建设的规模、大小、面积、风格、计划投资额等因素；在立项阶段要按照国家相关法律法规通过正式程序开展立项和招投标等相关手续；在主体建设阶段要按照法律法规和建筑质量的具体要求，采取由自身或委托专门机构等形式进行建设、监理、验收等工作；在内部展陈阶段要整理好藏品，做好展陈设计方案，精心布展；开馆阶段验收后按规定和程序移交后，还要搞好管理等各项后续工作，等等。这些都要在筹建方案中综合考虑、合理规划，并在项目立项书中充分体现，按规范程序操作实施。

2. 依据建筑面积规划设计

依据场馆建筑面积规划设计是一种中观定位方法，即无论是传统还是现当代方志馆，都必须在既定面积范围框架内进行规划设计。由于全国尚无统一的方志馆建设标准，参照借鉴现博物馆等业界的一般划分方法，可将建筑总面积在1万平方米以上的方志馆视为大型馆，5000至1万平方米的视为中型馆，5000平方米以下的则可视为小型馆。

根据对全国各地现有方志馆的分析，早期建设的如山东、河南、湖南、云南等省级馆大多体量较小，建筑面积基本在5000平方米以下。但随着各地方志事业的快速发展，近年来新上马建设的方志馆建筑面积一般都在5000平方米以上，如江苏省方志馆建筑面积为5000多平方米，广西壮族自治区方志馆建筑面积为6000平方米。在其他省级馆中，规划中的青海方志馆建筑面积约6000平方米，建设中的海南方志馆建筑面积约9000平方米。这些新建方志馆建筑面积的增加，究其原因，还是当代新型方志馆的展示内容和展示方式变化的新趋势决定了其规模的逐步扩大。但另一方面，这并不意味着其面积、规模就此可无限扩大，同样还应根据区域方志资源的具体情况而定，以避免浪费。至于市级、县级方志馆，更需视情而定，量力而行，一般更没有必要搞大规模建筑。例如山东省菏泽市方志馆建筑面积为1000多平方米，浙江杭州余杭区方志馆建筑面积仅为1286平方米，但却小巧精致，独具特色，基本上都能满足当地当前和今后一个时期方志事业发展的需要。

科学规划是方志馆规划应予遵循的重要原则，这就要特别注重加强项目建议书的前期研究工作，对功能区的计算要具体、详细、准确，要讲究计算方法。这方面新建国家方志馆对藏书区的计算，为我们提供了一个很好的示范。国家方志馆书库总建筑面积5859平方米（使用面积

4101 平方米）。其中新编志书库建筑面积 1659 平方米，年鉴书库建筑面积 1420 平方米，旧志库、期刊库、志稿及资料长编库建筑面积 1204 平方米，地情资料及三级志书以外的志书库建筑面积 1130 平方米，方志理论及相关学科专业参考书库建筑面积 446 平方米。计算依据如下：地方志书、地方综合年鉴、合订本期刊多数为 100 万字 16 开精装本，每册相当于普通图书 6 册体积。新编地方志首轮志书约 6000 册，相当于普通图书 3．6 万册，以每种书收藏 3 册（1 册为库本，2 册为流通本）计，共 10．8 万册。以 15 年续修一次计，30 年后相当于 32．4 万册。地方志系统编纂的地方综合年鉴，以每年 1000 种，每种收藏 2 册（1 册为流通本，1 册为库本）计，每年增加 1．2 万册容量，30 年后相当于 36 万册。有代表性的志书资料长编、送审稿，地情资料书，地方志期刊及合订本，民国以前的旧方志，各级各类专业志，以及方志理论及相关学科参考图书，以年增长 3000 册计，30 年为 54 万册。以上总计 30 年后方志馆收藏书总量约为 130 万册。根据教育部 1980 年确定的高校图书馆藏书库建筑面积标准，书库应以 30 平方米/万册计，还必须考虑近年来很多志书、年鉴、期刊都改为大 16 开国际标准开本，增大了每层书架高度，限制了书架摆放层数，故以 36 平方米/万册计，书库应为 4680 平方米，受建筑空间所限，实际为 4101 平方米。

确定方志馆的建筑规模，还要事先计算好场馆的建筑密度系数。建筑密度系数是建筑底层落地面积与基地面积之比，它反映了方志馆的绿化面积或周边城市环境的情况，也就是建筑疏密度的具体情况。如果周围建筑群的建筑密度大，即使方志馆本身建筑密度小，场馆外的场地大，方志馆在观感上仍有紧迫感；如果周围建筑群的建筑密度小，环境比较空旷，即使方志馆本身建筑密度大，在观感上仍然会比较疏朗。例如，规划中的安徽方志馆根据不同使用功能，采取动静分开、内外使用功能分开、相对独立联系便捷、便于管理的三栋不同使用功能的多层框架结构的建筑所构成，包括图书馆、省情展览馆、研发宣教中心和配套设施等，建筑面积1．79万平方米，其规模能较为充分地满足全省的地方志展示和工作需要。

3．依据场馆内部不同功能规划设计

与整体发展目标、总体建筑面积相比，依据场馆内部实际不同功能规划设计相对是一种具体的微观定位方法。显然，不同功能规划目标不同，设计要求不一。以收藏为主要形式的传统方志馆，规划设计时其基本书库、特藏书库和珍善本书库等显然要占主要比重，而受“秘不示人”等传统观念的影响，开架书库、公共阅览室等一般不会占太大比重；相反，以展示综合地情为主的当代新型方志馆，面向所有公众的展厅展室、公共阅览室等公共服务设施和观众（读者）活动区域毫无疑问应占主要比重。可见，方志馆建设的总体理念决定具体功能，而功能差异又会直接影响决定相应的规划思路和设计方法。

二、方志馆选址

（一）方志馆选址的重要意义

方志馆的规划设计至关重要，但它们毕竟还只局限于研究领域，停留在理想状态，只有付诸实施才能变成现实。而且，规划设计也不可能一劳永逸，一纸定终身，而是要在建设中不断加以检验、修订和完善。这样，紧随规划其后的就是方志馆的选址问题，它对方志馆建成之后各项工作影响甚大。选择的好，就能充分发挥方志馆的展示、保存、宣传、教化等功能，同时有利于今后的可持续发展；选择不好，不仅原设计功能难以充分发挥，而且会造成用地、财政投入等各方面资源的严重浪费，严重的甚至需要重新选址重建。例如中国科技馆在馆址选定并已基本完成施工的情况下，又宣布另外择址建新馆，建成的新馆未及使用便已成“老馆”而被弃用，尽管内中可能有很多难言之隐，但其教训十分深刻。尽管方志馆建设至今尚未发现此类情况，但此例仍值得全国方志系统加以重视。从这个意义上看，选址既是检验规划设计是否科学合理的第一道关口，也是规划设计进一步提升质量水平的重要基础。

方志馆选址在一定程度上就是对环境的选择。这里所讲的“环境”涉及方志馆周边的区位、交通、人文甚至气温等具体因素。国务院《地方志工作条例》规定：地方志是全面、客观、系统地记述一地自然、政治、经济、文化和社会的历史与现状的资料性文献，是中华民族特有的传统文化形式。方志馆则是展示这一传统文化的重要窗口，也是各级政府公共文化工作的重要场所。因此方志馆建筑具有综合性、永久性的特点，不仅要符合当今需求，还应在一定时期内能长期使用，建成多年后还有可能成为标志性历史建筑，也将为当地方志事业的传承留下凝固的史诗。所以，方志馆选址，至少要满足专业上的独特性、环境上的稳定性、发展上的可持续性等基本要素，其馆址的选择实质上是对环境的选择，需要对多种环境因素综合权衡，选择出适合方志馆建设、运行的适当环境。例如，江西省方志馆当初就有两个方案可供选择：一是选择在南昌市红谷滩凤凰洲片区建馆，二是选择在江西师大新校区建馆。考虑到社会各界对方志资源的利用和开发，以及便于组织青少年进行“三热爱教育”等因素，经综合分析，省方志办提出选择第一个方案。可见，多方案对比，反复权衡后再作选址决策，是继方志馆的规划设计后，承上启下、承前启后的又一个不可或缺的重要环节。

（二）方志馆选址诸要素

方志馆选址需要考虑的因素很多，较为重要的主要包括以下几个方面：

1．文化因素

一个地区、一个城市有其独特的个性和文化底蕴，在重大文化设施的选址中一般都会充分考虑这种独特的地域文化因素。地方志是一地文化事业的重要组成部分，方志馆则是与当地文化传统息息相关的公共建筑，有时方志馆和其他建筑组合在一起还有可能成为标志性建筑，因此在选址时，首先要力求与所在地区、城市的文化气质相融合。例如北京自明朝永乐十九年（1421）起，就形成了一条贯穿南北的中轴线，延续到清代南起永定门，北到钟鼓楼，全长约 15 华里，到了现代随着城市的发展已经延伸到了南北五环。这是北京城市的一个重大文化因素，在京建设的重大标志性建筑一般都要考虑这个重要因素，其布局尽量安排在轴线两侧，以突出重点，带动参观流量，中轴线的北端更是重大文化设施选址的重要区域，可起到北京城屏障的作用。

又如于 2014 年 11 月建成开放的浙江义乌市方志馆，也是充分利用了该市两大现有的文化传统资源：一是选在市中心风景秀丽、人气极旺的绣湖公园建馆。绣湖在义乌旧县志中即有“群峰环列，云霞掩映，烂然若绣”的历史记载，明清时期便有驿楼晚照、烟寺晚钟、花岛红云、柳洲画舫、湖亭渔市、画桥系马、松梢落月、荷荡惊鸥等著名八景，现按历史记载经改造后又重现人间，因而绣湖公园也成为深受当地人民群众喜爱的休闲之地。二是利用绣湖公园内的传统历史建筑义阳楼建方志馆。义阳楼位于绣湖公园中心风景绝佳之处，由一组三座仿古建筑组成，其中居中的义阳楼被用作方志馆主展厅，南北两侧的绣水厅和稠山厅则分别用于展出义乌的历史文化和志书等古籍文献。显然，在这种得天独厚的人文环境中并利用传统建筑所建的方志馆，自然更具历史厚重度和独特的文化意蕴。

用作义乌方志馆主展厅的义阳楼主楼

2. 环境因素

方志馆周边的自然和人文环境，会直接影响人们的参观意愿和现场感受，是参观流量的重要影响因素。如广州市地方志馆便面向风景秀丽的广州麓湖公园，背靠林木茂密的白云山脉飞鹅岭和环境幽雅的广州雕塑公园。同样，义乌方志馆也在环境静雅、风景优美之处选址，等等。这样，不仅环境可衬托方志馆的人文色彩，而且方志馆还可为自然景观点缀添色，从而使两者交相辉映，相得益彰。所以应尽可能在交通便利、环境优雅、科教文化发达区域选址，一般不宜选在工厂、矿区等非生活区域。当然也应看到，由于用地矛盾日趋紧张，目前在各地城市核心地段特别是人口稠密的居民生活区选建方志馆难度很大，各地常常面临“两难”选择：或是因地段条件优越人气很旺，但面积狭窄，难以施展；或是远离城市中心，馆舍宽敞大气，但冷冷清清难有人气。例如，国家方志馆在选址时，就充分借鉴了已建上海通志馆、中国印刷博物馆等场馆，由于地处偏僻、交通不便、观众稀少的教训，而改在城市中心区和文化聚集区选址，从而有效克服了人气不足的缺陷。当然由于种种原因，方志馆现有选址大多由政府及相关部门，根据城市总体规划、建设成本等多方面因素综合平衡决策，方志系统往往需被动接受，选择余地相对较小。这样，就应本着“不求所有、但求所在”，“发展是硬道理”等理念，善于因地制宜，因区而异，在给定的“螺蛳壳”里做“道场”，在冷冷清清的边缘地带聚人气。

从当今国内外文化场馆的布局看，除一些纪念馆和遗址博物馆就地选址、散点式布局外，越来越多的城市公共建筑采取聚集式建造的方式。所谓“聚集式建造”是多座文化设施、场馆采取某种方式相互毗邻地建在一起或间距较近地连为一体，以形成一个文化场馆群，这种与环境协调共处的选址方式同样值得借鉴。例如，浙江湖州市方志馆就选址在位于城中闹市区项王公园中的望湖楼内，这是一座四层仿古建筑，虽然占地面积并不大（满打满算也只有约1500平方米），但它既紧临市中心，周边有多处名胜等文化场所，人文气息浓郁。同时又临河而建，位置得天独

浙江湖州方志馆外景（设计图）

厚，环境优美，风景宜人，这种环境上的优势无形中又会弥补方志馆占地空间狭窄的缺陷，因此，湖州市方志机构和有关设计企业紧紧抓住“环境”这个有利因素，力求通过精选内容、精巧手段和精致布展，在有限的空间中把文章做透做足，力求把环境优势发挥到极致。[①]

3．面积因素

面积也是方志馆选址需考虑的基本因素。例如，建筑领域有一个通行惯例：场馆主体建筑离其中心主干道一般不能少于60米，这样，既可为该建筑留出景观绿化带、公众休闲场所、停车场等足够空间，又可对公共场所噪音、环境污染等不利因素起到不同程度的屏蔽作用。同样，方志馆馆址所需面积一般包括建筑主体占地面积、附属设施面积、公共绿化面积和预留面积等等，即既要充分考虑展厅等主体面积用地，还要考虑包括停车场、餐饮、公共活动空间等所需的辅助面积用地；既要充分发挥现有功能面积用途，又要尽可能为今后扩建留有余地；既要最大限度把室内空间用足用好，又要善于以“绿色方志馆”等生态文明的崭新理念，保留足够的室外绿地，使绿化在净化空气、减少噪音、美化环境等方面发挥明显作用，以促进人与自然的和谐相处，这应当是方志馆选址理念的最高境界和最新追求。

从现实来看，已建方志馆大多起初面积基本宽裕，但随着馆藏品、资料的增多和业务量的增加，面积矛盾往往日渐突出，馆舍面积也渐不敷用。这样，选址时要善于统筹兼顾，力求一步规划，分步实施。面积过大自然会带来土地资源的浪费，但面积太小今后又可能会另起炉灶，同样会形成浪费，甚至得不偿失。总之，要有一个合理恰当的总体面积，如要充分考虑建筑密度系数等重要参数（建筑密度系数是建筑底层落地面积和基地面积之比，可反映绿化等面积和城市环境与建筑的疏密程度）。当然，与建筑密度系数一样，衡量环境质量的指标参数还有很

① 湖州市地方志办公室：《湖州方志馆建设情况汇报》（2014年3月）。

多，需要综合考量，规范平衡，科学评估，力求使环境质量和周边建筑类型、建筑密度、今后的规划发展等各方面因素相协调适应，以通过选择面积为方志馆选址夯实基础。

4．交通因素

方志馆是大众参与的公共文化建筑，在文化事业迅猛发展的当今时代，公众的文化需求和参与度是方志馆必须考虑的问题，而便利的交通是公众能否顺畅参与的重要条件，因此交通条件是方志馆选址的重要因素之一。方志馆选址时的交通因素包括外部交通和内部交通两个方面，外部交通指的是方志馆在所在城市的整个交通网状况，方志馆要尽量靠近区域交通枢纽，便于公众出行选择。如新建广东省方志馆就建于广州市中轴线附近的天河，同时毗邻华南理工大学、暨南大学等著名高校和省档案馆等文化场馆，不但文化氛围浓厚，而且交通十分便利。于2013年底竣工的广东深圳市方志馆，与会展中心、市民中心、莲花山公园等深圳标志性建筑同处城市中轴线，有两条地铁线可同时抵达，交通也十分便利。同样新建杭州方志馆因利用建于清咸丰三年（1853）、具有杭州地方典型特色的晚清民居——汪宅而建，建筑面积虽然不大，总共约1100平方米，但因它恰恰地处市中心繁华地带，交通便利，因而有足够的吸引力和人气，这种优势是其他一些方志馆难以比拟的。

内部交通指的是方志馆整体建筑内的停车场、车辆的来往路线、观众的出入路线和展品的运输路线等交通设施状况，其实也是涉及场馆安全的重大问题。也许有人会认为，内部交通充其量也就是个内部管理问题，与方志馆选址似无多大关系。其实，如果忽略必要的消防、安保等应急疏

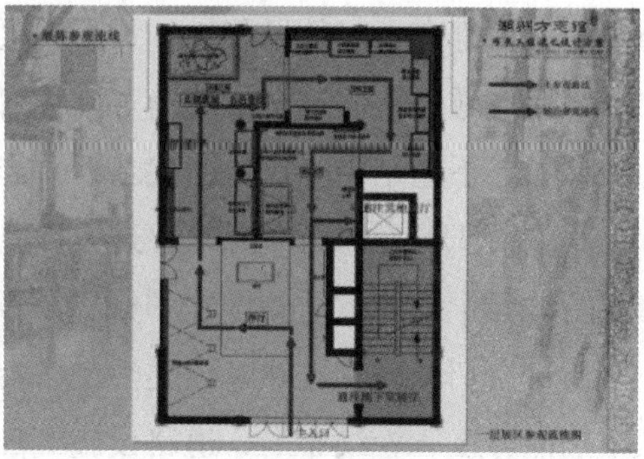

湖州方志馆观众参观流线设计图

散面积和预留通道，方志馆在前期选址时就有可能留下隐患。而且，选址时不仅要考虑外部必要的消防安全和疏散通道，而且要充分考虑展厅内部的安全因素，甚至细化到观众在馆内参观流动线路的设计布局。如《博物馆建筑设计规范》中便有明文规定："室外场地和道路布置应便于观众活动、集散和藏品装卸运送。"与其他场馆一样，方志馆的流线也应通畅、连贯、明快，即人流、物流、车流等各条流线都应有独立的出入口，尽量和其他流线相区分，以防止不同流线交叉拥堵。如北京市方志馆在规划和建设时就明确提出，以现有展陈面积计算，在观众接近容纳饱和量时，应将其实际参观时间控制在 1—2 小时为宜。当然在实际情况中，一些规模较小的方志馆特别是利用传统建筑改造的方志馆可能会存在不同流线共用现象，这就更需精心设计，并有预案，以确保内外衔接，进出畅通。

5. 专业因素

专业因素是指作为特殊公共文化设施，方志馆选址时所必须具备的专业条件，如果这些条件得不到保障，有时虽不至于影响方志馆的总体格局，但处理得好，可能会产生锦上添花、事半功倍的效果，否则就会因潜在因素而带来不同程度的负面影响，因而选址时同样应加以注意。例如，很多场馆选址时往往会考虑朝向因素，会尽量选择坐北朝南的地块，而且会尽量避免倾斜的地块，因为倾斜的、不规则的地块在采光、通风等方面都有一定的局限性，无形也会影响观众读者入馆后的心理情绪，因此应通过朝向选择尽量为观众读者创造一个良好环境。

又如，不论是传统还是当代新型方志馆，保存大量志书等纸质文献都是其重要职能，因而方志馆在这方面专业要求很高，如要求具备完备和严密的保护设施，这些设施和方志馆所处位置的气温、地质条件甚至空气质量密切关联，也和经人类活动长期改造而形成的"人化"自然及城市功能分区、管线布局、道路设施等环境的现状相联系。如选择在一个潮湿的环境中建馆，自然会加大馆藏品保存难度，还要增加建设成本，设备和技术上不成熟都会成为方志馆今后运行的一大难题。虽然这些问题开馆后可以通过特定技术处理适当加以改变优化，但一般而言很难在短期内发生根本性变化，如在选址时就能充分加以考虑，同样可能会有“事半功倍”之效，这是需要在选址时就应充分考虑、审慎决策的问题。

最后还需要说明的是，从方志馆建设角度看，上述规划设计理念既是一个应努力加以实施的目标体系，同时由于缺乏理论研究和实践经验，对方志系统也是一种探索甚至是挑战。我们不妨开拓思路，再借鉴一下其他行业的成功经验。如台湾台南历史博物馆公园是一座以“公园”命名的博物馆园区，其占地达 20 多公顷，于 1999 年 10 月开始筹建，2011 年 10 月开馆。其建设和展示理念都非常超前，如把历史博物馆作为景点来建设和规划，园区内建有行政典藏大楼、展示教育大楼各一座，整个设计既恢宏大气又具有时尚未来感。它不仅展出历史文物，还有以知识、自然、乡土等为不同形式和不同主题的展示展演活动。特别是馆中还有 10 公顷的绿地、泄洪池，用于展出台湾特有的原生种植物，以吸引鸟类等生物栖息，从而呈现出台湾的原生态自然风情。行政典藏大楼则系典籍储藏借阅、学术交流、办公研究场所。展示教育大楼则承担了历史文化展示和教育功能。博物馆一楼为常设展厅，展出“早期的居民”“地域社会与多元文化”“展望新世纪”等内容，通过造景、模型、投影、数字化、视频等多种方式，生动、全面地讲述了台湾的历史故事，引领观众认识和体验不同时代的居民文化和生活。四楼系非常设展厅，用于“台湾平铺族群历史与文化特展”等临时展览。另外，馆内还专设超大型儿童展演厅，以活泼的互动方式展示时光隧道、自然台湾、农村采风及游戏童年等地域风光。博物馆公园的设计理念是“来台南，游历史”，力图将严肃的历史主体寓于生动体验和艺术感受之中，从而一改历史博物馆严肃、沉闷的传统形象，较好地体现了独特性、实用性、高效性、可持续性原则，也有效实现了文化、环境、面积、交通和专业等各要素的相互融合与有机统一。

另外还值得关注的是，台南博物馆并不仅仅只是一个传统意义上的博物馆，它更是一个具有超前意义的博物馆“公园”，是一个以博物馆为主体的综合性人文历史文化“园区”，这种形式有几个特点：一是面积大，各种资源配置能力强，这种多功能公园园区式的博物馆对公众的吸引力，自然优于单一性的传统场馆；二是由于各种文化的交融和各种形式的汇聚，不仅大大放大拉长了一种文化品种样式的价值链，而且还产生了各种文化间层累叠加和交互影响等多种效应，从而使不同阶层、不同需求的人群，都能各取所需在园区中参观游览，并在对各种文化不同程度的接触中接受潜移默化的熏陶，感受五彩纷呈的魅力，显然，这是文化传播的最高追求和最佳境界；三是这种综合性园区还因文化、社会、经济等综合效益的共同聚集，从而产生文化助推区域经济、社会事业，进而带动周边街区、社区发展的积极效应。显然，这是一种相对超前的规划设计理念。

当然，从大陆各地方志馆建设现状看，目前似乎还达不到这样的水平，但其规划选址的超前思路和创新思维却十分值得借鉴。例如，浙江方志馆在规划时，就曾有过融入新近规划的“浙江文化城”园区的设想，这个位于钱塘江畔的大型园区，包括已竣工投入使用的浙江音乐学院和拟规划入园的浙江图书馆新馆、浙江博物馆新馆、浙江非物质文化遗产馆和浙江文学馆等多个大型文化设施，相互关联度高，文化集聚效应强。显然，如果能按这一构想实施，对浙江方志馆包括其他有关场馆而言，台南博物馆园区的成功经验就是一个很好的现实范例。

三、方志馆规划与选址的实证分析——以温州方志馆筹备选址为例①

浙江温州既是一个具有深厚工商传统和文化底蕴的城市，又是全国

---

① 温州市史志办：《温州市方志馆建设方案》（内部资料）。

改革开放的先发地，其发展历史特别是改革开放以来的变化历来为世人所关注。如何更好地总结和向社会展示温州的历史与现状，方志馆无疑是一个重要平台。虽然截止本书付印时，温州市方志馆尚未建成开放，但当地方志等部门为其规划选址所做的大量工作，以及在这一过程中所积累的丰富经验，具有十分典型的借鉴意义。

按前述独特、实用、高效和可持续性原则，并综合考虑文化、环境、面积、交通和专业等多方面因素，温州市方志馆的选址主要满足四个方面的要求，一是考虑其特殊性质和用途，能体现方志馆的自身特点；二要符合城市总体规划和该市土地利用总体规划，所需建设用地面积应根据当地城市规划确定的建筑容积率严格核算；三是方志馆作为爱国主义教育基地，为吸引广大中小学生、本地及外地游客前来参观的实际情况，应遵循交通便利的原则；四是项目选址与各种污染源、易燃易爆危险品、高噪音、高压电线盒无线电等物体和要素距离，应符合国家有关防护距离的规定，避免珍贵志书文本受到破坏。

按这四个要求，根据市区可供选择地块的具体情况，温州方志馆项目首先选在了庆年坊历史文化街区原温州市针棉织总厂蛟翔巷地块。这一地块为庆年坊历史文化街区内少有的一处完整较大的用地，东侧与市老干部活动中心和房屋产权管理所相邻，建设用地面积为 10634 平方米(折合为 15.95 亩)，用地性质为二类工业用地（平方米），现状建筑面积为 15710.4 平方米。从规模方面考虑，无论是在原有基础上改扩建还是拆除新建，该地块都可满足方志馆的建筑规模要求。

该选址项目内建筑层数主要为 1—2 层，局部为 3 层，最高为 5 层。用地范围内有解放初木桁架结构建筑 4 座，其余建筑为以后陆续建设。选址时温州市针棉织总厂已停止生产，内部建筑出租给商户，开设有网吧、KTV、仓库等。特别是该项目内有两处建筑（群）已拟推荐为文物保护单位：一是张润药品有限公司，该建筑坐北朝南，为面阔三间的二层硬山顶建筑，立面装饰带西式建筑风格。整座建筑呈方形壁柱，顶部叠涩，上部灰塑花草；二楼窗户上部砖砌叠涩窗罩，明间饰三角形窗罩，次间“几”字形窗罩。女儿墙顶部砖砌类似扶手的栏杆，壁柱上部立椭圆形球。栏板位置镂空椭圆形，为民国建筑，建筑面积约196平方米，现为张润药品有限公司。二是富华染织股份有限公司旧址，由原鹿城棉织厂股份有限公司，厂址迁至今址，后改为富华染织股份有限公司，系中华人民共和国成立前温州最大的一家棉织业企业，1957年后成为公私合营国营企业（后改制）。厂区内仍保留有解放初建筑4座，占地面积约12000平方米，最大的厂房占地约1600平方米，用多跨桁架结构，整体跨度49米，屋面铺机制瓦，墙体为砖砌抹灰。屋面开锯齿形天窗，立面简洁，门窗上方做砖线，檐口为叠涩线脚。显然，以此作为方志馆选址，本身就有一定的历史厚重度和浓郁的地域特色，是一个传统与现代有机结合的范本。

其他影响选址还应考虑的重要因素有：

（一）交通条件

庆年坊历史街区位于温州城市的中心地段，街区内有幼儿园、小学、中学、老年大学和大量的居住建筑。该项目优点是可利于方志馆和周边的居民进行密切的交流，便于人们参观。但参观方志馆毕竟是偶然行为，尽量减少和降低居民的出行麻烦应是方志馆的首选目标，因此建馆时必须考虑妥善解决密集的人流、车流等问题。如可利用历史城区原有的较为密集的道路系统，在场地周边组织单向机动车交通，增强地块的便捷畅通性，并采用分散的、小规模的、多样化的外围及周边停车方式和设施来解决停车问题，以有效缓解交通压力，既便于居民出行，又便于方志馆顺畅运行。

（二）自然条件

1. 气候条件。项目所在区域的气候属亚热带海洋性季风气候，温和湿润，四季分明，雨量充沛。季风交替明显，夏季为东南偏东风，冬季为西北风，夏秋时常受热带风暴侵袭，台风登陆风力在12级左右。

常年平均气温 17.9℃，年平均无霜期 269.2 天，年均日照率 41%，年平均降雨量 1649.6 毫米，降雨以梅雨和台风雨为主，主要降水集中在 5—9 月。风向随季节变化而变化，全年以 NE - ENE 为主，其次为 S - SSW 风，全年平均风速为 2.1 米/秒。

2．水文特征。瓯江是一条山溪性潮汐河流，干流长 388 千米，流域总面积 17958 平方千米，是浙江省第二大河。温州市内河河网由数十条大小河流组成，为平原河网，枯水流量小，流速缓慢，稀释自净能力低。河网干流流向由西向东、向南。

3．工程地质。该片区属瓯江冲积平原地带，属第四纪地层，平原地带有厚达 40 多米的淤泥、淤泥质土和黏土，桩基持力层较深，承载力较低，一般为 4T 平方米—5/T 平方米。待项目具体地块确定后在下阶段的设计中需对工程地质作进一步的分析，以便提出更合理的地基加固处理方案。

4．抗震设防。根据地震区划分带，该地区属东南沿海二级地震区，接近三级地震区。核定温州市地震基本烈度为六度。该项目根据抗震设计规范（GB50011 - 2010）规定，建筑物按设防烈度六度进行抗震设计。

（三）外部建设条件

1．给排水条件。该项目地块规划公共服务设施用地供水标准按 80 立方米/公顷·日，规划用地 1.1 公顷，另考虑 10%的未预见水量，则公建地块最高日用水量为 96.8 立方米/日。规划区供水直接从地块周边的支路接入本地块。本项目地块设计最高日排水量按给水量的 95%计（不包括冷却及绿化用水），平均日生活污水量约为 91.96 立方米/日。地块内的粪便污水经室外化粪池处理，处理后污水与其他生活废水合并后排入城市污水管网。

2．电力供应条件。该项目地块经估算规划地块总用电负荷为 423 千瓦，高于所在地电力规划供给，需上级规划部门进行调整。规划地块的供电电源根据《温州庆年坊历史文化街区保护规划》属 10 千伏变配电。根据规划，周边规划道路的各电力线路均改造为埋地（电缆管沟内）敷设，所有电缆及电缆沟在道路的西侧及南侧布置。

3．通讯工程。根据《温州庆年坊历史文化街区保护规划》，该项目地块采用综合布线系统，电话通讯、局域网络齐全，拟采用综合布线系统。历史街区规划地块电话对数指标按公建1对/60平方米进行预测，则规划地块内总需电话对数为173对，设置1处35平方米电信交接间，结合建筑设置。电信用户所需的用户线由项目临近的市政电信局网直接引入。根据本区域内的用户分布情况，在本区域内相应地块内设置6个电话分线箱。

需要说明的是，上述方案基本确定后，出于多方面考虑并由于种种原因，该市又计划重选新址，因此该方案只是一种备选方案。这个方案虽然最终未必会被采纳，但其很多做法却体现了方志馆选址的一般规律，可供参考借鉴。同时这个案例对方志馆建设的启示意义还在于，尽管全国地方志系统建馆热情高涨，尽管也有很多相关业界的经验值得借鉴，但方志馆建设仍需遵循规律，实事求是，不能仓促行事，而选址则是其前提和关键，需要考虑的因素远多于区位、交通、面积、文化等主要因素，是一个多种因素比较选择的过程，有时甚至是各种利益平衡博弈的结果，需要反复比对，审慎决策。

第二节　方志馆的建筑设计

建筑是构建一种人造环境为人们从事各种活动提供适宜的场所，是所有建筑物和构筑物的总称，它具有功能性、经济性、工程技术性和文化艺术性等特点。方志馆作为文化类公共建筑自然具有以上特点，同时还有其自身独特之处。在方志馆的设计、建设过程中要自觉把握公共文化建筑的一般特性及特点，力求优质、高效做好建筑设计工作。因建筑设计的很多内容是建筑学、工程学和设计艺术所解决的问题，所以本节不准备介绍方志馆建设与此相关的全部内容及细节，而是就方志馆建筑设计的主要情况和建筑中存在的一些实际问题，阐述方志馆建筑设计的基本要求、空间分析、造型设计，以及相应的不同类型、质量要求及节能技术的应用等问题，这些是方志馆建筑设计中需着重关注的问题，同时也基本上涵盖了其设计中的重要环节和内容，希望能对方志馆的建设实务有所裨益。

一、方志馆建筑设计的基本准则

功能、空间和造型是建筑的三个基本要素，任何建筑都是这三者的有机统一，方志馆也不例外。在方志馆建设理论尚未成型前，既有的研究成果大多涉及图书馆、博物馆等建筑，它们都可作为方志馆建筑设计的重要参照系。如从设计理念看，进入20世纪90年代，“三统一、大开间”的设计理念已普遍为图书馆建筑设计所接受并广泛应用，因而也成为图书馆设计的主流理念。综合起来看，可以把它所生发衍生的相关理念与学说作如下归纳：“交流场”论（图书馆是读者与知识、读者与作者、社会成员相互之间知识、信息与文化交流的主要场所）；“以人为本”论（与以往以藏书为中心根本不同，现代图书馆建筑强调功能、布局设施及内外环境的营造，皆以人为中心）；“复合型图书馆”论（现代图书馆应是实体与虚拟、纸质与电子文献、实时与远程等多因素相融合的复合体）；“协调增长”论（现代图书馆空间设计要综合考虑纸质文献和电子文献及网上资源的协调增长和利用，考虑馆藏量和综合服务能力的协调增长等）；“图书馆建筑文化”论（即图书馆建筑当属文化建筑范畴，设计时应力求体现文化积淀与时代潮流的有机融合，实现城市风貌与建筑风格中的完美统一。[①] 显然，这些理念学说同样可为方志馆建筑设计所借鉴应用。同时方志馆又有其区别于其他公共建筑的独特功能，

① 幸玉亮、刘永胜：《图书馆建筑研究十年（1996—2005）：核心研究者和主流观点》，《大学图书馆学报》，2007年第5期。

因而在总体建筑设计中，一方面要坚持遵循建筑的基本规律并善于借鉴其他行业领域的成功经验，另一方面又要善于体现方志馆的文化本质和独特的专业特色。只有把两者有机结合好，才是方志馆建筑设计的最佳方案。

（一）以功能要素为先

一座建筑最重要的功能表现在其为使用者提供安全坚固的、能满足使用需要的构建物与空间，包括满足必要的辅助功能需要，方志馆在建筑设计时同样要以此为第一位功能，即空间设计要与功能相协调，其外部和内部空间都要力求充分反映公众体验观感的美感和环境的舒适度。如外部建筑要注重以环境静雅、安全舒适、交通便利为原则；内部空间布局应按照功能分区合理的原则，妥善安排各类用房的位置，力求达到功能布局合理、流程便捷，解决内外相互间的联系和分隔，使办公区和展览、阅览区等功能区既互为一体又互不干扰。当然，除须遵循公共建筑的共同特点规律外，方志馆自身的特殊要求还在于：建筑设计要力求满足省情、地方志展示和地方志工作所必需的功能，各功能分区规范，流线设置合理，并构成互联互通的有机联系。

（二）以文化品质为上

建筑在不同程度上反映了当地的自然条件和风土人情，其文化特征将建筑与本土的历史和人文艺术紧密相连。所谓文化性就是要赋予建筑物超越功能性和工程性的深刻内涵，使其能够代表该地区的形象和文化品位，反映设计者的匠心独运和艺术追求，从而使建筑可以因袭当地文化与历史的脉络，让建筑获得可识别性与认知感，拥有打动人心的艺术感染力。方志馆同样应是历史、文化和艺术的结合体，它不仅要给参观者以历史、文化等方面的知识，还要给其带来艺术享受和心灵愉悦。这就要求在方志馆的外观和造型上应力求古朴雅致、简洁美观，以充分体现该地区深厚的文化底蕴，体现地方志作为中华民族独有文化传统的独特魅力，从而使其不但成为城市文化设施的重要组成部分，而且要力求成为城市文化的名片。例如江西省方志馆在“项目报告书”中明确提出：方志馆外观一是应体现民族风格，尤其要有江西自然、古朴、典雅等地方特色；二是要有方志馆特色，即园林化、低高层、馆藏居中；三是要成为标志性建筑，能与周边环境协调。[①] 从中可见设计者在建筑上的文化艺术追求。

（三）以人文精神为重

所谓人文精神是指建筑要符合人的本性和需求，力求体现对参观者和管理者的人文关怀，满足人的使用和审美要求，这也是建筑功能、空间、造型三者结合的最高体现。同样，一座具有美感的方志馆建筑应当是合规律性和合目的性的统一，应做到技术与人文的完美结合。随着时代发展和社会进步，现代方志馆建设已日益呈现开放格局，这种开放精神和人文理念也应通过建筑得以充分展现，即要善于把“人”居于中心地位，力求尊重人的主体性，满足人的主观需求，使方志馆成为获取知识、交流思想、陶冶情操的场所，从而以优美的内外环境使公众产生外在美感和心理愉悦感。

例如，由于环境是人们赖以活动的基础，因而在方志馆的外观建筑设计中，要在声、光、色等方面尽量满足人的舒适感。如在建筑外部和窗外可设置绿地、树木等吸收噪音的设施，在墙体安装隔音材料，在馆内选择弹性软质地砖铺地，在大厅或走廊中采用吸声材料进行装修等；在声环境设计中要注重减少噪音，以保持馆所安静，等等。在内部建筑设计中，展厅的光线要适当集中于展品，阅览厅的光线要均匀、柔和，白天要尽量以自然光为主，夜晚要调整好亮度比，避免眩光对人产生不适；同样，色环境也是方志馆设计中不可忽视的重要因素，色彩要根据不同的功能分区而有所侧重，尽量避免大面积采用强烈带有刺激性的色彩。又如，随着人们物质文化需求水平的不断提升，方志馆还要在保护

① 江西省方志办：《江西省方志馆项目报告书》（内部资料）。

好藏品的前提下尽量注意采用电脑、多媒体、广电新媒体等现代科技技术和展示手段，把传统单一、静止的单向展示，转化为多维、动态的互动交流。

以下是江西省方志馆的“建筑要求”：方志馆外观应体现民族风格和江西的地方特色；要有方志馆特色，即园林化、低高层、馆藏集中；要成为标志性建筑，并与周边环境协调。方志馆内部一要适合藏书需要和承重要求，主体设计尤其是珍藏馆要符合国家规定标准要求；二要配备防火、防盗、防渍、温湿度调控等设施，达到国家一级规范的标准；三要按智能馆设计，即管理智能化、信息网络化。从而对方志馆的建筑要素提出了全面、规范的要求①。

二、方志馆建筑设计的内外要求

在中外建筑学界，在相当一个时期内，“建筑”能否成为“艺术”，始终是一个争论不休的问题，这在外界看来似乎不可思议，但却是一个不争的事实。其实，暂且撇开这一争议，单就建设标准和质量水准看，无论是外观设计还是内部结构，任何一座建筑都具有评判价值，相应也会给人不同程度的艺术感，尽管留给外人的这种观感“仁者见仁，智者见智”，有时甚至会有天壤之别，方志馆的建筑设计同样也不例外。具体又分为以下两个方面：

（一）外观设计

建筑是平面和空间的有机组合，从一定意义上说，这个组合的第一要素便是外观造型设计。同样，对方志馆而言，它既是方志馆对外展示的第一形象标志，也是外界对方志馆的第一印象和评判的重要依据。即便不了解地方志这项工作和事业的人，所谓“外行看热闹，内行看门道”，也可能会对方志馆建筑外观评头论足。当然，各人知识素养、文

① 江西省方志办：《江西省方志馆项目报告书》（内部资料）。

化品位和从业背景等因素各不相同，对同一建筑的评价肯定参差不齐，甚至大相径庭，少数人的观点也未必代表主流评价并反映事物的本质特征。但至少说明一点，外观设计至关重要，不可忽视。

从布局造型等外观来看，中国的博物馆等大型公共文化场馆主要有三种形式：一是多借鉴苏联经验所建的“高、大、上”的传统建筑，其主要特点是体量容量大、功能集中（往往集所有展厅甚至各办公职能部门于一体），在尽显庄严肃穆的同时又有单调呆板的不足。二是近年来借鉴西方经验所建的更具艺术色彩和人文气息的一些场馆，其主要特点是布局分散，环境优雅，在错落有致中又可彰显不同功能，但又有占地多、投资大等不足。三是集中与分散相结合的布局结构，其主要特点是以展馆的主体功能为主，同时辅以一些必要的配套设施功能，整体结构上有分有合，可聚可散，较具灵活性。

方志馆的外观设计如同其他场馆建筑设计一样没有一定之规和固定模式，任何人也无法把生动活泼、复杂多样、充满想象和创造力的艺术纳入一个固定模式。而且随着功能的日益丰富和类型的不断发展，方志馆的外观设计也会呈现多样化发展趋势，但这并不是说方志馆的造型设计就此可以天马行空，没有任何规律和经验可循。

一方面，要注重与方志馆所处的自然和人文环境相融洽。即外观设计要充分体察所处区域的建筑特征、功能特点和文化取向，使方志馆成为反映当地特定文化蕴含的特殊符号，更要注意避免因理解偏差、设计错位而对自然环境造成的无意损害。这一点可在苏州博物馆新馆的设计中得到启发。苏州是典型的江南水乡，传统文化底蕴丰厚。为此，著名设计师贝聿铭先生借鉴苏州传统民居白墙青瓦的主色调，特意把苏州博物馆新馆置于一片绿荷水塘中，把其外观设计成以灰色线条为主基调的江南白墙青瓦的几何抽象，墙体也是传统徽派建筑的“马头墙”，以显错落有致，动静结合。博物馆内部则吸取苏州园林元素，使山水、园林相互影印，相得益彰，从而成为一幅虚实结合的水墨画。

同样，在方志馆外观设计中，这种理念和经验也日益得到借鉴和应用。例如，本书多处都有介绍，浙江杭州市方志馆、湖州市方志馆和杭州余杭区方志馆、义乌市方志馆，都是利用传统文化的地域环境优势所建，以力求与当地的文化环境融为一体。而与它们有所不同的是，江苏省方志馆则因选址于南京市繁华的奥体中心地块，又与江苏档案馆联体合建，因而其建筑风格不可能采取与传统相融的古典主义风格，必须采用沉稳大气的现代式造型，否则也难以融入所在区域，体现时代发展风貌，这同样是一种与现代开放环境既相适应又相融合的设计理念。因此，方志馆的外观设计一定要实事求是，因地制宜，因“境”而异。

另一方面，要注重影响外观设计的细节因素。外观设计是决定方志馆质量水准的先决条件，但质量水准又不仅仅取决于外观设计，有时细节也会影响甚至决定成败。例如，在方志馆设计中，要注意对体块和材质的选择处理。体块是方志馆的三维几何造型，是方志馆建筑造型中的常见因素，大多数的场馆是通过选择创造不同形式的体块表现出其独特的艺术美感。如广东方志馆通过一个凹面型的体块塑造出一个展翅雄鹰的形象，广西方志馆则通过一个长方体和一个正方体的结合，又加上中国印的传统因素创造出一个形象鲜明的方志馆，等等，显然都独具魅力，各有特色。另外，在方志馆的外观造型上，材质的选用对烘托主题、彰显特色也很重要。例如石材、木材、砖头等传统材质会带给人一种传统的历史沧桑感；而金属、玻璃、塑钢等新兴材质会给建筑带来现代奇幻感觉。具体要与方志馆的总体目标相适应，如传统方志馆显然宜取前者，而当代新型方志馆则又以后者为宜。

其实，有时一个细节、一件展品，都能从不同侧面反映一座方志馆的专业水准。因此，细节未必决定成败，但细节却一定能代表水平。例如，浙江义乌方志馆的馆名碑石是一块高近二米、重约一吨的鹅卵石，其正面刻有篆书体加以艺术变形的义乌县名之“乌”字，上半部分犹如层层叠放的书籍，寓意义乌古籍文献卷帙浩繁，体现了义乌文化的博大

浙江义乌方志馆标志碑石

精深。下半部分则幻化成一条蜿蜒连贯的曲线与祥云浪花，象征亘古奔放的义乌江。典籍承载千年文脉，母亲河孕育热土家园。这个标识既突显了方志文化的特色韵味，又体现了义乌地域文化的厚重度。总之，设计并无定制，创新却无止境，可能关键还取决于设计者自身的专业素养、思维视野和实践经验。

（二）内部功能区布局

空间是建筑的灵魂所在。方志馆与博物馆、图书馆等公共建筑一样是社会交流系统的组成部分，这种交流又包括知识交流、文献交流、人际交流，观众读者与馆务人员的交流、公众相互间的交流等等。正因为种种纷纭繁杂的交流都要在这个空间内进行，因此建筑设计全过程首先要从以功能划分空间入手，力求将方志馆设计成有特色、有蕴含、有灵性的建筑空间。

纵观全国各地、各类方志馆，现有功能一般都包括陈列、展示、储存、收藏、编纂、借阅、电子阅览、交流、研究、办公、休闲、服务、信息、安保、水电、监控等等不同功能。但这些功能并非杂乱无章的无序存在，而是分别归类于不同的功能区块，并协调一致发挥作用。所以，有必要对这些功能根据实际情况和内在联系进行归类。一般功能区设置需遵循几个原则：一是功能区的设置要合理；二是分区要明确，避免互相干扰；三是各功能区并非独立存在，要有机联系，流线设置合理、安全。据此可将方志馆的功能分为展示陈列功能、参观服务和休闲功能、文献查借和阅读功能、管理办公功能、编研交流功能等几种类型，相应功能区也可分为展示陈列区、参观服务和休闲区、文献查借和阅读区、管理办公区、编研交流区，等等。如，占地面积 5.8 亩、建筑面积近 5000 平方米的新建江西省方志馆，当时规划时便将内部功能分为几个部分：收藏用房（含珍藏库、音像库、旧志库、新修志书库、年鉴库、省情资料库、历史文献库）、地情信息资料整理用房（含计算机处理中心、志书修裱复制中心、录音、录像室等）、展览阅览厅、办公及省情研究用房（含办公室、大小会议室和各种行政后勤辅助用房等）。

以下便是一张某方志馆的功能分区图：

方志馆功能分区图

表 5

场馆功能区划分	主要功能及用途
序厅	设置主题墙、大型显示屏等，用于举行大型活动
展厅展室	场馆主体部分，用于举办常规性展览和各种临展。具体又分为固定展区（以方志文献实物、文字、图片及多媒体等方式展示）和动态展区（以各种类型表演、体验等方式展示展现）
藏品库区	分为基本书库、特藏书库和珍善本书库等场所，用于收藏保管各类志书文献
公共活动区	包括公共阅览室、学术报告厅、多功能厅等场所，用于面向观众（读者）举行报告会、讲座等活动，也可用于观众（读者）的自行交流活动
综合服务设施	包括视情设置休息室（有条件的还可设置更衣室、吸烟室、哺乳室等个性化私密性要求都较高的场所）、餐饮购物区和公共卫生间等场所，用于向公众开放
办公区域	包括办公室、会议室、志鉴编辑室、研究室、古籍修复室、资料档案室等场所，用作所在地方志机构办公和方志馆内部管理用房
其他辅助设施	包括安保值班室、消防监控室、设备机房、停车场库、物业管理用房等设施场所，用于方志馆综合管理

近年来，由于全国各地对公共文化建设日益重视，方志馆建设也普遍呈现出“新、大、综”的发展趋势，“新”即新型方志馆更注重展示综合地情和方志文化；“大”即与传统方志馆相比，以展示综合地情为

主的新型方志馆一般体量大、展示空间相对也较大；“综”指综合性，即方志馆自身也日益注重打造成集地情展示、方志文化传播、志鉴编研、学术交流、管理办公以至公众休闲等多功能为一体的综合性场所。当然，在这一总趋势影响下，并非所有的方志馆都包括以上全部功能区，在实际规划中，不同馆因其实际需求、占地面积甚至投资成本控制等不同因素，在功能区选择上仍有不同侧重点。如有的侧重于展示，有的侧重于资料存储，有的甚至侧重于志鉴编纂和方志机构的日常办公。因此功能区的设计也要因地制宜，各显特色。

如，江西省方志馆既专设了“江西是个好地方”等专题省情展厅，还设立了南昌、九江、景德镇、萍乡、新余、上饶、鹰潭、吉安、赣州、抚州、宜春等11个地市馆；既包括“江西方志”展厅和省志、家谱、著作、报刊、域外等专业功能馆区，也包括方志书库、图书馆、阅览室和办公区等辅助功能的公共馆区，其建设目标是力求建成江西省情展示中心、地方文献资料收集中心、地情资料整理服务中心和地方志人才培训中心。

又如，浙江湖州方志馆，因依托其老城区的现有建筑望湖楼而建，因而在仅1500平方米的现有空间中，其设计基本布局为：一楼主要为序厅和建置沿革展（文明之源、太湖之州、历史沿革），地下一楼为地域文化、杰出人物和方志之乡展，二楼（夹层）为改革开放展，主要展示辉煌成就、改革足迹和城市名片，三楼为临时藏品展示与学术交流研究，四楼为志书和地方文献收藏与阅览。这个布局既充分利用了现有空间，又注重展现了其地域文化特色。

在上述功能区中，还可根据实际情况作进一步划分，以确定主体功能区、一般功能区和辅助功能区等不同类型。例如在当代新型方志馆中，地情展示区尤为重要，这是由地方志工作的发展趋势和新形势下的新任务所决定的。国务院《地方志工作条例》明确规定，地方志工作应为地方经济社会的全面发展服务。县级以上地方人民政府负责地方志工作的机构应当积极开拓社会用志途径，传统方志馆大多以收藏志书等典籍文献为主，受“秘不示人”等传统影响，外人常常连志书的“庐山真面目”都难以见识，更谈不上要求其承担地情综合展示的重任，这种功能只能由当代新型方志馆来承担。这种不同功能的设置理念自然会影响不同类型方志馆的空间设计和规划布局。

一方面，要注重充分强化主体功能区功能。在空间设计布局上，主体功能区无疑是一座方志馆的重点与核心区块，它既是展示其建设主旨和规划理念的重要窗口，是其展览主题和特点特色的重要标志，同时也是外界评价这座方志馆质量水平的重要依据。

主体功能区包括序厅、主要展厅、方志书库等用于展览的区块面积，其中地情展示区是当代新型方志馆的重要功能区，扩大面积、丰富内容并运用现代化多媒体手段充分展示地情，也是当代新型方志馆空间建筑功能规划的一个重要趋势。如新建广东省方志馆便十分注重“加强省情馆建设”，因为“省情馆作为方志馆的重要组成部分，要充分发挥展示作用，全面客观反映我省的自然与社会、历史与现状，做到简朴大方，历史厚重，存真求是、突出特色，既要有大型综合展馆的传统型、严肃性，又要有广东的独特性和历史厚重感，充分体现集约、生动、灵活、新颖和创新，确保展示达到最佳效果。”① 为此该馆拿出近一半的面积（4000 平方米）用于展示地情，并投入约 2700 万元资金进行布展。

地情展示区也包括一地的历史人文展示，具体按国务院《地方志工作条例》地方志应记述“历史与现状”的要求，一般又由“历史”和“现状”两大部分组成，“历史”部分一般按“纵述史实”“纵不断线”等方志编纂原则，介绍该区域的历史人文地情及发展沿革，具体又包括历史总揽、分类介绍和专题史等内容。如浙江湖州方志馆一楼及地下一楼即以自古至改革开放前的历史为主题，其空间设计以古色线装书为统

① 叶辉、刘颖：《浅议广东省方志馆建设》，《广东史志》，2013 年第 4 期。

一色调与背景，以重大事例显特色，尽量选取与主题相关的重大事例、掌故、事件，以展示湖州地域文化和杰出人物等。另一方面，由于历史又有其相对性，因而改革开放以来的地情，既可视为“历史”，也可视为“现状”，如湖州方志馆二楼的改革开放展，既是历史同时也是现实市情的重要组成部分。为此，该馆在空间设计上充分注意到这一延续、发展的变化特点，以能视情隔四五年调整充实完善一次为原则，从而在空间设计上体现了灵活、便捷的与时俱进理念。

特定的主题内容和专业特点，对主体功能区的建筑设计也有相应要求。与传统方志馆以收藏为主要功能且“秘不示人”所不同的是，新型方志馆的主体功能区不仅要敞开大门接纳大量观众读者，要有足够的面积加以保证，而且要注意改变传统场馆的设计理念，如要善于在布局上将传统分散的条状结构变为相对集中的大容量“模数式”块状结构，在单体面积上善于将传统的分隔小空间通过采用大跨度柱网结构变为宽敞连贯的大空间，等等，以尽可能扩大开间面积，提升净高空间，从而营造一个宽敞明亮、恢宏大气的展览环境，不仅能容纳大批观众，而且使其置身其中不觉压抑，有赏心悦目的观感透明度和身心舒适感，同时还能进的来，流的动，散的快。这是新型方志馆在建筑设计时应力求具备的现代设计意识。

另一方面，不能忽视辅助功能区的重要作用。

主体功能区是方志馆的主干部分，无疑应高度重视，并应在建筑设计上浓墨重彩，以突显其重中之重地位。但与传统方志馆只具有相对单一功能所不同的是，一座高质量、高水准的现代化方志馆，必须是各种功能同时也是各种建筑要素的有机组合，仅以藏书等单一功能的传统方志馆已难适应方志事业的发展趋势和公众日益增长的文化需求。而且，有时主辅功能区本身就存在交叉重合关系，难以截然分开。因此，在强化主体功能区的同时，同样要重视辅助功能区的规划设计，所谓“红花要靠绿叶扶”，把辅助功能区规划好、设计好、建设好，在不同程度上能产生“锦上添花”的功效，从而使主、辅功能区交相辉映，相得益彰。

重视辅助区功能的作用在于：如前所述，地方志必须记述一地的“历史与现状”，“历史”部分主要介绍一地数千年的发展演变过程，一般其内容在相当一个时期内相对固定，不必要也不可能经常变化，因而这部分内容往往被置于主体功能区的常设展厅，并长期对外展出，一般也不作轻易调整变动。但与此同时，方志馆（尤其是以展示综合地情为主的当代新型方志馆）在关注“历史”的同时，还必须关注“现状”，特别要关注中华人民共和国成立后和改革开放以来各地翻天覆地的发展变化，这段时期可以说是中国历史发展至今最为辉煌的成就，而且这种变化还在以加速度持续进行。这样，方志馆在建筑设计时，就要善于处理好“动”“静”两方面的关系：传统方志文献大多呈现为纸质静态和凝固形式，固定展览也是其常态展示方式，这种形式对反映一地悠久历史和文化厚重度至关重要，但由于形式所限，在反映时代变化上会有一定迟滞效应；而当代发展变化却日新月异，需要在方志馆内有灵活、便捷的展示方式即时加以体现。虽然因区域发展差异，各地变化的速度程度及相应成就有所不同，但这一主题、这种形式不能忽视，这就需要有多功能厅、临时展厅等辅助功能区加以补充。而且，经常举办临展，还能不断吸引公众的注意力，有效降低其重复观展的疲劳感，从而增强方志馆的人气聚焦力和社会影响力，这种效果有时甚至会超过主体功能区(其实在一定时期内，临展区也是主体功能区)，也是保持方志馆发展持续活力的关键所在。特别是把这两者关系想明白了，处理好了，还有可能因合理配备馆内面积等有限资源而产生减少浪费、提高效率的重要作用。

如在北京市方志馆中，既有“北京地情展”这个分量最重的展览，它通过“自然环境”“城市变迁”“建置沿革”“人口”“经济发展”和“文化事业”等各方面内容以及实物、文献和多媒体等各种手段，全方位、全过程展示了北京数千年的历史发展过程；同时，该馆还在临展厅内，经常举行“北京教育证书展”“北京发明展”“纪念抗战胜利70周年专题展”等一些临时性特展，以多视角展示北京的“历史与现状”，力求使观众全面系统了解这座既古老而又年轻、既熟悉而又陌生的城市。另外，北京市方志馆还在馆中设立序厅、多功能厅等场所，从不同层面展示主题，为主体功能服务。如在多功能厅中定期举办“京华讲堂”，以此方式面向社会介绍北京历史，宣传方志文化。可见，力图体现“主”“辅”相融，“动”“静”结合的理念思路，并妥善处理好两者关系，对方志馆的前期建筑设计作用重要，意义重大。同样，广东方志馆在设有综合地情等大型固定展览的同时，也拟举办“广东家谱、家训、家风展”等临时性展览，以丰富方志馆的展览内容，从多层面、多视角来吸引观众。

在新建的浙江省绍兴市柯桥区（原绍兴县）方志馆，也预留了多功能厅、临时展厅等辅助功能区。有一位王姓退休老人，将自己长年收藏的大批记载绍兴特别是柯桥的历史典籍文献，无偿提供给方志馆开办临展，该馆为此专门开设古籍陈列室，专门展出这位老人所收藏的《越绝书》《越言释》《保越录》《越缦堂》等大批越地珍贵古籍，从而对方志馆主体展览起到了有益的补充作用，同时也体现了社会各界对地方志事业和方志馆建设的参与支持。

浙江绍兴柯桥区方志馆古籍陈列室

当然，辅助功能区不仅限于上述场所区域，按“方志馆功能分区图”分类，包括藏品库区、公共活动区和一些综合服务设施等，不少也都属于这一范围，此处不一一分析，有的将在本书下一章《方志馆的运行管理》中作详细介绍。

三、方志馆建筑设计的质量要素

质量是建筑的生命。作为当今时代重要的公共文化设施，方志馆的建筑设计同样要以质量至上、安全第一为根本准则和第一要务。由于全国各地的方志馆建设尚处于初创期，很多问题都在实践探索中，还未形成一整套科学规范的行业标准。而与方志馆具有相关共性的博物馆、图书馆、档案馆等相关场馆，经长期实践已形成了大量科学规范的质量标准，完全可为方志馆建设所参考借鉴。当然，方志系统在这一过程中要注意，既不能以虚无主义态度对待其他行业的经验做法，也不可不切实际地照抄照搬，而要善于拓宽视野，并充分结合自身实际加以应用，力求在学习借鉴中不断探索，尽快形成方志馆自身的质量规范体系。

（一）建筑质量要求

在这方面，首先值得借鉴的是由国家建设部和文化部于1991年联合制定发布的《博物馆建筑设计规范》（JGJ66－91），它把博物馆分为大、中、小三类，大型馆的建筑规模应大于10000平方米，中型馆的建筑规模一般为4000平方米—10000平方米，小于4000平方米的则划为小型馆。方志馆的建筑规模也可参照作大致分类，如国家方志馆和广东、海南、广州、深圳等省市的方志馆因超过10000平方米可视为大型馆，超过5000平方米的大多数省级馆可视为中型馆，而在1000平方米左右的大多数市县馆则可视为小型馆。从一定意义上看，一般规模越大、展览内容越丰富，馆内功能会越复杂，相应质量要求也越高。如《博物馆建筑设计规范》就规定："大、中型馆应独立建造。小型馆若与其他建筑合建，必须满足环境和使用功能，并自成一馆，单独设置出入口。""馆区内应功能分区明确"，"馆区内宜合理布置观众活动休息场地"。[①] 显然，不同规模有不同的质量要求。

① 转引自《博物馆建筑设计规范》，中国建筑工业出版社，1991年。

另外，改革开放以来，中国图书馆管理部门也先后颁发了一系列规范性文件，如《图书馆建筑设计规范》（JGJ38—99）：该文件系图书馆建筑设计的法定条文和行业强制性规范标准，于1999年10月起正式施行。它对藏阅空间提出宜采取统一柱网、统一层高和统一荷载的概念，比原规范在设计理论上有所突破，更具有实用性；它还提出了更科学更易操作的藏书计算依据以及辅助用房、设备用房、文献保护等相应规范要求。此外还有《图书馆电子阅览室设计规范》《建筑与建筑综合布线系统工程设计规范》（CECS72—97）等文件，就图书馆建筑弱电系统（包括语言、资料、图像及多媒体信息等）的传输介质等重大问题作了统一规范。[①] 这些同样可为方志馆建筑设计所借鉴。

毫无疑问，安全性是所有建筑设计时需要考虑的首要因素。例如，从外部要求看，为确保交通、消防安全并符合通风、采光等要求，方志馆也要确定一定的“建筑红线”，即从地边线向后退出一定距离，一般在前后建筑间至少要保持日照间距的一半。而且，馆内与馆外的面积也要适当兼顾平衡，室外面积一般不宜小于60%，如果设计时只顾及前者的“高、大、上”，后者过于“低、小、散”，对进出聚散可能会留下隐患。还有，在南方炎热潮湿地区建馆，有条件的要尽量扩大通透面积，如可建成带状狭长形状，以便于通风并减少阳光对建筑的热辐射量；而在北方高寒地区建馆，则要充分考虑采光等因素，不能设置过多的敞开式公共活动空间，如可建成封闭围合形状，以有效抵御或减缓漫长冬季的影响，等等。这些都是建筑设计质量安全的重要前提。

再从展馆内部看方志馆的建筑质量。如库房温湿度调控须达到国家规定标准要求，需配备防火、防盗、防渍、防有害生物、消毒、温湿度调控等设施以保证史志文献的安全，等等。另外有的场馆为展览、图书

---

① 幸玉亮、刘永胜：《图书馆建筑研究十年（1996—2005）：核心研究者和主流观点》，《大学图书馆学报》，2007年第5期。

文献收藏需要，还有一些特殊的质量要求，如博物馆建筑规定“陈列室应当布置在陈列区通行便捷的部分，并远离工程机房。”“陈列室单跨时的跨度不宜小于 8M，多跨时的柱距不宜小于 7M。”“陈列室的室内净高除工艺、空间、视距等有特殊要求外，应为 3.5 米—5 米”。又如对库房明确要求净高应为 2.4 米—3 米，有梁和管道的情况下，净高不应低于 2.2 米；对于报告厅等公共活动区域，则明确要求“大、中型馆宜设置报告厅，位置应与陈列室较为接近，并便于独立对外开放”①。这些质量要求对方志馆建设同样适用，可结合各自实际参照执行。当然，这些要求只是一个参考，不可简单套用，需结合各自实际参照执行。如方志馆的高度需根据展陈实际需要来确定，要根据所收藏、展陈品的最高高度确定展厅高度，这样设计出的场馆才能既保证展览运行的需要，又不至于超出实际需要造成资源的浪费。

（二）环境质量规范

建筑质量是确保建筑安全的重要前提和基本底线，不容忽视，而且在设计阶段就必须夯实。但一座高质量、高标准的建筑并不仅仅由单一质量指标所构成，所处周边环境也是影响建筑质量水准的重要因素，所谓“红花要靠绿叶扶”，一座建筑如果没有优美舒适的周边环境与之相协调配套，甚至地处“脏、乱、差”环境，再好的单体建筑也会大打折扣，环境也一定会影响其在公众心目中的形象地位。特别在社会各界高度重视生态文明建设的今天，生态、绿色、环保等核心理念同样是衡量建筑质量的重要规范，而且首先应在建筑设计中加以体现，方志馆的建筑设计也不例外。

一方面，要善于更新传统观念，确立环保也是质量、绿色就是（建筑）生命的全新理念。随着社会发展和人类进步，公众对环保出行、绿色相伴的环境需求与日俱增，有时一座建筑的优美环境也能影响甚至决

---

① 转引自《博物馆建筑设计规范》，中国建筑工业出版社，1991 年。

定过往路人的参观意愿，无形中会起到“人气风向标”和“室外广告牌”的作用，这也启示建筑领域，环境质量不仅与建筑质量同等重要，而且有时会起到后者所起不到的作用，同样应在设计上下大力气并舍得加大投入。“有思路才能有出路”，例如，上海世博中心在设计中秉承“低碳、零碳”的理念，采用了大量诸如规模化综合利用储冷型空调系统、江水源热泵、太阳能光伏发电、雨水收集等等先进的绿色环保技术。位于世博会城市最佳实践区北侧的“零碳馆”在通风上分为自然通风和机械通风，这种通风方式使能耗降低为常规的五分之一。其他如日本馆外墙采用太阳能发电装置的超轻膜结构，号称“会呼吸的墙”；世界气象馆墙体外层还类似人体的皮肤，具有防风、防雨和透气的功能，等等。[①] 这些技术一改传统会展嘈杂拥挤的环境氛围，大大提升了建筑的环境质量和在公众中的总体形象，从而使 2010 年的上海世博会不仅成为开放中国现代化新形象的一次精彩亮相，而且也成为世界节能、环保先进技术的一次集中展示。

在方志馆建设过程中，这种理念也已得到日益关注。如国家方志馆把“环境保护”和“节约能源”列为总体方案的重要内容，其中，“环境保护”包括废水处理（含雨、污分流方案）、废气处理（如对停车场汽车尾气的处理细化方案）、噪音处理（如通过在设备选型时，采用低噪音设备和隔音吸声建筑材料、配消声器和减震装置等方式加以处理）、施工中的环境保护（如对噪声较大的机械设备加隔声装置、对粉尘采用喷水降尘等方式加以处理）；“节约能源”则按北京市《民用建筑节能设计标准》要求，采用自然采光手段以节约照明用电，对空调机、垂直电梯等耗能设备则采用节能新产品加以处理，从而既体现了先进的环保节约理念，又在一定程度上降低了建设成本，这无疑是一种值得借鉴的双

① 晋洁芳、王启照编著：《展览馆空间设计》，上海人民出版社，2011 年，第 12 页。

赢策略。[1]

另一方面，要善于在技术运用等具体细节上狠下功夫。例如，公共建筑的节能指标要符合国家有关部门《公共建筑节能设计标准》和其他有关节能标准。绿色建筑不仅意味着要采取各项节能新技术，而且要对选址、规划布局、建筑材料、运营进行综合优化，在最初的规划设计阶段就要予以考量，这样才能取得事半功倍的效果。方志馆的节能对象和目标是通过改变建筑围护结构，改善采光、保温、隔热性能，提高采暖、通风和空气调节设备、系统的能效比，以及采取增进照明设备效率等措施，在保证相同的室内热环境舒适参数条件下，运用现代新技术、新材料，达到预想的节能目标。其中重要的是对光能和热能的节约技术应用，如陈列室为便于利用自然光，一般较少采用低侧窗采光，大多采用顶窗和高侧窗的采光方式，以便获得适合于人的自然光线，又节约电能的使用量。对于热能，要考虑到保暖的需求，尽可能减少人工取暖和人工制冷的供应量，如在墙体上厚度可根据不同区域采取不同标准，在制冷上采取智能控制，在建筑物的玻璃使用上采取总量控制、中空玻璃等方式加以解决。而且，由于现代科技技术的迅速发展，采用新型环保建筑材料，不仅可美化环境，有的还可不同程度降低成本，有事半功倍之效。

（三）力求减少浪费，注重提高效率

需特别强调的是，在当代社会，减少浪费也是环境质量要求的一个重要组成部分。由于经济社会各项事业发展迅速，各地公共事业的投资水平较之以往均有较大幅度提高，同时也不排除个别地区不正确政绩观的引领作用，因此在文化设施等公共事业建设中，普遍存在一味追求“高、大、上”盲目攀比的情况，甚至因强调环境因素而出现不切实际

① 参见中国地方志指导小组办公室：《国家方志馆建设工程项目建议书》，2008年版。

地建亭台楼阁、养花草虫鱼的“花架子”。需要强调的是，既具地域和方志文化特色又具独特魅力，是方志馆建筑内外设计的重要追求，但机械误解滥用概念，盲目堆积拼凑材料，绝非设计的最佳选择。目前，全国一些所谓的城标式建筑设计思路雷同，造型千篇一律，已到了无以复加的地步，例如，有些城市的标志以“几根柱子撑起一只球，名曰‘开发区大有希望’；几束浪花托起一只球，名曰‘长江明珠’；几只手支起一只球，名曰‘托起明天的太阳’……简单的商业功利和抽象概念催生了大量不锈钢球‘升’向天空。”“近三十年来，全国有近20万只球升起来了，这种滑稽的社会文化现象全世界罕见。”全国城市雕塑建设指导委员会艺术委员会主任吴为山为此一针见血地指出：“当前很多城市雕塑作品最大的弊病就是：缺乏追求，没有思想，直接导致了人文精神的缺失。”①

针对上述问题，2014年8月，中央党的群众路线教育实践活动领导小组特地下发通知，要求对全国各地近年来出现的“建豪楼造地标，搞华而不实的形象工程、奢华工程”，甚至“超规模、超标准、超投资概算，举借和使用政府性债务资金，建豪楼、造地标等奢华浪费建设进行清理整治。”② 几乎同一时期，安徽省政府办公厅也专门发出《关于加强建筑规划设计管理的通知》（皖政办秘〔2014〕128号），明确指出“当前，城市建设中存在一些突出问题，有的建筑贪大求洋、媚俗怪异，有的建筑盲目模仿、抄袭复制，导致有的地方‘山寨’频出，触及公众审美底线，造成不良社会影响。”并强调要“端正建筑设计理念。坚持经济适用、美观大方、绿色低碳，回归建筑基本属性，满足人们的生产生活需要。在确保建筑安全耐用的前提下，最大限度节约资源、保护环境，体现地域特色，加强城市风貌塑造。”该通知还明确要求“各级领

① 陈恒：《城市雕塑要给后人留足空间》，《光明日报》，2014年8月8日第9版。

② 《中央党的群众路线教育实践活动领导小组通知要求全面清理整治奢华浪费建设》，《人民日报》，2014年8月5日第4版。

导干部要尊重建筑设计规律，尊重专家意见，树立正确的政绩观，不搞形象工程，慎用标志性建筑。对因个人喜好随意干预建筑设计，造成不良影响的，省政府将予以通报批评；情节严重、影响恶劣的，将依法依纪追究相关领导干部责任。”同时还对产生相关问题的主管部门和设计企业、设计人员、审查专家等有关人员也确定了相应的追责制度，以“推动建筑规划设计走上鼓励原创、重视质量、节约资源、传承文化的良性发展道路”。[①] 山东省政府办公厅在同时期所发《关于进一步提升建筑质量的意见》中也明确指出：工程主体结构必须可靠耐久，纪念性建筑和重要建筑正常使用年限不得低于100年。同时将实施建筑质量追溯制度，完善档案登记、查询机制，在竣工工程显著位置镶刻责任铭牌。在建筑设计寿命内，参建单位及其主要负责人和相关责任人承担终身责任。[②] 这些举措对全国公共设施建筑现状无疑是一记警钟，也是一贴良药。各地方志馆建设虽处于初始阶段，问题还不至于如此突出，但前车之鉴的教训足以值得记取，上述措施更需借鉴遵循。为此，要严格建筑设计规划审查，要善于将建筑风格、绿化景观、所用材质等因素一并纳入规划方案，力求设计方案功能与形式的有机统一，外观设计与周围环境的协调融合。还要探索建立建筑设计的公众参与、专家辅助决策及后评估制度等一系列机制，力求打造精品，以杜绝华而不实的形式主义“花架子”。

其实，从建筑设计角度看，上述形式主义的“花架子”举措并非科学之举，更非明智之策，而且早有前车之鉴。例如，因具有轻巧美观、还可减少照明用电等原因，近年来国内外一些新建筑普遍采用玻璃幕墙技术，但却不知此项技术既有利也有弊。特别是其导热效果虽好，但隔

---

① 安徽省人民政府办公厅：《关于加强建筑规划设计管理的通知》（皖政办秘〔2014〕128号），引自“中国·安徽”网。

② 《山东发文要求提升建筑质量纪念性建筑使用年限不得低于100年》，《人民日报》，2014年8月14日第11版。

热效果相应就差，特别是夏天，阳光的强辐射必然导致室内温度的急剧升高，如要有效降温，据权威分析，其能耗大约是普通隔热建筑能耗的5倍。如著名的英国剑桥大学历史系阅览室，因玻璃幕墙面积过大不仅造成“光污染”，同时室内环境“冬冷夏热”，非但投资浪费，而且事与愿违，最后被列入拆除名单，可谓得不偿失。因而目前不少已采用此项技术的建筑不得不通过改用双层中空热镀膜反射玻璃，或在距玻璃顶一定位置安装自动遮光帘、开排气孔等方式，来降低玻璃幕墙建筑内的热能，这种教训十分值得记取借鉴。

实际上，有时“转换思路天地宽”，本书曾在多处介绍，近年来在选址设计时，有的地方并未走一味择新址大拆大建的老路，而是利用原有建筑建馆，有的本身就处于环境优美、交通便利、配套设施齐全的“熟地”，这种环境上的先决条件不仅节约了投资成本，而且因环境因素还有“馆内不足馆外补”之利，这同样值得各地效仿借鉴。

例如，建筑面积近20万平方米的中国国家博物馆，秉持“设计先行科技助力”的理念，在改扩建工程中十分重视节能减排工作，如从2011年到2013年，接待观众从约370万人次逐年提升至约745万人次，但能源消耗总计却从8779.75吨标准煤下降至7470.45吨标准煤。关键是该馆严格控制建筑的体型系数、窗墙比参数，同时将文物库房设在地下二层，从而极大地减少了空调负荷。此外，国博还在出入口增加了避风阁，以减少馆内外在不同季节的冷交换和热交换；利用波谷电耗采用冰蓄冷方式降低了运行成本；利用变频技术节电，实现了设备之间的能源转换；注重雨水收集和中水系统的建设，使水资源得到了重复利用，等等。[①] 显然，与上海世博会一样，这些措施既环保又节能，在有效降低运行成本的同时，又给公众提供了健康舒适的参观环境。

还需要说明的是，在建筑设计时充分考虑质量因素，是确保建筑质

① 吴艳丽：《国博节能减排见成效》，《人民日报》，2014年7月6日第12版。

量的重要基础和前提。但建筑设计不能取代全部的建筑质量工作，而且设计毕竟还属“纸上谈兵”，即便是“良好的开端”，有时也并不意味着就一定是“成功的一半”。良好“开端”要真正变为“成功”的现实，还需特别加强施工质量监理等后续工作，这虽然不是本书的主要内容，也不在此专门详述，但却是整个方志馆建筑质量体系中不可或缺的一个重要组成部分，更是建设者不能忽视的一项重要工作。

四、方志馆建筑设计的实证分析——以杭州、南京方志馆为例

从形式上看，方志馆无非有两种类型：一是在古旧建筑基础上改造而成，二是新建方志馆。前者多见于一些市、县级规模的方志馆（如浙江杭州方志馆、杭州余杭区方志馆等），后者常见于一些省级方志馆（如北京、江苏、江西、广西等省市方志馆）。

（一）利用传统建筑改造的方志馆——以杭州市方志馆为例

利用传统建筑改造的方志馆具有自身的独特优势：

一是地方志是中华民族特有的传统文化形式，方志馆则是传承这种文化的固定场所。从这个意义上看，利用传统建筑改造而成的方志馆往往与当地深厚的地域文化氛围相融合，与传统相契合，这首先是由中国传统建筑的自身固有优势所决定的。中国人历来崇奉“天人合一”的理念，因而很多建筑常呈“天圆四方”“合院为宅”的格局，但其内部并不封闭，如亭台楼阁围而不隔，或隔而不断，从而以内外相通、承天接地之势，尽显和谐包容之风。因此，如果深谙民族文化真谛，并通过周密设计，精巧构思，妥善布局，将传统建筑文化与地域文化、方志文化有机地融为一体，就能够把方志馆建成展示地域和方志文化的最佳平台。

二是由于这类方志馆利用现有建筑改建，因而可免去征地拆迁等大量烦琐的事务性工作，同时也可大大节省建设成本，压缩开支，并有效提高传统建筑的利用率。

三是由于这些建筑往往居于老城区一般也是该城市的中心区域，交

通便利，因而十分便于群众参观。例如，杭州市余杭区就选择在地理位置优越、环境优美的旅游古镇塘栖建方志馆，该馆南依京杭大运河，又与古镇现存的乾隆御碑等景点连成一线，从而构成了一条深具历史文化内涵的旅游风景线，开馆后平均每月游客达到上万人。文化与旅游的有机结合，不仅助推了旅游和经济发展，取得了双赢效益，而且提升了古镇老街的文化内涵，扩大了运河文化长廊的影响。

当然，利用传统建筑改建的方志馆，也具有相当的局限性。特别是一些已被列入各级文保单位的古建筑，按现有法律、法规的规定，只能对其进行内部的适度改造、装修，外观和总体格局一般不允许变动，因而设计和展陈空间都有相当局限，有时确有“巧媳妇难为无米之炊”、“英雄难有用武之地”之感，这对方志馆的规划设计和建设布展无疑是一种考验。

例如：杭州市方志馆所选择的汪宅，为原胡雪岩故居的一部分。胡雪岩故居位于杭州市河坊街、大井巷历史文化保护区东部，建于清同治十一年（1872），建筑面积5800多平方米。古宅内有芝园、十三楼等亭台楼阁，从建筑到室内家具陈设，用料之考究，堪称清末中国巨商第一宅。汪宅和胡雪岩故居隔街相望，形成一体，建于清咸丰三年（1863），系原胡庆余堂账房先生汪秉衡的住宅。这座建筑现存结构由外墙、正门、入口天井、入口东厢房、主楼、后楼、副楼、东西草坪、副楼天井等几部分组成，建筑面积1100平方米，是杭州地区典型的晚清民居建筑，2000年被杭州市政府列为第三批杭州市级文物保护单位。显然，这样的传统建筑不能轻易改造，只能在不破坏其建筑结构的前提卜适度改建装潢。根据这种情况，杭州市方志馆采取了古色古香、古朴典雅富有江南传统特色的设计方案，在原有建筑框架基础上进行设计布展。整个方志馆现由展示区、办公区（培训交流部、地情资料部、古籍文献部）、网络工作区、专用书库、阅览区等5个区域组成，既满足了方志馆的基本功能，又保留了这座建筑的传统风格，以力求实现建筑、空间、景观等多种因素的有机统一。规划设计中所采取的具体措施有：

一是鉴于主体为木结构古建筑，采取“凝固老的，注入新的”设计理念，以“不改变文物原状”和“最少干预”为原则，对外墙进行改造，以历代旧志的封面为蓝本，制成大型立体书籍模型镶嵌在外墙上，在正门的右上方镂刻前言，用以介绍方志馆概况。二是结合现代园林设计对庭院环境进行绿化，东西草坪拟新建假山楼阁，辟为休闲区。副楼天井结合现代园林设计，拟建为修志名人手模墙，同时在庭院内设置若干座杭州历史名人雕塑，从而使廊、山、水、榭凝聚其中，融为一体，以营造江南园林的独特意境。三是强化主体功能区，以突显方志馆的主题主旨：主楼一楼正厅拟改造为杭州地情展示厅，其他楼层设置包括杭州各类精品志书展厅、杭州历代地图展示厅、杭州方志文化展厅、杭州历史上历代名人展厅、书库阅览区等等在内的各主体功能板块。其他还包括小型会议室、接待室等办公服务区。通过上述多措并举，基本体现了杭州传统文化、方志文化和周边文化环境等多要素的有机融合与统一。[①]

（二）新建方志馆——以南京市方志馆为例[②]

进入新世纪以来，全国方志馆建设方兴未艾。特别是各地新建的以展示综合地情为主要形式的新型方志馆，更呈现出与传统方志馆全然不同的崭新格局。与传统方志馆（包括以利用古旧建筑改建而来的方志馆）相比，新建方志馆至少具有以下几个优势：一是占地面积大，而且不像传统建筑那样有太多条条框框的限制，从而使规划设计能有充分的空间和发挥的余地，正所谓“一张白纸才能画出最新最美的蓝图”；二是由于政府和财政部门的重视，资金相对较为充裕。而且很多新馆往往在主城区边缘或新区选址，与前者相比，其征地成本相对较低，这也使

① 参见《杭州市方志馆设计方案》（内部资料）。

② 参见：曹伟、赵卓、曾明理：《限制与创新——南京市档案馆、方志馆设计》，《建筑与文化》，2013年第11期。

得财政资金可主要投向于地面建筑建设和内部布展，进而使建馆资金得以充分保障；三是这种现实基础，还为新建方志馆运用各种现代化手段创造了得天独厚的条件，这同样是传统方志馆难以比拟的。

但是，如前所述，近年来建筑领域在这一过程中相应容易产生的认识误区和建设通病有：一是以为现代化建筑就是“高、大、上”，因而一味追求高大、豪华、气派；二是生搬硬套国外特别是西方建筑风格，甚至为模仿美国“白宫形”“国会顶”而乐此不疲；三是过度追求人造景观，如盲目移植绿树、草坪，滥用假山、喷泉，人为造成新的浪费；四是对一些所谓的现代风格生吞活剥式的理解，囫囵吞枣般的借鉴，试图以荒诞不经来标新立异，以达到哗众取宠的目的。这种教训同样值得方志馆建设加以记取。因此，既要破除陈规，敢于创新，又要善于处理好各方面关系，尽最大限度用好各种资源，这方面，新建南京市方志馆建设过程中有些成功经验可资借鉴。

南京市方志馆系 2011 年市委、市政府确定的重点民生工程和文化项目。该项目与市档案馆合建，总建筑面积为 41000 平方米，其中方志馆约为 5000 平方米，总投资约 3 亿元。该项目位于南京河西奥体中心北面，南临梦都大街，西邻乐山路和地铁松花江站，交通十分便利。特别是其设计技术等级和质量要求都达到了相当高的水准，其放置文书、声像、实物、珍藏等档案以及光盘库、音像、微缩拷贝片多媒体和电子档案的库房，对恒温、恒湿、防火灾级别等都作了最高处理，因而可以视为新建方志馆的样板，也代表了当前和未来方志馆的发展趋势。

但建设之初，该项目至少面临着几个方面的突出矛盾：一是虽为新建，但系两个项目合建，占地仍嫌狭窄，而且由于周边还有 11 层民居和其他商用建筑，两馆主体高度自然受限，很多功能难以摆开施展，此为一难；二是该项目与地铁相邻，无疑大大方便观众出行观展。但与地铁站过近，后者所带来的一系列附属设施（如活塞井、排风井、新风井、应急疏散口等），又会在已显拥挤的地块中对前者的建筑布局产生制约限制，此为二难；第三是与周边环境的协调，此区域中奥体中心当然是理所当然的主角，此外还有其他不少建筑也可充当“副中心”和配角。如何既与林立的“水泥丛林”整体风格相协调，又能独树一帜，以最大限度吸引公众，彰显形象，此为三难。可见，“大”有“大”的难处，现代化有现代化的弊端，为此，该项目主要采取了以下几方面措施：

一是在总体设计上，善于使建筑“向下生长”，力求通过整合环境来延伸公共空间。该项目针对建筑限高和用地受限的不足，运用双首层概念，设置较大尺度的下沉广场，既可作为地铁出入集散地，又可作为两馆的入口处，同时还可适时用作档案方志文化的室外展厅。这样既从一定程度上缓解了地面压力，又有效增强了两馆对公众的吸引力，可谓一举数得。

二是充分运用现代艺术手段精心设计环境。室外文化广场作为两馆对外开放的重要组成部分，虽为下沉式格局，但仍要尽最大限度体现其空间的开放性，如通过对绿化、景观水面、文化雕刻、纹理铺地等的细致刻画，借以营造舒适的人居氛围，舒缓人们的心理情绪。也“烘托并强化了气势恢宏的外部形象”。

三是全力做好主体功能区。环境需为主体服务，形式需为内容服务，所有的规划设计归根结底还要体现在主体功能区上，并最终以公众的满意度为评判标准。为此，该项目在功能设置上，将为公众提供的共享服务用房主要设于最为便捷的地下一层至地上二层，包含公众服务大厅、政府信息公开服务中心、专题展厅、学术报告厅、多媒体展示中心、开放阅览区等等，并设有自动扶梯、电梯上下相通，以方便观众读者。其他各层则为主要的业务功能区，如三至六层为档案业务功能区，七层为方志馆资料库、技术用房及行政办公，等等。这种资源合理配置并共处共享的格局，对最大限度发挥公共财政的投资效益无疑具有积极意义。

四是着力营造文化氛围，树立独特形象。如布展时在玻璃底部覆盖着由南京历史、文化等代表元素的汉字阴刻肌理以及南京地图所共同组合而成的历史图景，观者靠近建筑便可仰望或亲手触摸，以体验南京的历史文化厚重感。如在造型上，采用双层外循环呼吸幕墙，外墙玻璃设计了一个以“金陵盛景”为主题的城市长卷意向，面向奥体公园和公共文化轴展开，以紫金山开始，河西奥体收尾，超平的建筑表面提供了多媒体幕墙展示空间。“金陵盛景”主题画卷经过数码像素化的处理，以不同透明度的磨砂玻璃表现像素化的单元。白天，不同颜色深度的磨砂玻璃构成长卷画面，夜晚，则透过磨砂玻璃投射出不同的光照亮度，从而呈现出美轮美奂、精彩绝伦的艺术感染力。在色彩选择上，“通过石材与玻璃的虚实对比以及深色石材上的深浅颜色对比营造出一种面向未来的信息化气质的表皮，同时这种意向可以与南京的古城墙、竹简、档案的简册等产生意向关联”，从而达到了古老与现代的和谐共生，营造出悠远的艺术氛围。

第三节　方志馆的展陈设计

“展陈”是“展览”与“陈列”的简称，是很多公共性文化场馆的共有特征和主要表现方式，也是它们与公众交流的主要途径。“展陈设计”则是采取多种手段营造符合展示意图的空间，以对公众思想、心理、知识获取和行为产生影响的创造性思维活动，方志馆同样也不例外。方志馆的展陈设计是通过展示陈列空间的再创造，将展陈对象传递给参观者的一种艺术方式，它往往涉及博物馆学、图书馆学、档案馆学、艺术学、史学与方志学等多学科，是平面、空间、结构与多媒体等多种设计艺术的组合。就一座展览场馆而言，无论是场所的规划与选址，还是设计的质量与环境要求，相当程度上还停留于外在规范要求——当然它们是至关重要的先决条件，这一问题前面两节已作过详细分析。但从一定意义上说，一座高水平的展览建筑，最终的评判还要取决于展览的质量水准，这才是展览业界的硬道理。因此如果说规划选址与建筑设计是方志馆的基础与前提，那么高水平的展陈设计则是其实质与关键。假如忽视了这一环节，再好的选址、再好的建筑也可能会成为徒有虚名的空壳。特别在目前建筑业普遍实行“代建制”等操作规范的今天，对方志系统来说，可能真正能发挥主体作用的途径也正在于此，所以必须高度重视方志馆的展陈设计。

一、方志馆展陈设计的一般要求

（一）相关业界的理论分析

对不同场馆的展陈方式可作不同分类。例如，从内容看可分为历史文化、科学技术等专题性和综合性展示陈列；从物质形态看可分为实物展、文献展、图片展等类型；从形式看可分为固定常规展和临时流动展，等等。传统方志馆功能较为单一，当代新型方志馆则大多兼容了上述多种功能形式，因而更具综合性和现代化特征。

展陈设计历来是展览业及相关业界的研究重点，目前对场馆展陈设计的研究，涉及展览展示设计基础、设计实务和设计赏析等各方面。如强调展览展示是“指在展示活动中，调动一切手段，营造出一个完美的空间，让人与人、人与物之间彼此交流、沟通、传播信息，从而对人们的心理、思想和行为产生重大影响的一种有目的的创造性思维活动。”[①]有的认为展示设计是“对展示空间环境的再创造，采用多种视觉传达手段和艺术形式，借助一定的展架道具设施，将广泛的信息和传达内容艺术地展现在公众面前，以期对观众的心理、思想和行为产生重大的影响”。[②] 有的强调方志馆展示设计是展示内容和展示手段的统一，是展示方和参观者相互交流、互动的过程。“展厅的布展设计，要特别注重

① 参见劳动和社会保障部教材办编：《展览展示设计与布局》，中国劳动社会保障出版社，2007 年。

② 李远主编：《展示设计》，中国电力出版社，2013 年，第 2 页。

参观者的体验，要保持一定的节奏感和兴奋点，应该具有主题化、人性化、情景化、互动化、延伸化等元素，让展示的主题与观众的思想感情产生冲击和共鸣。”[①] 从而揭示了展示设计的本质特征、发展阶段和相应的方法手段，也注意到了方志馆对其一般原理的借鉴与运用。而且，从这些理念中可以发现一个共同点，即现有展陈设计日益注重将公众需求置于首位，这也是当今展览业一个重要发展趋势。

（二）方志馆展陈设计的一般要求

研究认为：“博物馆作为一种传播机构，最明显的属性有两方面：首先，它是一种非正式教育机构；第二，它是以空间形态为特征的视觉文化传播机构”[②]。同样，方志馆作为新生的以展览方志文化为主要功能的公共建筑，也具有这两个基本特征：它首先是一种对公众进行文化传播的教育机构，但它更多突出的是地情、地方志等专业领域的文化传播；其次，它的传播方式主要不是通过文本阅读、理论探讨等方式，而是通过建立在文本基础上的艺术化构建方式。鉴于此，方志馆的展陈设计一般有以下要求：

1. 科学性

一方面，应力求体现社会主义先进文化的发展导向。方志馆是社会主义公共文化的重要阵地，同样要力求体现社会主义先进文化的发展导向。反映在具体展陈设计中，就要用寓教于展、寓展于乐的方式，反映社会主义核心价值理念，特别要防止为片面追求游客量，在内容选择上任意降低标准，甚至为迎合少数人的口味、眼球而形成的低俗、庸俗、媚俗之风。这应当是方志馆展陈设计“科学性”原则的首位要求。

另一方面，方志馆既是反映各地地方志工作和事业的一个重要载体，同时作为政府投资的公共文化设施，特别作为一座展览场馆，同样

---

① 陈松文：《试谈方志馆的规划建设》，《中国地方志》，2014 年第 5 期。

② 严建强：《论博物馆的传播与学习》，《东南文化》，2009 年第 6 期。

要遵循展览场馆的一般规律，同时要在展陈设计中加以体现。方志系统本身就缺乏这方面的理论研究和实践经验，更应注意借鉴吸收有关行业的成功经验。例如，在设计中，在对展览所涉及的形体与空间、明暗与色彩、质感与质量、具象与抽象、对称与均衡、静止与运动等等各种关系的处理和比例的把握上，都有严谨的科学规律和严格的专业规范，必须加以遵循。如有专家以北京首都博物馆为例，把展陈设计造型分为以下 10 种类型：直线形、“串”字形、平行线形、同心圆形、放射线形、“田”字形、“A”字形、“V”字形、“H”字形、“T”字形，其设计构思之精巧令人眼花缭乱，显现了较高的科学水平和专业水准，值得方志馆建设过程中加以借鉴。①

2．专业性

江苏省方志馆“书”字形志书展示

方志馆是展示一地历史文化和现实成就的综合地情馆，在借鉴其他场馆建设布展经验的同时，当然还要具备自身独特的专业性特点。如对历史人物的布展设计，就应按方志“生不立传”的要求，将所展人物严格控制在已故著名人物范围内，同时按实事求是“述而不论”的原则，客观如实加以反映。浙江杭州余杭区方志馆在设计时就有一个很值得借鉴的做法，其所设置的六个展厅，所有内容基本都出自志书，即凡是志书中未记载的历史，一般不予展示反映。其设计理念是：方志馆就应当反映志书的内容，这也是方志馆展陈设计“专业性”原则题中的应有之义。

尤其受投资成本等因素影响制约，有的方志馆本身就是按办公楼的

① 参见姚安：《博物馆 12 讲》，科学出版社，2011 年。

标准所建，系馆、办合一的建筑格局，内部办公、展览相互间功能也是混为一体，未作明显隔离区分，个别的既不像展览馆也不像办公楼，有点不伦不类，更缺乏建筑艺术美感。因此，如何处理好两者关系，在投资成本约束、“馆”“办”资源共享的既定前提下，通过精心设计使两者共处一体又各具特色，特别要突出体现方志馆的展陈主题、建筑美感和专业特性，这是方志馆展陈设计中应格外关注的一个问题。

3．艺术性

地方志是一门重要的学科知识体系，但同时又博大精深，特别在知识快餐化的当代社会，如何让更多的人了解、喜欢和运用方志，方志馆是一个十分重要的中介渠道，是一个把相对枯燥的知识体系转化为生动艺术方式的有效途径。因为它的传达方式不是通过抽象的理论思维方式，而是通过“具象”的形象来传达；它不仅要符合历史真实，还要遵循美学规律。因此要善于通过深入浅出、引人入胜的精巧设计，把观众引入这座历史长廊，把读者带入这个知识圣殿，使其置身其中流连忘返，美不胜收，并通过观展达到增长知识、陶冶情趣的目的。例如，同样一件展品（如一部珍贵的旧志善本），对其位置的摆放、光线的明暗、色彩的强弱等等不同的处理方式，都会呈现不同的艺术效果，会使人产生不同的感受，一定意义上也是对设计人员艺术水准和专业素养的一种测试考验。

4．参与性

传统展览场馆多为一对一的单向静态传播形式，公众大多呈现一种被动的接受状态。而在当代社会，公众对外界的知识接受呈现出几种基本状态：知识水平越来越高，自主意识越来越强，选择渠道越来越丰富。有人甚至形容：我们所生活的这个时代，是视觉对平面的征服，浅薄对深度的占有，琐碎对经典的瓦解，物质对精神的放逐。人们在参观过程中也不再是简单的吸取和接收，而是运用各种感官进行体验，与场馆的展示图景、陈列物品实现互动，以实现相互间的深度默契。这就要求各种展览场馆，不能仅仅再把展品和相关内容简单地展示给观众读者，而必须吸引他们参与互动，力求与其实现近距离交流和心灵上的沟通，近年来文博业界的设计理念也愈来愈趋于开放，显然，这对方志馆的展陈设计是一个很高的要求，但又是一种现行形势下必须确立的理念和采取的举措。

二、方志馆展陈设计程序

方志馆的展览陈列是一个复杂的系统工程，过程中的多数环节一般要经过多次调整完善，这个过程既能体现策展者的聪明才智，同时也是一个充满挑战和创造性的过程；既有一般展览的共性规律，也独具方志馆的个性特点。其展陈设计程序一般包括：前期调研、展陈策划、方案制定、展陈预算、布展施工、对外展览和总结评估等阶段，现对其重点步骤简要介绍如下。

（一）前期调研

近年来各地所建新型方志馆一般规模较大，展厅较多，内容也比较丰富，而展陈设计一旦完成投入使用时间往往较长，除临时性展览外，大部分内容在短期内一般不会频繁变更。所以总体方案一旦确定，严谨细致的展陈设计至关重要。例如，建设综合型地情馆已是全国方志系统的普遍共识，也是各地新建方志馆所采取的普遍模式。但是，从以存藏展示纸质文献并兼及办公等职能为主要形式的传统方志馆向当代新型方志馆转型，各地普遍缺乏成熟经验，又不能完全照抄照搬博物馆等其他业界的现成模式。有人就坦言，走老路不行，创新又没把握，搞不好新型方志馆会变成不伦不类的“大杂烩”。这就更需要加强展陈设计的前期调研工作。具体可包括以下几方面的主要内容：

——牢牢把握展陈主办机构的展陈目的意图，特定展陈的性质、内容和特点。这就要善于在理论上了解相关业界的发展现状和主流趋势，同时结合实际加以运用，以在业务领域始终处于前沿状态，这是展陈设计的重要前提。

——了解分析当地地方志资源的基本情况，清楚其内容、分布及特点。找出该地地方志资源与其他地区的差异区别，系统发掘出该地的文化特点，这是展陈设计的专业基础。特别要善于认真学习阅读本地流传至今的各种志书，力求使方志馆所展陈的内容应言之有理，言之有“志”。相反，如果本地志书中没有记载的内容，即有文字记载以前的历史（如神话、传说等），一般不能作为方志馆展陈的重要内容，否则就难以称其为“方志馆”。

——了解分析展馆展厅的位置、面积、环境等外部情况和展品的形制、数量、附着的历史涵义等内部情况。这是展陈设计的主要内容，应严谨细致，统筹兼顾，精益求精。特别要广征博收，广采众长，善于借鉴同行或其他业界的成功经验为我所用。

——了解分析展陈设计和维护经费的总体情况，并编制相应的经费预算，这是展陈设计不可缺少的保障条件。具体要本着节俭原则“量体裁衣”，量力而行，量入为出，尽量避免因设计失误所造成的返工浪费。

——了解分析观众、读者等受众的群体期望、诉求甚至某些特殊个体的职业、年龄、性别、教育程度、收入水平等有关情况。尽管这可能并非展陈设计的主要内容，但所有展览都是要给人看的，公众才是其质量水平的最终评判者。如前所述，面对当代社会已适应快餐文化、读图节奏的公众群体，如果在展陈设计上忽视这一点，忽视公众的需求与感受，而是关起门来盲目陶醉于自我欣赏、自娱自乐，那么面对展览，公众很可能会如同雾里看花，展陈设计也难以达到预期成效。因此必须把了解公众需求视为前期调研的一个重要环节，一定意义上这才是展陈设计的关键所在。

（二）策划与制定设计书

展陈策划是对整个展示活动的总体规划，一般包括策划和创意设计等环节，是对展览构思、设计、布展制作、维护、更新等各展示环节的总体设计和协调，是规划展馆建设成功与否的关键。承担展陈设计方案的团队一般由业主代表、组织者、策划人、设计师及展示内容的专业人员组成。同样，就方志馆而言，展陈设计团队中既要有方志工作者，又要有专业设计人员，还要有工程技术人员等，各方既要各司其职，各负其责，又要善于相互学习，通力合作。

1．总体设计和具体设计

一方面，展示设计如同拍摄电影一样，首先要有一个“剧本”，也就是在展陈前就要有一个展陈设计的大纲或总体设计方案。它要求简洁明了，能清晰反映设计思想与原则、展陈要求与结构布局、展陈重点与艺术风格、工期进展与时间安排等各方面最基本的问题，对展览涉及的各方面问题进行全面系统的分析和整体宏观上的把握，从而指导引领具体策展方案的制定。

另一方面，光有大纲和总体方案还不够，还要有详细的具体设计方案，涉及场面设计、展品设计、展柜设计等各方面。例如，对一件重要历史事件，对其发生的来龙去脉、发展的重大节点、关键人物和过程细节等等，方案都要有详细说明；又如，对一件重要展品，其摆放的位置朝向、规格的比例尺寸、所用的材质色彩、装饰的工艺手段等，方案也要有详细交代。而且在现代化手段日益丰富的今天，不仅要有详细的文字方案说明，还要能充分利用声、光、电、视频、音响以至3D、动漫等多种技术，以及文献物品、图片展板、沙盘模型等多种手段，以制作形象化的三维立体效果图等各种方式，多视角、全方位、立体式加以说明展示，这种动态、立体、全方位的现代化效果远胜于静态、平面、单一的传统方式。

以下是广东方志馆序厅的一个设计预案：先以模型展示由东北走向西南的五岭山脉，显示岭南的位置与由来；接着展现广东先民原始社会的生活场景（在视窗或画轴上，出现断发文身的先民渔猎采集的画面并配合视频解说）；随着观众移步换景，往下的画卷或模型依次出现诸如南越王国的建立与回归、秦汉至南朝广东郡县制的推广……反清斗争、抗英斗争、华工出国、西学东渐、民族工业……国共合作、新民主主义革命、抗战胜利、国民党政权的崩溃和全省解放，等等，从而使广东历史的风雨沧桑如同一幅历史长卷，从历史源头到发展文脉，依次在观众面前一一展现，不仅主题突出，同时对其所采用的展示形式乃至工艺手段等细节，都作了详细设计，也体现了总体方案与具体方案的有机结合。[①]

2.“创意”是展陈设计的灵魂和关键

“创意”是展陈设计的灵魂，是检验展览质量水平的一个重要标准，因而在其全过程中具有重要作用。策划的关键是要确定具有创造性的、独特的、有别于其他场馆的构思，即首先要善于把它独特性、本源的内容分析出来，形成理论性概念，然后采取形象化思维，把概念运用于具体展陈设计中，再通过具体的空间和展品设计表现出来。如在浙商文化博物馆的展陈策划中，策划者首先把握的是浙商的“千年商脉”，看到浙江在历史和当代，“无论经济活力、商业思想，还是官商巨贾，皆处于全国前列”的表象，然后抽象出浙商“财富为表，精神为核”的基本理念和其“诚信、行善”的“千年之本”，同时把这些文化理念和精神内核，通过宗庆后、南存辉等著名浙商所用的一些具体展品和生动方式加以展示展现。[②] 展出后的实际效果也表明，设计上的理念先行，创意独特，既是“良好的开端”，也可能会成为“成功的一半”。

当然，创意难有一定之规，关键在于独创，有时还要采取一点超常规的逆向求异思维。从这个意义上说，创意就要善于“无中生有”“小题大做”，有时甚至还要“避重就轻”“避实就虚”，总之要勇于探索，敢于创新。有人总结其基本方法一是“做多”，二是“做空”。所谓“做多”就是多于其他场馆的东西，同样“做空”就是善于发现挖掘其他场

① 陈松文：《试谈方志馆的规划建设》，《中国地方志》，2014 年第 5 期。

② 王婷、毛晨怡、张东：《为天下浙商修家谱》，《浙江日报》，2012 年 12 月 21 日。

馆所没有的东西。例如宁波东钱湖教育博物馆在一定程度上就做了一个“空”，设计人员注意到，当时教育类博物馆基本上是个空白，世界范围内有影响的也仅有德国纽伦堡教育博物馆，同类博物馆国内很少，影响也不大，更没有“比较类型的教育博物馆”。于是，东钱湖教育博物馆被设计成：以史为经，以事为纬，即把中国与世界教育并置于历史的“经”线上，以公元的大时段为时间坐标，以同类的或者形成鲜明对比的内容为大组合，同时打破时间的严格划分，以各时期中外教育大事件为“纬”线，编织出世界教育的大“图案”。把中国教育在形式上“装入”各阶段的世界教育的框架中，但保持一定量的中国教育内容，并在收藏上确定“以中国为主，突出一项”的原则，以“各时期教材”为展陈的专业特色。设计人把这个方法总结为“钻空子”，即“找同类事物的空白点，做别人没有做过的事情”。[①] 这种独具一格、独树一帜的逆向设计思维同样值得方志馆加以借鉴。

3. 展陈设计的评估论证

在展陈设计中尊重个性、鼓励创新，并不意味着可以置设计规律而不顾，更不能以所谓的“标新立异”来哗众取宠，再好的策划创意也不能信马由缰，漫无边际，最后都要经严格检验，经公众评判。特别是展陈设计方案确定后，还要按规范程序，经有关专家和相关方面人士严谨的科学论证，包括对展陈大纲、详细方案甚至平面、立面设计图等，都要一一汇报介绍，并由评委会进行详细的讨论论证。这也是对创意包括整个方案是否科学规范并切合实际的一个重要检验机制，甚至是一种制约举措。

论证结束后，方志馆主管单位和设计团队还要据此对方案进行认真修改完善，有的还要经过多次论证打磨后才能进入下一阶段，有的还需通过媒体报道、公开展示等方式向社会公示并广泛征求意见，以通过论

① 周时奋：《回到原点》，上海社会科学院出版社，2013 年，第 234 页。

证尽可能把问题解决在方案的制定阶段，把隐患排除在工程的前期阶段。当然，前已述及，创意再好，总还是停留在主观设想，方案再周密，终究仍属“纸上谈兵”，因此，展陈方案还要在施工进程中加以检验，还要根据实际情况加以修订完善。

（三）工程施工

方志馆的展陈工程施工，涉及装饰装修工艺、绘画雕塑工艺、文物保护技术、安保防护技术等多种工艺技术，展陈工程施工是展陈设计的最后一道工序，也是检验前期调研、策划、制定设计图纸等各项工作成果的最终标准。工程施工是一个非常辛苦、烦琐的再创造过程，在施工的整个过程中，主办单位、设计单位要和施工单位、建设单位密切合作，保证设计意图顺利实现。具体要注意以下几个环节：

首先，要把握好主体建筑施工进度与内容布展的结合时机。即展陈设计要尽可能早日介入前期主体建筑的施工阶段，并善于按其总体格局确定布展内容，根据可能出现的局部变化进行调整完善。按一般规律和常规要求，建筑规划设计和建设施工两个环节应分别招标，但实践表明，方志馆等展馆更适合采用“一体化”的运行模式，即设计和项目施工均由同一家企业中标承担，否则设计与施工容易脱节甚至产生矛盾。当然具体操作过程中，同样要严格按规范程序实施。总之不要使两者变成“两张皮”，而要善于打好“组合拳”。有的方志馆恰恰因为忽视了这两者关系的处理，客观上又因实行“代建”的建馆模式，因而往往等代建单位完工交付之后，才急就章匆匆启动展陈设计，甚至为赶开馆日期，“内容不够书来凑”，急忙通过购置一大批志书文献“填鸭”式地往里一堆就算了事。最终结果，或是建筑外表虽豪华气派，内部却空空荡荡，从而形成内外氛围不协调，主次比例不相称的尴尬局面；或是因前期调研设计缺乏科学精神或相应程序，后期又疲于应付，而使全馆杂乱无序，缺乏特色；或是设计与施工单位意图不一致，合作程度不匹配，从而导致相互推诿扯皮甚至多次返工等矛盾，这都是展陈设计和施工过程中需要引起高度关注的一些现实问题。

其次，要注重展陈施工的“再创作”。呈现给观众的大多数展品都是枯燥静止的，缺乏灵动感和生命力。因而有时同一件展品，用不同的展示顺序、位置、角度和用光等作不同处理，会产生不同变化甚至大相径庭的效果，并给观众留下不同程度的印象。这就需要主创人员独具匠心，善于通过各种“再创作”方式，为展品注入感情色彩，赋予“生命”活力，从而使看似平面、抽象和静态的展览，能产生立体、生动和动态效果。

第三，施工程序要科学规范，循序渐进。一是辅助展品要安全到位，一般顺序是先布线后安装，先重后轻，先建材后电器，先固定物后可移物，先定展柜后放台座，先装假墙后放展板，等等。二是展品要安全到位，包括运送、悬挂、拆装、摆放、装饰等各流程，都要井然有序。三是布展结束后，还要进行全面巡检和重点复查，特别对声、光、电线路和相应效果要进行调试，以便及时查漏补缺，确保万无一失。①

最后，要善于建立档案。大部分展览展出一段时间后，都应根据公众需求和形势变化，及时进行充实调整，原有展陈格局也有可能会作相应变化，这就需要在首展施工完成后，对现有格局及时进行整理，对这一过程中积累的全部资料，通过文字、摄影、录像等方式编制展品详目，并留存档案，从而既便于总结前期工作，又可为今后的调整打好基础。

三、方志馆展陈内容分析

（一）力求全面展示一地的综合地情

“全面，客观，系统”，既是国务院《地方志工作条例》对志书编纂的基本要求，同样也是方志馆布展所应遵循的重要原则。方志馆的展陈是利用方志馆建筑各部分的空间向公众“讲述”一个个真实而又充满个

① 崔金贵：《博物馆展览的施工制作》，《中国文物报》，2013年3月20日第12版。

性的方志文化和历史人文故事，使人深刻理解该地方志文化的内涵。

如国家方志馆的展陈方案中就设置了“国情展区”和“历代方志成果展区”两大部分。“国情展区”又分为“美丽中国”“古老中国”“当代中国”“各省概况”等展厅；“历代志书成果展区”则包括“历代方志发展成果”和“新中国方志事业”等内容，从这两方面集中对地情和地方志的内容进行展示。

又如，设计中的浙江省方志馆也集中反映了“历史人文”、“现实成就”和“地方志”等主体内容，其设计草案提纲内容如下：

1. 大厅：采用浮雕造景设计，整体动静相结合，运用气势磅礴、万浪奔腾的钱塘江与睿智儒雅的方志大师章学诚先生为主要标志性元素，有文峰浪涌、智起钱塘之意，凸显方志馆作为弘扬传承中华文化，继往开来发展文化事业的重要平台，是社会之重，是民众之幸，也寓意其源远流长，生生不息，福泽后人。

2. 浙江地情展区：该厅全面展示浙江地情，包括浙江全省地情和十一市地情，从而全面反映浙江自然、政治、经济、社会、文化等方面基本情况。拟设立浙江自然行政区划的三维沙盘，结合现代科技—大型投影、触摸屏、音乐设施进行表现。内容可持续更新，建立开放、参与式的展示模式。建筑面积约 4000 平方米，位于一楼主展厅。

主题墙：浙江代表性形象

大液晶屏幕：浙江宣传片

沙盘：浙江全境

展板：自然环境、人口、建置沿革、城市发展、政治、经济、文化、地方志。例：京杭运河、浙江第一桥、从手工业到现代工业、从义乌“鸡毛换糖”到义乌大市场等

触摸屏：历史、地理、地势、地貌、江河、湖泊、气候、资源、行政区划、人口、经济、农村、农业、工业、商业、服务业、城市、特产、森林、水系、水利、粮食、茶叶、蚕桑、名产、特产、交通、电

力、科技、丝绸、纺织……

3．浙江历史人文展厅：按历史分期安排历史、人文，采取雕塑、文物、图文、展板、多媒体、放映厅等方式展示。人文馆设计上，以中式屏风、花窗格、竹卷和书籍为元素，营造为书香墨浓的展示环境，在屏风上运用大面积浮雕，人物逼真，整体唯美。

例：历代浙江行政区划图、浙江各历史时期人文历史

浙江地方志展厅：展示地方志工作、古当代志书、精品志书、数字方志、方志人物。

浙江地方志工作：历史传统；机构成立；领导重视；修志成果；志书编纂；机构队伍；开发服务；市县工作；方志研究；各级先进；友好往来；方志文化进基层。

4．浙江名人展厅：展示浙江历代名人。设置雕塑、图文、电子屏、实物等。古代名人。

近代名人：政治人物；经济人物；文化人物；科技人物；名人世家；其他界别。

现代名人：政治人物；经济人物；文化人物；科技人物；劳模英烈；社会活动家；其他名人世家。

名人厅专设浙商馆。浙商馆在设计上，以‘东方之柱’为名，采用偏现代艺术和中式雕刻、篆刻等手段，中西结合，古今相通。浙商为世界之闻名，浙江之骄傲，经济发展之主角，以东方之柱的形式表现，更彰显社会之重。

总之，这个方案力求反映浙江源远流长、丰富多彩的历史人文传统，力求反映浙江近现代发达的商品经济和现代化建设成就，力求反映“方志之乡”的发展变化。当然，这还只是一个初步方案，尚未付诸实施，实施时会根据实际情况变化不断加以改进完善。

（二）善于展示一地的独特形象

全面、客观、系统是对方志馆展陈内容的基本要求，但由于受各方面因素限制，要真正做到这一要求并不容易。例如，有的方志馆由于受

场地、财力等限制，客观上难以全面展示本地丰富的历史文化全貌；有的则是缺乏高水准的规划设计意识，以为把所需展示的基本内容往馆中轻易一“堆”就能解决问题，因而展览既无特色也无灵气，最后容易给人留下“千馆一面”的雷同印象。从这个意义上说，内容只提供了展示的基本框架和浅层意图，一座好的方志馆特别是一批高水平的主创人员，要善于从该地丰富的历史文化资源中，提炼出最能反映其本质特征的主体内容。

这样，在布展时要注意，不能把该地的地情、历史人文、地方志等内容事无巨细地陈列堆积，而要根据展陈目的和实际需要有选择地加以运用，以反映出该方志馆的气质、个性和精神内涵，建构出独特的结构体系和述事系统。如果不加选择地全部“推”给观众，一定不会有好效果。严建强指出，要善于“从基本概念提炼出可操作的视觉语言：儒雅的书卷气，以及由这一概念衍生的相关概念——素净、洗练、一定程度的凝重感和抽象。”他以常州博物馆从浩博的历史人文中拮取素材，形成“圩墩·寺墩”“延陵季子”“齐梁故里”“中吴要辅”“儒风蔚然”等五个叙事单元为例：“这些单元的设立，既不是简单地采用王朝编年的方式，也不是单纯按社会生活门类来编排的，而是抓住某一时期常州历史发展中最具特色，最具影响的事件、人物和现象，将它们按观众熟悉的王朝体系为时间进行串联，从而形成一个既具有一定系统性，又彰显了常州历史特征的整体构架”。[①]这种设计思路特别是据此提炼的学术理念无疑应为方志界所关注借鉴。

北京市方志馆老字号展示墙

---

① 严建强：《彰显个性有效传达—以常州博物馆历史陈列策划与设计为例》，《文物世界》，2006 年第 3 期。

以下是浙江义乌方志馆的两段展陈构思：

在这里，沉睡的古志得以重现，你可从中一睹义乌方志馆镇馆之宝、国家一级文物的明朝崇祯《义乌县志》的容颜。可以获知这件国宝流失他乡，又千里回归的故事。你可浏览清康熙、雍正、嘉庆《义乌县志》，了解清朝义乌修志的盛况，而“盛世新志”“传世丛书”“年度文献”等专版，则把记载义乌千年历史的新编《义乌市志》、综括前人著述横及各方地情而汇为总集的“义乌四库全书”《义乌丛书》，及汇集义乌一年一度史料的《义乌年鉴》等文献典籍交相辉映，让你能够一览先人留下的诸多名重一时、光照后世的道德文章。这里，展现的是一幅既深厚凝重，又清新亮丽，且平面与立体交错的义乌历史文化画卷。展厅分“八婺肇基之县”“江南邹鲁之乡”“天下精兵之标”“求实致用之民”四个部分。它以义乌发展的历史为主线，以各历史时期独具义乌特色的节点为重点，将丰赡的史料、珍贵的文物、精美的图片一一串起。在这里，你可从上山遗址、桥头遗址那些上万年的文物中发现义乌的史前踪迹；你能从义乌古墓葬发掘的那些坛坛罐罐中发现早在先秦时期义乌先人绝顶的聪明才智；你能从一张张被模糊的影像，一本本泛黄的典籍中，发出一声声义乌先人足与华夏其他人文鼎盛之地相媲美的感叹；你还能从那些曾带着义乌兵体温，击杀过无数倭寇及入侵北方边关敌虏的兵器上，聆听到世人对义乌人盖世忠勇的赞赏；而那一枚枚自行制造的硬币、一张张皱巴巴的包装纸，一份份敲糖换鸡毛的许可证，则见证了义乌人自古至今求实致用的文化品格……

显然，上述这种展陈构思使人仿佛身临其境，具有十分鲜明的地域特色。

又如：山东菏泽方志馆的地情展览分为十个部分：城市遗迹（走廊专题）、走进菏泽、千年沧桑、领导关怀、特色农业、现代工业、科教文卫、商贸中心、县区综述、一都四乡（武术之乡、戏曲之乡、书画之乡、民间艺术之乡、牡丹之都)、地方志事业，同时辅以 30 个小板块，并以图文并茂、声光电、影像、实物等形式，从菏泽的远古文明，到夏、商、周等各个历史时期，尤其是对新中国建立后到新时期的发展变化作了直观详尽的展示。这些内容看似繁杂，其实已通过主创人员反复分析研究和归纳提取，因而显得既全面系统，又精致精炼。

（三）注重体现当地地方志的内容及特质

基于方志馆的本质特征是以地方志这种社会化的文字符号系统反映一地综合地情为主要展示内容的公共性场馆，所以在确定展陈内容时必须认真分析、总结该地地方志的内容。方志馆要以反映地方志书中记载的内容为主，展陈的内容必须要有地方志为所“本”，当然其它载体反映的内容也可以有机表现，但不能成为方志馆展陈内容的主体。

（四）以灵活多变的临展丰富充实主体展览

一座方志馆从规划设计到布展施工，不但凝聚了大批人的心血汗水，一定意义上也是大量公共财政资金堆积出来的结果。因此开馆后，即便馆方观众意识再强，应变能力再快，也不可能在短期内经常变化。但当今世界日新月异，千变万化，这样，在展区主体格局基本不动或作定期微调的同时，还有必要在馆区中留出一定的空间用于举办临时展览，作为主体展览的必要补充，以满足公众不断变化的需求，并树立方志馆常展常新的良好形象。关于这一点，本章第二节已有详细分析，此处不再赘述。

四、方志馆展陈技术运用实证分析——以广西、北京方志馆为例

2014 年 4 月，国务院副总理刘延东在出席第五次全国地方志工作会议时指出：“地方志开发利用水平是衡量地方志工作成绩的重要标准，不要把地方志工作变成单纯的事务性工作。”她强调指出：“地方志应该是严谨的资料性文献，但是传播地方志的形式和方式应该是生动活泼的。地方志开发利用做得越好、推广得越多、运用得越广泛，地方志工作的现实意义就越重大，贡献就越大。”[①] 方志馆是地方志开发利用的“主战场”，展陈技术为方志馆的传统内容插上了现代的翅膀。旧邦新命，与古为新，方志馆在展陈设计中必须有意识地采用现代展陈技术，根据实际需要合理运用各种传统和现代展陈技术，使展陈的内容和精神内涵得到完美体现。以下以广西方志馆展陈方案和北京市方志馆“地情展览展示之‘自然环境’篇”为例，从中可见省级方志馆展陈布局的重点、特色和相应采用的技术手段。

（一）广西方志馆

广西方志馆建成于2011年9月，占地面积5333平方米，建筑面积6003平方米，是一幢有着浓郁民族风情的省级方志馆。其展陈分为七个部分，包括序厅、古迹史迹、广西通志、八桂年鉴、市县区志、志鉴开发、志人足迹等。在展陈技术上则综合采用图片、视频、实物、雕塑，通过实物展示、电子触摸、影视传播等多种手段，以求多方面直观、生动地展示广西的历史与现状。

广西方志馆展示照片

1. 序厅

序厅设置了投影视频，通过以下四段视频画面，并采取声、光、电结合的方式，以形象展现广西的地理、民族、文化等综合性地情：

1）脚本：广西是由壮族实行区域自治的民族自治区，各民族团结、和谐，相互学习，共同发展。

画面及配音：1—4　广西是由壮族实行区域自治的民族自治区；

① 《刘延东副总理在与第五次全国地方志工作会议部分代表座谈时的讲话》，《中国社会科学报》，2014年5月28日第1版。

5—9　各民族团结、和谐，相互学习，共同发展。

2）脚本：广西山清水秀，地灵人杰，各族人民勤劳、善良、勇敢、智慧，共同创造了灿烂的文明史。

画面及配音：1—6　广西山清水秀；7—11　各族人民勤劳、善良、勇敢、智慧；12—14　共同创造了灿烂的文明史。

3）脚本：广西各族同胞能歌善舞，热情好客，山歌当好茶饭敬亲（客）人。

画面及配音：1—8　广西各族同胞能歌善舞，热情好客；“刘三姐”画面及原唱“我今没有好茶饭，只有山歌敬亲人，敬亲人”（山歌当好茶饭敬亲人）。

4）脚本：广西史志博物馆将引领您走进广西的世界，让您感受八桂大地的丰姿。

画面及配音：1—9　广西史志博物馆将引领您走进广西的世界，让您感受八桂大地的丰姿。

2．“古迹史迹”展厅

采用场景复原、电子翻书设备等展示手段，直观、互动式展示广西历史文化：

1）源远流长部分。

实物：1．广西方志馆收藏的古籍旧志；2．广西方志馆收藏的古籍旧志

照片：3．广西方志馆收藏的古籍旧志

2）文化遗址。

照片：4．百色旧石器中的手斧、手镐（《广西文化图史》）；插图 5．柳江人头骨化石及复原像（《柳江县志》）；

稻作文化　6．扶绥县木民水稻区（《扶绥县志》）；7．稻作生产场景（《广西文化图史》）

铜鼓插图　8．桂平出土的东汉铜鼓（《桂平县志》）；9．东兰壮族

叨铜鼓绝技（《广西年鉴·2009》）

花山岩画　10．左江畔的宁明花山岩画（《广西通志·文化志》）

3）民族形成。

壮侗语民族插图 11．壮族先民穴居之所（《广西大百科全书》）；12．壮族干栏式房屋（《广西通志·科学技术志》）；13．侗族村寨（《广西大百科全书》）

世居民族插图 14．瑶族粮仓（《南丹县志》）；15．苗族村寨（《隆林各族自治县志》）；插图 16．壮妹晒谷把（《桂林市志》）

3．“广西通志”展厅

综合运用图示、实物、模型、老照片、视频等展示方式，并配以文字说明：

1）书柜：《广西通志》

2）图片：第一轮广西省级志《广西通志》部分专志

3）自然地理：

地理位置　广西地理位置图（《广西通志·政府志》）

地形地貌　漓江两岸峰丛洼地（《广西通志·岩溶志》）

地理特点　靖西喀斯特峰林地貌（《广西通志·自然地理志》）

气候特征　1958 年宜山洛东春旱情景（《广西通志·气象志》）

区位优势　广西北部湾经济区地图（《广西大百科全书》）

4）自然资源：

矿产资源　广西有色金属矿产分布图（《广西通志·地质矿产志》）

水能资源　水电“富矿”红水河（《广西通志·电力工业志》）

植物资源　活化石－－银杉（《广西通志·林业志》）；珍稀植物金花茶（《广西通志·林业志》）

动物资源　世界稀有猴类—白头叶猴（《广西通志·科学技术志》）

旅游资源　甲天下的桂林山水（阳朔兴坪）（《广西年鉴·2010》）

5）行政区划：

政区建置 广西省人民政府颁布的第一号布告（《广西通志·政府志》）

自治区成立 1958年3月5日韦国清宣布广西壮族自治区成立（《广西通志·大事记》）；南宁各族群众庆祝广西壮族自治区成立（《广西通志·大事记》）

2010年政区 2010年广西行政区划

6）经济总量·居民生活·扶贫：

社会总产值与国民收入 2009年钦州保税港区引进中石油总投资200亿元项目（《广西年鉴·2010》）

居民生活 柳州是广西第一个有管道煤气的城市，5万立方米民用煤气储配站（《广西通志·政府志》）

扶贫 上世纪百色山区的马驮运输（《广西通志·交通志》）；瑶族同胞在家中用上了自来水（《广西通志·政府志》）

7）农业：

粮食作物 富川优质水稻生产基地（《广西年鉴·2009》）

经济作物 桂糖系列甘蔗良种（《广西通志·农业志》）

牲畜 南宁牛场（摘自《广西通志·农业志》）；马山杂交山羊（《广西通志·农业志》）

4.“志鉴开发”展厅

这部分展示采用图片、网络、触摸设施、实物等多种技术手段加以展示：

1）馆库网建设。

广西方志馆 图片：2011年9月落成的广西方志馆大楼；图片：广西史志博物馆前厅

方志文献收藏 图片：广西方志馆古籍书库；广西方志馆书柜

广西地情网 图片：广西地情网主页；2011年10月广西方志文化

惠农项目暨广西地方志系统网站群第一个子站—大新地情网开通仪式

2）服务社会。

资政与资商　图片：各地进行规划和建设往往查阅志书有关资料；地方志及有关史料是城市防洪的重要资料来源，图片：南宁防洪屏障—邕江大堤（《南宁市志》）；图片：《广西通志·军事志》成为电视剧《大围剿》创作的基本素材之一；图片：20世纪的最后一个小时《世纪回眸》专题访谈节目

教化与教材　图片：爱国爱家乡系列教材；图片：2000年12月，南宁市中小学生参观广西新编地方志展览，接受革命传统和地情教育；图片：20世纪90年代广西师范大学历史系青年教师在利用《广西通志·教育志》和《广西教育史》备课。

桥梁与信史　图片：世界关注广西修志，港台同胞读志情深；图片：2001年9月海峡两岸杨廷理学术研讨会在柳州市举行。

3）开发利用。

编纂系列地情书　图片：广西各级地方志工作机构编纂的部分简志、专业志及其他地情书。

创新影视志　图片：2010年6月，自治区领导刘新文、黄日波出席影视志《广西古建筑志》首发式并讲话；图片：影视志《广西古建筑志》和《广西之最》（精编版）于2010年先后出版发行。

另外，广西方志馆还在馆中设立影视厅，试图通过生动画面和技术感染力，使观者从中领略八桂大地的风姿神韵，了解该地悠久的历史、灿烂的文化和辉煌的发展现状。

总体上看，广西方志馆展陈内容全面系统，规划设计体现了鲜明的民族和区域特色，并综合运用了多种现代技术手段，是综合地情馆的典型模式，同时也是进入新世纪以来各地方志馆建设的普遍范式。

（二）北京市方志馆地情展览展示之“自然环境”篇

北京市方志馆地情展览的“自然环境”篇则从一个侧面，详细展示

了一座省级方志馆的自然地情。

北京市方志馆“北京地情展”“自然环境”展板（部分）

第一部分　序言

展示现北京地区的地史和气候、水文、生物变迁史梗概以及人类和城市的初现。

第二部分　自然地理

综合展示北京地区自然地理各方面基本情况。

1．地形地貌（包括相关地质要素）

1）概况及各类地形分布

2）山地、丘陵

——西山．a．基本情况　b．主要山峰及成因：东灵山——黄草梁；百花山——白草畔；妙峰山——阳台山

——北山：a．基本情况　b．主要山峰及成因军都山（北支）：海坨山——玉渡山、猴顶山；军都山（南支）：八达岭、云蒙山

3）平原

2．气候

1）概况

2）日照与温度

3）湿度、蒸发与降水

4）气压与风

5）云、雾和阴晴日数

6）城市气候效应

3. 水文

1）概况

2）地表水

——永定河水系

——大清河水系（拒马河）

——潮白河水系

——湖泊：a概况、成因；b主要湖泊情况：昆明湖、玉渊潭、什刹海、北海；c境内湖泊列表

——水库：概况；大、中型水库；北京境内的水库列表

——人工渠：a通惠河；b永定河引水渠；c京密引水渠

3）地下水

4. 土壤

1）概况与基本构成

2）类型与分布

——山地草甸土类

——山地棕壤类：山地棕壤；山地粗骨棕壤

——褐土类：山地淋溶褐土；普通褐土；山地粗骨褐土；碳酸盐褐土；褐土性土；潮褐土；褐潮土

——潮土类：潮土；砂姜潮土；湿潮土；盐潮土

5. 植被

1）概况

2）针叶林

3）落叶阔叶林

4）灌丛与灌草丛：落叶阔叶灌丛；灌草丛

5）草甸与水生植被

6．植物

1）概况：总体情况、区系成分及分布

2）常见植物：简述；市花、市树、主要绿化树种和天然植被建群种

3）特有植物

4）保护植物

7．野生动物

1）概况：总体情况及区系成分

2）鱼类：概况及主要种

3）两栖爬行类：概况及主要种

4）鸟类：概况及主要种

5）哺乳动物：概况及主要种

6）昆虫：概况及常见种

第三部分　自然资源

1．矿物资源

1）概况

2）煤炭

3）金属矿物

4）非金属矿物

2．土地与水资源

1）土地资源：概况；农业土地资源；非农业用地

2）水资源：概况；境内水资源；入境水量

3．旅游资源

1）概况

2）综合风景带：海坨山—松山—玉渡山—龙庆峡综合风景带；灵山—黄草梁—龙门涧综合风景带；百花山—白草畔综合风景带；拒马河峡谷综合风景带；云蒙山综合风景带；雾灵山综合风景带

3）山地、沟谷景观：西山山前风景带；军都山风景带

4）特色景观：溶洞与木化石群；湖泊与湿地景观；植被景观；古树名木

第四部分　环境质量

1．大气环境质量

2．水环境质量

3．声环境质量

4．污染物及处理

1）概况

2）工业污染物：废气；废水；固体废弃物

3）城市污水

4）生活垃圾

5．环境灾害与环境变迁

1）环境灾害：地质灾害；气象灾害

2）具有人为因素的环境变迁：植被与生物变迁；气候与水文变迁；资源与地质、地貌变迁

第五部分　环境建设

导言

1．市政环境基础建设

2．环境制约与城市发展模式、结构、布局调整（基于环境因素的企业关停与搬迁、产业结构和工业布局调整）

3. 生态建设

1）城乡绿化与水源保护、水土保持

2）生态农业开发、推广

3）面源污染控制

4）生物多样性保护

4. 自然保护区

1）概况

2）在京国家级和部分市级保护区简介

3）境内保护区列表

第六部分　结束语

北京环境的综合现状，引出人类与环境关系的思考

第四章　方志馆的运行管理

各种类型的方志馆是展示地方志等重要历史文献和宣传综合地情的重要场所，是弘扬中华民族传统文化、传播传承区域文明的重要载体。日常运行和管理无疑是方志馆工作一个十分重要的组成部分。从全国各地历史形成和已建成开放的各类方志馆看，方志馆总体上可分为“运行”和“管理”两大部分，而且从不同角度可作不同分析：

一是从程度上看，可分为宏观运行与微观管理两大部分：前者是指方志馆建成开放后，按既定目标和相应战略所开展的总体运行工作；后者则是指对馆内从领导层到各部门全体工作人员日常事务的具体管理。

二是从形式上看，可分为动态运行和静态管理两大部分：前者从纵向发展包括了方志馆从建成对外开放后的整个动态过程，如志书文献从鉴别选择、征集购买、编目入库到日常展示及展陈内容的不断调整更新等全过程；后者则横向揽括了方志馆各部门日常运行管理的各个方面，如内部阶段性工作目标的制定落实、展品特别是珍稀文献的日常管护、人员素质的逐步培训提升，等等。这种管理主要着眼于特定目标岗位的相对固定性和工作稳定性，其实它也要通过动态方式加以实现。

三是从内容上看，可分为对公众开放的外部运行和面向馆内各部门各岗位的内部管理两大部分：前者包括对外开放的日常运行机制、服务理念的提升更新等；后者包括内部管理制度的建立与完善，内部人事和财务、设施管理等等。

可见，从不同角度可对方志馆的运行管理作不同的划分。当然，这种划分又是相对的，不仅它们相互间存在密切联系，有时很难作截然区分，而且有的还可互相转化。本章将从整体发展目标的确立和完善、方志馆的对外运行服务、方志馆的内部管理建设和外部评估评价等方面，对方志馆的运行管理进行分析阐述。

第一节　方志馆发展目标的确立和完善

“目标”一般是指一个组织主体想要达到的目的或标准。是否有明确的发展目标，是方志馆能否顺利运行和科学管理的前提与基础，方志馆的一切运行和管理都要以其总体目标为中心和重点，并围绕这个总体目标设置各类具体目标加以实施。

需要说明的是，方志馆的总体战略目标应当在设计规划阶段重点加以分析研究。但作为一个整体和完整的程序，目标的确立和完善是与方志馆运行管理密切关联、密不可分的有机组成部分。因此本章既涉及制定确立前期总体目标的分析讨论，同时（或者更多）关注的是后期目标的调整、修改和完善。

一、方志馆的总体发展目标

从全国各地历史形成和已建成开放的各类方志馆看，方志馆主要是以收藏展示志书等纸质文献为主要形式的展示展览场所，但近年来以展示综合地情为主的当代新型方志馆已开始显现。显然，不同形式的方志馆既有一脉相承的历史渊源和密切联系，又有不同的功能特点，定位不同，发展目标也不完全一致。如果不包括古代史馆、藏书楼等非正式的方志机构，那么可以把现有方志馆分为两类：即一类是以收藏展示志书等纸质文献为主要形式的传统方志馆，另一类是以展示综合性地情为主要形式的当代新型方志馆，下面分别考察它们不同的发展目标。

（一）以收藏展示纸质文献为主要形式的传统方志馆

传统方志馆发展目标和主要功能的一般定位是：以收藏展示志书等纸质文献为主要形式，同时兼及志书编纂、日常办公和学术研究等多种功能，是各地传承区域文化的重要窗口和文化发展的重要载体。

本书各部分相关研究都认为，在中国历史上，方志馆开始往往与各种形式的藏书楼、史馆，后来又与图书馆等机构融为一体。真正明确以“方志馆”冠名的专业场馆出现很晚，数量也很少，而且起初多为编纂志书的专业机构。甚至一直延续到当代，相当一部分机构虽以“方志馆”冠名，但在我们的研究视野里仍将其归类为传统方志馆，它们与传统的图书馆、档案馆和博物馆等文化场所关系仍然十分密切。这样，我们可以既关注传统方志馆自身实际，同时又借鉴图书馆学等其他相关学科理论，来研究探讨传统方志馆的发展目标。

毫无疑问，收藏保管、编纂研究、旧志整理、宣传展示等等，既是传统方志馆的主要功能，也是其持续发展的重要追求目标。当然，即便是这几个功能和目标，传统方志馆对其定位也不尽相同，往往因地制宜，因时而异，即不同时期有不同的价值判断标准，有不同的目标追求理念。例如，最早的传统方志机构往往以收藏为重要功能目的，以收藏数量和版本质量为最高追求目标，一般都秘不示人，而且也不以接纳公众数量和开放程度为衡量标准。当然，随着社会发展进程加快和人类文明程度的日益提高，传统方志馆的功能目标逐步有所调整，对社会公众的开放程度逐渐扩大。

集方志馆、办公室为一体的湖北方志馆、山东省方志馆

特别是在当代社会，即使是仍以收藏纸质志书为主要形式的各种传统方志馆，无论面积大小，收藏志书等文献的数量多少，一般在仍然注重收藏保管功能的同时，都十分注重方志文化的宣传展示，注重将传承地域文化的社会功能放在首位，这是传统方志馆在目标定位上一个最为

显著的变化和最为典型的特征。

因此，虽然目前全国各地已建成的方志馆并没有统一的发展目标，但它们却呈现出一些带有普遍性的特点：纸质文献与综合地情并重，收藏保管与宣传利用并重，对外开放与内部管理并重，等等，这也是传统方志馆发展目标的共同趋势。

(二) 以展示综合地情为主的当代新型方志馆

以展示综合地情为主的当代新型方志馆，是以上世纪50年代出现的“地志博物馆”为基础，同时进入新世纪以来，又由原中国社科院副院长、原中国地方志指导小组常务副组长朱佳木积极倡导的一种模式。当代新型方志馆，虽然仍然注重将收藏纸质文献这一传统形式作为重要内容，但其重点和追求的目标显然已不再限于此。与传统形式相比，其设计视野更为开阔，展陈内容更为丰富，展示手段更具现代化。

按朱佳木应当把当代新型方志馆建设成为综合地情馆的总体思路，按本书当代新型方志馆是经济社会新形势发展的产物，是在传统方志馆基础上的创新发展，是对有关文化场馆的凝练融合，以及是当今地方志事业辉煌繁荣的重要标志等四个方面的认识定位（其实也是当代新型方志馆的发展目标），当代新型方志馆的发展目标显然比传统方志馆内容更多更丰富，相应实现要求更高，建设难度更大。

例如，北京市方志馆的定位是：作为全国第一家以“地情”为定位的展馆，应明显区别于传统的历史博物馆、自然博物馆、城市规划馆、民俗馆、科普教育馆等，力求从方志人的角度来讲述北京。即既要展示北京地情中的一些重要亮点，又要充分体现“方志文化”，以求从一个全新的视角，解读北京这座城市的历史与现状，体现“志说北京”的特色和方志馆“三个中心、一个基地”的功能定位。新建深圳方志馆则以“深圳故事”为主题，将其理念定位为：生态之城、移民之城、口岸之城和改革之城，显然，这是对深圳这座以改革开放而著称的新兴城市地情的典型概括。

还需要强调的是，尽管传统方志馆和当代新型方志馆两者在建设理念、展陈内容及发展目标等方面都存在明显不同，但在研究和实践中不能就此将两者截然对立起来。一方面，由于现实国情、各地不同地情和全国地方志事业发展的客观状况等因素，传统方志馆还将在一定形势下继续存在并持续发展；当代新型方志馆虽然理念较新，但因尚无成功先例，因而其设计和建设都是一个需要艰辛探索的过程。另一方面还要看到，在具体建设实践过程中，传统方志馆的建设模式和成功经验也不可能更不应当完全弃之不用，即使转型也是在原有基础上的扬弃。同样当代新型方志馆不可能建在“空中楼阁”上，必定是在传统方志馆基础上的继承与完善。两者肯定你中有我，我中有你，关系密不可分。这样，不但实事求是处理了两者关系，丰富了不同类型方志馆的发展目标，同时也使这一目标的设置更为复杂，实施过程更为艰巨，这是需要充分注意的问题。

二、方志馆发展目标的制定与落实

（一）目标的分类与制定完善

一项工作和事业的发展目标可以有多种分类方法。从地方志工作实际和方志馆运行发展过程来看，可将其分为以下几种类型：

1. 总体目标和分类目标

“总体目标”和“分类目标”是以目标定位性质和涉及范围所作的一种划分：

——所谓总体目标是以“聚集”的视野，对方志馆在规划设计时所作的总体定位。对上它是一个汇报介绍的总体方案，对外它是一个展示整体形象的窗口，对内它又应当是一个鼓舞人心、激励斗志的奋斗纲领。而且，相对于分类目标、阶段性目标和个体目标而言，这个目标又应当是一个总领全局的长期目标和集体目标。

例如，2012 年 6 月，浙江省委、省政府下发了《浙江省重大文化设施建设计划》，明确将浙江方志馆列入“省重大文化设施建设计划”。于是，围绕着建一个什么样的方志馆，即方志馆总体目标如何定位，浙江方志界展开了认真的讨论研究。其实相应也就是两种选择：一是传统方志馆，一是当代新型方志馆。两者显然有不同的建设发展目标：

前者因以收藏展示方志等纸质文献为主要形式，因而其特点是专业性强，规模较小，建设成本相对较低，同时有全国各地已建馆的现成经验可以借鉴，特别是如和图书馆等其他建筑合建，可以实现功能互补，资源合理配置，有利于发挥综合效益。所以可以此定位，再分别制定志书的收购收藏、开发利用、综合管理等阶段性和个体目标，并付于实施。

后者实际是按国务院《地方志工作条例》要求，以全面展示一个特定行政区域“自然、政治、经济、文化和社会”“历史与现状”的综合性地情为主要形式，在全面传承当地历史文化传统、树立当代整体形象等方面具有重大意义。其特点是涉及面广，规模较大，内容丰富，手段新颖，传统方志馆显然难以比拟。特别是与目前此行政区域内其他各类场馆相比，它还能避免重复建设，填补其他场馆的空白，可以成为重大的地标性文化设施。当然这一方案也有建设成本高、组织协调难度大、缺乏可借鉴的成功经验等问题，而且还要受制于当地财力、技术等各种因素。由于这一目标定位已大大突破传统方志馆的概念模式，因而仅依靠方志系统一方面的力量有相当难度。不过，暂且撇开这些困难不说，单就这一方案而言，如果以此为基本定位，那么其总体目标显然要在系统梳理综合性地情基础上，以传承当地历史文化特别是宣传展示当代建设和发展成就为重点，而不是把目光仅仅局限于志书等纸质文献的收藏展示上（当然这仍然是其重要内容，否则就难以称其为方志馆），并据此制定分阶段和个体目标。

——所谓分类目标是以“散点”视野，既从纵向历史发展过程，又从横向现实各个环节，对各个门类甚至具体个体目标所作的细致划分。与总体目标相比，分类目标更为具体务实，更具可操作性。例如，就方志馆而言，从纵向看，可有长期发展目标、年度计划目标、季度实施目标以至月度操作目标等阶段性目标；从横向看，又有涉及收藏保管、展示宣传、编纂研究、内部管理等各类别各环节的目标。从而仿佛是一张纵横交错的“网”，与总体目标相关的所有任务都被网罗其中。

在具体制定分类目标时要注意：覆盖全面（即纵横相加一般为总体目标的总和，不能有重大遗漏），指向明确（即该干什么不该干什么一定要描述清楚，让执行者明明白白），量化合理（即分类目标是所有目标的最小操作单位，不能大而无当），责任清晰（即要落实到每一个操作主体，且宜有明确的奖罚措施），松紧适度（即在时间上既不要“鞭打快牛”，又不可“盲目放羊”，要宽严相济），等等。总之，通过分类目标科学有序的规范化实施，才能够真正把总体目标落到实处。

2. 长期性目标和阶段性目标

“长期性目标”和“阶段性目标”是以时间为考察因素所作的一种划分。长期目标相对较为宏观原则，阶段性目标则更为具体，便于操作。但“长期性”和“阶段性”又是一个相对概念，并没有一个绝对的划分标准。为此要善于科学定位，辩证处理。例如：

——对传统方志馆而言，在坚持弘扬地方志这一中华民族特有的文化传统的同时，还要清醒地看到，在现代化信息手段日新月异、瞬息万变的今天，以古籍和纸质文献为主要形式的传统形式已面临着前所未有的挑战，有些固有的传统模式、原定计划已难以适应形势发展变化。如有的方志馆因建馆时间较早，展示宣传手段落后，已陷入“门前冷落车马稀”的尴尬境地，有的省级馆两年总计只有2000多名来访者，而当地一家博物馆一天就有2000多名游客。当然两者有不可比的本质区别，但现实却不得不引起我们的关注和深思。因此，方志馆建设和发展既要坚持传承，更要善于创新，不能因循守旧，故步自封。甚至要善于把“长期目标”转化为“阶段意识”，即要根据形势发展及时调整原定目标，与时俱进发展事业。

——而对当代新型方志馆而言，相应要注意的是，当代新型方志馆是现行形势下的一种探索创新，是方志馆建设和地方志事业发展的一种趋势，所以既无现成样板可学，也无国外经验可鉴。这样，在具体过程中就更要注重实事求是，善于从实际出发认真调研，科学论证，周密规划，审慎定位，千万不能把科学严肃的“长期目标”人为轻率地转化为短期“阶段性”的政绩工程。而且目标一经制定，短期内无特殊情况不要轻易变更。特别要防止不切实际地朝令夕改，甚至盲目铺摊子、上项目，从而造成巨大浪费，这是需要当代新型方志馆在目标制定及实施过程中力求避免的一种现象。

3．集体目标和个体目标

“集体目标”和“个体目标”是视目标制定和执行者的不同职责所作的一种划分。

——集体目标的制定和组织实施显然是决策者、领导者所关注的重大问题，也是其最重要的职责之一。而且这个目标有时本身就是由一个领导集体和决策层“集体”制定的，而并非是个别领导的个人意志——当然，主要领导者和决策者在其中所起的作用与其他人显然有所不同。

在制定和实施集体目标时，一方面，要注意严格按科学程序决策，如重大事项经集体讨论、民主决策。特别是建设当代新型方志馆是我国地方志和文博事业的一个创新之举，需要充分汇集各方面的集体智慧，充分听取各方面的不同意见，力戒盲目决策。西方管理学中有一个名为“帕金森定律”的典型案例：决策层会议将讨论工程的两个项目，例如：一是建一个车库，二是上一个大型高端科技项目。结果前者因人人都略懂一二，因而畅所欲言，耗时很长；后者因技术含量太高，到会者大多不懂，因而几乎鸦雀无声，用时也很短，最后只能由主持者和主要技术设计者拍板决定。这是十分令人深思的典型现象，也是在制定重大目标集体决策时应力求避免的问题。

另一方面，即使是集体目标集体决策，主要领导还要勇于负责，敢于担当。在制度上事先要清晰定责，过程中要认真履职，事后要严格考核甚至严肃究责。不能如上所述，满足于走程序，把责任都推给集体，甚至摆花架子，做表面文章。例如，在建传统方志馆和新型方志馆两个方案之间，始终有两种不同意见：一种认为在现行形势下，应转变观念，运用声光电等多种现代化手段，建设以综合地情为主要特征的新型方志馆。另一种则认为，新型方志馆创意虽新，但规模大，成本高，实际很难操作把握；传统方志馆虽有缺陷，但毕竟功能简单，成本较低，又有先例可鉴。显然，此时就需主要决策者审时度势，审慎决策，并善于把个人意志转变为集体的共同目标，引领集体为实现这个目标而共同努力。

——个体目标是指目标的最小单元化，这也是上述所有目标（即总体目标、长期目标、集体目标和分类目标、阶段性目标）的最后落脚点。不管是什么目标，不管目标有多好，从一定意义上说，它毕竟还停留在“纸上画画，墙上挂挂”阶段，最后都需要落实到操作个体。因此，个体目标是所有目标能否付诸实施的最终环节，也是要求最实的部分。例如，即使是以收藏展示纸质文献为主要形式的传统方志馆，由于地方志学问博大精深，涉及面广，专业要求较高，如没有史学、文献学等相当程度的专业知识水平，很难做好这项工作。至于当代新型方志馆，除涉及传统知识外，还要涉及大量现代化手段，一定意义上要求更高，难度也更大。而且，即便对员工有专业素质要求，也要因人而异，注意目标设置方法。如果不论规模大小，人员数量多少，要求所有人员都掌握全面知识显然不现实，还需对个体目标再细化。如果上述所有目标的制定都经过了科学严格的规范程序，就可对每一个具体执行者提出严格要求，制定严格的操作规范，并采取教育培训等各种措施，积极致力于提高他们的专业素质和业务水平。

（三）目标责任的落实和考评

目标的制定是方志馆目标管理的重要前提和基础，目标一旦确立之后，还要注意：

1. 目标责任的落实

一是要准确向下传达总体目标。科学的组织团体必然有一个合理的科层框架，每一层级甚至每个人都要为实现共同目标而分担责任。这样，在制定总体目标后，就需要把这一目标清晰无误地分解给每个层级并传达到个人。如果决策层不能向下属明确传达总体目标，下属不了解或不理解这个目标，整个工作运行就可能会呈现无序状态，运行中也会产生偏差。

二是要依据总体目标细化个体目标。个体接收到总体目标后，应尽快消化、转化。真正有效的目标，应是具体、清晰、明确的，也是可以测度的。设定个体目标应在正确领会总体目标基础上进行，要注意个体目标与整体目标的关联性。设定的目标既要切实可行，又要留有调整空间和发展余地。特别由于个体目标是总体目标的具体化和最后落脚点，目标太大太空，不切实际，让人不知所措；目标凌乱分散，又会影响整体期望值，也难以催人奋进。

三是目标确定后，还要列出可能遇到的问题，并制定相应的解决预案，这一步骤往往容易被忽略。强调目标制定后一般不要朝令夕改，但很多工作难以一帆风顺、一成不变，所以制定目标时应当具有一定的预见性，并适当留有余地。例如，由于各地已建方志馆大多系以收藏展示志书为主要特征的传统方志馆，同时又要随着形势发展，逐步承担综合地情展示职能，这就需要转轨变型，或者说两者需统筹兼顾，协调发展。这样，方志馆在发展过程中，就不能因循守旧，抱残守缺，不论是领导层还是普通员工，不论是总体目标、长期目标和集体性目标，还是分类目标、阶段性目标和个体目标，都应有与时俱进的改革创新意识，随着形势变化，对各类目标不断进行调整、充实和完善。

2. 目标责任的实施

目标责任的落实是实现方志馆目标规划的过程，因此应将总体目标分解成若干阶段性目标，据此制定详细的工作计划。在落实目标责任的过程中，全馆上下应进行及时沟通，具体主要做好以下几方面的工作：

一是授权要明确。授权是完成目标责任的基础。在一个科学合理的组织架构中，明智的领导不必事必躬亲，只有明责授权并完善相应的奖惩机制，使得权责对应或权责统一，才能保证承担责任者有效实现目标。因此要根据目标的规划及资源状况进行授权，要规定清晰的时间表和路线图，要有科学的评价体系和反馈机制，以便通过授权，使每个人都能各得其所，更为高效便捷地实现自己的目标任务。

二是在执行过程中要注意保持良好沟通。落实过程中的目标责任沟通并非只是为通报信息，重要的是为达成共识，使馆内上下能时时把握目标责任落实的执行情况。如通过定期召开例会，经常收集工作中的行为或结果的关键事件、数据，对工作进行督查，开展各种形式非正式的沟通，等等，借以及时了解情况，掌握动态，确保各项目标得到落实。在这一过程中，上级要注意既要尽责到位又不要越位错位，要注意实行“层级管理”，即一级管一级，以充分调动下属的积极性。

三是要对实施过程及时进行跟踪反馈。明智领导和科学管理既不能事必躬亲，也不可放任自流当“老好人”、“糊涂官”，因此要妥善处理集权与分权的关系，善于及时掌握下属的工作动态，准确衡量工作进度及其结果，以及早发现和及时纠正局部中存在的问题，确保整体目标的成功。同时这也是下一步目标责任考评的重要基础和依据。

3. 目标责任的考评

方志馆目标责任考评，可细分为考评原则、考评内容、考评手段和考评方法等不同方面。

一要确立科学的考评原则。这些原则有：①目标性原则：顾名思义，目标责任考评的基础是目标本身。因此，必须按照目标所定性、定量的责任指标对责任进行考评，不可任意偏离。②客观性原则：即考评要实事求是，通过组织考评、领导考评和自我考评等不同形式，客观评价每一个体目标落实的情况，做到不论亲疏、不讲情面一视同仁，避免由于掺杂个人感情而造成的主观偏见。而考评对象同样要按这一要求，客观认识自我。③激励性原则：即应严格按评价标准，通过考评奖勤罚懒，达到鼓励先进，鞭策后进，实现人员整体素质和全馆工作水平不断提升的最终目的。

二要科学评价目标的进展情况。目标不仅有质量、时间要求，还有其他一些协同因素。特别是对那些有逻辑顺序、前后相关联的部门或个人来说，目标进展实效更取决于整体，而不仅仅是单个部门或个人努力的程度。对目标进度评价一般采用均衡性指标，它可以反映目标实施进度的均衡程度以及目标实施的实际进度与计划进度的偏离程度。均衡性指标包含目标完成率（某个时期内实际完成的目标值同计划目标值进行比较的比率），目标进度偏离程度（由实际目标完成率同理想完成率之间的差额来表示），目标进度均衡率（理想均衡率与目标进度偏离程度之差），等等，需要综合考虑并加以评价。

三要综合衡量目标的实现程度。目标实现程度以目标值为考评尺度。目标值是目的的具体形式，在考评阶段将实际成果与目标值加以比较，就可知道目标的实现程度。但有时“计划不如变化快”，原定的目标值在实施阶段中，有时会出现一些新情况，从而直接或间接地影响原定目标的如期完成。这些变化造成的影响，有的可以通过目标执行者的努力来消除，有的通过主观能力难以消除。为正确地反映目标状况，就有必要根据外界客观条件的变化，适当调整目标值并加以最后确定。在这一过程中，还要注意目标难度的比较。目标难度是指根据目标任务的性质、客观条件和外界因素等的不同，为实现预定目标时所付出的代价和努力的大小不同。方志馆不同的工作部门和岗位，目标难度不尽相同。因此，只有把两者结合起来考虑，才能对目标成果做出较为客观全面的评价。如前述温州方志馆的选址调整便是较为典型的一例。

四要注意评价手段的选择和应用。实施手段是实现目标的工具和方法，也是实现目标的基本保证。一项好的实施手段，不仅能保证和促进方志馆目标的实现，而且能使目标执行者取得更大成果，充分反映出目标执行者的智慧和才能。一般来说，对实施手段的评价主要涉及评价其在技术上的先进性、经济上的合理性和内容上的创造性等三个方面。在具体实施时，要注意手段毕竟只是考评的一种形式而不是目的，因此要防止过于注重形式程序，而忽视内容实质的倾向，避免最终成为本末倒置、令人反感的形式主义。

三、方志馆发展目标与时俱进的调整与完善

“管理的特点就是变革——迅速的、不断的、根本的变革。唯一不变的事就是变革。”① 如前所述，无论是以收藏展示纸质文献为主要形式的传统方志馆，还是以展示综合地情为主要形式的当代新型方志馆，其发展目标都应随时代发展、当地经济社会地情变化和人民群众需求的增长而与时俱进，不断调整完善。但是，涉及每一个具体项目，目标是否需要调整，何时调整，如何调整，则又需因地制宜，因馆而异。具体应注重处理好以下两方面的辩证关系：

（一）要善于在坚守传统的基础上调整完善目标，通过做专做精不断拓展发展领域

地方志是中华民族特有的传统文化形式，各种类型的方志馆特别是传统方志馆在传承民族文化传统的历史过程中具有重要地位，起过重大作用。强调传统方志馆不能墨守成规，因循守旧，并不意味着对传统形式的全盘否定，更不能无视传统方志馆在中国方志发展史上所做出的贡献。特别要防止一种倾向，以为一提建当代新型方志馆，就意味着原来的传统方志馆就一无是处，甚至因噎废食，全部推倒重来，这是对传统方志馆的误解偏见，更有悖于民族悠久的文化传统。因此要善于在继承

① 弗里蒙特·E·卡斯特等著：《组织与管理》，中国社会科学出版社，1995年，第19页。

传统的同时对发展目标进行调整，注重在弘扬传统基础上的创新完善。

1．要善于利用现有场馆条件调整完善目标，力求在现有基础上做专做精。

基于上述分析，对传统方志馆不能一概否定。特别要看到的是，近年来，与国际社会文化事业发展趋势一样，我国的文博事业日益呈现多样化、分散化和小众化的发展特征，不同类型的文博场馆具有不同需求层次的观众。即使是传统方志馆，它也没有完全失去公众和存在的价值。关键不在于形式或者不仅仅在于形式，而在于办馆意识的创新和相应内容的更新。只要解放思想，善于拓宽视野，转换思路，勇于创新，不一定非要重建新馆，也不一定非要把规模做大，或者说既要注重更新硬件，更要注重提升理念，完全可以通过在现有基础上做专做精的方法，提升正能量，增强软实力，使传统方志馆再现生机，重放异彩。

例如：在原有场馆条件和志书传统形式相对不变的前提下，可以通过调整发展目标，加大投入力度，改进展陈形式，增加现代化设备，通过对旧志的数字化处理、标点影印出版、多媒体演示等等多种举措，让传统形式插上现代化“翅膀”，使其更为生动形象，更具吸引力、感染力，让更多的人走进方志馆，以便通过他们的亲身体验，来增进对地方志的了解和亲近，来传承弘扬这种民族特有的传统文化形式。

2．要善于利用环境整合资源调整完善目标，使传统方志馆在与其他资源的合理配置中发挥最佳效益。

近年来，各地对文化事业普遍高度重视，方志馆建设方兴未艾。但由于条件财力等多种因素所限，不可能一概都建新馆。其实，换一种思路天地宽。一些传统方志馆虽然在规模、形式等方面不如新型方志馆，但从一定意义上看，它也有后者所不具备的优势。例如，有的虽然规模狭小，但因地处市区中心，交通便利，便于观众参观。新建杭州方志馆的主体建筑是建于清咸丰三年（1853）、具有杭州地区典型特色的晚清民居——汪宅，建筑面积约1100平方米。这座建筑虽然面积不大，但历史悠久，文化底蕴深厚，且地处市中心繁华地带，有足够的吸引力和人气，这种优势是其他一些方志馆难以比拟的。有的方志馆虽然自身规模不大，但因与图书馆、档案馆等场馆相邻，甚至本身就是一个“两块牌子、一个机构”的有机组合，因而具有各种资源的组合优势。如北京市方志馆因毗邻首都图书馆，深圳方志馆因与市档案馆共建共享，这样它们无形中就具有了资源共享、便利群众的优势。这样，传统方志馆就不能再像以往那样，自认为阳春白雪、曲高和寡而孤芳自赏，而要善于借台唱戏、借梯登高，通过开门办馆，合力兴馆，改一家“独唱”为大家“合唱”，从而在与周边环境的有机结合、多种资源的合理配置中实现互补，借以把自己做强做大，发挥传统方志馆的最佳效益。

3. 要善于抓住机遇调整完善目标，通过对现有场馆的改扩建甚至重建等方式加快发展。

同处一地的首都图书馆和北京市方志馆

有的传统方志馆建设时间较早，在今天看来，当初的设计理念、建设规模、投入力度和展陈方式等都难以适应形势发展的需要，大量志书等珍贵的历史文献，甚至蒙着厚厚的灰尘，静静躺在人所不知的角落里，这同样是一种十分普遍又令人惋惜的现象。近年来，全国各地经济社会事业发展迅速，为发展地方志等文化事业提供了良好的物质基础和财力保障。在这种情况下，有条件的地区就要善于抓住机遇借势发展，及时调整或重新制定目标，通过加大投入力度，以改建、扩建甚至新建等方式重建方志馆，这同样是一种值得推崇的发展思路。

例如：建于上世纪改革开放初期的上海通志馆，是当时全国各省（区、市）建设最早的一批方志馆，为宣传方志文化和传承区域文化作出了突出贡献。但随着时代发展，它也日益显露出规模偏小、位置偏远、展示手段方式日渐落后等问题，已难以适应人民群众日益增长的文化需求。据悉上海拟对发展目标作重大调整，拟在浦东重建一个既能体现传统特点更能彰显时代特色的新型方志馆，如能建成，这将是上海文化事业发展的大手笔，无疑对全国方志馆建设具有重大的示范意义。

（二）要善于顺应时代发展趋势与时俱进调整完善目标，通过做大做强不断发展事业

1. 要善于借鉴现代化手段调整完善目标，使方志馆始终充满生机活力。

地方志是中华民族特有的传统文化形式，但在日新月异、瞬息万变的21世纪，传统文化面临着日益严峻的挑战，不论是当代新型方志馆还是传统方志馆，都需顺应时代发展趋势，特别是注重运用借鉴现代化手段，因时制宜调整目标，与时俱进发展事业。

——传统方志馆虽然以志书等纸质文献为主要形式，但更要以强烈的危机意识和现实紧迫感，注重运用现代化手段不断调整目标，更新内容，首先是要解放思想，转换观念。恰似“洋装虽然穿在身，我心依然是中国心”，即方志馆的展示形式虽然使用了现代化手段，但内容仍然可以是中国传统文化，从而使传统和现代交相辉映，相得益彰。而且从实际来看，现代化手段相当程度上是通过计算机信息软件技术更新来实现的，有时其实不必占用太多的空间实体面积，也不需在基建上耗费太多的物力财力，一定意义上还有事半功倍之效。

——新型方志馆的定位就是综合性地情馆，更要善于运用现代化手段规划定位并不断更新完善。例如：广东省在规划设计当代新型方志馆时，就曾提出“广东省情馆”的建设思路，即通过“省情概况”“岭南文化荟萃地”“海洋文明重要发祥地”“民主革命策源地”和“改革开放先行地”等内容，把它建成“宣传广东的窗口”，“展示广东的平台”和

“省情教育和爱国主义教育的基地”。[①] 显然，其内容范围都远远大于传统方志馆。内容如此丰富，涉及面如此之广，单一的传统展示手段难以为继，从而这也恰恰为现代化手段提供了用武之地和广阔空间。如上述方案就提出要采用大型立体沙盘、弧形银幕、4D形式等多种手段。其实，在现代化技术手段日新月异、瞬息万变的今天，方志馆可采用的手段远不止这些，如其他还有数码电影系统、幻影成像系统、思维动画立体影视系统、人景合成系统、表面声波触摸系统，等等，这些都可根据各地的建馆实际视情逐步“为我所用”。相反，如果“外壳”形式崭新，而“脑壳”模式依旧，没有思路就难有出路，即便投入再多，规模再大、外观再气派，也难以抓住公众的眼球，最终当代新型方志馆的“新”很可能名不副实。这可能也是个别新型方志馆开馆不久就门可罗雀的一个重要原因。

2．要善于在与地情相结合融合的基础上调整完善目标，不断拓展发展领域。

按照国务院《地方志工作条例》的要求，地方志要全面展示一个特定行政区域“自然、政治、经济、文化和社会”“历史与现状”。这一性质决定了不论是新型方志馆还是传统方志馆，注重综合性地情的收集整理、宣传展示，应当是各类方志馆在现代形势下都应关注的一种重要职能。正如原中国地方志指导小组常务副组长朱佳木所指出的：“方志馆就应该是地情馆。其中市志馆是市情馆，省志馆是省情馆，国家方志馆是国情馆。因此，方志馆应该像志书横陈百科那样，用沙盘、实物、模型、挂图、雕塑等展品，声光电等技术手段，分门别类地介绍本行政区域内的政治、经济、文化、社会、交通、地理、气候、物产等情况。”[②] 这是当前和未来方志馆发展的一个重要趋势。

---

① 叶辉：《刍议广东省情馆建设》，《广东史志》，2014年第3期。

② 朱佳木：《大力弘扬创新精神把地方志工作不断推向前进——在全国省级方志工作机构主任会议上的讲话》，《中国地方志》，2011年第5期。

——传统方志馆由于受到设计定位、占地条件、资金技术等多方面因素的限制，短时间内难以完全“脱胎换骨”转轨变型成为新型地情馆。但它同样可以转换思路调整目标，通过整理开发现有资源，从自身的独特视角来开发宣传地情。例如，近年来国家图书馆等有关部门，利用每年的“文化遗产日”，定期举办“国家珍贵古籍特展”，借以向海内外公众广泛宣传“中华古籍保护计划”，等等，这都是一些值得借鉴的发展思路。

——新型方志馆更应成为地情馆建设的典范。近年来，以地情馆为重要内容和形式的方志馆建设，陆续被提到各地方志事业发展的重要议事日程。例如，安徽省方志馆规划中就设有“省情展示中心”，分别由安徽经济发展、历史文化、重要历史人物、重大专题资料和历代方志成果等五个展厅组成。又如，本书曾多次介绍到深圳方志馆。其实，深圳市方志机构在规划设计方志馆时，也曾反复调研论证，甚至数易思路。如他们明确表明要“在借鉴其他省、市方志馆经验教训的基础上，深圳方志馆将改变‘办公室+资料室’的模式，将其定位明确为深圳地情馆。”并通过建立“地情咨询中心”等五个中心加以具体实施。[①] 后又进一步提出“生态之城、移民之城、口岸之城和改革之城”的四大设计理念。其实，从客观上分析，众所周知的是，深圳是一座历史很短的新兴城市，如果按地方志“越境不书”的原则，从其建市算起，那么其历史远不如全国甚至本省其他地区悠久，展示内容也没有那么丰富。但同样众所周知的是，深圳却是当代中国同时也是为全世界所瞩目的发展典范，是全国改革开放的排头兵。因此，把深圳方志馆建设成为综合地情馆和地情咨询中心，不但是深圳方志事业以存史方式对当地发展所作出的历史性贡献，是方志事业最切合当地发展实际的最佳选择，而且由于

① 黄玲等：《方志馆与方志文献的传播利用——以深圳方志馆为例》，《方志文献国际学术研讨会论文集》，中华书局，2012年，第875页。

其所记载的这段历史正是全国各地二轮修志普遍关注的重点，同时也是方志馆的展示重点，因而深圳无疑又以走在前列的意识和思路，对全国新型方志馆的建设具有重要的示范借鉴意义。

3. 要善于在继承传统的同时调整完善目标，通过“走出去”面向世界弘扬传统。

地方志是中华民族独有的传统文化形式。传统思路的思维定式是：“只有民族的，才是世界的。”但从逆向思维角度看，更具辩证的理念是：“只有世界的，才能真正成为民族的。”也就是说，在当今世界，封闭的民族难以真正立于世界民族之林。从这个意义上说，“中国梦”不能只是我们的一厢情愿，其最终实现一定意义上还要取决于国际社会的认可度。所以我们不仅要重视本民族对自身传统的自觉传承，还要善于面向世界弘扬这种传统，只有真正融入其中，日益为世界所了解、所尊重，“中国梦”的宏伟目标才有可能变成现实。

其实，自古以来，由于种种原因，国外特别是一些西方国家通过各种手段途径，收集了地方志等一大批中国珍贵的历史文献，有些版本甚至国内都惜已不存。而且正因为地方志是中华民族特有的传统文化形式，因而近年来，国外对地方志的价值日益重视，普遍将其视为了解中国历史传统的特殊窗口，认识中国现实的独立平台。中共十八大明确指出：要让“一切文化创造源泉充分涌流”，“关键是增强全民族文化创造活力”。习近平总书记指出：“民族文化是一个民族区别于其他民族的独特标识。要加强对中华优秀传统文化的挖掘和阐发，努力实现中华传统美德的创造性转化、创新性发展，把跨越时空、超越国度、富有永恒魅力、具有当代价值的文化精神弘扬起来，把继承优秀传统文化又弘扬时代精神、立足本国又面向世界的当代中国文化创新成果传播出去。”[①]

① 引自习近平同志2014年2月17日在省部级主要领导干部全面深化改革专题研讨班开班式的讲话，《人民日报》，2014年2月18日第1版。

这样，我们同样不能忽视方志馆在这一过程中的特殊价值和重要作用，要善于把方志馆建设置于现代化国际大背景和宽视野中，与时俱进调整目标，并采取切实有效的措施让国内方志馆的资源“走出去”，宣传“走出去”，把已在国外的珍贵资源“传回来”，并利用方志馆这个特殊平台加以开发宣传，让更多的人通过地方志认识中国，以实现党的十八大让“中华文化国际影响力不断增强”的宏伟目标。

第二节　方志馆的对外运行服务

与其他公共文化场馆一样，各地方志馆一般都是对外开放的公共文化服务场所，应当把为公众服务、赢得社会效益放在首要位置。当代欧美博物馆界普遍认同并恪守一个著名的“三 E 原则”：“教育国民，提供娱乐，充实人生（Education，Entertain，Enrich）”，这个原则同样可以为方志馆所借鉴。以收藏志书等纸质文献的传统方志馆应当通过转型升级逐步实现这一功能，以展示综合性地情为主的当代新型方志馆更应如此。

一、方志馆的对外开放与服务定位

如前撰述，无论是传统还是当代新型方志馆，都日益注重面向社会开放和为公众服务。那么，如何在现行形势下准确定位并更好地对外开放，北京市方志馆提出了趣味化、普及化和国际化等三个原则，对应于这三个原则，相应有以下三个公众服务主体。

（一）面向广大青少年，为他们增进文化素养、培养思想品德提供丰富多彩的服务

作为承担社会责任的重要场所，对广大青少年进行国情教育和爱国主义教育，帮助他们在增进文化素养的同时，不断提高社会觉悟和思想道德品质，是方志馆义不容辞的职责。

方志馆既要运用自己的专业优势，又要善于从青少年观众不同年龄层次的心理特点、知识水平和接受能力等因素出发，因人而异，因材施

教。例如，有调查显示，中小学生入馆后，开始还能专注听讲解，但几分钟后队伍就开始变形，再到后来就“七零八落”了。因此，除了在讲解员声情并茂的解说上下功夫外，还要善于综合运用多种“抓眼球”的辅助手段。北京市方志馆为此提出了“趣味化”原则，即要重视观众的参与和体验。特别要考虑儿童的需求，避免刻板的、说教式的文字内容，要将展陈内容故事化，以展陈中的核心元素为原型，如为儿童设计涂色画、互动游戏，为中小学生设计课件，鼓励他们在老师的带领下来方志馆上一节课等。这些手段既便于用多种方式展示主题，又适应少年儿童的特点，在馆内可交替使用。

广州市地方志馆面向青少年开放的公共平台

方志馆除组织各类学生来馆参观，做好陈列讲解和辅导外，还可充分发挥“第二课堂”的优势作用，对不同年龄、不同年级的学生，通过建立学生活动室、举行故事会和演讲比赛、组织专题课外兴趣小组等多种形式，开展丰富多彩的学习辅导活动。如浙江杭州余杭区方志馆开馆初期，就请来了由20余人组成的《城乡导报》小记者团入馆采访，方志馆从独特视角展现的悠悠史脉，馆内环境具有典型江南水乡特色的浓浓檀香，深深打动了小记者，加深了孩子们对余杭本土文化的了解。另外，方志馆还可提供教具，制作模型和标本，复印历史文献资料等，提供给学校用于教学活动；也可组织小型、轻便的展览到所在地区的中小学校巡回展出。2014年7月，北京市方志馆还与该市虎城中学签订共建合作协议，作为德育实践基地，学校通过组建“我爱北京”宣讲团，举行“了解北京发展”讲座、征文、演讲和手抄报比赛等活动，建立“我是小小方志馆人”礼仪服务队等方式，市方志馆则通过组织专家进校园普及方志知识和指导《虎城中学志》编修等形式，开展丰富多彩的共建活动，这不仅丰富了中学生的课外活动，也有效拓展了方志馆的发展渠道。

近年来，一种被称为“学习单”的形式，由欧美一些博物馆传入我国内地，并被越来越多的文化场馆借鉴采纳。它基本采用纸质形式，是一种参观的引导工具或自我学习的辅助教材。学习单一般由馆方设计，观众（读者、游客，下同）可事先通过网络等方式获取，也可入馆后索得。学习单根据他们的年龄、兴趣、所学专业和从事工作等不同情况，设计一些程度不同、内容各异的题目，由观众参观完展览后，在现场自行填写解答。有的学习单本身就被设计成开放式，由观众根据自身理解甚至想象加以回答，馆方有时对成绩优异者还将给予适当奖励。这种方式不但弥补了课堂教学的不足，大大激发了以学生为主体的观众自主学习的兴趣和创造活力，同时又是文化场馆自身业务的生动拓展和水平的有效提升，因此十分受观众特别是广大青少年儿童的青睐。这一方式完全可供以宣传历史文化见长的方志馆学习借鉴。

（二）面向社会敞开大门，为公众提供更多的终身教育和学习服务

作为爱国主义和传统教育的重要场所，方志馆同样应实行向社会公众免费的全天候开放。在进入 21 世纪的今天，人类社会已进入知识信息时代。科学技术的迅速发展，现代知识总量的急剧增大，使得人们知识老化的周期越来越短，“一学定终身”的现象已不复存在。在这种情况下，人们逐渐认识到，要满足不断增长的接受再教育和专业培训的需要，不仅需要通过正规学校接受专业教育，还要通过其他途径接受各种形式的社会教育。而“存史、资政、教化”是地方志工作当然也是方志馆的三大重要职能。方志馆以其深厚的历史文化底蕴、独特的专业视野、丰富的展陈内容和日益更新的表现手段，不仅会吸引大量儿童青少年，而且同样是广大成年人了解当地历史文化的窗口，接受爱国主义教育的重要场所。在“趣味化”原则的同时，北京市方志馆还为此提出了

第二个原则：普及化。即要站在观众的角度思考，以通俗易懂的表达方式让其理解展示内容。同时在所选题材上要以大众普及为主，专业研究为辅。整个布局遵循人们的认知规律，由简到繁，由浅入深，使参观者从整体上获得有关北京的基本知识，并对展陈中的重点元素和北京特色留下深刻印象。

如黑龙江省方志馆不仅在显要位置设置了“了解龙江地情建设大美龙江——走进龙江”的大型电子显示屏，而且还详细展示了“国民经济”（包括农业、工业、国内贸易、对外贸易、旅游等内容）、“基础设施”（包括公路、铁路、口岸、航空、城乡建设等内容）、“社会事业”（包括科技、教育、文化事业、体育、环境保护、居民生活、社会保障等内容）等各方面省情，实际上就是一个面向全社会开放、供广大人民群众全面了解黑龙江地情的综合性展馆。[①]

（三）面向域外游客，把方志馆打造成旅游观光、休闲服务的重要场所

当代新型方志馆大多被定位为地情馆，但地情馆并不仅仅限于向当地人开放。正是由于有些方志馆定位过窄，因而常现“门前冷落车马稀”的尴尬境遇。要看到，在当代社会，随着“以人为本”的发展理念日趋深入人心，随着休闲需求的不断增长和闲暇时间的日益充裕，人们的外出旅游观光与日俱增，而且很多旅客入境后的第一愿望便是了解当地的历史文化和风土人情。因此方志馆在坚守主阵地承担传统教育和爱国主义教育等重要职能的同时，还应转变观念，转换思路，以更丰富多彩的内容，更灵活多样的方式，力求把自身打造成为人们旅游观光、休闲娱乐的重要场所，以吸引更多的观众特别是域外游客，让更多的人了解当地的历史文化，同时也是宣传各地方志工作的一个极好机遇。

① 黑龙江省方志办研究室：《走进黑龙江省方志馆（连载三）》，《黑龙江史志》，2013年第18期。

具有江南水乡青砖黛瓦风格的
余杭方志馆外景

如投资 2000 万元建设的杭州余杭区方志馆就选择在地理位置优越、环境优美的旅游古镇塘栖建馆，而不是其传统的行政经济中心临平。因为近年来，塘栖古镇经旅游深度开发后，在海内外名声大震，每天游客络绎不绝。方志馆正好地处镇中心繁华地带，南依京杭大运河，又与古镇现存的乾隆御碑、太史第弄、栖溪讲舍堂等景点连成一线，从而构成了一条深具历史文化内涵的旅游风景线。文化与旅游的有机结合，不仅助推了旅游和经济发展，取得了双赢效益，而且提升了古镇老街的文化内涵，扩大了运河文化长廊的影响，使游客在领略山水风光的同时，更从细微深处了解了余杭的历史人文和风土人情。据统计，该馆从 2013 年下半年正式开馆以来，短短几个月时间就有约四万名游客入馆参观，平均日流量达到约 500 人次。这种借“台”唱戏、借“梯”登高的发展策略，对提升塘栖古镇的旅游地位和余杭地方志工作的整体形象都具有积极意义。

还要注意的是，有时观众参观完展览后，往往余兴未尽。方志馆如像浙江义乌方志馆一样，事先开发一些与展览配套的衍生纪念品，如新出版的志书、年鉴，影印出版的旧志精品，印有 LOGO 形象的小型纪念徽章、领带、文化衫、U 盘、书签、扑克、文具等等，并设置相应的商店展柜，方便顾客选购，这不仅会进一步加深游客对所展内容的印象，无形中也会有效降低方志馆行政投资成本，还有助于提升方志馆的整体形象。

更应关注的是，在我国日益开放的现行形势下，方志馆如何避免自娱自乐、孤芳自赏，如何通过更有效地为更广泛的公众服务而进一步弘扬民族文化传统，北京市方志馆还为此提出了第三个原则：国际化，并通过中英双语的展示文字、解说词等举措加以实施，这同样值得各地方志馆关注借鉴。

二、方志馆的公共服务

（一）日常开放服务

方志馆日常开放服务形式可多种多样、丰富多彩，主要有两方面：一方面是面向入馆观众，通过馆内文献、实物的陈列和讲解，同时辅以必要的论坛讲座、多媒体数字化手段、编印宣传介绍手册、出版馆报馆刊等方式，来全面展示方志馆的基本内容；另一方面是面向社会敞开大门，通过“走出去”举办各种流动展览、专题知识竞赛、征文演讲比赛等各种方式，广泛宣传方志和地情知识。

1. 精彩纷呈的展示内容

一座方志馆能否得到公众关注，赢取社会效益，并不仅仅在于是否有巨大的投资、豪华气派的外观，也不仅仅在于是否有真诚的服务态度、高水平的服务水准，前提在于有无独具特色的文献展品，否则“巧媳妇也难为无米之炊”。在此意义上看，这是方志馆的基础性工作和能否立足的关键所在。这就要求方志馆要善于按地情型主题、延续性脉络、全景式展示和现代化手段等总体思路和布局，从史、志、情、人、物等五个方面进行规划布展。

如余杭区方志馆不仅有大量丰富的文献、展品，而且还专门拍摄了一部长约一小时的《方志余杭》电视片，该片十分注重从志书中挖掘、展示余杭的地情信息，共分起源、山水、市镇、人文、风物等五集，在馆内循环播放，既生动形象又深入浅出，从而成为对外宣传余杭的一张文化名片，也使得方志馆更具灵动性和吸引力。

2. 深入浅出的讲解宣传

方志馆能否产生“精彩纷呈”的效果，还不仅仅取决于展示内容本身，因为内容相当程度上还是静态的甚至是枯燥的，要使它变成动态的、生动的，还有赖于对观众的讲解，这是方志馆服务公众的第一道程序和第一个窗口。而从传播学角度看，当代公众（受众）对各种宣传传播活动未必会完全机械被动地加以接受，而会主动加以“筛选”：对自认为有价值的东西会产生积极的接受倾向，对其所呈现的“显价值”会主动理解，对“潜价值”会积极挖掘甚至再造，反之则会呈消极态度甚至抵触情绪。目前各类展馆普遍存在的问题是：展品仅附有名称、年代等简短说明，对其来源、质地、价值和历史等其他重要信息，既少有专业人员解说，也无自动信息系统供人查询。即便是专业讲解，有的工作人员也只是以简单完成任务为目标，缺乏与观众的互动交流。

由于方志馆往往陈列一地大量丰富的历史文献物品，有的还具有相当的历史厚重度，又由于观众是由不同文化层次和接受需求所构成的，这就要求讲解人员不仅要熟悉陈列内容、展品和有关方志的专业知识，同时要熟悉观众，能够因人而异区别对待。还要注意不断提高自己的文化素养，培养对观众需求的各种应变互动能力、语言表达能力、组织能力以及文雅大方、和蔼可亲的风度，满腔热情地为观众服务。

3．生动形象的现代化手段

现代社会日新月异，现代化手段瞬息万变。以存放纸质文献为主要形式的传统方志馆日益面临挑战，而以展示综合性地情为主旨的当代新型方志馆，更应主动适应现代化社会发展趋势和公众需求，通过运用现代化多媒体手段更好地为观众服务。

现行常规方法是运用录音、录像、电影、光盘和幻灯等视听技术，将有关的宣传教育内容应用于一定场合，播放给观众，以达到预期的教育目的。它具有声像并茂，直观形象和生动感人等特点，比单纯使用文字、语言更富有直观效果。具体可在展厅适当位置增设大屏幕，选择展陈的重点内容录制成光盘，通过大屏幕向观众播放，可收到一般的静态展览甚至口头讲解所达不到的教育效果。也可设置电子触摸屏，由观众自主选择内容，以增强展览的灵活性和趣味性。有专家便认为：“触摸是人类最原始的感官体验之一，触屏的出现恰恰为人类的这种感官提供了更好的体验。显示屏是人机互动的窗口，简易、直观的交互设计和人性化屏幕触控操作方式决定了触屏电子设备更受用户的喜爱。”① 即使是口头讲解，也可采用声、光等电子技术同步形式进行，还可酌情配以与陈列内容协调的音乐，用以烘托和渲染，达到视听结合的教育效果。新建深圳方志馆甚至设计了“虚拟讲解系统”，从而既大大增强了讲解的生动、趣味和新颖性，又在一定程度上降低了运行成本，这都是展示讲解从静态到动态、从相对枯燥到更为生动的有效措施。

例如，目前全国博物馆业越来越注重依靠“智慧城市”等全新理念和现代化手段，通过信息推送、社交分享、虚拟参观、条码凭证、互动展览、数字导览、电子商务等方式创新平台载体不断拓展服务领域。如网络虚拟展示采用三维全景、高清摄影、互联网快速浏览等技术，让公众足不出户就可以轻松游历主要博物馆；社交分享可以方便观众，随时随地用手机或电脑分享精美艺术与文物，分享参观体验，结识兴趣相同者；数字导览方便观众在博物馆参观时，用移动终端随时随地了解展品信息，还可通过增强现实技术，“看”到复原的遗址、重现的场景，获得深度的历史信息；通过建立博物馆文化产品设计、制作、推介、交易平台，提供丰富、快捷、个性化的博物馆文化产品，满足观众把博物馆带回家的诉求。②

如国家博物馆继开通传统语音导览和新兴手机导览服务后，又陆续研制了微信语音导览、二维码扫描和网络展馆等多项内容。观众只要向国博微信平台发送特定展品编号或展品名称，手机上就会显现展品图片和语音介绍信息，从而实现了以微信“阅读”国家博物馆；如用智能手机的二维码扫描软件扫描展品说明牌上的二维码时，也可现场获得展品的图文甚至音视频信息，即使离开展场，也可以反复阅读展品介绍。另

① 参见《人民日报》2013年9月22日第8版。

② 李韵：《博物馆也得是智慧的》，《光明日报》，2014年10月18日第9版。

外，国博还开通了网上虚拟展厅，大大拓展了展览空间。[①]

同样，2013年初，浙江省文物局委托省博物馆开发创建了网络化的“博物馆展览交流信息平台”。这个“动静结合、互动交流”的平台以立足浙江，面向全国为目标，以文博系统专业博物馆为优先服务对象，同时兼顾其他一些行业博物馆和私人博物馆。其静态形式有详实的博物馆单位黄页、博物馆藏品信息、展览信息、交流展览资料等，同时通过互动的动态技术为会员设置了信息评论、展览咨询、展厅咨询、展品互推、信息发送等多种功能。内部平台会员在详细了解了展览类别、展览介绍、场地要求、展线长度、运输要求、交流报道、相关活动、衍生产品等近20项基本内容后，既可进行评论，遇到有意向引进的展览，也可向组织单位发出“展览咨询单”，并进行下一步合作。外部普通观众也可通过这个平台看到众多的交流展览资料，并同样可开展互动选择交流。从而通过现代化手段大大拓展了服务空间和事业领域。[②] 这些举措同样值得方志馆学习借鉴。如深圳方志馆在建立实体馆的同时，还通过建立数字方志馆核心数据库（包括古籍库、志书库、年鉴库、地情资料库、期刊库、图片库和影音库等），同时依托互联网，提供读者在线预约、个人图书馆、360度悬景网上展厅、服务推介、视频在线点播等功能，力求运用现代化传播手段打造当代新型方志馆。

4. 丰富多彩的对外开放服务。

按国务院《地方志工作条例》规定：地方志须记述一地自然、政治、经济、文化和社会的“历史与现状”。从这个意义上看，目前很少有一项工作能达到如此系统的要求和目的。作为各地方志系统全面展示这一职能的特定场所，方志馆更应自觉担此重任，应树立开门办馆的理

① 赵矫健：《国家博物馆：社会服务创新意》，《中国文物报》，2013年9月4日第7版。

② 张永春：《浙江博物馆创建展览交流信息平台》，《中国文物报》，2013年12月11日第3版。

念，主动将服务向外扩展，向下延伸，从而以更为开放的姿态、更为丰富的展品，向全社会提供更为多彩的服务。

具体可根据本馆展陈物品，摄制成录像片或光盘，通过免费赠送、到书店和音像品商店寄售、上网播发、通过电视台播放等等各种渠道，宣传一地的历史文化和综合地情；可与媒体联合开办文史讲坛、专题专栏；也可面向企业、农村、学校、社区、军营等各单位，举办主题鲜明、形式多样、规模适度的具有本馆特色的流动展览，让方志走向社会，走进基层，这种形式成本低、装备轻、机动灵活、简便易行，能更有效地面向社会，贴近百姓，服务大众。如河北省秦皇岛市方志馆与河北大学合建教学实践基地，与河北科技师范学院合建地域文化研究基地，黑龙江省哈尔滨市方志馆与有关高校共建七个实习基地，都是这方面工作的典型实例。

近年来，广州市地方志馆十分注重面向社会公众的交流互动，如该馆按固定时间（如每月一次）、每次确定一个主题，定期举办“广州地情公众开放日”，从而既有效宣传了方志文化，又大大拉近了公众与地方志工作的距离，收到了很好的效果。

广州市地方志馆的地情公众开放日

(二) 转变办馆思想 更新服务理念

办馆思想、办馆理念直接指导方志馆各项工作的开展，影响方志馆的质量和水平。随着社会的不断发展，传统服务已难以满足观众需求，方志馆应适时提出“时空有限，服务无限”的新理念。只有与时俱进，才能不断满足观众日益多元化的需求。

1.“以人为本”的服务理念

“以人为本”是指导方志馆管理实践的根本理念。它主要表现以人为中心，立足于人的价值管理模式与方法，以人的最大满足为切入点。通过激励、培训等有针对性的管理手段，充分调动人的积极性，通过挖掘潜能不断营造和谐、宽容、平和的氛围。要确立“观众第一，服务至上”的服务理念，就要把方便观众需求作为方志馆工作的出发点和着力点，从服务设计、服务内容、服务模式等角度来体现以人为本的建馆理念，充分考虑观众心理的潜在需求及个性化需求，并通过严格管理和对服务全过程的有效控制，尽可能避免出现差错，力求使服务高效优质，尽善尽美。

“以人为本”不仅是一种服务理念，更要体现在方志馆的各个细枝末节中，体现在观众（读者）入馆后有各项措施加以保证的全过程中。例如，入馆处要设置自动和人工寄存处，能够为残障人提供轮椅、设置专用通道，为儿童提供童车，还要有专业人员提供咨询和导览服务。有条件的还可设置育婴室、吸烟室等特殊场所，等等。除硬件设施外，细致入微的服务措施更是举不胜举，可因人而异。可见，关键是全馆上下只要有“以人为本”这根弦，就可做到服务无时不在、无处不有。

作为全天候开放的窗口单位，方志馆要真正确立“公众第一，服务至上”的服务理念，还要教育和培养员工形成吃苦耐劳的工作作风甚至忍辱负重的行风品行，并通过设立“服务奖”“委曲奖”等有效举措，把以人为本的服务理念真正落到实处。只有以真诚感情、真心服务，才能换取公众的信赖和支持。

2．精益求精的专业理念

地方志应记述一个特定行政区域自然、政治、经济、文化和社会“历史与现状”的综合性地情，古人曾这样解释地方志：“志也者，志之天文，志之地理，志人事之成败，志世数之沿革，下及一民、一物、一草木、昆虫、鸟兽、鱼鳖，纤细必志。”可见其涉及范围之广泛，内容之丰富。地方志的博大精深，要求方志馆工作人员必须具备相应的专业知识和服务技巧，否则很难适应这项工作。而且，仅有理念不够，还应将其转化成具体举措，落实为实际行动。其中，参照其他公共性文化场馆的经验，制定方志馆的“服务标准”不失为一种有效方法，以下就是一张某方志馆服务标准的构成图：

方志馆服务标准构成

表 6

类型	具体内容
服务流程	服务环节程序的科学化、人性化程度
服务产品	展品数量、质量和展示方式的专业度
服务环境	展厅布局、公共场所及周边环境的满意度
服务人员	工作人员的知识结构、服务态度
服务时间	开馆时间、方志文献借阅传递时间等
意见反馈	投诉方式、处理时间及公众满意率

上述这张服务标准图无疑是将理念转化为举措并可进行实际测度检验的重要参照系。当然，精益求精并非要求员工无所不懂，无所不能，但至少在所从事的专业岗位方面，应成为行家里手。特别是当代社会，各类观众的文化素养日益提高，需求日趋丰富，相应对各类公共文化场所管理水平和管理人员素质能力的要求同样与时俱进。这势必会倒逼方志馆，必须通过各种方式对员工进行有计划的知识和技能培训，以不断提高观众对方志馆服务的满意度。而且，由于不同类型的观众有不同需求，因而一次满意、一人满意并不能说明问题，因此，方志馆精益求精的专业理念只有起点，没有终点，为公众服务的意识和相应举措永远在路上。

3．与时俱进的发展理念

要实现方志馆为观众的“超值服务”，既需要工作人员真诚的态度、高水准的服务，也需要不断更新充实的专业知识。但光有这些还不够，还要善于拓宽视野，借助日新月异的现代化手段，有时可产生事半功倍的效果。例如，当前，网络技术的发展大大拓宽了信息资源范畴，不仅包括传统的纸质文献，还包括电子文献、网络信息等；不仅包括文字信息，还包括声、像等多媒体信息；不仅包括正式交流渠道信息，还包括非正式交流渠道信息；不仅包括物质形态信息，还包括一些非物质形态信息，等等。显然，是否具备这种理念意识和相应举措，对促进方志馆的传统服务转型升级至关重要。

这方面有很多可借鉴的实例。例如，上海图书馆为了更深入地走进新一代阅读人群，十分注重通过新媒体平台“搭桥”，并专门推出了微信服务，读者只要关注微信公众账号“上海图书馆”，就可以在微信操作页面上非常方便地查询借还书记录、续借图书、查询馆藏书目、查询与预订活动、虚拟咨询，还可以利用移动设备的定位功能实现地理位置信息服务、周边馆藏查询、进馆后的信息导航等。通过这个“一对一”的服务平台，该馆还能贴心地向读者发送个人的借还清单、逾期提醒、图书推荐、图书社交网络（SNS）的分享等。同时，名为“爱悦读”的数字阅读自助机也已向读者开放，这是该馆经长期探索的“破题”之机。从此，读者要阅读馆藏电子书不必非要通过上图定制的移动终端，只要登录市民数字阅读网站，下载相关软件，就能在手机、平板电脑等设备上随心所欲地悠游于知识之海。另外，针对中小学生读者比重日益增长的实际情况，上海图书馆还与市教委合作，开发了面向全市中小学生的“一卡通”项目，即用电子学生证便可作为上图读者证使用，学生凭证就可在全市 200 多家各级公共图书馆“刷卡”借阅自己喜欢的书刊。而上图强大的数据搜索系统及联合目录，能帮他们方便快捷地选择离学校或住址最近的区县图书馆借阅和还书。不仅是中小学生，这一项目还惠及广大市民，目前持证读者不仅能在全市 237 家公共图书馆实现通借通还，也可在市民数字阅读网站免费访问 28 万多种电子图书、近万种电子期刊及网络文学资源。截至 2014 年底，上海图书馆“一卡通”通借通还流通量已达 5741 万册次，比上一年增长 30%。外借读者已突破70万。这些与时俱进的超前意识和“超值”举措十分值得全国各地的方志馆学习借鉴。[1] 例如，江苏省方志馆在藏书约10万册基础上，大力推进数据库建设，并增配大容量陈列存储设备。“江苏方志馆”网站已实现书目在线查询、数据库实时下载等功能，现代化建设已走在全国方志馆前列。新建深圳市方志馆还准备采取与市图书馆联网方式，即方志文献藏书以方志馆为主，图书馆则给方志馆10万个图书编号，读者在图书馆查询到方志文献目录后，可到相邻不远的方志馆借阅。这样，实际上既扩大了方志馆的影响，实现了两者资源的有机共享和合理利用，又在一定程度上降低了行政成本。

国家图书馆大厅一角

国家图书馆读者自助办证机

第三节　方志馆的内部管理与队伍建设

注重内部管理与建设包括方志馆的组织架构、领导体系、内部管理、队伍建设等多方面内容，是一个组织立足社会的重要基础，也是促进其事业科学可持续发展的关键因素。

一、方志馆的组织架构和领导管理体系

如何设置机构并建立相应的领导管理体系，是方志馆内部管理的重要前提和主要内容，关系其能否建立预期的顺畅运行机制，建立后能否

① 分别参见2014年1月27日、2014年11月18日和2015年1月29日《文汇报》。

如期增强运行活力。

（一）组织领导管理体系的设置原则

1．“职”“位”统一原则

“职”“位”统一原则即方志馆的组织架构和领导管理体系，首先要与其特定职责、专业定位相吻合。不同时期、不同类型所建的方志馆有其自身的独特定位，如全面、客观、系统展示一地的综合性地情，是当代新型方志馆的特定职能，其定位相应所参照的因素有：一是作为一个特定区域与众不同的公共文化场馆的独特定位，二是与当地文化传统和经济社会发展现实的环境协调程度，三是在全国方志系统中所处地位和所承担的特定职能。在此基础上，各时期、各地的方志馆又在目标、主题、功能等方面各有侧重和自身特色。例如，北京市方志馆定位是：地方志、地情资料的收藏展示中心，市情、地情的研究咨询中心，地方文化的交流活动中心，爱国、爱乡、爱岗位的教育基地，简称“三中心一基地”。史志合一的深圳方志馆则将自身明确定位为地情馆，并围绕深圳地情变迁展示中心、全国与深圳地方志鉴文献收藏中心、深圳地方史志编纂与地情研究咨询中心、深圳历史文化名人与人文历史展示中心、中外地方史志交流中心等“六个中心”为目标加以建设。其实这也是新世纪以来全国各地方志馆建设定位的普遍模式，这种定位又决定了其相应的职责。因此，在构架方志馆的组织和领导体系时，首先就要遵循这一原则，并在机构设置、职责确定、选人用人等方面作出相应安排。

2．精简效能原则

具有一定数量的机构和人员编制，是方志馆得以生存发展的必要条件。但精简机构、提高效能，是当代管理发展的必然趋势，也是各类机构所遵循的共同原则。方志馆确定机构设置和人员编制，同样要从职能出发，注重“以事设岗”而不能“以人定位”，该设的应当确保，可设可不设的应力求控制，一切以确保管理目标能否如期实现、能否提高管理效能、能否促进事业发展为出发点。具体在纵向上，要尽可能减少不必要的层次，在横向上要尽可能减少不必要的部门，有此资源甚至人力可与档案馆、城市规划馆等共建单位共享共管，以防止传统事业单位人浮于事、相互间推诿扯皮的现象。

特别是伴随着信息化社会瞬息万变的发展和现代化传播手段的广泛应用，不论是新建当代新型方志馆，还是处在转轨变型过程中的传统方志馆，“机器换人”（如深圳方志馆那样，逐步探索以现代化多媒体手段来替代传统单一的物品展览和口头解说模式）已成为一种客观趋势，至少是两者并存，相得益彰，而且今后这种格局会日益明显。这是方志馆在设置机构、安排人员时应关注的一种重要趋势。

3．责权一致原则

权力是承担责任的保证，责任则是行使权力的目的。方志馆的机构设置，必须确保各部门依任务和职责划分相对应的权力，即按职责大小规定相应职权，以职权轻重对应相应职责。同时责权一致还必须加强激励机制和约束机制，辅以行之有效的考核、奖惩制度。这是保证各部门管理人员合理行使职权，履行与职权一致的职责的重要手段。

4．相对稳定原则

机构一旦设置，其职权范围、工作流程、办公秩序、人员构成、规章制度等尽可能不要随意更改，以保持机构和岗位人员的相对稳定，这是管理活动连续性的重要保证。即便是具体岗位和普通工作人员，由于他们是方志馆各类目标的直接承担者和具体实践人，因此也不要轻易变动，特别是不能仅凭领导的个人意志而朝令夕改，随意变动。这非但不利于调动员工的工作积极性，也不利于事业发展。如果一定要调整变动，也要有一定的制度和程序。

当然，强调相对稳定不是因循守旧、抱残守缺的借口，更不能成为阻碍改革的理由。对方志馆领导和决策层而言，则要按权责一致原则，勇于改革，锐意创新，并采取奖勤罚懒等措施打破“大锅饭”的传统弊端，这与相对稳定原则并不矛盾，也只有这样，才能真正调动全体员工的工作积极性，才能真正推进事业发展。

（二）组织管理机构的设置构架

不同类型的方志馆应有不同的架构设置，特别以收藏展示纸质志书为主的传统方志馆与以展示综合地情为主的当代新型方志馆，其内部机构设置更应有所不同。所以应根据不同馆所的面积规模、展陈内容、所承担功能等各方面因素因“馆”制宜，因“馆”而异，不必强求一律。但另一方面，既然同为方志馆，在内部管理机构设置上又一定会有共同之处。总起来看，各类方志馆内部机构一般分为行政、业务两大部分，相应可实行馆、部两级制。

从领导管理人员配备看，首先，作为具有较强专业和业务职能的文化场馆，馆长一般是方志馆的主要负责人，全面主持全馆工作。同时可视情设若干名副馆长，协助馆长开展工作。有的较大规模的方志馆还专设有党组织负责人，业务上也实行党政分开，从而既加强了党的领导和党建工作，又可使馆长集中精力抓业务管理和事业发展。

借鉴参考我国现行同类文化场馆的机构建置，方志馆内部一般可平行设置如下机构：一是办公室（综合管理部），统管人事、财务、总务、保卫等项事务（岗位）；二是陈列展示部，主要负责陈列展览的研究、设计、制作、布置等工作；三是保管部，主要负责志书等历史文献的收集、鉴定和入库及藏品的管理、科学保护等工作；四是公关（外联）部，主要负责接待、组织观众、陈列讲解及其他形式的社会教育活动，等等。当然，因各馆规格大小不等，功能繁简不一，具体设置时不必完全照搬照抄，而是既要遵循一般原则，又要因地制宜，即根据规模大小和工作需要，有的可分设，有的则可合并，关键看是否有利于工作开展，是否有利于事业发展。

例如，新建广州市地方志馆新馆将分为展览区、馆藏书库、业务和管理用房、地情教育培训中心等四个主要区域，力求建成地情展示中心（包括综合展厅、专题展厅、流动展厅和小型多媒体剧场），地情文献中心（包括志鉴书库、地情书库、特藏书库、修志资料库、印刷品仓库及文献资料查阅检索大厅），地情采编中心（包括市方志办办公用房、《珠江三角洲城市群年鉴》编辑部、地方志学会用房等），地情交流中心（包括小型会议室、羊城今古讲坛会议室、中型报告厅及4D影视厅等），地情影音中心（包括文献资料数字化室、图片收藏编辑室、音像资料编辑室、口述史采编室）和地情服务中心（包括后勤库房、计算机机房及设备维修房、保密室、档案室、文印室、财务室等）等“六大中心”，从而向世人和方志界展示了一个典型的现代化综合地情馆。

北京市方志馆办公区

又如新建北京市方志馆也根据实际，分别设有文献编辑部、展示交流部、地情采编部、借阅服务部、网络技术部、运维保障部等机构。与此相应，方志馆还应设置各种类型的展厅、阅览室、会议室、办公室等必要场所和基本库房、文献编目室、珍稀文献贮藏室、档案室、文献修复工作室等各种辅助设施。

二、方志馆内部管理的主要内容

（一）方志文献的征选入库和收藏管护

顾名思义，方志馆本来就为收藏志书等历史文献所建，方志文献的鉴定、收集、存藏等都是方志馆管理的重要内容。

1. 方志文献的界定

“文献”是一个十分宽泛的概念和范畴。按国务院《地方志工作条例》要求，地方志是记述特定行政区域内自然、政治、经济、文化和社会“历史与现状”的“资料性文献”，一般包括“志书”和“年鉴”两大类。从资料载体来看，包括文字、图表、照片、音像、实物等各种形式，特别是各类志书、年鉴以及各种档案、书刊、文稿、信札、日记、谱牒等等，凡是能客观如实记载一地历史文化和综合地情的文献形式，都应进入地方志工作的视野。

是否收藏大量方志等历史文献，是衡量一个方志馆地位和等级水平的重要标准。如北京市方志馆就把馆藏定为方志馆建设的核心并置于首要位置。一座方志馆所藏文献往往由三大部分组成：一是经长期积累的旧志等珍贵历史文献；二是新中国成立后特别是改革开放以来，当地方志机构按《地方志工作条例》要求所编纂出版的志书年鉴，以及在本行政区域内征集或与外地交换的新编志鉴；三是与方志工作相关的其他书籍文献。

广州市地方志馆古籍文献收藏室

当然，一座方志馆即使规模再大，财力再充裕，也不可能对所征藏文献不定标准、不加选择。而应根据自身专业特点、公众需要和服务方向，以及财力、库藏等现有条件，进行有计划、有针对性的选择性征藏。如北京市方志馆有20万册图书的容纳量，但目前只收集了约5万册图书，6000册北京地情文献，而且该馆对目前海量的文献资料也不准备照单全收，而是有一定的选择，以为今后发展留出足够的空间。因此，如何既要突出志书重点和专业特色，又要适当兼顾年鉴、谱牒等其他内容，以建立起一个完整的、系统的为公众服务的文献体系，这就需要首先对征收文献进行专业界定。而且无论是传统方志馆还是当代新型方志馆，一般都难以像图书馆、博物馆、档案馆等单位那样历史悠久并拥有大量的库存文献。事实上，目前大部分方志馆除存有大量新志、年鉴等当代文献外，其他典籍文献寥寥无几，有的展厅和库房里甚至成架成排地堆放着同一种新志年鉴，形式单一，种类单调。可见，是否拥有一批具有相当历史厚重度的典籍文献，不仅是“方志馆”题中应有之义，也是其能否以独特优势立足同行业界的重要因素。这就需要在拥有大量新志、年鉴的同时，并在力所能及条件下，通过向社会征集、直接从市场购入等方式征藏一些旧志等典籍文献。

2. 方志文献的来源和征选入库

方志文献收集包括以公共财政经费向社会公开征集，接受个人自愿捐献，通过从市场购买、拍卖等多种方式。《地方志工作条例》对文献资料的获取方式有三个不同提法：在“第五条”中，提出要“搜集、保存地方志文献和资料，组织整理旧志，推动方志理论研究”；在“第十一条”中，提出“县级以上地方人民政府负责地方志工作的机构可以向机关、社会团体、企事业单位、其他组织以及个人征集有关地方志资料，有关单位和个人应当提供支持”；在“第十四条”中，则提出“在地方志编纂过程中收集到的文献资料、图表、照片、音像资料、实物等以及形成的地方志文稿……”“搜集”“征集”“收集”，尽管提法有所不同，但都从不同侧面，强调了地方志文献的来源渠道，强调了对此事业贡献者的权利和责任义务，同时也强调了地方志工作的政府行政职能，这是征收方志文献的基本前提和重要保障。具体而言：

一是通过“征集”方式鼓励全社会支持方志馆建设，这种方式带有一定的官方行政色彩，也是方志馆业界史料来源的一种传统方式。例如早在1946年11月成立的南京通志馆，便十分注重通过各种渠道公开接受社会各界所藏历史文献，从“惠贤所著书稿及遗像”到“有关抗战期间之死难市民、忠烈事迹”等各种内容，“无论开具简略或前往该馆口述者”，都受到欢迎。此外，馆员们还深入社会不同阶层探访，奔波于市内各个角落寻觅线索，征集到大量珍贵的方志等文献史料。1947年1月，该馆还创刊出版了《南京文献》，编辑刊印“征献楼金陵秘笈丛书”等文史资料，相继整理出版了67种金陵乡邦文献。其中收录年代最早的文献是元代张铉的《至正金陵新志》，另有明代《金陵古今图考》《洪武京城图志》，以及近现代的《秦淮志》《南京气候志》等地方志书。其中还包括《倭寇祸京始末纪》《丁丑劫后里门闻见录》《陷京三月回忆录》等一批不可多得的反映侵华日军南京大屠杀的真实史料。[①] 同样，民国时期上海通志馆也曾公开发布《征集史料启事》，征集范围"包括上海市各机关、团体、学校、工厂、公司等之资料，以及前代人物传记，与天时、地理、人文、风土等记载。"[②] 当时河南通志馆的《采访纲要》则规定，"除现行各志照例征辑外"，凡河南各府、州、县志书及已刊、未刊著述等，均征集入馆，其中"访求旧志孤本一种或数种者，尤为异常努力"。[③]

二是通过各种渠道广为"收集"方志文献。我国的地方志及相关典籍文献是一个十分丰富的文化宝库，各地方志馆不仅可通过行政手段，在所属行政区域内进行征调，还可进一步拓宽视野，多措并举，多管齐下，如以冗余资源与其他方志馆进行调剂、交换，以新志、年鉴等自有资源与企业、书商进行置换，接受社会无偿捐赠等等。新中国成立后特别是改革开放以来，社会各界对方志馆建设日益关注，并通过不同方式热情参与。如2007年，祖籍浙江萧山的全国著名方志学家、南开大学教授来新夏，就向萧山所建的"来新夏方志馆"捐赠各类志书和历史文献4700多（部）册。2009年，浙江大学终身教授、全国著名历史地理学家和方志学家陈桥驿，也向建于绍兴的"陈桥驿史料陈列馆"捐赠了一大批珍贵的学术著作、重要论文、手稿原件等包括方志学研究在内的一大批文献实物。

深圳市方志馆开馆前，有一位长期在东北工作现常住深圳的退休老人，将自己珍藏数十年的420箱各类报纸简报（共包括120多种报纸

① 周安庆：《南京通志馆抗战后曾抢救出大批珍贵文献》，《南京日报》，2013年2月17日。

② 柳无忌编：《柳亚子年谱》，中国社会科学出版社，1983年，第90页。

③ 《河南通志馆省垣采访纲要》，《河南通志馆月刊》，第3期，1932年6月。

320多个专题）全部无偿捐给了市方志馆，一位长期在地方志系统工作的老同志捐赠了15箱方志和史籍文献，还有一位民间收藏家去世前向该馆捐赠了200多件民国票证，等等。为此，深圳市方志馆专门向他们颁发了“收藏证书”，有的还印制了捐赠文献目录。可见，这些都是方志馆面向社会收集文献的有效方式。总之，不管是哪种方式，只要有利于节省资金和事业发展，都可以尝试采用，力求取得事半功倍的成效。当然，在提倡鼓励社会积极支持、无偿捐献的同时，各地政府和方志部门也要注意按《地方志工作条例》中“地方志资料所有人或持有人提供有关资料，可以获得适当报酬”的有关规定，因人而异，妥善处理好有关问题。如对文献捐赠者可由政府颁发证书以资鼓励，也可适当给予一定报酬（但不宜完全按市场方式运作），以便让更多的人、通过多种方式支持方志馆建设和方志事业发展。

深圳市方志馆向文献捐赠者颁发的“收藏证书”

三是按通行运作方式，面向市场“搜集”方志文献。有的新建方志馆针对自身精品、善本文献匮乏的状况，通过上“孔夫子旧书网”、“淘宝网”等网上购书，到古籍市场“淘宝”和参加拍卖场所竞拍等方式，有选择地购入少量典籍文献作为“镇馆之宝”，这对提高方志馆的品位和声望显然具有积极意义。例如，2002年，浙江义乌市方志部门得知山东某地博物馆收藏的国家一级文物（崇祯）《义乌县志》为海外孤本时，即派出专人赴山东洽谈，经过艰苦不懈的努力，这部珍贵的历史文献终于千里回归。影印过程中发现这部文献有53处缺页、漫漶之处后，该市财政又投入数十万元，甚至远赴日本，通过寻找国立公文图书馆内阁文库中所藏复本进行补缺，这部志书也已成为义乌方志馆重要的“镇馆之宝”。在这个过程中要注意的是，要严格遵循国家有关知识产权、文物保护等方面的法律法规，尽可能做到鉴定程序规范严谨，手续齐全完备，没有权属纠纷。特别是目前我国的古籍市场可以说是泥沙俱下，良莠难辩，因此进入市场时不仅要注意按市场规律运作，同时要善于学习和综合运用目录、版本、校勘等手段方法，善于去粗取精，去伪存真，广中选准，好中选优。另外还要善于分轻重缓急，量力而行，切忌急功近利。

北京市方志馆文献特藏室

另外，方志知识博大精深，相应文献卷帙浩繁，应有一整套科学规范的组织程序和入库方法。对以各种方式采集到的方志文献，首先要确定专人编制文献藏品接收清单，对其名称、类别、年代、质地、等级、来源等信息都要在认真核实基础上认真输入，同时要填写入库凭证，注明文献的征收方式、版本价格、完残情况等重要事项。同时按规范的文献资料整理编目方法，通过文献主题、规范语词（主题词）等要素进行标引，并辅以一定的登录号、流水号，按一定的规则对文献加以排列组织，逐步录入数据查询系统，以确定该文献在全馆文献体系中的位置。例如黑龙江省方志馆以汉语拼音字母对馆存文献进行如下编号分类：[1]

G（古籍类）：包括1949年中华人民共和国成立前出版的历代方志、

① 陈德任：《小型方志馆的文献管理方法研究》，《黑龙江史志》，2013年第24期。

史书、文集等。

Z（志书类）：主要是1949年中华人民共和国成立后出版的全国各地省、市、县、乡镇、村、部门志，等等。

J（年鉴类）：综合性年鉴、专门性年鉴、地方性年鉴、统计性年鉴，等等。

S（地方史类）：民俗资料、简史读本、文史汇编，等等。

B（报刊杂志类）：报刊合订本、杂志，等等。

Q（其他杂项）：包括工具书、资料长编、志书初稿、修改稿及其他有关资料。

以上这种编号分类方法也是一种通用法，可为各地方志馆所借鉴。另外，文献资料编目入库后，还要建立专门的收藏档案和备有专用资料库，特别对一些精品善本，更要充分利用高新技术妥为保管。这是文献入库的基础性工作。

3．方志文献的日常管护。

方志馆所存文献大多为纸质文献形式，特别是少量的古代珍本、善本和孤本等，更往往是一家方志馆的“镇馆之宝”。而这些文献有的已经历长达数千年的岁月洗礼，不同程度遭受过虫咬、霉变、酸化、水浸等侵扰，有的已十分脆弱，极易断裂，难以保存。因此，对文献进行包括防火防盗、防潮湿干燥、防腐蚀霉菌、防污染辐射等等各方面的科学管护是方志馆工作的重要内容。

首先，除了制定制度、明确责任、强化考核等一些常规性工作外，还要注意按典籍文献的专业特点，充分利用经实践证明行之有效的传统手段进行管护。如针对文献展品保存环境中的光照、温度、湿度以及有害气体（二氧化氮、二氧化硫、甲醛等），要进行经常性测量分析，以便及时发现存在的安全隐患：一是过度光照和紫外辐照对文献造成的纸质变黄褪色、变脆变朽等受损现象；二是温度过高造成的文献纸张老化、表面起生球毛壳霉等受损现象；三是湿度过高对文献造成的起皱、发霉、老化、变质等受损现象；四是来自大气中氮氧化物、硫化物、臭氧等有害气体的侵蚀，对文献造成的变色、褪色，特别是使纸张酸性增强，强度、耐折度等理化性能下降等受损现象。

对发现的上述问题要高度重视，如对典籍文献上的油斑、水渍等残留遗迹，首先要了解其纸质“基因”结构，并分析其与酸度、微生物、温湿度等因素的相互关系后，再采取清洗、修复、加固等手段对症下药。就室内温度而言，一般温度越低，对文献保存越为有利。但温度过低并不现实，过高甚至过低都会使观众感到不适，一般保持在20℃左右对保护文献和观众入室都比较适宜，这也是相对容易采取的管护措施。有的则要下决心，视情逐步加大包括展柜内温湿度调节器、干燥器和自动灯光系统在内的设备投入，不断改进完善。如以高规格材料更换部分低标准污染源装修材料，安装过滤净化介质以改进通风环境条件，等等。还要建立严格的定期监测制度，尽最大努力将馆藏文献受损程度降到最低限度，也使公众能够最大限度享受一个清新舒适的环境氛围。①

其次，应当注意，由于传统纸质文献的固有特点和本质缺陷，即时间越久，其生存环境越脆弱，保存所面临的困难越多。因此除了注重运用除尘除湿、恒温恒湿、真空密封等传统手段加以保存外，还要充分顾及传统纸质文献受损总体呈加速度的本质特征，充分注重运用新型现代化手段加以保护和重新开发利用。例如，如何通过缩微技术把传统纸质文献摄制成胶片，形成再生性文献，就是现代化条件下管护传统纸质文献的一个有效手段。这不仅是因为这种手段存贮时间更长（如聚酯片基胶片保存期可超过500年，按一定缩微标准摄制的胶片至少可拷贝4代，即延续2000年以上）。更重要的是，使用缩微技术不仅成本较低，

---

①　参见付蓉：《博物馆怎样进行环境监测——以复旦大学博物馆为例》，《中国文物报》，2013年5月1日第6版。

而且与光盘、硬盘等现代数字化手段相比，它还独具优势：因光盘、硬盘等数字资源存贮介质存在容易变质损坏、格式容易过期、计算器软硬件更新换代快等问题，从而使其容易丢失或无法利用。因此，“缩微优于存，数字优于用”是当今图书、档案和文博业界的共识。而且随着各自领域技术的不断发展，传统文献的纸本、数字和缩微三种形式有效融合并相互转换已成趋势，共存互补的格局已经形成。[①] 这是值得方志馆传统文献管护中应充分关注并加以借鉴的一个重要手段。

第三，随着当代相关业界创新视野的日益拓展和现代化科技手段的日趋完善，方志文献的管护还要善于及时借鉴吸收其他业界的理念举措。例如，当代博物馆业界提出了一种“智慧保护”的概念，其主要基于智能感知技术和无损检测技术，针对博物馆藏品的本体健康状态及影响因素所进行的全面量化分析、智能数据挖掘和分析处理，以便在文物损坏前就能掌握其各项特征，并以三维建模形式立体呈现可视化结果，从而形成一套馆藏文物诊断、分析、处理和评价体系，实现“风险可识别、险情可处理、效果可评价”的预防性保护目标。[②] 这又是值得方志馆业界予以关注和借鉴的一种全新理念。

（二）方志馆的内容拓展、领域延伸和手段完善

方志馆以志书等纸质历史文献为重要展示内容，但方志馆本身却并不等同于单一的纸质志书馆。就“方志”本义而言，“方”无疑是指“地方，区域”。但对“志”却可作不同的理解：一是作名词时系指各种地方志书。方志起初多为舆图、图经和图志等形式，宋代以后，才逐步发展成为兼具图、表、志、传、集多种体裁，包括地理、历史、社会、文化等丰富内容的“资料性纸质文献”。另一方面，“志”还可作动词，系指用文字、符号等各种形式加以记录、记载，如古时“志”便可作

① 参见杜羽：《缩微复制：30年记录15万种珍贵典籍》，《光明日报》，2014年12月11日第9版。

② 参见李韵：《博物馆也得是智慧的》，《光明日报》，2014年10月18日第9版。

“誌”解。在此意义上理解，“志”其实既是一种纸质的固态物体和静态形式，也是一个动态概念和发展过程，特别是当代新型方志馆的规划建设，更应从以下几个方面进行探索创新：

首先，从方志馆内容定位看，随着近年来全国方志界观念的更新，思路的拓展，以收藏展示纸质志书文献为主要形式的传统方志馆模式已被逐渐突破，方志馆的服务领域和事业发展空间也在不断延伸。如北京市方志馆“三中心一基地”的定位，深圳市方志馆“六个中心”的定位，都改变了“纸质文献”的传统形式和“志书馆”的狭窄格局，大大拓展了现代方志事业的发展领域。其实这也是新世纪以来全国各地方志馆建设的普遍定位模式，这就需要方志馆在管理上与时俱进，不断适应这种变化趋势。

其次，从方志馆服务社会的延伸领域看，方志馆在保存方志资料的同时，还要积极加以开发利用，不要使其闲置冷宫，束之高阁。对有些人来说，方志文化博大精深，甚至可能深不可测，高不可攀。因此，要通过让观众入场实地参观，请读者阅读馆藏文献，善于把看似“深不可测”、“高不可攀”的方志文化转化成生动活泼、深入浅出，让读者观众喜闻乐见的方式，以便使他们更直观直接地了解历史和地情。如在江西省方志馆中，除了像传统方志馆一样以收藏保管、展览展示为基本方法外，还专设了“方志与治国理政”“方志与经济史研究”“方志与区域文化建设”“方志与传统产业开发”“方志与城市建设”等侧重于读志用志的新内容。例如，还可通过复印、扫描、影印、点校等方式，开展旧志整理出版工作，利用志书延伸开发衍生服务产品，如近年来，安徽省方志办和浙江金华市方志办，根据当地经济和社会发展实际情况，陆续从当地旧志中选取史实，分别制作成“治皖一叶”活页资料和“市情卡片”，为党委政府决策提供咨询服务，收到了很好的成效。显然，与传统形式相比，它不但大大拓展了方志馆的展示内容，还有效增强了方志馆对社会公众的吸引力。其实际成效可通过计算观众数量、文献借阅流通次数等方式加以计算，这也是检验方志馆社会效益的重要数据值。

第三，从方志馆展示形式和运用手段看，随着现代化技术手段的不断丰富完善，“志”的形式已不再局限于传统的纸质文献，方志馆既可以是传统的“志书馆”，也可以用各种现代化“志”的手段，全面系统地展示一地的历史与现状。例如，近年来浙江省方志办在浙江大学图书馆支持下，与有关企业合作，以“浙江方志网”为平台载体，陆续开发了网上《全国地方志历史文献数据库》《省志丛书数据库》《首轮市志数据库》和《历史文献数据库目录》等志书文献数字化成果。浙江省舟山市方志办还因地制宜，避“实”就“虚”，率先开发了网上“虚拟方志馆”。这些新平台新形式显然都突破了传统场馆的管理模式，需要以新的理念和方法加以管理。

（三）方志馆的财务管理

各类方志馆一般都是公益性文化事业单位，其财务运行一般也按事业单位要求进行管理。其任务从编制单位预算或财务计划开始，包括经费领拨、缴销、使用、管理、监督等各个环节和全过程。

1. 资金来源及管理办法

方志馆资金来源主要是通过国家或地方财政的预算拨款，有条件的也可通过本单位的有偿服务或社会捐助取得，这就是方志馆的资金收入；方志馆在正常运行过程中，要消费一定数量的人力、财力和物力，这些消费的货币表现，就是方志馆的资金支出。

方志馆按批准的预算，向国家或地方财政取得经费拨款后，按照预算规定用途，支付各项经费支出，然后定期向财政部门办理报销手续。到下一年度，再根据经批准的预算，申领预算拨款，再使用和再报销。作为公共文化单位，方志馆的资金运用不能以赢利为目的，一般也不存在资金循环和周转概念，所以这一过程中要注意以收定支，收支平衡，统筹兼顾，量力而出，不得随意编制赤字预算。此外，方志馆还有用于特定用途的各项专项资金，它是主管部门拨付的用于指定用途、专项使用的资金，或大型设备购置费用、大修理费用等。专项资金要专款专用，独立核算，专案结报。

目前我国方志馆的预算管理主要有全额管理和差额管理两种形式。全额管理就是将方志馆所有部门都按公益性事业单位运作，各项收入全部纳入国家预算，所需支出全部由国家预算拨款，所取得的各种收入全部上缴国家预算。在这种形式下，国家对方志馆的收支进行全面管理监督，并使其合理支出得到充分保证。差额管理则是方志馆以自己的收入抵补支出，支大于收的差额由国家预算拨款补助，收大于支的差额上缴国家预算，它采用“定项（定额）补助，结余留用”、“核定预算补助或上交，超收留用”等多种管理方法，因此有助于方志馆广开财源，挖掘潜力，增收节支。

2. 方志馆的内部财务管理

按上述原则和方法，方志馆的内部财务管理主要任务在于：

一是组织资金供应，提高公共财政资金使用效果。作为公益性文化场所，各级政府财政首先要保证其各项工作所需资金的正常供应，并使资金收支运行在数量上、时间上保持协调平衡。同时需要强调的是，即使是公共性文化场所，即使主要经费来源是公共财政投入，即使不以赢利为目的，方志馆在经费使用时也不能大手大脚，不计成本，所以要经常分析资金占用情况，找出不合理占用因素，力求节俭使用。

二是合理分配和使用经费。例如，与其他公共文化场所一样，即便以公益性为主旨，方志馆在不违背国家法规政策前提下，通过开办商场、出售少量纪念品、举办特展出售门票等途径，可略有赢利，这既是为公众延伸服务的一种方式，也可在一定程度上消化方志馆的建设投资成本。如据报道，自 2011 年文化部联合财政部在全国实施图书馆、文化馆（站）、美术馆免费开放后，按“普及性的文化艺术辅导培训”一般实行免费的要求，仅 2012 年一年，全国文化馆举办各类培训班便达 38.7 万班次，比上年上升了 14%。但面对免费培训日益增长的成本压力和政府财政的补贴缺口，文化部门提出："免费开放也要有边界，要考虑各地情况的不同，不能搞一刀切。"如实行免费开放后，中央财政对中西部地区每年有补贴，而东部发达地区不但拿不到补贴，而且如江苏省文化馆"人员工资中40%的奖励性绩效政府是不管的，需要自己去找。"于是文化馆业界便提出："普及性的文化艺术培训确实不应收费。但对于想要提高文化艺术方面训练的，文化馆可以按照成本收取相应费用。这样做是符合国家规定的。""但收费不能以营利为目的，收费标准要经过当地物价部门核准。"① 显然，这是全国公共性文化场馆所面临的共性问题，同样值得方志馆借鉴。如浙江义乌方志馆就专门设有一间"绣水厅"，一面循环播放义乌历史文化的专题宣传片，同时对外展示销售有关义乌的地情书籍，实际运行下来效果也很好。方志馆的纯收入，在按规定扣除税金后，一部分按规定上缴国家的必须上缴，一部分在符合财政、审计、纪检等部门规定的前提下，可留作事业发展基金、职工福利基金、职工奖励基金等等，同时要合理分配使用。

三是要加强财务监督，维护财经纪律。方志馆虽是公益性质的"清水衙门"，但也要警钟长鸣，常抓不懈，不可放任自流。要通过主动接受上级主管部门的日常核查监管、年度审计等必要的形式和手段，对财务收支各项指标和运行过程进行有效控制和规范监督，特别对经审计等途径发现的问题，更要及时制定一系列行之有效的内外监管制度等整改措施，确保财务管理规范运行，工作事业健康发展。

（四）方志馆的安保工作

方志馆是面向全社会开放的公共文化场所，与其他公共文化场馆一样，安保工作应引起高度重视。现代化展览场馆的安保系统一般由两部分组成：一是采用电子自控技术，为防止入侵盗窃等破坏的安防系统

① 《文化馆：想做"龙头"不容易》，《人民日报》，2014年3月20日"文教周刊"版。

(由电视监控、自动报警、出入口控制、车库管理等多系统组成)，二是同样由电子自控技术组成的火灾自动报警与消防联运系统。相应要注意从以下几个方面做好工作：

首先，高度的“人防”意识和相应责任是安保工作的基础与关键。因此，要选拔招聘合格的安保人员，要注意具有相当的安保行业技能和其他能胜任方志馆安保工作的专业知识，入馆后还要进行相应的上岗培训，平时更要常抓不懈，严格训练管理。但是，安保工作绝非一个部门和安保人员的事，特别是当代社会信息瞬息万变，情况错综复杂，随之伴生的危机往往会突如其来，猝不及防，从而使得任何一个部门单位，即使领导水平再高，安全意识再强，有时也难以单独应对突发性危机。因此要在全馆上下经常开展安全知识教育培训和相应的安保工作检查，特别是针对重点部位和关键环节的临检抽查。还要制定一系列应急预案(如视危害严重程度，分别分为具有突发危机事件苗头或局部可控危机的“三级黄色预案”，突发事件已局部发生并有迅速蔓延之势的“二级橙色预案”，以及突发事件突然爆发、造成或可能造成巨大破坏的“一级红色预案”）并加以演练，让预案深入人心，并转化为能够随时应对危机的实际行动，防止预案一经通过便被束之高阁或危机临头才“临阵磨刀”的倾向，从而使人人形成重安全、讲安全、管安全的常态意识，这是确保方志馆安全的基础底线。

例如随着社会综合整治管理力度的加大以及周边环境等因素的变化，上海通志馆全馆上下十分重视馆内安保和综合治理工作，并制定了每日安全巡视和检查制度，对重点区域包括资料库房、变压器房等关键部位，安排人员进行例行检查和定期巡查，并做好每日两次的记录工作，以责任到位力求消除隐患。经长期努力，该馆还蝉联了上海市社会治安综合治理委员会所颁发的“平安单位”称号。

其次，建立现代化“技防”手段是应对现代社会危机不可或缺的重要手段。不论是传统方志馆还是当代新型方志馆，不同类型的方志馆有不同的专业特点，如前者以保存纸质志书等重要历史文献为主，有特殊的管藏和严格的消防等安全要求；而后者由于往往采用了大量声、光、电等现代化多媒体手段，其安防技术等级要求相对较高。有时，光靠传统方法和人工体力已力不从心，甚至光靠责任制度也解决不了问题。因此，现代条件下的方志馆，除了有高度的安全意识、管理责任等“人防”制度要求外，还要针对方志馆不断变化的新情况，舍得投资配备必要的“技防”手段，使“人防”“技防”协调互补，这是确保方志馆安全的技术屏障。例如，在国家方志馆的总体方案中，建筑物为钢筋混凝土框架结构体系，要求楼宇自身的耐火等级为一级，耐久年限为二级50年，抗震设计烈度为8度。消防系统设计则由火灾自动报警、消防联动控制系统和常用的固定灭火装置组成，并要求达到《建筑设计防火规范》《火灾自动报警系统设计规范》《高层民用建筑设计防火设计规范》《二氧化碳灭火系统设计规范》《自动喷水灭火系统设计规范》等一系列专业规范的严格要求。

另外如被列为2013年南京市政府为民办实事十大重点工程之一的市方志馆（与市档案馆合建），设计技术等级和质量要求都达到了相当高的水准，其放置文书、声像、实物、珍藏等档案以及光盘库、音像、微缩拷贝片多媒体和电子档案的库房，对恒温、恒湿，防火灾级别等都作了最高处理。再如杭州余杭方志馆除配备多名专职安保人员全天值班外，还在馆中设置了全方位、全天候的监控探头，即使远在十公里之外的区方志办，也能在办公室通过远程实景手段，实时了解位于塘栖古镇的方志馆的动态运行过程。

最后，建立社会“群防”机制是应对现代社会危机的最终落脚点。方志馆是面向全社会开放的公共文化场所，而现代社会危机往往具有隐性因素多于显性因素、离散性因素多于聚集性因素，不确定因素多于确定性因素等几个主要特征。有专家认为：“只要我们还不能准确预知和控制所有无序因素的产生和演进，危机就是不可避免的。”所以方志馆最为常态也是最为重要的安防工作，是要引导公众形成自觉的安全意识，并通过行之有效的宣传教育，使他们共同关注安全、预防并有效应对危机。例如，可在馆内外设立明晰便捷的引导系统，具体包括：

——交通引导系统：主要是指方志馆外的交通导引系统，如在周边交通枢纽地段，设置标有公交、地铁线路和停车场等出行信息的导引标识牌，便于公众识别和选择出行到达，在内容上可以设计成与方志馆有关的符号和形象，以便既能传递交通信息，又能对外展示形象。

——客流引导系统：即在方志馆所处区域位置入口处、方志网站和其他相关公共服务平台上，实时发布方志馆开闭馆时间、重大活动预告等有关信息。有的面积较小又处于繁华地段、观众游客量较大的方志馆，如杭州余杭区方志馆，在国定节假日期间，还要视情通过媒体、网络等途径，及时向公众告知日均客流量，以及时有效地引导他们合理安排入馆时间。

——馆内游程引导系统：观众游客入馆后，安全应成为全馆上下所要考虑的首要因素，这就要规划设计逻辑清晰的参观线路，使他们能有序参观。如标识牌和引导语的设计应明确醒目，还可向观众游客印发《安全手册》、设置电子触摸屏等，告知入馆严禁吸烟、禁止用手触摸珍稀文献等规定，遇有紧急情况安全避险或逃生的自救措施，等等，这都是可以借鉴的做法。总之，促使观众游客高度关注、共同参与，养成自觉的安全防范意识，是确保方志馆安全的根本保证。

这里，再专门介绍一下国家方志馆的总体管理控制系统，这个系统分为三大部分：楼宇自动化系统、办公自动化系统和通信自动化系统。三者以楼宇自动化系统为核心，从而形成一个相互关联、管控有序和便捷高效的有机整体，十分值得各地在建馆时加以借鉴。其中楼宇自动化系统的具体配置和功能为：

国家方志馆楼宇自动化系统功能①

表7

子系统	子系统功能
1. 电力供应与管理系统	高压配电、变电，低压配电，应急发电
2. 照明控制与管理系统	工作照明，事故照明
3. 环境控制与管理系统	给排水
4. 消防报警与控制系统	火灾自动监测与报警，手动与自动灭火系统，联动控制，消防广播
5. 保安监控	防盗报警，门禁系统，电视监控系统，记录取证
6. 交通控制	电梯，停车场

三、方志馆的人事管理和队伍建设

方志馆管理的核心是人，因此，加强方志馆人员素质和队伍建设，是提高方志馆业务工作水平，促进事业发展的根本措施。

（一）方志馆人事管理和队伍建设存在的主要问题

与其他文化场馆一样，长期以来，各地方志馆在人事管理过程中，在取得一系列显著成绩的同时，相应也不同程度地存在一些管理通病。

首先，领导和管理层人力资源观念落后。在传统管理学理论中，员工常常被视为单一的“工作者”甚至简单的“劳动力”。把他们视为一种重要的人力战略资源，是当代管理学的一个重要变化和研究领域，这种传统理念自然也会影响到方志馆的管理。以往有的领导往往愿意花大力气进行基础设施建设，如场馆的兴建修缮，设备的购置更新等，但对员工重使用重要求，轻投资轻培养，这是一种十分普遍的现象。

其次，在人才评价机制上，普遍存在评价标准不科学、体系不健全、导向不明确、管理不适宜等突出问题。如在评价导向上，存在重论

① 参见中国地方志指导小组办公室：《国家方志馆建设工程项目建议书》（2008年8月版）。

文、重课题，轻能力、轻实绩等问题，从而形成“评的用不上，用的评不上”、“评人的不用人，用人的不评人”等种种怪象。①

第三，与前述相关，相应带来的是单位管理机制僵化，缺乏合理的奖惩机制。如在人事管理上不太注重按个人素质和能力进行评价，既缺乏合理的奖励、晋升、进修等激励机制，更缺乏奖勤罚懒的惩戒机制。一般认为，工作的高强度、高重复性和低创造性本身就会造成职业倦怠，而职业倦怠往往是导致一个单位事业可持续发展的潜在危机。与其他公共性文化场馆一样，方志馆一旦开馆，无论从内容到形式，都会在一个固定周期内保持相对的稳定性，一般不会朝立夕改，变化无常。简言之，这种单位的稳定性大于变化性。如果管理机制僵化，又缺乏科学规范的奖惩机制，积极者可能会觉得单位死气沉沉，缺乏活力，个人会觉得怀才不遇，前途渺茫，而成天无所事事者也能得过且过，从而会使很多员工自我认同度和职业认同度低下，最后导致单位效率低下，人才流失。

（二）方志馆人事管理和队伍建设的基本内容

方志馆的日常人事管理工作一般包括以下一些主要内容：

1. 人才选拔招聘

与全国事业单位改革发展趋势相适应，各地方志馆在人才选拔特别是在编人员正式招聘过程中，都应注重遵循公开、公平、公正原则，按笔试（包括本专业及相关专业知识）、面试（包括智力、心理、能力等测试）、公示等规范程序进行。当然，按现行人事管理发展趋势和方志馆实际工作需要，不少单位对岗位有不同要求，相应体现在所进人员上也有较大差异，如在身份上便有正式在编人员与不在编人员之分，行政人员与具有职称的科研人员之分，专业业务人员与工勤人员之分，年轻人与返聘退休老同志之分，等等。这都需要针对不同情况制定不同的人

---

① 参见孙锐等：《如何走出人才评价的困局》，《光明日报》，2015 年 6 月 23 日第 16 版。

员招聘方案，不能简单地“一刀切”。

2．员工教育培训

当代社会日新月异，千变万化。无论是技术型专业人才还是综合型管理人员，无论是身处转型升级的传统方志馆还是以大量现代化手段为重要标志的新型方志馆，都必须注重自身的知识结构更新和专业素质提升，因此经常性、多样化的员工教育培训必不可少。具体包括新进人员的上岗培训，在职人员通过正规院校的学历教育及提升培训，平时围绕提升知识、增强技能的业务培训，有条件单位组织的赴国外境外考察培训等等，这些都是不断提高员工综合素质和业务水平、打造学习型单位的重要途径。如截止到 2011 年底，上海通志馆就举办了 6 期全国性志书年鉴培训班和 19 期上海本地志书年鉴培训班，为全国方志队伍培训了 400 多人次，为上海市方志队伍培训了 1000 多人次。

3．日常考评及奖惩制度

日常考评可分为业务水平（如工作量、专业知识技能的掌握程度、投诉差错率、论文及其他科研成果等内容）和政治素质（如平时政治思想表现、职业道德等内容）两方面。可在季度、年度等不同时间，通过内部量化评议、社会评价等多种方式进行。考评之后还要辅以必要的奖惩制度，包括恰当的物质奖励措施和必要的纠错处罚措施，特别要注重以精神鼓励为主，正面引导为主，以不断提升队伍的正能量，强化单位积极向上的整体氛围。

4．职称职务晋升

各地方志馆目前一般大都定位为公益类事业单位，参照高校科研类事业单位惯例，方志馆在编工作人员原则上可以参加职称评聘，这也是鼓励员工上升发展的一个重要通道。但要注意的是，地方志又是各级政府一项重要的行政工作，各地方志机构目前人员绝大部分实行“参公”管理，有的则在内部实行了行政（方志办）、事业（方志馆）两种管理体制和相对灵活的内部流动机制，以充分调动各方面人才的积极性。但这种体制相应也会带来一些副作用，具体操作时应把握好政策关，妥善处理好各方面关系。

5. 工资福利及其他保障

工资福利涉及方志馆员工个人的切身利益，名目繁多，敏感度高，政策性强。特别是按人事制度改革趋势，全国方志系统一般都面临着正式编制人员紧缺、临时聘用大量人员的状况，现有人员往往在身份性质、年龄、知识结构等方面存在较大差异，相应的工资福利待遇也很不一致，这就需要对不同类型人员签订不同的劳动合同，实行不同的薪酬待遇，既实事求是因人而异，又要善于调动各方面积极性。

6. 党建和思想政治等工作

上述所涉及的是方志馆日常性的人事管理业务。除了这项业务工作之外，方志馆的人员管理和队伍建设还有一条主线，即党建、思想政治工作、工会、群团、退休人员管理等有关工作。有人把地方志工作戏称为是修“四苦全书”，意指这项事业工作辛苦、条件艰苦、待遇清苦，志书修到关键时期有时又十分痛苦，其中甘苦可谓“事非经过不知难”。正因为如此，江泽民同志曾指出：地方志工作是一项不被人重视的重要工作，从而既充分指出了这项工作的困难，又高度评价了这项事业的价值。与方志机构一样，方志馆的人事管理工作，在充分重视其专业特性、狠抓业务管理和制度建设的同时，要高度重视党建和思想政治等工作，大力弘扬“四苦”奉献精神。同时还要善于通过举办文艺演出、体育比赛等丰富多彩的活动，大力倡导“快乐修志”理念和方志文化，积极提升队伍的正能量，从而使党建和思想政治工作入耳入脑入心，真正落到实处。如果只偏重业务工作而忽视了这条主线，方志馆的工作和事业发展肯定会受到影响制约。

（三）方志馆人事管理和队伍建设的机制创新

方志馆人事管理的创新，应该从理念、机制、模式和系统层面通盘考虑，首先和关键是要确立以人为本的科学理念，力图从员工的聘用、选拔、培训、激励、评估等各个方面，对人力资源进行综合开发。特别是以人的能力、特长、兴趣、心理状况等综合情况来科学安排岗位，充分考虑员工的成长性和价值体现，使他们能够在充分发挥积极性、主动性和创造性，最终实现个人和单位“双赢”的共同发展目标。

1. 建立公开、公正、公平的人才引进竞争机制

当代企事业单位管理实践普遍证明，竞争和激励在合理的范围内，都能有效地调动组织成员的能动性，从而在总体水平上提升组织效能。作为一种专业性较强和较多运用现代化手段的新生事物，全国各地方志馆大多为新建单位，大量需要的也是有较高文化知识和专业技能的中青年人才。因而完全可以公开、公正、公平的改革创新意识，以笔试、面试、公示等规范程序，面向全社会公开招揽人才，在入门阶段就形成单位公平竞争、择优上岗的用人环境和人才竞争氛围，确保优秀人才脱颖而出并大有用武之地。这不仅是一个单位的对外形象和发展环境问题，也是科学用人管理的重要前提和基础性工作。

2. 建立科学合理的绩效评估制度

人力资源绩效评估是将人力资源管理理念和绩效评估管理方法相结合的产物，指按照预先确定的标准和程序，运用定性和定量相结合的方法，对人员工作的数量（工作量）和质量（工作成效）进行客观、公平、透明的考核和评价。绩效评估可清晰衡量每一员工的日常业绩，可有效引导其有的放矢地改进工作，提高方志馆的日常效率和整体管理水平，是领导管理层选人用人基础性的重要依据，也是方志馆日常人力资源管理的常规性工作。

目前的绩效评估制度通常包括四个一级指标（思想道德、业务能力、工作绩效、科研能力）和十多个二级指标（职业道德、政治态度、品德修养、组织纪律；创新能力、专业技能、专业学习、专业知识、服务能力；工作量、工作质量和效果、用户满意度；科研项目、论文专著、科研成果，等等）。显然，这样的体系内容涵盖全面，设置规范合

理，级差科学有序，各级方志馆可根据各自的实际情况参照借鉴。

3．建立严格规范的奖惩机制

即一方面通过合理的激励，对一向敬业爱岗的优秀员工，不仅需要用精神激励方法，也可视情采用物质奖励、晋升激励和提供培训深造、外出考察等多种办法，以真正体现人才价值，体现单位爱才、惜才和用才的气度。另一方面，要通过实行任期制、聘任制，建立能者上、平者让、庸者下的制度安排，特别对个别得过且过的无所事事者，更应采取有效措施奖勤罚懒。否则，非但不利于他们自身的成长进步，而且会影响大多数人的工作积极性，影响整个群体的工作效率，甚至影响一个单位事业的可持续发展。

4．建立凝聚人心的群体动力机制

一个单位的良好环境与和谐氛围，并不仅仅取决于领导或部分优秀员工个人，关键在于通过这一切努力，是否形成一种潜移默化的群体氛围，在于是否有一种群情激奋、昂扬向上的群体动力。这个动力来自集体内部成员的智慧水平、知识结构、思维方式、认知风格等不同要素，并通过互补协作加以形成。例如，浙江绍兴柯桥区方志馆与区史志办实行的是馆、办合一的管理体制，因而不仅其方志馆具有很强的专业色彩，而且在其两层办公区的墙壁上，也按该区域历史发展顺序，布置了从古到今的志书介绍栏和宣传窗，从而使人一踏进这幢大楼，就能时时处处感受到博大精深的方志文化，而这种潜移默化、持之以恒的感染、熏陶力，无疑会对一个团队产生“随风潜入夜，润物细无声”的精神传导力和激励止能量。

西方管理学的“团队管理理论”认为，一个团队的有序运转，必须具备内部活力、目标控制系统、专业知识结构和精英影响力等四个方面因素。因此除身处环境外，还要在方志馆上下倡导相互信任、和谐尊重的人际关系，以此形成全体员工的“自律”言行和发展动力，而不仅仅是被动的“他律”行为，这是以人为本管理理念的出发点和集中体现，也是成功人事管理的最终落脚点。

其实，方志馆的运行管理并不仅限于上述内容，以下是一份山西省省情（方志）馆筹建管理制度，虽然该馆尚处于筹建阶段，但从中也可看出方志馆管理的各方面内容，值得借鉴。

山西省情（方志）馆筹建管理制度

山西省省情（方志）馆是山西省“十二五”期间的一项重大文化设施，也是山西独特的文化标识和构建文化强省的基础性工程，更是全省最大的省情教育基地。该项目于 2011 年由省发改委批复。在省情方志馆的筹建工作过程中，我们必须始终依照国家有关法律法规以及国家建设项目相关规定进行。

遵循的总体原则和制度：

一、贯彻党组部署，落实党组或主任办公会议决定；

二、议事制度，涉及省情（方志）馆重大事项，由筹备领导组组长主持召开会议议决。对突发事件和紧急情况，来不及召开会议或因人数不足无法召集会议，又必须作出决定的，由组长临机处置，事后向筹备领导组会议报告；

三、基建财务应严格执行财务管理相关规定，做到专款专用，不得挪作他用，严格实行由分管主任一支笔负责管理办法，否则不予支出；

四、省情（方志）馆建设项目管理制度执行《中华人民共和国建设工程项目管理试行办法》等建设工程项目管理制度；

五、采购制度按照省财政厅关于政府采购的有关规定和实际情况，由省情（方志）馆筹备组办公室提出申请，并制定采购计划，报分管主任批准后支出，大宗物品应上报党组会议研究决定；

六、工作人员考核办法执行《山西省地方志办公室工作人员实施办法》；

七、档案制度执行《中华人民共和国档案法》和《中华人民共和国保密法》，可适当购置影像设备，将省情（方志）馆建设进程进行必要的影像记录，作为档案资料永久留存；

八、工程前期招标、决策和施工等过程，严格在国家法律、法规和制度下运行；

九、在设计施工过程中招投标，严格按《中华人民共和国招标投标法》执行，公开、公平、依法评选出最佳施工队伍。

第四节　方志馆的专业评估和社会评价工作

一般而言，评估评价都是外界对一个特定组织开展的不同方式的评论评议等活动。与大多数文化场馆一样，方志馆一般也是面向社会公开开放的公共文化场所，因此在加强自身建设管理的同时，还要十分注重开门办馆，即通过一定方式接受来自社会各方面的评论评议活动。进一步细分，还可将其分为专业评估和社会评价两个方面，两者既有共同之处，又有不同特点。

一、方志馆接受专业评估和社会评价观念的价值意义

（一）开展专业评估和社会评价是方志馆有机融入当代社会的重要前提

地方志是中华民族特有的一种传统文化形式，自古至今，大量志书等珍贵的历史文献之所以能够得以保留、传承，各种类型的方志馆功不可没。但应当看到，就地方志的本源和经典形式看，各类志书主要呈现的是一种静态文字形式。而且经数千年的传承延续，志书编纂已形成了自身特有的一整套编纂原则和编纂方法，如横排门类、横不缺项，纵述史实、纵不断线，述而不论，生不立传，越境不书，等等。这些原则使志书语言更为精炼，文风更为朴实。但无形中也会使其枯燥生涩，既不生动也不形象，很难让一般人产生兴趣。而且由于志书往往要涉及一地自然、政治、经济、文化和社会等各方面综合性地情，因而其规模一般十分庞大甚至形式繁杂，一部县志常常要数百万字，省志更是短则上千

万字，多则数千万字甚至更多。特别是在日新月异的当代信息化社会，公众获知信息的渠道越来越多，手段越来越丰富，选择方式和发展空间越来越大，自主意识相应也越来越强。包括地方志在内的一些传统文化形式的固有特点甚至已成为弊端，越来越不适应社会发展趋势，从而使相当一部分人特别是一些青少年对传统文化形式心存淡漠，日渐疏远，相应也使得这种文化形式面临着日趋严峻的压力和挑战。而作为集中展示这种传统文化形式的特定场所，方志馆自然首当其冲，将直接面对压力和挑战。

但是，既然是对社会公开开放的公共性文化场所，就必须真正确立以人为本的核心理念，并采取切实有效的开放措施，让自身有机融入社会，真正成为公众了解历史文化等综合地情的窗口，接受教育的桥梁中介，这一点方志馆同样也不例外。特别是不能单纯以强调“传统”特性、“专业”特点为理由，而拒绝改革，排斥开放。方志馆如果不能获得公众的广泛认同，即便专业性再强，自我感觉再好，也难以避免陷入孤芳自赏、门前冷落车马稀的尴尬境地。如果在此问题上能形成共识，那么接受专业评估和社会评价无疑是检验方志馆是否真正融入社会的一种有效方法。

（二）开展专业评估和社会评价是当代公共文化场馆的通行惯例

专业评估一般是指上级主管部门和同行业界对方志馆开展的专业性评议工作，其特点是系统性、专业性较强，相应权威度也较高。早在上世纪 20 年代，美国图书馆界就开始了对图书馆的专业评估工作，即按统一标准并采取一定方法，对图书馆投入的资金和资源，对图书馆管理者和从业人员在一定时间内所取得的业绩及服务效率效益等要素进行的系统测评。此举在社会产生了良好反响，并逐步影响到整个业界，现已成为当代社会各类公共服务窗口单位的发展趋势和通行惯例。从 1994 年到 2009 年，我国文化部也先后组织开展了四次公共图书馆评估定级工作，从 1994 年的 68 个一级馆，到 2009 年的 480 个一级馆，评估定级见证了中国公共图书馆事业的发展进程，也促进了各级公共图书馆工作水平与办馆效益的提升。

其实，业界专业评估评价早已成为国际惯例。如 2014 年国外最新权威发布的《2013 世界主题公园、博物馆年度报告》中，就按年度参观量排出了“全球最受欢迎博物馆 20 强”名单，法国卢浮宫位列第一，中国共有四家单位入选，国家博物馆排名第三。同样，参照国外成功经验，受国家文物主管部门委托，从 2008 年起，中国博物馆协会也开展了对所有国家一级博物馆的行业评价，其主要方法是考评各大博物馆的年度运行情况，并即时向业界和社会发布评估报告和评估得分排行榜。

从以下这张“综合档案馆考评内容、标准”表中，也可看出档案馆业界对这一问题的重视程度和举措取向。

综合档案馆考评内容、标准（部分）[①]

表 8

	评估细则、标准	评估指标、项目（一级）
国家级	档案事业发展综合评估指标体系及评分细则（2007）	组织领导、条件保障、监督指导、保管利用、科技创新
	市、县级国家综合档案馆测评细则（2006）	条件保障、基础业务、开发利用、信息化建设
	浙江省综合档案馆信息化评估标准（2012）	组织规划与人才培养、基础设施建设、网络建设、数据库建设、电子目录中心建设与电子文件/档案管理、信息发布、利用与开发、信息化环境
省市级	黑龙江省市（地）档案事业发展综合评估指标体系及评分细则（2008）	组织领导、条件保障、监督指导、保管利用、科技与创新
	江西省档案馆规范化管理标准（2006）	馆务建设、基本建设、业务建设、档案信息化建设、服务工作
	湖北省综合档案馆目标管理考评标准（2003）	行政管理、建筑设备、业务基础、开发利用

① 傅荣校、盛梅：《我国国家档案馆公共服务能力评估研究综述》，《浙江档案》，2004 年第 6 期。

社会评价则一般是指公众从各方面对方志馆开展的评价活动，其特点是评价涉及面广，具有广泛的代表性和来自各角度方位的专业性，这方面国外也早有先例并日趋风行。例如，2013 年，美国《时代》周刊就曾召集一批博物馆“铁杆粉丝”组成民间评审团，投票选出了 50 家“世界最佳博物馆”。同样，作为面向社会公开开放的公共文化设施，一座方志馆能否立足并做到可持续发展，既有赖于上级部门的高度重视和同行业界的大力支持，有赖于各级地方志机构特别是方志馆全体工作人员的共同努力，但最终还要取决于社会公众的接受认可程度。因此除了注重专业评估，还要善于真诚接受社会评价，使两种手段相得益彰，共同促进方志馆工作。

（三）开展专业评估和社会评价是检验方志馆内部管理与外在形象的试金石

当代方志馆科学管理的重要特征是管理系统化、规范化，无疑，这是方志馆内部管理的基础，也是可持续发展的先决条件。但是应当看到，这种管理及相应所作出的评价，更多局限于自我循环式的内部评议，甚至可能是自我感觉良好的孤芳自赏。如果仅以内部评价结果作为衡量方志馆管理成效的重要依据甚至是唯一依据还远远不够，甚至可能会产生工作盲区和发展误区。只有把内部评议和外部评估评价有机结合起来，才能体现一座方志馆的整体管理成效，也才是其对外展示的总体形象。从这个意义上说，接受来自外界的专业评估和社会评价是检验方志馆内部管理和外在形象的试金石。

当然，来自方志馆外部的评估评价并非空中楼阁、空穴来风，也非无源之水、无本之木，它还是要依据内部管理的一些基本要素、基础数据来展开，只不过上级、专家、媒体和公众所关注的角度不一，采取的评估评价方法不同。如果完全撇开内部管理的基本要素、基础数据而另起炉灶，甚至使两者脱节分离，非但达不到预期目的和效果，还可能会使方志馆各运行管理层面与公众产生对立情绪，这既无助于公众对方志馆工作的理解支持，也无助于地方志事业的持续发展。因此，开展评估评价要充分考虑方志馆系统内各环节，各层次之间的固有关系，根据其现状和现实工作目标的差距，找出并分析运作过程中的薄弱环节，科学合理区分现实各项工作目标的级差，并采取相应措施加以弥补改进，从而通过评估评价，达到与内部管理有机融合、相互促进的最终目的。

二、方志馆专业评估和社会评价的基本内容

方志馆的评估评价，是由上级有关主管部门、新闻媒体、同行业界特别是公众（观众、读者）等各类单位和有关人员，对方志馆工作从战略发展目标策略、外在整体形象、运行质量水平、社会综合效益直到具体服务等各方面因素所作的评价。从不同角度可划分为不同类型：

（一）宏观评估与微观评价

宏观评估与微观评价是从方志馆所设置目标和运行状况的不同角度所作的一种划分。这一组概念最早来自于美国伊利诺斯州立大学图书馆学研究生院教授兰开斯特 1977 年所出版的《图书馆服务的测度和评价》一书，此书被视为“填补图书馆学研究领域空白”的“唯一一部有关图书馆评价的专著”，在图书馆业界具有较大影响和权威地位，这种方法同样可为方志馆所借鉴。

1．宏观评估

广西方志馆外景（效果图）

宏观评估更多侧重于方志馆事业管理的行政职能，它主要涉及对方志馆设计定位、发展思路、总体运行状况、外在整体形象等综合性指标的评论评议，相应的评估主体主要也是政府主管部门以及同行业界的领导管理层等单位群体。这种评估有时并不一定要求细致入微到每个环节，也不一定面面俱到至每个岗位，但在大

的方面不能遗漏，这是确定被评方志馆总体发展方向的重要因素。同时这种评价还要求有规范的程序，如由各方面代表组成考评组，并通过实地考察、听取汇报介绍、座谈征求意见、量化打分等具体环节，对所考评的方志馆作出综合性评估，以求全面、系统地反映该馆的总体定位。

2. 微观评价

微观评价主要着眼于对方志馆某项具体工作、固定岗位甚至是一个细枝末节的评价。与宏观评估所不同的是，它更多的是从公众（观众、读者）特定个体自身感受和需要满足程度出发，关注的也是专业环境、员工服务态度、质量水准等具体问题，形式上也不一定要求程序规范。“宏观评价虽然揭示了一个系统的运行状态，但本身并没有指明该系统为什么会以此状态运行以及今后为了改进系统的性能需要采取什么措施。……由于微观评价考虑的是影响系统的各种因素，因此如果要求改进系统的性能必须对系统进行微观评价。”[①]

江苏方志馆方志文献展厅

例如，志书等方志文献的收藏展示和借阅流通是方志馆特别是传统方志馆的一项重要职能，是衡量其为社会服务的一个重要标准。但由于各种原因，一些方志馆虽然投资不小，志书藏量也很丰富，但却长期处于“养在深闺人未知”“门前冷落车马稀”的尴尬境地。为此可借鉴图书馆常用的“文献周转率”和“文献拒借率”两个指标，对这一服务质量进行具体测量和微观评价。

文献周转率 = 借阅总册数/馆藏总册数

① 参见初景利：《图书馆发展变革与服务转型》，国家图书馆出版社，2012 年，第 222 页。

文献拒借率 =（未借到总册数/借阅总册数）×100%

显然，这一微观评价标准比一般的原则性要求更为客观准确，更容易细化量化，因而也更具可操作性。

（二）群体评估与个体评价

群体评估与个体评价是以评价主体不同所作的一种划分。

1. 群体评估

群体评估是一种组织性评价，即它往往由上级主管部门、同行业界、中介机构等单位出面进行评议，即便参评者形式上以个人出面，但实质上仍代表所在单位。同时这种评价显然更多地会侧重于方志馆的重大发展事项和重要决策，因而更侧重于宏观层面。其特点是专业性强，程序严密，结论科学，权威度高。这种评价结果一出，既是对被评方志馆以往运行管理的总体定性结论，显然也会影响当前的运行状态特别是今后的发展前景。

2. 个体评价

个体评价是公众以观众、读者等个人身份，着眼于方志馆运行现状和细微环节所作的具体量化评价，具有直接性、临时性、分散化等不同特点。具体可通过随机抽样发放问卷调查表，随意性的现场临时访谈，设置意见箱，开通并对外公布投诉电话等等各种方式，开展形式多样的社会评价。为避免评价结果过于原则抽象，可将调查表设为很满意、满意、一般、不满意、很不满意等不同量级，也可将前述“方志馆服务标准构成图”中的服务环境、服务人员、服务产品和服务流程等主要内容，视情设为不同权重，如2∶3∶4∶1等，便于公众进行评价打分。当然，由于公众结构和需求各不相同，也未必完全了解方志馆的真实情况和存在困难，因而各人评价可能不尽相同甚至大相径庭，有时难免会有误解之言甚至苛求之举，但这种评价却是公众来自一线的切身体验和真实感受。因此，方志馆从领导管理层到全体员工，应虚怀若谷，认真加以对待。

对征集到的各种意见建议，既不能置之不理、消极应付，也不能以偏概全、过度反应，否则不但有损于自身形象，也无助于事业发展。而应一一梳理，及时制定相应的整改意见，迅速落实到全馆各部门和全体员工，同时还应及时向社会反馈，以征得公众信任，确立或重塑方志馆的良好形象。

（三）业务评估与共性评价

业务评估与共性评价是从方志馆与其他场馆的专业程度相比较所作的一种划分。

1. 业务评估

与共性评价相比，业务评估显然是指方志馆在与图书馆、博物馆、档案馆等其他公共性文化场馆比较中与众不同的专业“个性”评估，它往往是评价者价值取向、观察角度、数据采集分析和研判能力等专业素养的综合体现。按各地方志馆的建设实践和本书的研究结论及相应框架，这种评价可将以下几个方面因素作为主要参照系：

——情，特指地情，地方志工作的一个基本性质和重要内容就是地情研究和展示，即一个特定行政区域“自然、政治、经济、文化和社会”发展的“历史与现状”。由于综合型地情馆是当代新型方志馆建设的一个重要趋势，因而应引起特别关注。具体又包括一地综合性地情、所属区域性地情和专题性地情等三种形式，这也是方志馆特别是当代新型方志馆有别于其他公共性文化场馆的一个重要内容，同样是专业评估所关注的重点内容。如本书所分别介绍的广西方志馆的“综合地情展”和北京市方志馆“自然环境”地情便很有特色，也是各地方志馆建设中较有代表性的内容。

——史，从纵的方面，以历史发展顺序排列，按“纵述史实”、“纵不断线”原则，对一地历史发展所作的总揽式介绍展示，主要围绕其行政建置的历史沿革和更替变迁过程，着重介绍历史发展各阶段的重点、特点和重点人物、重要事物。包括一地的历史总揽、分类介绍和专题史等等不同内容。由于从历史和现状看，方志学都归于史学范畴，因而系统展示一地的历史沿革，既体现了两者的密切关系，无疑也是方志馆的一个重要内容和专业特色。

——志，是方志馆的一个重要主题和内容。不论当代新型方志馆从形式上如何变化，即便是作为综合地情馆的当代新型方志馆，以方志为主的地方文献仍然是其不可或缺的一个重要组成部分，也是反映一地历史沿革和文化厚重度的一个不可取代的重要因素。这显然是方志馆与其他公共性文化场馆最为不同的独特之处，也是专业评估应予格外关注的内容。

山东省方志馆展厅

——人，中国是一个文明古国，千百年来，全国各地名人辈出，群星璀璨，在各个时代、各个领域都涌现了一大批杰出人物。因而汇集和介绍历代名人，同样是各地方志馆的一个重要内容，也是业务评估所必须关注的重要方面。

——物，具有一定数量的“物”（展品）是以展览为主要形式的各类展馆的重要内容，但方志馆与其他公共性文化场馆所不同的是：传统方志馆往往以收藏展示历代方志及年鉴、家谱等相关历史文献为主，当代新型方志馆则既不同于偏重收藏展示纸质文献的传统方志馆，也不同于以收藏展示文物见长的其他专业博物馆，而是按“详今明古”原则，突出展示当代即新中国成立以后特别是改革开放以来的具有特殊意义的物品、具有典型意义的产品，从而与其他展馆实现内容互补，错位发展。显然，它也会成为专业评估所关注的独特亮点。

上述展览展示内容不仅专业性强，显示了一座方志馆规划设计者和建设者相应的专业水准，其实反过来又对评估者提出了相应的要求，两者既是一个具有共同目标的统一体，又潜藏着一定的制约关系。当然，评估毕竟只是一种手段，但只要双方都本着严肃科学的态度和相应的专业水准来加以对待，通过评估一定能提高方志馆的总体水平，并促进事业发展。

2. 共性评价

共性评价即对公共性文化场馆的共有特征所作的评价，方志馆同样也不例外。例如：

——良好的专业环境。拥有良好的专业环境、舒适的服务设施，无疑是方志馆赢得公众的先决条件，也是社会评价的重要因素。专业环境包括建筑设计、展厅布置和各类相应的服务设施，等等。如除专门展厅展室外，还包括设立开放观众休息室、停车场、洗手间、商品部等辅助设施。可以为观众免费提供讲解导览和问讯服务，可开放阅览厅、自习室供读者观众学习，可为老年人、残疾人等有特殊需求的观众提供轮椅、电梯、专用厕所服务等等。特别应注意一些能体现特色和人文关怀的特殊细节，因为良好的环境氛围可通过视觉、声音、嗅觉、触觉和温度等各种要素加以呈现，如在展厅外的走廊里可摆放舒适的椅子沙发，全场配以舒缓的背景音乐、鲜花及相应色调，从而使观众在馆中始终保持一种愉悦心态。

——较高的服务水准。如果说，良好的专业环境是所有公共文化场馆力求达到的“硬件”标准，那么高素质的专业水准无疑是一种“软件”要求。前者可能会受各类场馆的经济财力条件等因素所限而存在客观差距，但高素质的服务水准显然受这些因素的影响较小，即环境设施未必与服务水准能完全画等号，低水平的环境设施同样可产生高素质的服务水准，关键取决于人的素质，取决于常抓不懈的内部教育培训和相应的制度管理。如果一座方志馆只重视“硬件”设施而忽视“软件”建设，那么公众不可能给予满意的社会评价，也难以赢得良好的社会声誉。

——独特的超值服务（或“附加服务”）：目前很多公共性文化场所都借鉴了管理学中的“超一度理论”，即公众入馆前一般都会对所接受的服务有一个心理预期，相应其所接受的服务也有三种状况：或是正好达到并得以满足，或是不仅达到而且已大大超出其原有心理预期，或是并未达到甚至相距甚远，显然三种情况的效果大不相同。因此，超值的附加服务已成为目前各类文化场馆普遍效仿的一种服务理念，并纷纷采取具体措施加以实践。

例如，建立志愿者（义工）服务体系就是十分典型的实例。联合国将“志愿者”定义为：“不以利益、金钱、扬名为目的，而是为了近邻乃至世界进行贡献活动者”。志愿服务起源于19世纪初西方的慈善服务，现已成为风行全球的社会公益服务模式，如据调查，上世纪90年代初全美博物馆已有志愿者近38万人，是全国博物馆业正式员工的2.5倍。中国早有学习雷锋、服务人民、奉献社会的光荣传统，近年来，包括方志馆在内的文博业界，各行各业的志愿者服务也已成为一道道靓丽的风景线。应当说，建立志愿者服务体系未必是上级主管部门的硬性规定，也并非所有场馆的普遍做法，但却是公共性文化场馆体现超值服务的一个有效举措。如据报道，原浙江省省长吕祖善从省长高位卸任后，主动到浙江博物馆担任志愿者工作，他主要以《越地长歌——璀璨的浙江历史文化》为题，为广大观众作有关浙江历史文化的现场义务讲解工作。从2011年下半年卸任算起，仅仅一年多时间，他已义务讲解数十场，以志愿服务126个小时，列年度个人志愿者服务第16位。[1] 显然，这不仅体现了志愿者本人的一种风范，其实无形中也提升了博物馆在公众中的形象和美誉度。

同样，方志馆若引入志愿者服务，不仅会有效缓解自身人力不足的

---

① 严红枫：《省长卸任后乐当讲解员——浙江省原省长吕祖善的志愿者工作》，《光明日报》，2013年10月24日第1版。

压力，优化员工结构，又为热心公益事业的公民提供了服务平台，客观上还会达到实现个人终身学习、完善自我价值的目的。特别是从社会评价角度看，由于志愿者兼有观众和员工的双重身份，他们既能站在观众的立场直接向方志馆表达诉求，又因志愿者的亲身经历能直接体验方志馆工作的甜酸苦辣，因而以他们为中介的沟通有时更为便捷，相应他们所作出的评价也更为客观。可见采用这种超值服务方式，既是方志馆有别于其他场馆的独到特色，也有利于在公众中确立自身独树一帜的特殊形象。以下便是一张北京市方志馆综合服务岗及讲解志愿者招募信息表，可供各地借鉴。[①]

北京市方志馆综合服务岗及讲解志愿者招募信息表

表9

岗位名称	综合服务岗	讲解志愿者
服务内容	协助开展宣传推介工作。	为参观者提供讲解、疏导等服务。
服务时间	周一至周六（9：30—17：00），服务总时间不少于60小时。	周一至周六（9：30—17：00），最好时间稳定，能长期来馆，服务总时间不少于60小时。
招募条件	北京历史文化爱好者、北京市地区大专院校在校学生团体或个人；热爱历史文化事业，有志于传播北京传统文化，愿意利用自己业余时间无偿为公众提供服务；有相对充裕和固定的时间，能够参加相关培训及活动，完成方志馆安排的工作；品貌端正、身心健康、做事认真负责；讲解志愿者要求普通话发音标准，有较强的沟通能力，具有亲和力，有讲解经验的优先	
招募人数	10人	20人
截止时间	2014年5月31日	
报名方式	有意者可登录网（www.bjdfz.gov.cn）或北京市数字方志馆（www.bjsfzg.org.cn）通知公告栏目下载报名表（通用表或大专院校表），填写后发送至zhanyuanyuan0511@163.com进行网上报名，也可直接到我馆213室索要报名表 联系电话：87326695　9：30—11：00　14：00—17：00（周一至周五）	

① 北京市方志馆主办，《北京方志》，2014年第1期。

——多元的综合效益。与目前大多数文化场馆一样，方志馆一般也是政府投资建设的公共性文化场所，以人为本、公众第一同样是其重要的建馆宗旨和服务理念，这种定位和性质决定了它在开展社会评价工作时，当然要把良好的专业环境、较高的服务水准和独特的超值服务等因素在内的社会效益放在首位，而不能舍本求末甚至逐利忘义。但相应带来的一个问题是，在管理过程中往往容易忽视成本、效益等其他重要因素，甚至将两者截然割裂开来，对立起来，以为公共文化场馆可以不计成本，不讲效益，无形中也容易造成浪费，这是包括方志馆在内公共文化场馆管理中的一个通病和弊端。这样，在社会评价总体方案设计时，就应以辩证思维妥善处理各方面关系，力求建立以社会效益为主同时统筹兼顾各种要素的综合评价体系，这不仅仅是社会评价的一个重要内容，也是促进方志馆不断改进管理、提高综合水平的一个重要举措。

在具体操作时，可根据一座标准方志馆“专业评估”及“社会评价”各方面的总体要求，视情分为一级、二级、三级等不同层次并设置相应的分值进行评估、评价。以下便是按此要求所设计的“方志馆评估（评价）表”，各地方志馆在实践中可加以参考借鉴。

方志馆评估（评价）表

表 10

类别	指标分类	主要内容	得分
专业评估	一级指标（50分）	1．总体定位及发展思路（总体规划、阶段性计划等）	
		2．整体环境（包括内部面积、部门设置和周边环境等）	
		3．展陈内容（史、情、志、人、物）、数量及质量	
		4．内部管理（展陈、财务、安保等）	
		5．队伍建设（人事管理、思想政治工作等）	
	二级指标（30分）	1．方志文献的数量（单本量及复本总量）及质量（版本及管护状态）	
		2．现代化多媒体系统设置及展示方式（大屏幕演示等）	
		3．文献周转率、文献拒借率等专业指标率	

续表 10

类别	指标分类	主要内容	得分
专业评估	三级指标（个例，20分）	1. 虚拟方志馆、数字方志馆等新兴场馆的开发设置	
		2. 志愿者服务体系等超值服务项目的设置	
		3. 展品商场等公共服务场所的设立	
社会评价	一级指标（50分）	1. 外在总体形象（由观众、读者评价）	
		2. 内部服务环境及员工服务态度、质量水准	
		3. 方志等史志文献及地情开发利用程度	
		4. 对外服务开展状况（如与有关单位、学校联合设立“第二课堂”、“爱国主义教育基地”等）	
	二级指标（30分）	1. 场馆开放时间及便捷程度	
		2. 人员服务方式及相应手段（如现场讲解、免费借阅等）	
		3. 观众（读者）五级评价量表（很满意、满意、一般、不满意、很不满意）	
	三级指标（个例，20分）	1. 语音导览、手机导览（微信、二维码扫描等）等新兴服务手段的开发应用	
		2. 特殊服务（如设置自动和人工寄存处，为残障人提供轮椅、设置专用通道，为儿童提供童车，设置育婴室、吸烟室等特殊场所）	

注：1. 此表所列的“评估”、“评价”内容与书中内容基本相同，即“评估”一般是指上级主管部门和同行业界对方志馆开展的专业性评议工作；“评价”则一般是指公众从各方面对方志馆开展的社会性评价活动

2.“三级指标”系“超值”附加项目，即未必要求所有方志馆都须设置，但如设置可视情给予单独加分

3. 表中所列的很多指标既涉及“专业评估”，也涉及“社会评价”，因此可视情互用，如“专业评估”的“志愿者服务体系”也可在“社会评价”中运用，等等

4. 具体操作时，可将“专业评估”和“社会评价”分开进行并各自打分（即“双百分”制），也可将两者各自得分加总（即单“百分”制）。同时各类指标所占具体分值也可根据各地、各馆实际情况进行设置调整

三、方志馆评估评价的主要方法

对方志馆的评估评价只是一种相对划分，两者既有不同处，又有共同点。不同之处前面已作了分析，共同点则在于：不论是评估还是评价，两者都可采用相同的方法进行。

（一）按被评内容划分

按方志馆的被评内容，可分为投入产出（主要指社会效益）的综合绩效评估评价、所定目标任务及实施过程评估评价、职业标准和服务质量评估评价、系统与综合性评估评价（组织影响力、社会美誉度等）等等多种内容。评估评价内容确定后，还要确定其相互间的权重，规定相应的评分标准，并通过必要程序和手段，计算各部分内容所得总分。

在确定内容时，一方面要注意馆方和公众在此过程中的不同定位。如既然称之为“社会评价”，那它就必然是一种面向社会大众的开放式的评价行为。从这个意义上看，公众是自主选择的主动行为，方志馆反而处于被评的被动地位。这就不能仅凭馆方和管理者的主观偏好设置评价内容，而忽视公众的客观需求和主观感受，应当把后者放在重要突出位置，并以他们的角度为主设置评价内容。另一方面在内容设置上既不能有重大遗漏，又要注意内容相互间的不同特点和不同侧重面，特别要提高公众可实际打分内容的权重，以真正体现社会评价的价值意义。

（二）按被评程度划分

按方志馆内容的被评程度，可分为定量和定性两种评估评价方法，当然具体实施中也可将两者结合起来，这同时也是管理界的一种发展趋势。例如中国博物馆协会对国家一级博物馆的评估体系就包括定性和定量两大部分。可量化的指标主要包括观众参观量、藏品数量、举办展览数等，定性指标则包括藏品管理、科学研究、社会教育、安全管理、人才培养等内容，两部分通过 7:3 的比例最终折算成总排行榜。[①] 这同样

① 月氏：《期待博物馆社会评价的中国声音》，载《人民日报》2014 年 7 月 6 日第 12 版。

值得方志馆加以借鉴。

1. 定量法

定量法是指以打分、民意测验等可量化的手段，对方志馆所作的评估评价。应当指出，不同类型评估评价的量化程度并不一致。如在宏观与微观、群体与个体、共性与专业等三种类型相互比较中，显然，微观、个体和专业评估评价相对更容易量化。

而且，从量化角度看，各类因素在总体指标体系中所占的比重也未必均等，即可以有不同的比例权重。例如，在共性与专业两种评估评价中，后者所占的比重一般会更大一些，以体现行业的特殊性和评估评价的针对性。即便在同一类专业评估评价中，各种情况也未必完全等值。如以收藏展示纸质文献为主的传统方志馆和以展示综合地情为主的当代新型方志馆，社会各方的主观意向和关注点就未必一致，相应所得到的量化值可能也不尽相同，这是由两类方志馆的自身定位所决定的。因此，在制订评估评价计划方案和设计指标体系时，就应在认真分析基础上，统筹兼顾合理设置，使指标体系能够真正交给社会进行评价，使评估评价结果能如实反映方志馆的实际情况。

就一座方志馆而言，无论是专业评估还是社会评价，“馆藏文献”数量、“综合地情展示”（从史、志、情、人、物等五个方面的综合展示)、在馆“工作人员”数、“入馆（参观、阅览）人数”、临特展举办次数和“环境影响度”等内容显然都是最主要的参照因素。例如，“入馆人数”是衡量方志馆综合效益的一个重要指标。国家有关部门曾规定，省、市、县三级公共图书馆每年入馆人次应分别达到 80 万、20 万和 15 万方为满分。方志馆业界目前尚无此类标准，但这又是一个不可或缺的重要指标。在这方面，浙江义乌市方志馆的做法十分值得借鉴，在该馆展厅入口处，装有一个十分精致的进馆观众流量微型计数器，只要一有人进入，它即会自动感应并自行计数。按该仪器显示，义乌市方志馆从 2014 年 11 月开馆以来，在短短不到 3 个月时间中，已有 2 万余名观众入馆参观，显然，这种计量方法既准确又客观。

此处以下表为例，选择几个指标，以“加权平均法”对几座方志馆进行量化评估：

三馆综合评估评价表

表 11

馆别	馆藏文献（册）	综合地情展示（按实际情况所占比重）	工作人员（人数）	入馆人数（人/月）	环境影响度（按实际情况所占比重）	综合得分
A	8万	20	20	350	20	
B	6万	15	15	200	10	
C	10万	30	30	500	30	

上述各项目权重大小可根据其在方志馆中所承担职能所定。假设为：“馆藏文献”为20%，“综合地情展示”为30%，“工作人员”为10%，“入馆人数”（含文献阅览、外借）为10%，“环境影响度”（涉及专业评估与共性评价的其他主要内容）为30%。相应要注意的是：一是对每一项目还可细分，如对“馆藏文献”，不仅要依据收藏数量予以量化计分，还可根据文献版本的珍稀程度等要素视情计分，数量质量等各方面因素综合平衡后才是此项目的基准分。以此类推；二是由于各馆定位不同，在上述权重分值中所体现的侧重点不尽相同。如传统方志馆在“馆藏文献”一项中可能较具特点，而新型方志馆则可能会在“综合地情展示”一项中占据优势。这既是评估评价中各馆拉开距离的客观依据，同时也会促使它们通过评估评价审时度势，重新定位，力求科学协调可持续发展。

在具体评估评价中，对每一项目也要设置详细分值，以达到基础数值为满分，累积相加为得分，扣减为失分（如A馆每月入馆人数基数定为350人，达到即可在10%的权重中获满分，增加与减少则可酌情加分或扣分，其他项目也可参照类推），最后将各项目得分与其权重的积相加，即为各馆的总体评分。

2. 定性法

相对于定量法，定性法显然是在更高层面、更广泛基础上，对一座方志馆进行的定性结论。与定量法一样，不同类型的评估评价在其中所起的作用不尽相同，即在宏观与微观、群体与个体、共性与专业等三类评估评价活动中，显然宏观、群体和共性评估评价一般更容易定性，更倾向于作出原则的定性结论，而非精准专业的量化结论；而微观、个体与专业评估评价，则更倾向于定量结论。这种现象的启示在于：

一方面要因人而异，即在设计定量评价和定性评价两种指标体系方案时，不能苛求所有的评议者都要具备相应的专业知识，都必须做出精准的量化评价。而要善于针对不同的评议者设计不同方案，并由其自主选择，以便使他们按此方案作出自己相对更熟悉同时也更符合实际情况的评估评价。

另一方面，对两种方法要一视同仁，并充分发挥它们各自不同的作用。例如，尽管以微观评价、个体评价为主的定量评价有时较为零散甚至较为随意，尽管定性评价常由上级主管部门和同行业界领导等人员来承担，具有相当的权威性，甚至对方志馆的运行现状和发展趋势具有至关重要的决定性作用，但不能就此厚此薄彼，甚至唯“上”轻“下”，重“官”轻“民”，对前者（即大量来自普通观众、读者的评议）轻易忽视，随意处置，否则就有悖于“社会评价”的初衷和本质。因此，在具体实施过程中，要善于把定量定性两种方法有机结合起来，即将定性的对象通过比较加以量化，再运用适当方法，处理成有说服力的评价值，最后通过得到的评价值对方志馆所起作用的大小及符合需求的程度进行优劣评定。从而使两种方法相辅相成，相得益彰，共同促进方志馆的工作运行和事业发展。

（三）按采用手段划分

1. 问卷法

问卷法是一种较为传统的调查方法，即方志馆通过设计填充、选择等题型的调查问卷表，以随机抽样、定向选择等方式向公众发放并由其自行选择作答，以得到来自不同方面被访者的评价结论。这种方法具有开放式、发散式等特点，受访者有较大的自由度和自主权，因而对大部分观众、读者而言，采用这种方法对方志馆进行评价，较为便捷易行，得到的评价意见相对也较为真实客观。目前，包括方志馆在内，很多公共性文化场馆，都通过在展厅设置触摸显示屏、设立固定的咨询服务台、发放调查问卷等方式，面向公众开展多种形式的问卷调查活动，收到了很好的效果。

2．访谈法

访谈法也是一种传统的调查方法。即方志馆通过与特定被访者的交谈方式进行调查和收集资料，以得到被访者的评价结论，一般又分为结构性访问和非结构性访问两种方式。前者以高度结构化或标准化的调查提纲进行访谈，如事先向媒体记者发放有被访背景等内容的新闻通稿，以使其全面准确地了解所采访对象，相应的评价意见（即新闻报道也更有针对性）；后者不使用或只用较为简单的调查提纲，相应提出的更多的也是较为笼统的、开放的问题。这种方法涉及人员范围小，相应针对性和专业性都比较强，如请同行业界专家和学者开展评价便可采用此法。例如，抗日战争时期，以余绍宋为馆长的浙江省通志馆一班人，在极为艰难困苦的环境条件下，在浙江丽水云和县的穷乡僻壤中潜心修志。近年来，为重修《浙江通志》和筹建浙江方志馆，浙江省方志办和云和县方志办，专门派人赴北京、上海等地，探访了当时仍在世的三位通志馆修志老人，并通过访谈、整理口述史、拍摄视频等方法，收集到一批十分珍贵的一手史料，从一个侧面为修志建馆打下了扎实基础。

3．特尔斐法

特尔斐法也称“专家调查法”，最早由美国兰德公司于上世纪20年代首创，是一种综合各方面专家调查意见的定性评价方法，也是常用的传统调查方法。如用于方志馆评估评价，其一般程序和做法是，将所调查问题事先发给指定专家，并要求作出不记名书面回复。然后将意见整理汇总后，再反馈给专家。这样经多次征集、整理和反馈意见后，以获取较为全面系统的评价结论。这种方法主要可用于上级主管部门领导、同行业界专家等对方志馆的评估评价。由于他们的意见专业水准较高，数据采集和研判能力较强，因此至今仍经常使用。

当然，专家调查也不仅限于这种传统的书面方式，不同的专家常常有不同的风格和独特的手段。如美国心理学家鲁滨逊早年在博物馆调查时，就喜欢驻足于观众不易察觉之处，并以随身携带的计时秒表等工具，仔细观察不同观众在同一件展品前的停留时间、所流露的表情及参观线路等情况，在此基础上对材料进行综合分析研判，并据此调整展品的陈列方式，而后再重新进行调查，力求取得最为满意的效果。这种专业敬业精神自然令人敬佩，而且这种方法显然也更具科学性。

4. 层次分析法

层次分析法是 20 世纪 70 年代由美国学者提出的一种新型管理方法。这是一种定性与定量相结合的方法，其一般程序是：将复杂问题逐层分解为梯形层次结构，再建构两两比较判断矩阵，在进行比较基础上进行检验排序，作出评价结论。这种方法适用于结构较为复杂、决策准则较多且不易量化的决策问题。

此外，现代管理学还创建了“模糊论法”“多元统计法”等许多行之有效的新型管理方法，方志馆在开展专业评估和社会评价工作过程中，均可视情学习借鉴，以不断提升自身的专业水平和社会形象。

最后需要说明的是，上述各种方法既各有特点，同时相互间还具有密切的融合关联关系，在实际工作中可根据需要综合并用，以期通过各种形式的评估评价，推进方志馆工作不断发展完善。

第五章　方志馆的发展前景

本书前几章系统梳理了方志馆从历史到现状的发展沿革，介绍了其从传统到现代的发展理念、设计规划定位和相应的内部管理。从中可以看出，方志馆发展到今天殊为不易。同样，今天的方志馆也不会就此止步。特别是当今社会，随着计算机、信息和通讯等高新技术的迅猛发展，以互联网通信技术和多媒体技术为标志的信息技术革命，为方志馆的发展带来了新的机遇和挑战。未来方志馆的发展，也将朝着自动化、电子化和数字化等方向前进。为此，本书专辟一章进行分析介绍。

第一节　当代新型方志馆的再创新理念

当代新型方志馆既是在继承传统基础上的创新（从纯文献资料馆到综合性新型地情馆），同时自身也面临着巨大的挑战，因此，伴随着与日俱增的挑战，方志馆的改革同样是一个永恒的话题，创新永远在路上。

一、挑战：与日俱增

从以收藏展示纸质典籍文献为主要形式的传统方志馆，到当今以综合性地情为主要形式的新型方志馆，应当承认，在短短几十年间，中国的方志馆建设事业取得了前所未有的发展成就。但即使是新型方志馆，在瞬息万变的今天，也将面临新的挑战，需不断创新理念，不断更新平台，不断实现超越。而且，这绝非杞人忧天，日益严峻的危机和挑战已真实地呈现在我们眼前：

早在 2003 年，美国微软公司总裁比尔·盖茨曾语出惊人："不消灭书本和纸张，我死不瞑目。" 2010 年，美国学者尼葛洛庞帝在《数字化生存》一书中也曾预言：纸质书将在5年内消亡。从而让人真切感受到了“狼来了”的威胁。距盖茨的预言仅仅10年后，据《中国视听新媒体发展报告（2013）》披露：“调查显示，受个人电脑、平板电脑、智能手机的冲击，北京地区电视机开机率从三年前的70%下降至30%，传统广播电视收听收视群体向老年人集中，40岁以上的消费者成为收看电视的主流人群，电视观看人群的年龄结构呈现‘老龄化’趋势。”截止到2012年底，中国网络视频用户已达3.72亿，手机网民用户已达4.2亿（其中1.3亿为手机网络视频用户）。而当时西方主要国家的在线视频渗透率已逾50%；全世界在线视频流量占互联网的总流量已从2005年的5%上升到2012年的52%，预计到2015年将升至62%。[①] 而据2015年第十二次“全国国民阅读调查”最新数据显示：受数字媒介迅猛发展的影响，2014年国民数字化阅读方式（网络在线阅读、手机阅读、电子阅读器阅读、光盘阅读、Pad阅读等）的接触率为58.1%，较2013年上升8.0个百分点。[②]以手机阅读为例，2013年全国有41.9%的人通过手机阅读，人均每天手机阅读时长为21.7分钟，这个数量已远远超过了美国；当年我国手机出版收入达579.6亿元，占数字出版总收入的22.82%。[③]这种变化可谓日新月异。

又如，电影诞生至今，至少从形式上已发生了三次大的变化：即从无声到有声，从黑白到彩色，再从模拟到数字。本世纪初，中国专家访问美国柯达公司总部，当问到美国同行如何看待“数字”时，他们的回答是：“放心！20年到30年胶片不会灭亡。”他们认为胶片分辨率、彩

---

① 张玉玲：《视听新媒体时代：变化刚刚开始》，《光明日报》，2013年6月13日第16版。

② 《第十二次全国国民阅读调查结果公布》，《光明日报》，2015年4月21日第9版。

③ 张贺：《电子书，如何走小众走向大众》，《人民日报》，2015年7月2日第19版。

色度、饱和度等等是数字技术永远赶不上的。然而仅仅几年之后，数字胶片的分辨率便已经从4K、6K发展到8K，超过了传统胶片的4K。数字化浪潮远比人们想象的更来势汹涌。[①]事实上，据分析，一种传播媒介普及到5000万人，收音机用了38年，电视用了13年，互联网用了4年，基于互联网的新应用微博仅用了15个月，更新的微信则只用了短短的10个月。

还值得关注的有，2012年3月，拥有244年历史的《不列颠百科全书》宣布不再出纸质版，而把重点改为主要出版网络版和电子版。作为世界最古老也最具声誉的百科全书，这一告别无疑具有划时代的里程碑意义。其实，早在2009年，中国的电子图书用户也已突破亿人大关。这都再一次证明，现代化手段对传统行业的冲击势如破竹，古老行业的生存模式将面临日益严峻的危机和挑战。也有专家甚至早就给出了具体的时间表："到2020年数字出版将占到出版业销售额的50%，到2030年90%的图书都将是E－BOOK版本。"而且更严重的问题还在于，正如有专家所言："我们走到了拐点，但可怕的是，大家都还不知道，在那个拐点后面的弯道上会发生什么事。"[②]

其实，相对于纸质传统形式而言，广播、电影电视等已属新兴媒体。然而，在更为现代便捷的电脑、手机等新媒体前，显然它们也是相形见绌的"明日黄花"——尽管相当一部分中老年受众对其仍情有独钟，尽管它还将在相当一个历史时期内占据着相当的份额比重，但青少年毕竟代表未来发展趋势，他们的需求必将主导当前和主宰未来的传媒形式，而且这种需求恰恰是传媒变革的最大动力。

2012年，国际图联在其大都市图书馆委员会对25个国家59个城市

---

① 李舫：《数字时代如何传播中国文化》，《人民日报》，2012年3月30日第17版。

② 综合参见《人民日报》2010年4月30日第19版、《文汇报》2012年5月6日第1版报道。

图书馆所作调研报告基础上，提出了影响图书馆未来发展的四个新指标：推广活动、社会媒体、数字流通和数字参考，显然，这是对传统图书馆理念的又一次更新，是针对严峻现实的有效对策，同时也是对当代新型方志馆建设的有益借鉴。

二、创新：与时俱进

对方志馆建设而言，上述一系列事实所带来的相应启示是：相对于以展示纸质文献为主要形式的传统方志馆，尽管当代新型方志馆在设计理念、展示手段和传播方式等方面，已有较大超越，但是，这种超越不能停止，更不是终结。正如当代已超越历史一样，未来的历史将超越今天。这就需要未雨绸缪，把地方志这种中国特有的传统文化形式，以更开阔的思路视野加以构建，以更新型的载体平台加以展示，以更现代化的手段加以完善，力求实现“信息实体虚拟化、信息资源数字化、信息传递网络化、信息利用共享化、信息提供智能化、信息展示多样化”，[①] 这既是历史和他人实践留给当代方志界的有益启示，更是方志馆未来发展的必由之路。

当然，对上述严峻事实和冲击挑战的研判同样要实事求是，不必惊慌失措甚至束手无策。如据2012年中国新闻出版研究院公布的第九次“全国国民阅读调查”结果显示，尽管当时我国国民网络阅读率已达到16.8%，但同样值得关注和深思的是，如果细分，真正增加了“数字阅读”的国民中，农村居民、高中及以下学历的青年人占很高比例，分别为54.7%和63.7%，如手机阅读人群大多集中于高中和初中学历(80%)，而高等学历者（本科及以上）所占比例反而不高（只有17.9%)。2015年第十二次“全国国民阅读调查”数据显示，2014年我国国民图书阅读率为58.0%，较上年上升0.2个百分点；报纸阅读率为55.1%，较上年上升2.4个百分点；期刊阅读率为40.3%，较上年上升

① 陈燮君：《博物馆文化的昨天和明天》，《文汇报》，2013年2月18日D版。

2.0个百分点。当年实体书店零售市场还一改前两年的负增长态势，实现了3.26的正增长。另据《上海市民阅读状况调查分析报告（2015）》显示：近年来虽然数字阅读稳中有升，但纸质书仍然是上海市民阅读的首选介质，选择纸质读物的首要原因是："需要深度阅读"，持这一观点的读者占被调查者的68.4%，高出数字阅读18.25个百分点。[①]

与此相比，曾风行一时的电子书销量在全国明显下滑。有学者曾以"古籍电子书在哪些方面改变了我们的阅读生态"为题，生动形象地历数了电子书的种种不是[②]：

首先是视力急剧下降。二十载对屏读写，视茫茫而发苍苍，摧残眼睛，莫此为甚。电子书的流行，将牺牲几代人的眼健康而为代价。

其次是读书方式的变化。……朱子说的"沦肌浃髓，有益身心"，读书要有真实的受用，以及司马迁说的"想见其为人"，要在每一本书的背后，发现一个活生生的人格，在电子书的时代，变成非常奢侈，或已成为一种"文化遗民"式的流风遗韵而渐渐消亡，醒目一点说是人类阅读史上"三千年未有之巨变"，也是可以成立的。

第三是书的"灵晕"消失。每一本书都有其特有的生命气息，它的大小、厚薄、轻重、气味、颜色、光泽、封面、年代、用纸、字形，以及手感（呵呵，什么叫手感?），书与书之间的特殊微妙的关系，甚至一种说不清道不明的气场：在海外某一个旧书店地下室的角落，或美国某小镇的旧货店，或巴黎塞纳河畔黄昏时的书摊，或香港旺角二楼的狭窄小屋，我多次激动难安地陶醉于某一本书的特有气场：那种击穿人心的交流，那种似乎是专门等了你多年的相约与心许，电子书永远不可能有了。在屏幕上，所有的电子书都是没有气息的。……噫，西哲本雅明说得对，机器复制时代之后，万物都失去了已有的"灵晕"。电子书拉平

① 许旸：《捧读纸质书仍是市民首选》，《文汇报》，2015年8月12日第9版。
② 胡晓明：《我的古籍电子书阅读小史》，《文汇报》，2015年6月19日第12版。

所有的书的个性，消灭所有的书的气息，它莫名其妙地抹去了时间流逝与感性体验对于书的烙印，从而成功地摘除了世界的“梦幻之眼”。

还有专家据此认为，尽管浅阅读和深阅读，‘微阅读’和长阅读都在上升，但传统阅读仍是主流。或者说这是一个传统阅读和数字阅读并存的时代，需要理性分析，辩证看待，不必厚此薄彼。当然，上述现象固然有网络阅读成本较低、中老年人接受新生事物的速率一般也低于青少年等其他原因，但从另一角度也无可置疑地告诉我们：作为具有深厚文化底蕴的传统纸质文献（如地方志）和阅读方式，在与新兴大众文化消费模式比较中，仍然具有无可比拟的独特优势。①

其实，上述评论也从一个侧面印证了传统读物和阅读方式自身所固有的优势。从一定意义上说，我们应当为之自豪和珍惜。

而且，还应当看到，我们所追求的方志馆的这种变革，更多地表现为形式的变化，而不是要从根本上改变地方志的本质属性。因为无论从历史留存至今的大量旧志看，还是从新中国成立后两轮修志时期所编纂的新志看，其初始形式基本上都是纸质文献。即便以数字化等现代化手段加以处理，其实已是二道后处理，其初始纸质媒介的形式仍然存在，这实际上是方志在当代信息化新形势下采取“两条腿走路”的一种必要选择。因此，既不可因循守旧，也不能因噎废食，甚至“倒洗澡水时把婴儿一起扔掉”，对此同样应有清醒的认识和相应举措。

例如“大数据”作为一种引人关注的现象和未来发展的趋势，地方志同样有其得天独厚的优势。志书作为全面记载某一时期某一地域的自然、政治、经济、文化等方面情况或特定事项的书籍文献，其包含的数据包罗万象、异常丰富，这些大数据在各个领域都能发挥出巨大作用，如在城市规划方面，通过对志书中城市地理、气象等自然信息和经济、

① 分别参见王乐：《纸质书刊穷途末路？未必!》，《文汇报》，2012年4月20日第3版；刘阳：《“微时代”，我们怎么阅读》，《人民日报》，2013年5月2日第17版。

社会、文化、人口等人文社会信息的挖掘，可为城市规划提供强大的决策支持，强化城市管理服务的科学性和前瞻性。大数据将极大提高政府部门的决策效率和服务水平，提高为民办事的效率，大幅降低政府管理成本。

尽管如此，仍然有必要强调的是：就方志馆建设而言，即便是当代新型方志馆，如果今天不主动寻求变革，如果我们没有高度的现实紧迫感，仍然固守传统，抱残守缺，那么传统形式很可能会受到更大的冲击，不进则退一定会成为我们在不远的将来不得不面临的严酷事实。届时，若皮之不存，毛将焉附?! 从这个意义上说，当代新型方志馆其实是一个永恒的课题，是一个需要与时俱进、不断再创新再超越的价值追求。

第二节　未来方志馆发展的重要模式——数字方志馆

1945 年，美国科学研究与开发办公室主任 Mr. Vannervar Bush 在《大西洋月刊》（The Atlantic Monthly）上发表的《我们可能这样思考》（As We May Think）中预言：技术将在信息收集、存储、发现和检索等方面带来革命性变化，并描绘了一个技术方法的清晰轮廓——Memex。半个多世纪以来，他的这一论述一直被公认为是对“数字文献馆”蓝图的最早描绘。数字方志馆作为“数字文献馆”的一种类型，近年来已逐渐成为一个研究热点，同时也是方志馆建设的一个全新领域。

一、数字方志馆概述

随着计算机技术的迅猛发展，图书馆等领域已经从传统单一的收藏纸质文献资源向收藏数字文献资源多元方向发展，与此同时，数字图书馆的概念也被提了出来。数字图书馆是一个以现代计算机信息技术为支撑的电子化信息存储方式，它能够存储大量各种形式的信息，即不仅可存储文字、图片，还可以存储声音、影像等。读者可利用个人电脑、手机以及各种手持电子设备，通过网络，不受时间、空间限制，方便地阅读自己所需要的文献书籍。在这种趋势引领下，作为一种特殊的文献资源，地方志同样可以进行数字化处理。而且随着时间的推移，数字方志资源将逐渐成为方志馆的重要组成部分，方志馆也将向着数字方志馆方向发展。

（一）数字方志馆的基本定位

人类进入21世纪后，随着计算机技术特别是互联网技术的迅猛发展以及数据存储和传输技术的更新，信息存储量及传输量越来越大，信息类型及种类越来越丰富，人们对传统文献信息的加工、存储、查询、利用等各方面的新需求与日俱增。同时传统纸质图书价格相对较贵、携带不便、覆盖面窄等一系列弊端已逐渐显露，数字化技术由此应运而生并被广泛得以运用。

对于数字方志馆学界尚未形成完全共识，一般认为："数字方志馆是为解决网络时代（数字化时代）地情信息资源的收集、处理、保存、传播和利用等问题而诞生的，利用计算机技术、数据库技术、国际互联网络技术，把各种数据、文字、图像、声音等地情信息资料进行加工、处理，建成各种数据库，进一步建设为地方志信息资源数字化、信息传递网络化、信息利用共享化的现代化方志馆"。① "数字方志馆就是以数字化形式存在的方志文献和地情资料信息库。从实体上说，光盘、网站、数据库、方志馆，都可以是数字方志馆的载体。"为此可从"数字化多媒体信息库""数字化形式的虚拟方志馆""分布式的方志馆群体"等三种角度来理解数字方志馆。②

无论从形式上看还是就其本质而言，数字方志馆实际是一种用于处理多媒体的分布式信息系统。它把存储于各种不同载体，存放于不同地

① 黄小红、钱丹丹：《试论数字方志馆建设》，《广东省地方志理论研究优秀论文集（2007）》。

② 贾大清：《关于杭州数字方志馆建设的思考》，《杭州方志》，2014年第3期。

理位置的方志文献资源利用数字技术整合在一起，便于读者跨区域进行网络查询和传播。其涉及范围包括信息资源的加工、存储、检索、传输和利用等方面。通俗地说，数字方志馆就是打破了围墙限制的虚拟方志馆，是在信息技术条件下基于网络环境共建共享的可扩展的知识网络系统，是分布式的、超大规模的、易于人们使用的、没有时间空间限制的、可以实现跨库无缝链接与智能检索的方志文献中心。

（二）数字方志馆的基本特点

从形式上看，数字方志是将传统方志文献中的文字、图片等信息以二进制形式存储在光、磁等非纸质载体中，并通过计算机输出设备、网络进行传输，最后显示在用户的计算机终端盒各类手持数字设备上使用的资源。我们将有别于传统纸质方志，利用计算机信息技术保存的方志资源统一称为数字方志。数字方志资源从狭义上讲也可以称为电子资源，是一切以数字形式存储、发行的信息资源的总和。与此相应，数字方志馆具有以下几个明显特点：

1．资源存储数字化

传统的地方志文献包括其他常见的文献大都以纸张为存储介质，而后通过印刷、出版方式进行存储和传播。而数字方志资源则通过计算机可阅读和识别的二进制存储并通过相应网络进行传播。同时，随着计算机存储容量的革命性增长，目前单盘存储容量已达到了 1TB（1024GB），可以存储 5120 亿个汉字。从传统的纸质存储介质变为电子化的存储介质后就可处理多种媒体的数字信号，如文字、声音、图像、动画、虚拟空间等内容。而内容丰富的数字化信息，在网络环境下，在多种电子技术工具的支持下，能为读者提供高效、便捷的数字化信息服务。

2．信息内容全面化

数字方志资源可以通过计算机强大的运算性能，根据人们的需求研发各类数据检索系统，可以对全文进行检索，不必再像传统文献那样逐页翻查，使用更加快捷、高效。特别是经过进一步加工的出版物，检索功能更加强大，它可通过便捷查询而快速找到所需信息，也可通过更多途径来显示方志信息，从而可以用多媒体作为内容特征，集文本、图片、声音、视频等多种形式为一体，具体、生动、全方位地向读者展示地情信息。

3. 资源传播网络化

网络和通信系统是数字方志馆的技术支撑。随着互联网的不断发展，使用者可以不受时间、地域的限制，理论上可在任何时间、任何地点使用数字方志资源，方志文献的获取和交流也可不受时空的限制，从而大大节省了时间并有效提高了工作效率。

4. 信息利用共享化

地方志书的主要功能在于运用，因而十分注重提倡方志资源的开放性与共享。中国地方志事业现已发展到数字方志时代，由于资源的数字化与网络化的基础，数字方志馆有着传统方志馆无法比拟的深度及广度。其相较于传统方志馆的一个重大优势，就是无空间束缚，在跨区域、跨专业中可进行无缝连接，并伴着资源无穷和服务无限的特点，体现了数字方志馆在空间差距上的资源共享记忆资源协作化的特征。

（三）数字方志馆的技术支撑

1. 网络通信技术的发展

网络和通信技术的快速发展是数字方志馆建设的保障。进入 21 世纪，我国各种广域网、城域网、局域网以及校园网迅猛发展，带宽速度不断提高。目前，家庭网络带宽都已达到 1M 以上，部分家庭有 10M 以上的带宽，3G 以及 4G 移动网络的相继商用，这些都为数字方志馆的网络化以及数字化提供了技术保障。

2. 多媒体技术的发展

数字方志馆处理的信息不仅包括文字、图像，而且还包括声音、动画等。目前，多媒体信息的数字化、多媒体信息的压缩和解压缩、分布式多媒体信息的存储与管理、多媒体信息的集成与同步、多媒体信息的检索策略等都是多媒体技术发展的前沿。同时，传输多媒体信息的网络技术的创新，使用多媒体信息传输的速度也在不断增加。这些都为数字方志馆的发展提供了保障。

3．存储技术的发展

数字方志馆的数据资源是海量的，这就需要有高度的存储技术来支撑。目前，在数据存储方式方面，最典型的有 DAS（存储直连）、SAN（存储局域网）、NAS（网络区域存储）等。DAS 是通过增加服务器内部硬盘或者外置 SCSI（小型机标准外设接口）或者 FC（光纤通道）磁盘柜直接达到数据扩容的目的，其结构简单，成本低，但容量小；SAN 是通过光纤通道把服务器和存储设备连接到一起的存储系统，其服务器多，存储容量大，但成本高；NAS 由光纤磁盘柜和磁带备份机组成，通过光纤交换机与多台服务器连接，其存储容量中等，成本一般。在介质方面，相变光盘、磁光盘及相关的磁盘延伸技术、磁盘或数据分段技术等也发展很快。在与存储系统相关技术方面，RAID 容错技术、存储管理技术、磁盘冗余技术、网络备份和容错技术等的研究不断深入，这些为数字化方志馆海量信息存储带来了新的机遇。

4．数据库技术的发展

数据库的发展大体分为数据库技术方法和理论的发展、数据库技术与相关技术的融合。相对于传统的数据库技术和概念，如今对数据库的基本概念、技术体系和应用领域及其基本原理都有了重大的发展和变化，现在的数据库已经形成了一个庞大的数据库体系，其源动力的核心是数据库方法论的发展，典型成果是面向对象的数据库技术，分布式数据库技术和多媒体数据库技术。另一种是与相关技术的结合，其典型成果是知识库、工程数据库、模糊数据库、统计数据库、并行数据库、文献数据库等。

（四）数字方志馆的发展环境

在信息技术高速发展的今天，数字方志馆迎来了自身发展的新机遇。在以往发展过程中，方志馆较多借鉴了数字图书馆的模式，下一步发展的关键是：数字方志馆如何真正具有自己的特色标签。作为“记载某一时期某一地域的自然、社会、政治、经济、文化等方面情况的书籍文献”，其便签作者认为应该是“大数据”。其实，关于大数据，难以有一个非常定量的定义。维基百科给出了描述：大数据是指无法使用传统和常用的软件技术和工具在一定时间内完成获取、管理和处理的数据集。进一步说，当今“大数据”一词的重点其实已经不仅在于数据规模的定义，它更代表着信息技术发展进入了一个新的时代，而地方志巨大的数据资源，代表着大数据分析和应用所带来的新发明、新服务和新的发展机遇。

例如：截止到2014年6月，中国互联网用户数量达到了6.32亿，互联网普及率为46.9%。网民规模较2013年底增加了1442万人。其中手机网民规模已达到5.27亿，是上网第一大终端。与此同时，中国IPv4地址数量已达3.30亿，拥有IPv6地址16694块/32。中国域名总数为1915万个。中国网站总数为273万个，.cn下网站数为127万个。国际出口带宽为3776909Mbps，较2013年底增长10.9%。这就是数字方志馆发展面临的大环境，其实也是其千载难逢的发展机遇。

二、数字方志馆的发展现状

目前，在网络上以“数字方志馆”为关键词搜索，可以搜出很多资源，通过对结果的分析，可将数字方志馆的发展现状分为以下三类：

（一）图书馆界的数字方志工程

目前各地一些较大规模的图书馆一般都建有网络图书馆，即将各类文献资源进行数字化处理后上传至网络供读者随时随地访问阅读。方志文献作为图书文献的一部分，也包含在其中。如国家图书馆2002年就已启动了“数字方志”项目，即采用数字化的手段，整理、加工编纂清代（含清代）以前的方志资源，以达到保存、传播、研究中华特色文化，推动数字资源开发与利用的目的，同时为地方志的数字化工作起到了示范作用。

（二）全国地方志系统的数字方志馆

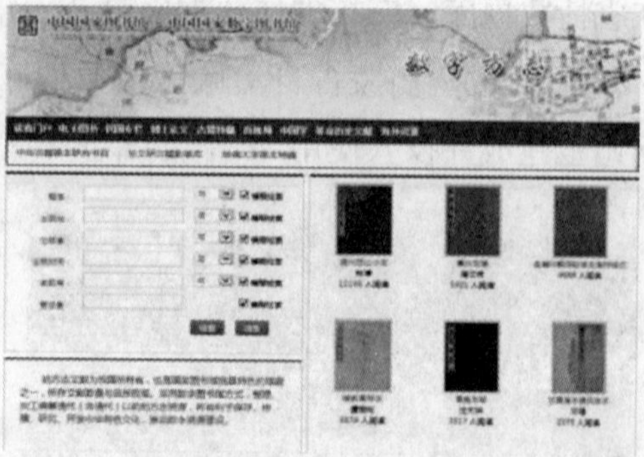

中国国家图书馆·数字方志馆

浙江省数字方志馆页面图

面对这种挑战，全国方志界当然不会无所作为。随着方志系统信息化建设的提速，全国有条件的方志机构都在兴建“省情数据库”、“市情数据库”等各类地情数据库，主要有省、市县各级方志部门建立的地情数据库和方志网站。据《中国新编地方志二十年辉煌成就》一文介绍：自20世纪90年代以来，我国地方志网络建设已在各地逐步开展。据有关方面统计，目前全国已建地情库（网）省级7个，市级63个，县级154个。在建地情库（网）省级4个，市级21个，县级54个。筹建地情库（网）省级2个，市级28个，县级42个。投入使用的方志地情网站或与当地政府网连网运行，或与国际互联网实现联网，在当地经济文化建设方面发挥着越来越重要的作用。如1996年建成的山东省情数据库（山东省情网）是国内最早建设的省情资料库，共设有88个专题数据库，数字化资料8000多万字，图片8000多幅。主要收录新编三级志书及乡镇志、村志、部门志；省、市、县年鉴；地方历史文献及旧志；图书、档案、报刊中的重要地情资料。到2005年底，全省16个市、68个县建成地情资料库，初步实现了省、市、县三级资料互联互通、联网检索、资源共享……此外，黑龙江省情资源网（中国龙志）以及省内伊春、大兴安岭、鹤岗已建网并开通运行；吉林省情信息库（吉林省情网）、福建省资料库、浙江省情数据库、广东省情数据库以及广州市地方志之窗、安徽省情数据库（皖风网）、内蒙古自治区区情数据库（内蒙古区情网）等方志地情网站也建成并投入使用”①。

浙江舟山市数字方志馆效果图

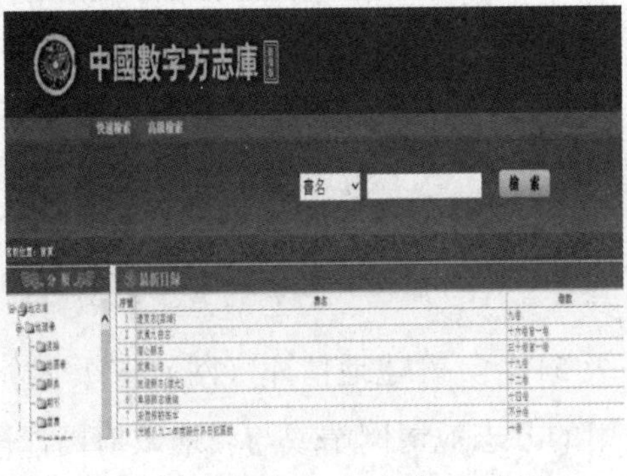

籍古轩中国数字方志库页面图

浙江舟山市地方志部门还因地制宜，顺势而为，在全系统率先启动数字方志馆建设。这种类型的方志馆，从技术上分为方志数字资源建设（数字志书制作）、数据存储与压缩（数字志书保存）、数据加工与挖掘（数字志书资源加工）、信息输出与表现（数字图书馆开放）、用户服务（数字志书的阅览利用）以及版权保护等多个模块；从内容设置上又分为 8 个分馆和 11 个子馆，分别是：旧志馆（县州厅镇志馆、普陀山志馆）、综合志馆（市志馆、县区志馆、乡镇志馆、村志馆）、专业志馆（市专业志馆、县区专业志馆）、年鉴馆（市级年鉴馆、县区年鉴馆、专业年鉴馆）、期刊馆、家谱馆、市情文献馆、方志理论馆。建立数字方志馆的初衷，在于借助分布式的网络环境，向社会公众实现全天候的开放，使其通过众多途径

① 《中国新编地方志二十多年辉煌成就》，《中国地方志》，2006 年第 6 期。

进入数字图书馆，不管是台式PC、移动电脑还是PDA等手持设备，都可阅读到最新资讯，以便公众借助数据库索引技术，更为迅速便捷地查找信息。运行实践表明，这种类型方志馆的建立，既是对实体方志馆的一种有益补充，更是方志界为应对现行形势条件的一种创新举措。

陕西省地方志办公室则另辟蹊径，与互联网公司百度合作，利用百度百科的大数据平台，建立了“百度百科·陕西数字方志馆”，通过百度优势网络媒体全面展示境内自然、经济、政治、文化、社会等状况的权威性地情资料，这是为广大读者研究三秦文化的重要窗口平台，同时也拓展了读志用志的新途径。[①] 另外，近年来北京、上海、江苏、湖南等省市，特别是四川成都、攀枝花、双流、锦江、新都、彭州等一批市、县（市、区），都以不同方式启动了“数字方志馆”建设，这也是新时期方志馆建设一个新的发展趋势。

（三）数字化企业的数字方志馆

在各地对地方志文献数字化日益重视的大环境下，不少企业及时抓住机遇，纷纷开展地方志文献数字化工作。如北京籍古轩图书数字技术有限公司推出了“中国数字方志库”，这是一套大规模数字化的地志类文献综合性数据库，收录1949年以前的地志类文献达万余种，涵盖了宋、元、明、清及民国时期的稿本、抄本、刻本、活字本等各种版本，全国各公共图书馆、高校图书馆、博物馆及私家所藏孤本、稀见本、批校本、题跋本等各种藏本，各历史时期的全国总志、各地志书以及山水志、水利志、名胜志、祠庙志、园林志、民族志、游记、边疆和外国地理志等，全部志书的书目数据符合国家标准《古籍著录规则》（GB/T3792.7—2008）的编制原则，能满足各种版本操作系统用户的查询和阅读需求，支持多用户同时快速检索、浏览、下载和打印。其所收地志

① 《百度百科陕西数字方志馆上线打造三秦网络新名片》，《法制晚报》，2015年4月9日A13版。

类文献量最大、种类最多、内容最丰富，堪称现代中国最大、最权威的方志库。①

三、数字方志馆的建设与维护

数字方志馆是建立在现代计算机和互联网基础上的数字信息资源的发布、检索与管理平台。数字方志馆作为一种软件系统，其开发与设计应遵循软件开发的基本方法和原则，同时应充分考虑整个数字方志馆系统中数据源、数据质量、技术平台、技术实现手段等差异。

（一）数字方志馆建设技术特点

有别于传统的软件开发，数字方志馆的开发建设在遵循软件开发的基本原则和方法的同时，又具有自身特点。

1. 先进性

系统的先进性是选择和设计应用系统时的一个首要原则，即在满足系统实用性原则的基础上，要更多更好地选择更为先进的科技技术，并预留接口和发展余地。为确保所开发的数字方志馆在较长一段时间内能够在技术上不被淘汰，所选择的技术应确保先进性和实用性，同时在开发过程中应使系统具有良好、灵活的可扩展性，以适应信息化的迅猛发展趋势。

2. 实用性

数字方志馆能够在占用相对较少硬件资源的情况下，支持较大用户的并发访问，同时进行浏览、文献全文检索等与数据库的交互式操作，而且在开发建设过程中对系统应变能力及容错能力也应进行充分考虑，以确保系统运行时反应快速、安全可靠。

3. 可扩充性

一套设计优秀的系统，应具备应对未来变化和发展所需要的可扩展性：一方面是数据扩展，即可利用可视化的工作界面来进行增加数据，

① 北京籍古轩图书数字技术有效公司网．http：//www.wenjinguan.com/。

或通过数据库管理工具创建新的文献数据库等。另一方面是应用扩展，即系统应具有良好的外部扩展接口，能够适应将来业务的不断扩充，整个系统也能够方便地添加新的业务模块，这也是可扩充性的一个重要特征。

4. 可管理性

数字方志馆使用的技术设计应有利于建立完善的管理机制，即要求有较强的系统管理手段，系统能够合理地被配置、调整、监视及控制，以保证系统的良好运作。

(二) 数字方志馆的系统构成

从系统结构来看，数字方志馆主要由元数据与数据库、调度查询系统及外围辅助系统几部分构成。

1. 元数据与数据库

元数据是按一定编码方式存储在数据库中的基本信息单元，元数据的对象包括数字化文本、图像、视频、声音等信息以及其他可被数字化的二进制位编码。

数据库是用来存储、管理元数据的载体，通常是由关系型数据库来承担数据库的角色，调度查询系统通过数据库提供的库访问协议来访问数据库，可实现存储、访问、复制、移动和删除元数据等操作。数据库的种类比较多，既有开源免费的 My SQL，又有收费的 MSSQL Server（微软公司）、Oracle（甲骨文公司）等。选择何种的数据库，取决于建设经费，同时也需根据自己的实际情况，并非收费的就一定比免费的性能出色。

2. 调度查询系统

调度查询系统是一个具有多层结构的管理系统，通过建立一个完整的调度查询体系、元数据资源统一命名规则和合理的调度机制，以表示确定元数据在数字库中的位置，实现对分布式环境下数据库中数字资源的管理访问。调度查询系统另一个重要功能是实现有效的文本和多媒体数据查询。数字方志馆查询一般由查询协议、用户接口、检索系统组成，并与客户机器、数据库密切相关。

3. 外围辅助系统

数字方志馆是在互联网环境下运行的一个大型应用软件，除遵循软件开发的基本原则和方法外，因为其运行依托于互联网，所以相应地也需遵循 TCP/IP、HTTP 等网络通信协议，在实现不同数据库之间跨库检索与信息发布时，还要遵循 Z39.50、SOAP、COBORA 等其他通信协议。

(三) 数字方志馆建设

目前，常用的软件架构分为 C/S 和 B/S 两种。C/S（Client/Server）结构，即人们一般所熟知的客户机和服务器结构。它是软件系统体系结构，通过它可以充分利用两端硬件环境的优势，将任务合理分配到 Client 端和 Server 端来实现，可有效降低系统的通讯成本。

另一种是 B/S（Browser/Server）结构，即浏览器和服务器结构。它是随着 Internet 技术的兴起，对 C/S 结构的一种变化或者改进的结构。在这种结构下，用户工作界面是通过 WWW 浏览器来实现，极少部分事务逻辑在前端（Browser）实现，但是主要事务逻辑在服务器端（Server）实现，形成所谓三层结构。这样就大大简化了客户端电脑载荷，减轻了系统维护与升级的成本和工作量，降低了用户的总体成本①。

1. 特点

从数字方志馆的系统构成来看，采用 B/S 的架构是较为合理的选择，其主要由以下几个特点：

(1) 高性能

在传统的 B/S 三层架构下，客户端提交的数据可以分散到多台服务器端进行操作，因而提高了系统的可用性、可伸缩性。同时，由于中间层管理多客户端数据库服务器请求，通过共享，可以降低所需要的数据

① 陈明：《软件工程导论》，机械工业出版社，2010 年。

库连接数的总数。

(2) 高维护性

用B/S架构的系统，维护工作可以只对服务器进行修改，而不是修改大量的客户端程序。它的应用逻辑不与数据库结构或特定的数据库管理系统相联系，数据的存取通过数据存取对象来实现。

(3) 数据和网络使用效率高

在B/S三层架构中，数据在网络中传递时，进行传递的只是抽象接口定义的数据参数，而不是整个数据库的记录，这大大降低了网络的流量，同时也提高了数据传递的效率。

2．构成

一般B/S架构的系统，由以下基本成分构成。

(1) 用户界面

用户界面（英文简称UI），指对某套系统或者软件的人机交互、操作逻辑、界面美观的整体设计。一套好的用户界面，不仅仅是让软件变得有个性有品位，还要让软件的操作变得舒适、简单、自由、充分体现软件的定位和特点。

数字方志馆给用户提供的查询、阅读等各类服务都是通过用户界面来实现的。因此，一个好的用户界面应该具备直观、友好的特性。

由于采用B/S的系统架构，数字方志馆也借助于通用的WEB浏览器及超级文本传输协议（HTTP协议）来实现用户访问。因此，浏览器是用户最常用的工具，用户通过浏览器与服务器建立连接，从而与数字方志馆各系统之间进行交互操作。同时，好的用户界面可以允许用户选择操作，同时还能记忆用户与系统的交互互动与其状态。

(2) 查询检索系统

查询系统又名检索系统，是整个数字方志馆的核心系统。传统的信息检索系统或者书目管理系统都可以作为查询系统。

查询系统的构成一般由查询所使用的协议、用户数据接口、检索引擎和索引等内容所组成，并与用户、系统服务器和数据库相连接。数据量巨大是数字方志馆的一大特性，这一特性要求查询系统必须满足以下几个要求：

——检索范围

需提供全库或分库、单本图书的全文检索功能；需提供基于文章标题、文章内容、作者等的智能分项检索功能。

——搜索引擎

需使用高效搜索引擎，亿字搜索时间控制在亚秒级。使用搜索引擎动态更新索引，数据库更新的同时共享索引。

——支持百亿字级数据

需符合方志文献的特点，可扩展支持百亿字级的数据量，为长期数据增长预留足够发展空间。

——大字符集支持

针对方志类资料特点系统提供大字符集支持，可见汉字的覆盖率高。数字方志馆的检索系统运行较为复杂，如需查询和某一关键词有关的信息，其检索过程可分为以下几个阶段：

第一阶段，查找包含关键词的资源。这是服务器提供给用户机器带有检索表格的浏览器，用户按检索表格的要求，填入相应的关键词。完成后，将关键词通过 HTTP 协议发送到服务器，服务器把查询转换成满足检索系统要求的格式和协议，通过检索引擎，在数据库中完成检索。之后，检索系统会得到一份满足条件的文字的文献清单。

第二阶段，将所得到的清单以网页形式发送到用户机器上，由用户根据需求挑选文章等所需信息。

第三阶段，检索文章。服务器在收到用户所需文章等信息的唯一识别码后，向调度系统发送指令，调度系统根据唯一识别码，在数据库中检索文献地址，最后被选中的文献经过服务器送到用户的浏览器。

(3) 调度系统

调度系统和检索系统是一个有机整体，在数字方志馆中，一般用唯一识别码来标识资源和其具体的位置，类似于统一资源定位符（URL）。

在设计调度系统时，主要应解决分布式环境下对各类资源调度的实现，同时，还应兼顾对网上多用户、多任务并行处理和提供快速访问。

3．馆藏资源建设

数字方志馆减少了场地等因素的限制，同时现代化计算机技术也使其馆藏资源相对于传统方志馆更加丰富。数字方志馆的馆藏资源可以是数字化后的文献、文物的图片、音频、视频资料等；也可以是各类古籍旧志文献数据库、地图集数据库（包括自然地图集、普通地图集、历史地图集、旅游地图集、交通地图集和经济地图集等），同时也包括地方志学术文献数据库；地方志法规、制度数据库，历史资料和历史研究资源库；多媒体数据库；家谱族谱数据库。具体建设时应注意把握好以下几个环节：

首先，注重数字化馆藏资源的选择。将所有的原始馆藏资源数字化，从理论上来说是最理想的方式，但需要投入大量的经费，从效益上也不一定最合理。具体可遵循“区别其他已有数字资源”“具有较高价值”“使用频率高”“用户需求为主”等几个原则进行操作[①]。

数字化后的文献数据库，作为数字方志馆的基石及核心，可包括新编（二轮）省、市、县志三级志书和乡镇志、村志、部门志、专业志，包括省、市、县各级综合年鉴和专业年鉴，包括历代各级旧志及地方历史文献（古籍旧志库），还可包括图书、档案和各时期地方报刊中的重要地情资料，地情资料书和动态地情信息更新等等。

数字方志馆中的多媒体数据库主要利用多媒体数字体技术，相比较传统的志书形式，数字多媒体更加形象生动。具体可用文字、图片、声音、动画、Flash，虚拟场景等方式对志书进行多方面反映，可产生声形并茂、形象直观的效果。

---

① 参见傅荣校：《档案馆藏数字化策略》，《中国档案》，2003年第3期。

方志资源的数字化是数字方志馆建设的重点，获取数字方志资源，主要有两种方式：一方面是方志部门利用高速自动数字扫描仪等技术手段，直接将纸质方志进行数字化处理。这种方式针对性、专业性都较强，但成本投资较大，耗时也较长。当然具体可根据财力物力，确定适当的文献范围，将数字化工作外包给相关企业。另一方面是向相关的数字化企业购买需要的数字方志资源。随着地方志事业的快速发展，越来越多的企业、单位日益重视地方志这种中国特有的资源形式，并纷纷建立方志数据库为方志部门和全社会服务。因此，方志部门可根据数字方志馆的发展计划，有重点、有计划地向有关企业购买数字资源。这种方式工时省，成本相对较低，同样不失为数字方志馆的一种建设方式。

其次，要着重注意的是，数字化志书是数字方志馆的主要形式和重要内容。要建设方志数字资源库，必须要有内容载体和数字载体。内容载体就是志书内容，数字载体就是数字志书的表现形式。目前，国际上比较流行的数字图书形式是美国 Adobe 公司的 PDF（Portable Document Format，即便携文档格式），它具有平台无关性、表现能力丰富、文件较小等优势，包括万方数据在内的许多国内电子期刊也都采用了 PDF 电子书格式。用 PDF 格式作为数字方志的格式有以下一些优点：

(1) 熟悉的书本样式，即在版式、色彩、字体等方面都与原志书保持一致，很有读书的现实感。

(2) 书页可以放大、缩小，拥有目录和书签，支持快速翻页；强大的全文检索功能，可使读者方便快捷地找到所需内容并随心所欲地阅读。

(3) 支持在线阅读，即读者在网上点击链接就可以在浏览器中打开书籍，也可下载阅读。而且文件相对较小，方便携带。

(4) 拥有加密和数字水印技术，通过设置可以防止非法复制和打印，从而可很好地保护知识产权。

(5) 阅读软件 Acrobat Reader 可网上免费下载，非常容易获取，制作数字志书将变得十分容易。对于年代久远的古旧志书而言，将其内容录入电脑显然是个难题，因其所用的是古文繁体，而且很多字迹难以辨认；即使能够手工录入，速度也很慢。不过可以通过扫描或数字复印将志书转成图片格式存入数据库，既可保持古旧志书的原貌，又大大提高了数字志书的制作效率。通过数字复印机配置的高速扫描设备及扫描软件，可将传统的纸质信息以每分钟 15—75 页（正反双面）的速度进行快速扫描，使文档数字化工作变得轻松简单。扫描完成后，需要对扫描的图像进行去黑边、去斑点和纠偏等去糙处理，使存储的数字化信息能够更真实地反映原纸质信息，达到真实保存原文的目的。

第三，要注意数字志书的 OCR 识别和数字志书文档的转换制作。数字志书制作可以流水线方式将志书扫描成图片然后加工成数字志书，这样效率很高，但也存在一个较大的问题，就是用图片制作的电子书不像录入制作的电子书那样能够方便地复制某一段内容，这在很多时候会很不方便。为解决这个问题，可以采用 OCR 文字识别技术。OCR 是一种文字光学识别技术，它可将图片中的文字识别出来并保存成文本。采用 PDF 格式的数字志书要利用 OCR 技术非常方便，只要下载一个 OCR 识别插件（如万方期刊网的 PDF 识别插件），安装到 Acrobat Reader 阅读软件中即可。还要注意数字志书文档的转换制作。20 世纪 80 年代以来新修志书大都保存有排版文档，90 年代的大部分志书还有 Word 底档，这为快速生成数字志书提供了方便。虽然 Word 可以阅读和查询，但其阅览并不方便，而且体积庞大，不适合在线阅读，这时可以用 Adobe 公司的电子书转换软件 Acrobat 将 Word 及其他格式的电脑文档轻松地转换成 PDF 电子书，从而使在原先文档基础上制作数字志书变得非常便捷。

4．数字志书存储管理

大量的数字志书制作完成后，可以形成一个数字方志资源库。由于数字志书的数量很大，所以需要加注标签进行标记，如书名、编撰者、出版社、出版时间、版本、分类等信息标签，否则以后检索会很混乱。志书卷帙浩瀚，即使制作成志书影像和数字志书，存储量仍非常大，因此需要经过压缩。运用数字压缩技术（DCIB），对黑白图像压缩比可达15:1，对彩色图像压缩比可达80:1。对于大容量的志书数据，可采用光盘库（塔）来存储，它将全部的数据分散放在一张张光盘上并编好号，之后由操作系统根据指令读取相应光盘。光盘库或者磁盘阵列似传统的书架，良好的排序将有利于志书的查找。

还要注意数字志书专题库的制作。通过数字志书制作流水线完成志书的录入和存储后，形成了志书影像库，随后的OCR文字识别和校对生成了志书的全文文本库，这是数字方志馆的两大基本信息库。通过对这两个基本信息库进行加工和处理，可以制作出数字方志馆的专题库。

（1）书目专题库。可以按地区对志书进行分类，也可以按志书的年代分类，抑或用志书首字的字母或笔画分类。分类可以通过志书数据库的索引和预检索完成。

（2）地图图片库。

（3）人物库。负责收集志书中的人物在某一时期的某项活动，人物库对于研究正史记载以外的地方人物情况颇有裨益。

（4）事件库。事件库的意义在于建立了时间与地方事件的对应关系。事件库类似于传统志书中的大事记，只不过它将各地各时期的大事记收集在一起，供读者集中查询而已。

（5）专门库。比如需要各地的地理地质情况就可以提取一个地质库，当然，还有灾荒、瘟疫、气候变化等也可制作相应的专题库。需要说明的是，通过数据库加工制作专题库不像传统的专题制作那样麻烦，它通过数据库的检索技术就可简单实现，因此可以根据需求随时生成一个专题库。

5．数字方志馆的信息展现

前面两部分介绍了数字方志馆的信息资源建设、资源管理，其实这两个步骤都是为了第三个步骤数字方志馆的信息展现服务的。和传统方志馆一样，数字方志馆建成后，必然要提供给读者阅览。与传统的方志馆相比，数字方志馆有不受时间限制（全天候）、不受地域限制（只要有 Internet 即可）、下载后可单机阅读等优势。

(四) 数字方志馆内容

伴随着互联网的普及，数字时代的方志馆网站，不再是方志馆简单的科普页面，而是数字方志馆的门户，是展示地方志形象和实体方志馆馆藏资源的最佳窗口。网站型的数字方志馆作为最常见的数字方志馆类型，具有建设技术成熟、界面美观、应用丰富等特点，可成为建设数字方志馆的首选。

一是介绍地方志工作机构职能。介绍工作职能是所有政府类（或者承担行政职能的机构）网站的必备栏目，地方志工作部门作为具有行政职能的工作机构也不例外。该栏目主要介绍机构职能、人员、修志编鉴工作，同时还要介绍文件法规等工作指南性质的情况。

二是介绍本地区的地情概况，包括本地自然、政治、经济、文化和社会等各方面地情。这方面的工作其他不少系统的网站也有不同程度涉及，但地方志机构有其独特的地方史料优势，因此应扬长避短，发挥优势，力求使栏目创出新意，创出特色。

三是建立丰富的文献数据库，以实现文献资源的共享。网上方志馆和网上文献数据库是地方志系统的特有栏目，具体可将古往今来的地方志书和年鉴尽可能加工成标准数据搬上网络，让静态的志书文字步入动态的信息高速公路，在网络世界中鲜活起来，以使其更具现代化，更适合当代人的需求。

四是传递信息，指导修志工作。指导修志工作是地方志工作部门的主业，也是网站的重要功能之一，不仅要及时发布修志的工作动态，同时可以创建电子刊物，将有重要学术价值的信息在网上迅速公布，以适时指导修志工作。

作为人们日常接触最多的网站型的数字方志馆，同时还应力求体现“实用”的社会公益特色，即强调以“用志”为中心，突出“建馆为用”的思想。同时还要充分考虑信息需求的不同，多层次、多方面进行数字资源整合与服务建设，提供切合实际、能满足公众需要的服务项目。

网站型的数字方志馆建设需要一定的软硬件设施，软件环境包括操作系统、开发语言、数据库软件等，这些根据数字方志馆建设方的不同，需求也会不同。对于网站型的数字方志馆而言，其硬件需求大同小异。一般来说，需要配置应用服务器、数据库服务器、存储设备、UPS电源、网络设备（包括交换机、路由器、集线器等），同时，为了应对互联网上的恶意攻击，还需要配置一些网络安全设备（防火墙、负载均衡等设备）。

（五）数字方志馆运行与维护

与所有实体文献馆或者图书馆一样，数字方志馆能否吸引用户访问的决定性因素就是馆藏是否丰富。所以，数字方志馆的运行与维护，主要是馆藏资源的运行与维护，即数字化资源的添加与维护。

从数字化资源的来源上来看，主要有两个方面：一方面是方志文献的数字化和开发的数据库或光盘。另一方面是从外界获取，主要有购买、租用或交换等方式。目前大部分数字方志文献都是地方志主管机构自行数字化的成果，即利用现代信息技术对传统介质的图像、文字和声音进行压缩处理，使其转化为数字信息，然后，利用计算机技术进行存储，通过网络通信技术进行传播。目前数字化技术方案有很多选择的余地，选择何种方案将直接影响到信息资源的可检索性和用户的利用效果。传统的数字化过程，需要经过资源扫描、图像处理、存储与备份、资源发布与服务等一系列环节。资源的扫描是数字化的第一个环节，也是数字化过程中非常重要的一个步骤。扫描过程中的各项指标（图像格式、色彩、压缩方式、Dpi等）直接影响数字化的质量以及数字资源的存储和传输。

图像的处理是数字化的第二个环节，在数字化过程中，几乎每步都离不开图像的处理技术，从扫描到 OCR 识别，再到图像的格式转换与压缩处理。扫描得到的图像往往存在图像位置不正，有黑边、噪点等现象，都需要采用适当的软件和技术对图像进行校正。

（六）数字方志馆功能扩展

目前，全国地方志系统大部分的文献数据库，基本上都是将新编的志书或者年鉴经过数字化转换后形成的。而把纸质志书转换成电子志书，所实现的仅仅是载体的改变，即将志书载体形式从纸质变为数字化存储。建设数字方志馆的最核心要求，是要实现志书从形式到内容上的转变。在互联网上，用户对地方志资源的要求已不单单满足于获取到所需要的文献，其最核心的需求，是希望通过简单快捷的方式，检索到所需方志文献中的具体事件、数据、结论等。更希望能够随时随地获得信息，提高信息利用效率，在最短的时间内获取最大的信息量，并从单一的信息需求转化到信息综合，即将所需知识和与其相关信息进行组合而得出解决方案的需求。更需要深度挖掘地情信息内容，提供更深层次的服务，以更好地满足用户对方志信息的需求。

四、数字方志馆的版权保护

数字资源是数字方志馆的核心和基础，但其数字化、网络化以及信息化利用文献的特点，使其版权问题十分敏感。虽然与传统的图书馆、方志馆在服务手段、服务方式、服务内容上有较大差异，而且按《地方志工作条例》规定："修志工作完成后，应当依法移交本级国家档案馆或者方志馆保存、管理，个人不得据为己有或者出租、出让、转借"，"县级以上地方人民政府负责地方志工作的机构应当积极开拓社会用志途径，可以通过建设资料库、网站等方式，加强地方志工作的信息化建设。公民、法人和其他组织可以利用上述资料库、网站查阅、摘抄地方志"，数字方志馆同样可视为是保存、管理数字方志作品的机构，但数字方志的知识产权及相应的版权保护仍是一个值得关注的新问题。

（一）数字方志馆建设中的知识产权问题

1. 数字资源建设中的知识产权问题

如前所述，数字方志资源的数字化是依托于计算机技术，把一定的文字、图像等传统的表现形式输入到计算机系统并转换为二进制数字编码，用数字信息存储技术进行存储，并在互联网上根据用户的需要再把以数字化形式保存的文献信息还原成原来的信息形式。方志资料的数字化过程仅仅为一种中间技术过程，其转换过程纯属机械性代码变换，从本质上说没有原创者以外第三人的创造性劳动成果的加入。经过数字化的方志文献资源与传统纸质方志文献的区别仅仅在于存在形式和载体的不同，原方志文献作品不会因数字化丧失其著作权。

数字方志馆对方志作品进行数字化处理，对于古籍旧志以及超过50年著作权有保护期的作品，可以自由使用。复制权作为使用权的一项内容，也不再受法律保护，但使用者在使用过程中，应认真保护原作者的署名权及作品的完整权。另外，《中华人民共和国著作权法》对于档案馆、博物馆等公益性场馆的文献保存问题，有“图书馆、档案馆、纪念馆、博物馆、美术馆等为陈列或者保存版本的需要，复制本馆收藏的作品”等明确规定。

2. 数字资源整合中的知识产权问题

方志（地情）文献数据库是数字方志馆信息整合的主要形式。数字方志馆建设的核心是方志资源数据库的建设，开发的数据库主要为数据库和全文数据库。在数字方志数据库开发建设中，建设者扮演着双重角色，不仅仅是版权作品的使用者，而且还是版权作品的传播者和数据库制作者。开发者作为数据库的制作者和所有者，其知识产权应受到保护。数字方志数据库包含的文献种类繁多，数量庞大，在收集、数字化、组织和整理过程中需要开发者投入大量的时间、精力和资金，而且，文献数据库在用户使用过程中必然会带来增值，因此，数字方志馆建设开发中有关知识产权的纷争是不可避免的。与此同时，将方志资源进行数字化整合后，本身也面临着版权保护的难题，数字化的产品容易复制的特性将导致盗版猖獗。

3. 数字资源传播中的知识产权问题

数字方志馆的方志信息资源经过数字化加工组织，上传到服务器，然后通过互联网向公众传播，中间涉及信息的上传、下载、保存等诸多环节。这种通过互联网进行的新型传播方式在给文献作品使用者带来巨大便利的同时，也为如何保护作品权利人提出了新要求，如何控制作品在网络上的传播，才能达到使用者和版权人各自利益的平衡，这是数字化传播带来的新难题。著作权是作品所有人对其智力成果所享有的人身权和财产权的总称，是一种合法的垄断权。有学者据此认为："没有合法的垄断，就不会有足够的信息产生，有了合法的垄断，又不会有太多的信息被使用。"① 数字化文献信息通过互联网传播与传统的知识产权保护之间的矛盾是难以避免的，因为信息传播的速度越快，其传播的范围越就广，而信息产生的规模效益也就越大，知识产权保护所遇到的难度就越大。如何明确文献信息网络传播性质和正确处理好文献信息网络传播中涉及的知识产权，对数字方志馆的建设和发展起着非常重要的作用。

(二) 数字方志资源知识产权保护原则

地方志文献资源，其编纂主体大多数不是个人，而是专门的地方志编纂机构。作为一种具有公益性的文献资源，如果一味强调作者对地方志文献资源的使用权，就会影响数字方志馆的建设与发展，同时也会影响公众对资源的有效利用。地方志资源作为受众较窄的一种资源，要想被广泛利用，首先就要有将其进行广泛传播而非孤芳自赏的变相垄断。因此可以说，地方志文献编纂者关心的不仅仅是作品版权问题，而是如

① ［美］罗伯特·考特、托马斯·尤伦：《法和经济学》，张军等译，上海三联书店、上海人民出版社，1994 年。

何更好地宣传、推广和使用地方志资源，以使其更好地发挥综合效益。

在数字方志馆建设中，网络后台数据库的开发最具技术含量，其主要价值在于给广大读者提供高效率的检索和广泛的信息。文献数据库技术的本质是根据特定目的，将文献信息按一定规则整理存储起来、数据量巨大的信息的有机集合，数字方志馆数据库的开发过程也是对原方志信息的汇编处理。在方志文献数据库的开发研制过程中，研发人员已投入了大量心血和智慧。而根据《中华人民共和国著作权法》规定："汇编若干作品、作品的片段或者不构成作品的数据或者其材料，对其内容的选择或者编排体现独创性的作品，为汇编作品，其著作权由汇编人享有。但行使著作权时，不得侵犯原作品的著作权。"作为数字方志馆研发的数据库，具有一定的创造性与可复制性，数字方志馆应当对其汇编出的具有独创性的数据库享有著作权，并且要依法予以保护。

在数字方志馆的建设中，网络后台数据库的开发是最有技术含量的，其主要价值在于给广大读者提供高效率的检索和广泛的信息。文献数据库技术上的本质是根据特定目的，将文献信息按一定规则整理存储起来、数据量巨大的信息的有机集合，数字方志馆数据库的开发过程也是对原方志信息的汇编处理。在方志文献数据库的开发研制过程中，研发人员投入了大量的心血和智慧。而根据《中华人民共和国著作权法》规定："汇编若干作品、作品的片段或者不构成作品的数据或者其材料，对其内容的选择或者编排体现独创性的作品，为汇编作品，其著作权由汇编人享有。但行使著作权时，不得侵犯原作品的著作权。"作为数字方志馆研发的数据库，具有一定的创造性与可复制性，数字方志馆应当对其汇编出的具有独创性的数据库享有著作权，并且要依法保护。

《中华人民共和国著作权法》对作品所有权人的信息网络传播权，也有明确的规定："即以有线或者无线方式向公众提供作品，使公众可以在其个人选定的时间和地点获得作品的权利。"所以，数字方志馆作为地方志机构的一个主要部门实现了对志书信息的网络传播。同时，信息传播可以理解为，将作品从某一终端通过网络数字信号方式发往另一终端的计算机屏幕上，数字方志馆利用互联网技术和平台将传统的纸质志书作品以数字化的形式向公众传播，从法律上来说，可以认定为著作权法上的发行行为。根据《中华人民共和国著作权法》规定："发行权，即以出售或者赠予方式向公众提供作品的原件或者复制件的权利。"数字方志馆是公益性的，免费向公众提供文献作品的方式实现了志书的网上发行权，这一行为更多体现的是地方志工作机构实行的提供政府公共服务的职能，让公众更多地了解地情信息，这种发行权不能取代纸质志书的发行。

从法律上来说，地方志的公益性也应适用于数字化时代，这将为数字方志馆的合理和合法的使用方志文献资源提供可靠的法律保障。同时，也应加强知识产权立法中有关数字方志馆方面的规定，细化电子文献复制、著作权许可协议等内容，提高可操作性。同时应借鉴西方发达国家在知识产权保护方面的成功经验以及世界知识产权组织所制定的《WIPO条约》和《与贸易有关的知识产权协议》（TRIPs协议），认真研究在信息技术环境下，如何制定切实可行的知识产权保护策略。同时，应根据数字化后文献作品传输的特殊性和复杂性，对中国现有的知识产权保护法律法规进行相应的完善，要研究建立健全符合信息社会发展要求的法律法规制度，切实合理解决中国数字方志馆建设中面临的法律问题，以便于快速利用、传播和分享各种方志信息资源。

作为数字方志馆的建设者，地方志工作部门应该制定和完善知识产权集体管理制度，建立健全管理制度和知识产权保护机制，从而保证数字方志馆利用文献作品的正常进行。同时，也应该要明确数字方志馆的定位及其相应的权利和义务，数字方志馆可以采取一系列符合法律法规要求的必要措施，实施自我保护，从而避免受到版权侵权行为的纷争。例如，在数字方志馆首页上刊登有关尊重知识产权的声明，或者相关法律法规的链接，并指明法律法规有哪些限制，以便于用户合法使用受法律保护的作品。

（三）数字方志馆知识产权保护对策

1. 加强立法和普法

目前在信息化领域，在域名管理、信息安全、互联网管理、计算机信息系统安全专用产品管理等各方面，中国已制定了一系列重要的法律和法规，对维护网络信息环境正常运行起到了积极作用，但在涉及互联网信息的知识产权保护方面，不管是基础理论研究还是立法以及司法实践，还存在不少问题。目前，我国对于互联网环境下的知识产权保护，仍有不少处于真空状态，与实际需求还有较大差距，立法部门应当积极参与互联网环境下著作权法的修订。而方志馆通过对中国著作权法的修订等活动的积极参与，以及对国内外相关法律法规的研究，从而找出有利于数字方志馆建设的法律条件，从数字方志馆承担的保存文献资料和向社会提供公益服务两个职能性质出发，尽可能获得法律法规的支持，使得知识产权保护的相关规定能够在新的信息化、网络化环境中起到平衡作者利益和社会公众需求的作用。

2. 明确合理使用的范围

对于数字时代的知识产权保护，目前国际上有两种不同声音：一种是以弱化知识产权的专有性来缓解专有性与社会公众需求的公益性；另一种是主张进一步强化知识产权保护，强化著作权人的专有权。认为合理使用制度是体现著作权，保障和促进社会科学文化发展的基本制度。[①] 在数字方志馆的建设中，我们应该合法合规的理解“合理使用”制度。但是，按照目前中国的法律现状，合理使用制度急需完善，应在充分考虑数字化、信息化、网络化的特点以及中国国情的基础上，建立起体现新的利益平衡要求的合理使用制度。

① 董闻：《浅析信息数字化环境下的著作权保护与数字图书馆发展》，《神州》，2012年第2期。

3. 加强数字方志馆作为公益性主体的宣传

从根本上来说，文献作品的所有人并不是不想让他们的作品通过现代数字技术和网络环境进行传播，他们所忧虑的是本身的合法权益在无法享受到相应的法律法规保护情况下是否会受到不正当侵犯。加强数字方志馆公益性的宣传，并向作品所有人承诺他们的权益不会受到侵犯，相信绝大多数作者都会愿意将自己的作品通过数字方志馆这个平台传播给广大的社会公众。但现状是，由于对知识产权相关知识的不清楚和不了解，文献作品的作者不理解数字方志馆的知识产权保护技术手段和相关知识产权保护的法律法规。所以，加强对文献作品作者以及互联网用户的知识产权教育，可以使他们对知识产权有正确合理的认识，同时也能充分了解数字方志馆在保护知识产权方面所采取的技术措施，从而保证数字方志馆能够得到广大用户的理解与支持。

在数字方志馆开发建设中，必须同时兼顾作品原作者、传播者和互联网用户三者之间的权益，同时，数字方志馆本身也需要在公益服务行为和商业化行为间做出一个合理的平衡，这些不仅需要相关法律来约束，同时也需要地方志工作机构来协调、处理好各方面的关系，而数字方志馆不应该忽略本身在保护知识产权方面所能起的重要作用和应该承担的重要职责。

总之，在信息化深入人们生活每个角落的社会里，数字文献作品通过互联网来传播，以后必将成为作品的传播主要方式，而这一过程将不可避免地涉及知识产权问题，数字方志馆建设必须与知识产权保护同时进行，使知识产权保护促进数字方志馆健康发展。

五、未来方志馆的发展趋势

（一）“云”上的方志馆

2013 年 3 月，成都市宣布“将建成全国首家基于云计算的数字方志馆，彻底改变成都地方志资料收集、组织编纂、开发运用的传统工作方式”。这也是新时期方志馆建设及发展趋势的一个重要标志。

关于“云计算”的起源，有个离奇的传说。2006年，27岁的Google高级工程师Christophe Bisciglia，第一次向时任Google董事长（CEO）Eric Schmidt提出了“云计算”的想法。云计算概念一经推出，凭借其超大规模化、虚拟化、高扩展性、通用性、按需服务以及廉价等特点，迅速吸引了全社会的眼球。作为与方志馆最为相似的图书馆界敏锐地嗅到了“云计算”带来的机遇，并就“图书馆需要一朵怎样的‘云’”“云计算给图书馆管理带来挑战”“CALIS数字图书馆云服务平台模型”等问题展开了讨论，并提出了“地域性的总分馆图书馆自动化云计算环境”、“利用虚拟机技术把各自图书馆的多种应用和服务整合成内部云计算环境”等概念[①]。还有的从技术角度提出了图书馆云计算应用的模型，认为云图书馆是在云计算技术支撑下，通过互联网把分散的图书馆设备、资源、数据等与用户紧密地联系在一起，作为一个大型的存在于网络的数据库，向广大用户提供统一界面的新型服务[②]。

一般来说，云计算具有以下几种优势：

1. 高可靠性

云计算利用了许多新技术，如数据多拷贝的容错机制、计算节点同构可互换等，这些新技术新措施保障了服务高可靠性。其中，分布式计算和分布式存储是核心技术，分布式计算体现在当有新计算资源加入系统时，系统将会依据设定好的策略自动分配计算节点，当其中某节点故障时，系统将自动地将计算任务转移到其他节点上。而分布式存储技术主要表现在数据的自动划分上，数据通过冗余技术分布存储在储存资源库中，当其中一个储存单元发生故障时就自动从其他单元保存备份。

2. 快速部署，弹性扩容

云计算的规模可动态伸缩，数字方志馆可根据增长规模适时增加服务器节点来提高云计算服务的计算能力。资源的弹性调度是云计算的核

① 孙卫：《图书馆在云时代的思考》，《数字图书馆论坛》，2009年第6期。

② 白才进、王红：《构建图书馆云时代》，《图书情报工作》，2009年第12期。

心，通过这一技术手段，可以实现资源的按需分配，按需所取。

3．按需服务

由于云计算特性，其计算能力和服务能力对于所有用户来说都是透明的，用户所使用到的是一个巨大的共享数据池，而云计算的使用者完全可以按照自己的实际需求选择不同的模块，这样做的好处就是不会占用不必要的资源，使用者只需要对自己正在使用的模块所占的资源进行付费，当计算完成，不再需要相关服务的时候，使用者就可以方便地将占用的资源归还到数据池。

（二）虚拟方志馆

随着虚拟现实技术的发展，与传统数字方志馆相结合的，打破了时间与空间的限制的，通过互联网即能真实感受展馆及展品，并能在线参与各种互动体验的虚拟方志馆将是未来发展的新趋势。

虚拟方志馆从本质上来说，依旧是数字方志馆，是基于数字方志馆发展的进一步产物。只有解决了数字化问题，如馆藏资源的数字化、管理的数字化，才能进一步发展到虚拟化，如果不首先考虑数字化，而是提倡虚拟化，容易造成模糊认识。[①] 基于数字方志馆的虚拟方志馆一般可按以下框架设计：

1．虚拟方志馆网站组织架构设计与 UI 设计

虚拟方志馆是网络应用的延伸，是网络技术与多媒体和虚拟现实技术的综合运用。虚拟方志馆的参观浏览功能是最基本的功能，也是整个架构的核心，这一阶段需要围绕虚拟方志馆的展示功能，结合具体的用户体验逻辑进行合理设计，重点是网络的组织架构和 UI 的设计。

2．虚拟方志馆底层数据库的设计

这一块内容，包括数字化文献展品数据的收集、整理、分类，并最终建设完善成一套完整的数据库体系，从而为虚拟方志馆的正常运行提

① 傅荣校：《认识数字档案馆—兼论数字档案馆与虚拟档案馆的区别》，《中国档案》，2001 年第 5 期。

供有效的数据支撑。在数据库的开发建设阶段，所有展品信息及展示空间都将被数字化，其中包括有关展品、文字、图片、模型、音频、视频、动画资料等等。这些数据资料的数字化归类后，最终形成数据库。

3．虚拟方志馆空间设计与展品布展

这一阶段需要和实体方志馆的展陈相结合，即要有创新，又要对实体方志馆进行扩展。主要是利用 2D、2.5D 或 3D 技术，建立方志馆的展示空间。展示空间的设计如同在一个实体方志馆进行设计，但其不同之处在于，不受空间场地的限制。展示空间的规划可以灵活多样，期间也应考虑外观的设计，目前很多虚拟展馆没有外观设计，而只是通过互联网链接跳转到内部的虚拟场景；这方面做得比较成功的是网上世博，其从外到内都有相应的空间设计。虚拟方志馆的空间设计与实体方志馆应有所区别，其最有利于展示设计师的丰富想象力的因素就是不受空间限制，设计的时候，可以更加前卫化、概念化。而展品的展陈设计，则可以以文字、图片、影音和 3D 模型等多种形式存在，具体设计的时候，要综合考虑成本、虚拟引擎技术和网络传输技术。例如，在网上世博会的展品中，我们所看到的 3D 模型只占了其中较少一部分。其中，有些模型的展品看上去是 3D 形式，实际上只是图片贴图完成的，即充分利用了摄像机角度的不同，来实现展品的变换，这主要是为了降低互联网传输的数据流量和加快响应速度。虚拟方志馆是现代科技技术与工艺美术艺术的有机结合，应在两者之间取得一种平衡。

4．参观者互动控制技术

这一阶段主要包括：人机交互界面设计、指示牌、游览导图设计、自动导览、展品展示控制设计（包括放大、缩小、拉近等）、虚拟移动设计等。能够支持上述应用的核心技术目前有 openGL 和 DirectX 系列引擎。这两者相比较而言，基于 openGL 的引擎通用性和跨平台性能更好。导览互动及展品控制设计是虚拟展览馆的核心技术之一，但目前虚拟展览馆的体验还不能做到完全与实体展览馆一致，要做到完全一致，需要虚拟现实的接口设备配合才能完成，包括输入感知设备和视觉输出设备，如手套和3D立体眼镜等，这方面应用需要科技的发展，将来肯定能够实现。

5．维护后台设计

虚拟方志馆需要进行定期维护和更新，包括展品的更换、文字信息的更新等等，这些都需要通过一个合适的维护后台来进行操作。合理的易于使用的维护后台，应该具有能根据实际需要，快捷地切换展览空间和展品展示的功能。

（三）虚拟展览馆概览

在2010年上海世博会期间，世博会官方推出了“网上世博会”，这个网上虚拟的世博会，让参观者不必出家门，在互联网上就可以浏览园区内152幢建筑的外观、200多个浏览型展馆、近100个体验性展馆以及“一轴四馆”等13个组织方展馆。国际展览局秘书长洛塞泰斯称赞网上世博会为“世博会史上革命性创举”。

网上世博会效果图

1．全3D网上虚拟博物馆

如新加坡媒体发展管理局和国家文物局共同资助开发的虚拟博物馆，已正式上线启用。互联网用户通过网络下载客户端软件后，挑选一个参观者的替身，就可以即时浏览三维虚拟博物馆，展示空间及展品均可以三维形式呈现。但其主要缺点是，由于其属于大型博物馆，所需下载时间较长，不过从功能上来说，其已具备了网上3D虚拟博物馆的基本架构，即网络化、虚拟化、3D化和数据信息化等要素。

此外由北京故宫博物院联合美国IBM公司共同开发的3D紫禁城虚拟世界，是中国第一个在互联网上展现重要历史文化景点的虚拟展览馆。整个虚拟紫禁城利用全三维技术，对内部的古代建筑、文物和虚拟人物进行了高分辨率、精细的3D建模。参观者利用互联网游览虚拟紫禁城，同时不同游客可以在虚拟故宫内与其他在线的虚拟游客进行网上聊天交流。

2．2D与3D结合网上虚拟博物馆

如法国罗浮宫网上博物馆利用360度全景技术来介绍各个展厅的实景，同时配合2D图片展品，互联网参观者主要依赖展馆布局图的指向，熟悉各个展厅的3D空间，同时可以以2D的方式来观看具体展品信息和相应的文字介绍。该虚拟馆利用的是360全景技术，该技术是早期的虚拟博物馆的主要技术，一直沿用至今，也是目前应用较为普遍的一种网络虚拟展览馆技术。

3．5D虚拟博物馆

北京的中国虚拟博物馆，其与罗浮宫虚拟博物馆又有所不同，它的展厅外观虽然看上去是三维的，实际上是2.5D的，即将3D场景渲染为2D效果，其技术实现有点类似一些游戏的2.5D效果，即利用渲染好的三维模型做背景，配以导向箭头和展馆地图，引导参观者进入各个展厅；其展品的形式仍然是2D图片形式的展览。该馆也提供了展览信息和其他的商业

中国虚拟博物馆效果图

链接，这种技术也是目前虚拟博物馆的主要形式之一。

目前，对于虚拟展览馆的发展，各界还存有争议，很多人将虚拟展览馆置于实体展览馆的对立面。其实，虚拟展览馆不是真实体展览馆的替代品，而是实体展览馆的延伸，两者并不矛盾。特别在全球化网络环境下，人们对不受地域、时间限制的网络化信息访问需求与日俱增，虚拟展览馆的发展是一个时代发展的必然产物。尽管不能完全替代实物展示的效果，但在网络交互、信息传递、信息共享、不受时空限制等方面具有实体展览馆所不具备的独特功能，而其所特有的商业价值已引起广泛关注。

我们所设想未来的虚拟方志馆将以互联网技术、多媒体信息技术和虚拟现实技术为依托，向一个更具科技含量的台阶迈进，更加强调真实的体验感、3D 显示、交互系统、大数据等。与数字方志馆一样，它同样将是未来方志馆建设的一个发展趋势。

第三节　当代新型方志馆现代化技术运用的实证分析——以北京为例[①]

近年来，在充分借鉴图书馆、博物馆、档案馆等相关场馆成功经验的基础上，如何充分运用现代化信息技术为当代新型方志馆插上“翅膀”，成为方志馆规划设计时所力图体现的一种全新理念，也是实实在在的一种现实追求。这方面，北京市方志馆应当是一种集大成者，也是运用现代化技术建设新型方志馆的一个现实范例。

一、北京数字方志馆

北京数字方志馆是在目前北京地情数据库的基础上，加入馆藏的北

① 这一部分系本书作者近年来多次赴北京市方志馆考察所得，同时参考了韩旭的《从北京市方志馆利用信息化技术的实践看方志馆多元化发展的方向》一文（《北京地方志》，2013 年第 4 期）。

京旧志及其他特色志鉴等地情资料，其目标是力求建设更加全面、专业的北京地情数据库。系统主要包括几种数据格式：文字资料数据、图片格式数据、声音数据、视频数据、会员资料数据、基本网站信息数据。系统采用全文检索数据库（支持全文检索的数据、文字资料）和基础数据库（会员资料数据、基本网站信息数据)。图片数据、声音数据、视频数据属于大容量数据可以保存在单独的服务器中，与基础数据库关联。全文检索数据库采用“京网”(市政府门户网站）使用的检索数据库，并把新老数据加以整合。同时为保证重要信息安全，需分建内网和外网数据库，并通过网闸进行分离，当内网信息发布后，外网数据库需要和内网数据库进行数据同步。其主要功能包括：

北京市数字方志馆页面图

一是北京地情资料数据库。该系统建有古籍库、志书库、年鉴库、地情资料库、期刊库、图片库、影音库等7个数据库。库中全部内容与原书的保真显示，支持目录树浏览方式，支持多属性的全文检索。通过不同级别用户权限的设置，各方面用户均可在线阅读、查询检索和下载打印。还可实现馆藏查询和预约，用户可在网上查阅馆藏基本信息并进行在线预约。

二是在线视频点播系统。该系统力求较全面地收录关于北京历史文化、民俗风情等方面的视频影像，用户可在网上通过视频点播系统，观看视频影像，以便更直观、生动地了解北京的风土人情。

三是网上展厅。该系统选取北京市方志馆的部分内容，通过数字化处理后放在网上展出，以提高社会对全市地方志工作的了解和认识。

四是个人图书馆。即为注册用户提供个人图书中心，使其可收藏自己中意的志鉴资料，还可记录读书笔记，并组建自己的图书中心，以增加读者相互间的交流沟通。

二、北京市方志馆现代化信息技术的综合运用

数字方志馆无疑是未来方志馆建设的一种重要模式，也是这一事业发展的一个重要导向，但其也许还不能与未来的方志馆完全画等号。或者可将其视为方志馆未来发展最为现代化的宽广平台，方志界完全可以此为载体，进行更为深度的探索和更为广度的创新。这方面，北京市方志馆也有很多值得借鉴之处。

（一）以构筑开放平台为基础

拥有一个现代化平台是当代新型方志馆的重要基础。北京市方志馆的信息化项目是在北京市方志办的网站“京网”及一个小型局域网的基础上改造而来，“京网”则是市政府门户网站“首都之窗”网站群的一个组成部分。北京馆以网络中心机房为核心，通过网络设备将馆内各个信息点和中心机房联为一体，以求通过它们相互间的互通互联机制，使方志馆成为一个开放的公开平台。“京网”于2006年进行初步建设，2008年完成改版。网站地方志资源全文检索数据库入库《北京志》、区县志、《北京年鉴》，总字数逾亿字，而且全部资料免费公开。志书展现采用保真的显示格式，在不需要其他三方阅读软件的基础上，用户在浏览志书内容时，自动加载目录数据，全文检索准确、便捷，检索结果标有出处及页码和自动反显处理，便于用户查找使用。其小型局域网建有信息点58个，接入带宽为电信通光纤6M。开通运行后，整个平台系统呈现出高速率、易管理、可扩展且稳定可靠的性能特点。利用现有网站和局域网建设统一平台的做法，不仅是方志馆以开放发展赢得公众的一个重要标志，也是促使其自身发展的一个有效载体。

（二）以打造系统网络为主干

在上述平台基础上，市财政投资400多万元，先后建成了图书管理系统、地情资料管理系统、图片管理系统、数字方志馆系统、局域网络设备和办公信息系统，从而将方志馆的文献史料收集保管、交流展示、志书阅览编研等多方面功能有机地融为一体，并借此充分发挥其综合性功效。

地情资料管理系统参考通用档案管理系统实现功能需求，分为文字、图片、数字音像、口述史料和实物等多种方式，在制定《北京地情资料整理规则》及《北京地情资料著录规则》基础上，选择CS模型与BS模型共用的模式标准化建设和统一管理，系统主要包括各项修志资料管理业务功能、系统维护等方面功能。如在CS修志综合管理平台上，管理人员可利用信息采集、业务管理、利用中心和系统设置等子系统，完成各种资料业务的管理；BS修志资料利用平台主要包括系统登录、资料检索、在线申请、实体借阅和文件浏览等功能模块，其通畅速率和便捷程度大大满足了使用者的需求。

图片管理系统则分为两部分：后台（管理端）可对图片库进行维护更新，前台（应用端）则可对图片进行自定义检索和分类浏览。系统采用“表现层——业务层——数据层”三层架构：表现层包括参数配置、图片检索、数据统计（如下载量的统计等）和后台管理；业务逻辑层包括图片录入及更新、数据抽取（按检索条件抽取数据）、录入日志（批量录入过程中产生的日志信息）等多个要素；数据层包括检索数据库和图片库，图片不存在数据库中，而是存储在文件里，通过图片名称与检索数据库建立关联。建立统一的图片检索库后，还可进一步制定《图片资料分类标注说明》，即将图片资料按一、二、三级依次进行分类标注，并可对库中所有图片进行自定义检索和分类浏览，以实现图片的多属性查询检索、扫描上传、分类存储等多种功能。

图书管理系统是集采购编目、流通管理、期刊管理、web信息检索等子系统，并支持MARC数据规范和多客户端并发操作，从而以图书采购编目、典藏查询、流通控制、报表统计和读者管理等多个功能模块，实现方志馆图书资源的一体化自动管理。如馆藏书目查询模块就包括馆藏查询、高级查询、分类查询和典藏查询等多种功能，从而使读者和管理人员可以各种检索条件，既便利又高效查询馆藏文献。

（三）以服务社会公众为动力

从“以服务修志为中心”到“以服务社会为中心”，是近年来北京市方志馆工作理念和事业发展重心的一个重要转折变化。其中越来越多的新技术被运用到方志馆中，是这一转折变化中的一大亮点。如2014年3月，北京市方志馆便推出了微信方志馆，设立了展览服务、查阅咨询和交流活动等功能，馆内现具有360度全景网上展厅、音视频在线点播等功能，还新增了馆外LED屏、主题墙讲解牌、展览语音自助数字点播导览服务，公众可以通过手机享受到北京方志馆提供的各项服务，等等。显然，在当代社会，要使以弘扬民族传统文化为主要特色的方志馆能真正吸引公众特别是广大儿童青少年，要使其真正能可持续发展并再创辉煌，北京市方志馆的实践表明，走现代化创新之路是一种必然选择。

以下以北京一位观众的一首诗为例，来说明北京市方志馆转变管理服务和事业发展理念所带来的变化。这首诗题为《参观北京市方志馆感怀》，由600多字组成。诗中既浓缩概括了北京的历史变迁（如“北京地情博物，城市多变迁。幽燕悠悠史，超过三千年……”等），又抒发了热爱家乡的真挚情怀（如“我爱北京城，人文底蕴深。位卑仍自信，市事总关情。”），同时也对方志馆这种展示综合地情的新型场馆给予了由衷赞许（如“弘扬京文化，史地育新人。资料收集广，研讨功夫深。遗存整理细，挖掘地域甄。分诸类编辑，市情得传承”）。[①] 这在一定程度上代表了广大观众的共同心声，同时也是对方志馆综合发展、不断创新的最高褒奖。

---

① 王中隆：《参观北京市方志馆感怀》，《北京地方志》，2013年第4期。

全国部分省（区、市）方志馆建设情况一览表

表 12

（主要根据历年《中国地方志年鉴》、近年来各地提供的材料汇总，数据截止到 2015 年 6 月）

省（区、市）	建馆情况	主要特点及新进展
北京	2013 年建筑面积约 1 万平方米的市方志馆建成开放，含自然环境、城市变迁、建置沿革、人口、经济发展、文化事业、方志编修等展览，另有定期专题展、数字方志馆、京华讲坛等	具有 360 度全景网上展厅、音视频在线点播等功能；新增馆外 LED 屏、主题墙讲解牌、展览语音自助数字点播导览服务；举办“科技让生活更幸福”等三期专题展，与北京电视台《这里是北京》栏目合作制作《方志北京》；建立百人志愿者宣讲队伍；数字方志馆入库资料已达 400 多部逾 2 亿字
天津	2010 年市馆新馆建成开放	馆藏旧志等历史文献资料 6 万余册及部分电子版志书资料，同时收藏 3 万余幅历史照片
河北	省馆用地已落实，正开展定位、环评等各项筹建工作；2012 年秦皇岛市馆（1400 平方米）增挂国家分馆牌子，2013 年宣化区馆建成；昌黎县馆建设列入 2013 年度政府十大民心工程；保定、邯郸等市启动建馆工作	秦皇岛市馆与河北大学合建教学实践基地，与河北科技师范学院合建地域文化研究基地
山西	省情（方志）馆已落实 30 余亩用地，并已完成选址及前期论证	
辽宁	2009 年鞍山市馆（3000 平方米）开建	

续表 12

省（区、市）	建馆情况	主要特点及新进展
吉林	长春市馆投资 8000 万元，拟于 2015 年上半年开工，为正处级事业单位，编制 6 人	2012 年、2013 年连续开展全省方志馆评估工作；省馆馆藏志书已达 10 万余册，拥有 68%已出版的省级志书，编辑出版《吉林省方志馆编年纪事（2005—2014）》、《吉林省方志馆馆藏吉林志鉴总目提要》，收集电子版志书 300 部；现根据建设总体方案同步做好资料收集、馆藏征集、大型展览、人员培训等工作
黑龙江	2013 年省馆建成开放；2011 年哈尔滨市馆（2014 平方米）已建成开放；佳木斯（1100 平方米）、大兴安岭（约 1000 平方米）、牡丹江、大庆等地通过不同方式推进建馆工作	哈尔滨市馆与有关高校共建七个实习基地，率先创办新浪微博，并通过采购、交换、复制、捐赠等四种方式丰富馆藏
上海	1996 年上海通志馆建成开放；现与位于浦东的上海图书馆二期相结合，推进通志馆新馆建设工作；奉贤区馆已开馆	市通志馆新建地方文献展示厅，举行建馆 80 周年系列活动，全馆实行馆藏资料电子化管理、馆藏目录数据库与互联网链接和查询检索
江苏	2010 年省馆建成开放（建筑面积 7000 平方米）；1998 年苏州市馆建成；2012 年无锡市馆（570 平方米）、2015 年南京市馆（5188 平方米）建成开放	省馆藏书近 10 万册；现正推进数据库建设，增配大容量陈列存储设备；“江苏方志馆”网站实现书目在线查询、数据库实时下载等功能
浙江	2012 年省馆建设已列入《省重大文化设施建设计划》；1990 年建有浙江（建德）方志馆；1999 年中国方志珍藏馆在宁波天一阁建成；现杭州（一、二期占地约 1400 平方米，投资 2000 多万元）、宁波、温州、湖州等市正以不同方式推进建馆工作；常山、余杭、义乌、柯桥等县级馆已开放	2013 年省方志办设立《中国方志馆研究》课题并获国家社科规划办立项；萧山区建有“来新夏方志馆”、绍兴市建有“陈桥驿史料陈列馆”等专题馆；舟山市建有“数字方志馆”

续表 12

省（区、市）	建馆情况	主要特点及新进展
安徽	2012年面积1万平方米的省馆在合肥滨湖中心获批立项；淮北市馆、铜陵县馆已建成；亳州、蚌埠等以不同方式推进建馆工作	省馆举行百部家谱捐赠仪式等
福建	省方志委要求2020年前各设区市本级要全面完成建馆工作；省馆通过与省档案馆置换方式建馆，建设资金已落实，并已开展修缮改造和布展策划前期工作；厦门市计划2015年启动建馆项目	2000年连城县建有“中国客家方志馆”（占地6800平方米，投资600万元）
江西	建筑面积近5000平方米的省馆2011年建成开放；2014年召开全省方志馆建设现场会，上饶（300平方米）、宜春（150平方米）、吉安、景德镇市馆及德安县馆已建成开放，新余（1000平方米）、赣州、抚州、九江等市正以不同方式推进建馆工作	省馆藏书量居全国已建成方志馆首位，馆内设11个市分馆和省志、家谱、著作、报刊、域外等5个分馆，设有“江西是个好地方”等专题展；2014年接待读者、观众约3500人次
山东	省史志博物馆（后改名为省方志馆）2010年建成开放；2009年济南市馆建成；2009年山东在全国率先召开全省方志馆建设工作会议，要求“十二五”期间“全面完成省、市、县三级史志机构建立方志馆（室）的目标”，到2011年已建成市级馆14家，县级馆95家	省馆藏书10万余册，同时有旧志编纂与传承、新方志编纂与管理等10个展览；通过省情网，运用3D视频及动画技术开通了虚拟展馆；现正增加扩容增藏专项经费，完成地下书库消防工程改造；开展“满意在方志馆”活动

续表 12

省（区、市）	建馆情况	主要特点及新进展
河南	省馆及新乡（2000 多平方米）、三门峡（2300 平方米）、洛阳、周口、漯河等市级馆已建成开放，郑州（“三馆合一”）、濮阳、商丘、平顶山、鹤壁、安阳等市正在筹建；约 60 个县建有方志室（占 40%）	省馆完成图书管理系统数据化，实现馆藏图书目录自动化检索；企业出资 200 多万元的宝丰方志博物馆（260 多平方米）已落成
湖北	2000 年省馆建成开放；省政府将省方志馆改造纳入“十三五”规划，2015 年启动改造工作；武汉市馆 1994 年建成；宜昌按体现地方特色、国内一流的目标设计建馆方案，孝感市馆在建，咸宁市馆完成征地工作	省馆通过购买、交换、接受捐赠等方式丰富馆藏
湖南	1998 年省馆建成开放，2012 年投资 200 多万元已进行改造；2011 年常德方志馆（“三馆合一”，总投资 5000 万元）列入规划；2012 年永州市馆（投资 1000 万元）开工；湘西民族方志馆、长沙、娄底市馆已筹建	2014 年省馆完成书架自动化建设，建立了电子检索系统，并与省外多地建立志书交换制度；2015 年将启动数字化工程，开启借阅“一卡通”项目
广东	1996 年建成的梅州市曾晏泉方志馆（面积 1380 平方米）是全国第一座华侨捐建的方志馆；2014 年广东省馆（建筑面积约 1 万平方米，投资 6000 万元）、深圳（1 万平方米）、东莞市馆建成；广州市馆 1996 年建成，新馆（1.25 万平方米）入驻市规划展览中心，启动数字馆建设；同时佛山、惠州、中山、云浮、阳江（“三馆合一”，方志馆 3000 平方米）等市馆以不同方式在建，将重点推动珠海、江门、肇庆等市立项	2011 年省馆获批正处级单位及 10 名编制；具有 4000 平方米的省情展厅，以省情概况和“四地”（岭南文化集中地、海洋文明重要发祥地、民主革命策源地和改革开放先行地）为主要内容，2015 年 12 月正式开放；2014 年广州市馆举行“广州千年发展历程和辉煌成就图志展（公元前 214 年—2014 年）暨广州方志事业 30 周年成就展”；深圳将建馆工作列为“重中之重”，并通过建立机构、招聘人员、组建队伍等方式加快推进

续表 12

省（区、市）	建馆情况	主要特点及新进展
广西	2011 年自治区方志馆建成开放（建筑面积约 6000 平方米，造价 2900 多万元，内设史志博物馆）	区馆藏书约 10 万册；史志博物馆含古籍史迹、广西通志、八桂年鉴、市县区志、志鉴开发、志人足迹等六方面内容
海南	2014 年总投资约 6300 多万元、建筑面积 9000 平方米的海南史志馆封顶，转入后期安装装修阶段并全面启动布展工作	
重庆	2013 年江北区馆开馆；秀山、酉阳、南川等县区以不同方式推进建馆工作	
四川	省方志“十二五发展规划”提出省级馆面积 6000 平方米—1 万平方米，市级馆 2000 平方米—1 万平方米，县级馆 300 平方米—1000 平方米；现省馆已落实选址用地；巴中市馆（5000 平方米、1700 万元投资）已开馆，南充市馆（3800 平方米）开建；峨边、美姑、平昌、会东等县馆已建成；成都、达州、宜宾、雅安、广安、内江、谅山及新都、温江、兴文、叙永等市、县（区）以不同方式推进建馆工作	省志编委在西南民族大学设立方志馆分馆；成都（投资 1000 万元）及攀枝花市“数字方志馆”建设成效显著，双流县完成数字史志馆界面设计，锦江区、新都区、彭州市已启动或正筹建“数字方志馆”。 成都市馆按“成都概览、公众阅览和数字方志馆”三个功能区设想，以“地情展示”“方志文化展示”“精品志书虚拟翻书”“动感卷轴影院”“多体单屏互动”“精品志书移动视窗”“名人面对面”和“志书音频化”等板块，全面展示成都历史、人文及修志用志成果
贵州	省方志事业“十二五”发展规划提出：省馆力争 2015 年立项，部分建成市县级馆建成	
云南	2013 年昆明市馆启动改造装修工程；陆良县馆开始筹建	

续表 12

省（区、市）	建馆情况	主要特点及新进展
陕西	2009 年省馆建成开放（建筑面积 3000 平方米）	省馆藏书 3 万余种、10 万余册；在全国率先与百度公司签约共建百科词条和数字方志馆
甘肃	2013 年金塔县馆建成开放	
青海	2014 年利用青海师大老校区图书馆部分闲置资源，签订双方共享图书馆资源协议书，省馆建设实质启动	
宁夏	2012 年吴忠市馆（400 平方米）建成	

说明：主要反映二轮修志工作开展以来各地方志馆的建设情况，表中有些数据在实施过程中有所变化

主要参考文献

（基本按各章顺序排列）

一、著作类

《中华大典》编委会：《中华大典·历史典（史学理论与史学史分典）》，上海古籍出版社，2007年版。

杨翼骧编著，乔治忠、朱鸿斌订补：《增订中国史学史资料编年》（先秦至隋唐五代卷—清代卷），商务印书馆，2013年版。

白寿彝主编：《中国史学史》，上海人民出版社，2006年版。

金毓黻：《中国史学史》，河北教育出版社，2003年版。

瞿林东：《中华文化通志·史学志》，上海人民出版社，1998年版。

谢保成：《中国史学史》，中国社会科学出版社，2008年版。

仓修良：《中国古代史学史》，人民出版社，2009年版。

尹达主编：《中国史学发展史》，中州古籍出版社，1985年版。

仓修良著：《方志学通论》，方志出版社，2003年版。

王记录著：《清代史馆与清代政治》，人民出版社，2009年版。

来新夏等著：《中国古代图书事业史》，上海人民出版社，1990年版。

来新夏等著：《中国近代图书事业史》，上海人民出版社，2000年版。

朱希祖：《朱希祖文集》之《史馆论丛》，中华书局，2012年版。

彭静中编著：《中国方志简史》，四川大学出版社，1990年版。

卫家雄著：《方志史话》，社会科学文献出版社，2011年版。

刘纬毅等著：《中国方志史》，三晋出版社，2010年版。

骆兆平著：《天一阁藏明代地方志考录》，书目文献出版社，1982

年版。

潘捷军编著：《方志馆史话》，社会科学文献出版社，2015 年版。

沈善洪、费君清主编：《浙江文化史》，浙江大学出版社，2009 年版。

顾志兴：《浙江藏书史》（上、下册），杭州出版社，2006 年版。

顾志兴：《浙江印刷出版史》，杭州出版社，2011 年版。

王宏钧主编：《中国博物馆学基础》，上海古籍出版社，2001 年版。

付瑶主编：《图书馆建筑设计》，中国建筑工业出版社，2007 年版。

朱玉媛编著：《档案学基础》，武汉大学出版社，2008 年版。

付立宏、袁琳主编：《图书馆管理学》，武汉大学出版社，2010 年版。

蒋玲主编：《博物馆建筑设计》，中国建筑工业出版社，2009 年版。

国家图书馆研究院主编：《国内外图书馆学理论研究与实践进展》（2009—2010），国家图书馆出版社，2011 年版。

李海英著：《图书馆服务管理》，国家图书馆出版社，2011 年版。

姚安：《博物馆 12 讲》，科学出版社，2011 年版。

黄光男著：《美术馆管理》，文化艺术出版社，2011 年版。

［美］米里亚姆·克里福德等著：《中国博物馆手册》，译林出版社，2011 年版。

亓萌、田轶威主编：《建筑设计基础》，浙江大学出版社，2011 年版。

郭逢利主编：《博物馆建筑设计》，中国水利出版社，2011 年版。

李远主编：《展示设计》，中国电力出版社，2009 年版。

马时雍主编：《杭州的博物馆》，九州出版社，2008 年版。

陈文锦著：《发现西湖—论西湖的世界遗产价值》，浙江古籍出版社，2007 年版。

万宣著：《标志设计》，西安交通大学出版社，2013 年版。

杨云会、刘亚丽主编：《建筑工程招投标与合同管理实务》，北京大学出版社，2012 年版。

晋洁芳、王启照编著：《展览馆空间设计》，上海人民出版社，2011 年版。

徐晓红主编：《绿色博物馆建筑的探索》，上海人民出版社，2010 年版。

国家图书馆研究院主编：《国内外图书馆学理论研究与实践进展》（2009—2010），国家图书馆出版社，2011 年版。

盛剑锋：《图书馆知识管理与服务研究》，科学出版社，2012 年版。

马静：《图书馆在和谐社会建设中投入与运行模式研究》，中国社会科学出版社，2011 年版。

熊拥军等著：《数字图书馆个性化服务研究与实践——基于新型决策支持系统》，国防工业出版社，2012 年版。

李培主编：《数字图书馆原理及应用》，高等教育出版社，2004 年版。

刘燕权：《数字知识宝库纵览：美国数字图书馆案例精析》，中国海洋出版社，2014 年版。

黄如花主编：《数字图书馆原理与技术》，武汉大学出版社，2005 年版。

张晓林：《数字图书馆理论、方法与技术》，北京图书馆出版社，2007 年版。

刘晓清主编：《怎样建设数字图书馆》，海洋出版社，2010 年版。

毛恒生：《数字图书馆建设与发展》，中国市场出版社，2006 年版。

任宁宁：《数字图书馆版权利益平衡机制研究》，经济管理出版社，2013 年版。

王芸、肖禹：《地方志数字化模式与案例分析》，国家图书馆出版社，2012 年版。

二、论文类

朱佳木：《什么是方志馆以及应当怎样建设方志馆——在杭州方志馆设计方案论证会上的讲话》（中指组字〔2011〕5号）。

王余光、徐蒙：《2010年文献学研究进展》，《山东图书馆学刊》（济南），2011年第6期。

王余光、郑丽芬：《2011年我国文献学研究进展》，《国家图书馆学刊》（京），2012年第3期。

潘捷军：《中国方志馆沿革考》，《浙江学刊》，2014年第5期。

顾志兴等：《试论浙东学术与浙东藏书关系》，《浙江学刊》，2012年第3期。

刘雄等：《试论中国古代书院藏书系统形成于南宋》，《浙江学刊》，2014年第2期。

倪道善：《古代史馆述评》，《历史教学》，1988年第8期。

朱桂昌：《历代史官与修史机构》，《中国社会科学院研究生院学报》，1985年第3期。

商慧明：《史馆制度初探》，《华东师范大学学报》，1990年第2期。

商慧明：《中国古代官修史书的流弊》，《探索与争鸣》，1995年第9期。

陈其泰：《中国古代设馆修史功过得失略论》，《河北学刊》，2003年第5期。

王记录：《百余年来中国古代史馆制度研究述评》，《殷都学刊》，2007年第2期。

乔治忠：《中国古代官方史学的兴盛与当代史学新机制的完善》，《河北学刊》，2005年第2期。

牛润珍：《北齐史馆考辩》，《南开学报》，1995年第4期。

商慧明：《唐初史馆略论》，《人文杂志》，1985年第1期。

朱清如：《论唐初史馆》，《湘潭大学社会科学学报》，2000年第

2 期。

商慧明：《中唐史馆探微》，《人文杂志》，1986 年第 3 期。

房鑫亮：《唐代史馆建置与馆内外修史实况的考察》，《华东师范大学学报》，1988 年第 6 期。

王嘉川：《唐朝官修正史问题论析》，《苏州大学学报》，2012 年第 3 期。

赵俊：《唐代修史机构辨》，《求索》，1984 年第 6 期。

许凌云：《刘知几评史馆修史》，《东方论坛》，1994 年第 3 期。

潘晟：《宋代图经与九域图志：从资料到系统知识》，《历史研究》，2014 年第 1 期。

何宛英：《金代修史制度与史官特点》，《史学史研究》，1996 年第 3 期。

许沛藻：《宋代修史制度及其对史学的影响》，《上海师范大学学报》，1989 年第 1 期。

萨兆沩：《元代翰林国史院述要》，《北京行政学院学报》，1999 年第 1 期。

宋立民：《宋代史馆沿革考》，《社会科学战线》，1994 年第 1 期。

商慧明：《明代史馆考述》，《江淮论坛》，1991 年第 1 期。

谢贵安：《明代史馆探微》，《史学史研究》，2000 年第 2 期。

杨军仕：《明代志局（馆）浅议》，《中国地方志》，2015 年第 4 期。

乔治忠：《清代国史馆考述》，《文史》，1995 年第 39 期。

乔治忠：《〈大清一统志〉的初修与方志学的兴起》，《齐鲁学刊》，1997 年第 4 期。

王清政：《清代实录馆考述》，《江汉论坛》，1999 年第 2 期。

王记录：《清代史馆的人员设置与管理机制》，《史学史研究》，2005 年第 4 期。

王坤等：《清代苏州书院研究》，《中国地方志》，2009 年第 5 期。

陈其弟:《苏州藏书楼》,《中国地方志》,2010年第8期。

张升:《民国时期方志搜求热初探》,《中国地方志》,2004年第1期。

曾荣:《民国通志馆述略》,《中国地方志》,2013年第2期。

周安庆:《鲜为人知的南京通志馆》,《江苏地方志》,2011年第3期。

顾志兴:《沈曾植主持续修〈浙江通志〉与王国维撰写的志稿——浙江通志局课题组研究之一》,《浙江方志》,2012年第1期。

乔治忠等:《论中国传统史学双轨发展格局的形成》,《苏州大学学报》,2012年第3期。

徐逸龙:《徐定超和浙江通志局》,《浙江方志》,2012年第5期。

胡道静:《上海通志馆及上海通志稿》,《上海地方志》,2012年专刊。

袁燮铭:《上海市通志馆筹备始末》,《上海地方志》,2012年专刊。

陈友乔:《柳亚子志鉴编撰实践的意义及启示——以上海通志馆为中心的考察》,《中国地方志》,2014年第5期。

陈鸿:《上海市通志馆的发展变迁及其运作》,《中国地方志》,2013年第8期。

巴兆祥:《商务印书馆与近代方志事业》,2013年《第三届中国地方志学术年会论文选编(下册)》。

董郁奎:《民国初年续修〈浙江通志〉述评》,《第三届中国地方志学术年会暨两岸四地方志文献学术研讨会论文选编》(下册)。

陈桥驿:《中国方志资源国际普查刍议》,《中国地方志》,1996年第2期。

潘捷军:《当代新型方志馆刍议》,《中国地方志》,2012年第12期。

潘捷军:《方志馆研究综述》,《中国地方志》,2014年第12期。

王建国、毕运林:《谈方志馆的建设》,《广西地方志》,1998年第

1 期。

张满满：《方志馆馆藏建设初探》，《中国地方志》，2012 年第 12 期。

綦延辉等：《从“国史馆台湾文献馆”功能的演变谈大陆方志馆延伸功能的发挥》，《中国地方志》，2013 年第 2 期。

陈宏亮：《方志馆地方文献分类探讨——以广东地方文献分类为例》，《中国地方志》，2013 年第 2 期。

黄玲等：《方志馆与方志文献的传播利用——以深圳方志馆为例》，《方志文献国际学术研讨会论文集》，中华书局，2012 年版。

高燕妮：《县级方志馆建设管理初探一二三》，《山东史志》，2013 年第 3 期。

黄玲：《地情馆开发利用方志文献的途径与效果》，《第三届中国地方志学术年会暨两岸四地方志文献学术研讨会论文选编》（下册）。

吴莹岗、刘雪萍：《传承方志文化 弘扬地域文明——浅谈余杭方志馆的建设实践及运营发展》，《浙江方志》，2014 年第 1 期。

陈松文：《试谈方志馆的规划建设》，《中国地方志》，2014 年第 5 期。

刘智鹏：《建设香港方志馆的构想》，《第三届中国地方志学术年会（两岸四地方志文献学术研讨会）论文选编》（下册）。

黄宗忠：《中国图书馆管理的回顾与展望》，《图书情报知识》（武汉），1997 年第 4 期。

卢子博：《中国跨世纪图书馆事业持续发展面临的问题》，《江苏图书馆学报》（南京），1998 年第 3 期。

蔡厚勇：《从图书馆的演进看现代图书馆的复合性》，《图书馆》（长沙），2001 年第 1 期。

马蕾、余伟萍：《复合图书馆的设计》，《图书情报工作》（京），2001 年第 10 期。

黄宗忠：《论图书馆的新模式——复合图书馆》，《图书情报知识》

（武汉），2002年第3期。

贺子岳：《世纪之交中国图书馆事业发展研究综述》，《图书情报知识》（武汉），2002年第3期。

于良芝：《探索公共图书馆的使命：英美历程借鉴》，《图书馆》（长沙），2006年第5期。

李国新：《关于〈公共图书馆建设标准〉的若干问题》，《国家图书馆学刊》（京），2007年第2期。

李农：《欧美图书馆、博物馆、档案馆馆际合作趋势》，《图书馆杂志》（沪），2008年第8期。

王世伟：《新中国图书馆服务理念与实践60年》，《图书馆杂志》（沪），2009年第10期。

初景利、吴冬曼：《图书馆发展趋势调研报告（一）：环境分析与主要战略》，《国家图书馆学刊》（京），2010年第1期。

裴成发等：《20世纪九十年代以来图书馆管理方法研究》，《图书馆杂志》（沪），2004年第7期。

柯平：《图书馆管理文化三论》，《图书情报知识》（武汉），2005年第5期。

李智敏：《关于图书馆管理和服务中三对矛盾的思考》（中国人民大学复印资料"图书馆学、信息科学、资料工作"，2006年第7期）。

柯平：《图书馆服务理论探讨》，《大学图书馆学报》，2006年第1期。

张广钦：《图书馆评估概念与模型、发展史及方法研究述评》，《大学图书馆学报》（京），2011年3期。

柯平：《图书馆战略规划研究的时代背景与理论视角》，《图书馆工作与研究》（津），2010年2期。

王子舟：《建国六十年来中国的图书馆学研究》，《图书情报知识》（武汉），2011年第1期。

张欣毅：《现代公共图书馆面面“观”（上）（下）》，《图书馆理论与实践》（银川），2012年第4期。

江洪等：《国外最新图书馆战略规划体例研究——基于51份战略规划文本的分析》，《图书情报工作》（京），2012年第19期。

李彦昭等：《图书馆战略规划中的用户研究与服务——对国外图书馆战略规划文本的分析》，《情报资料工作》（京），2012年第1期。

罗立琴、马恒通：《新中国成立以来的图书馆学基础理论研究》，《图书馆》（长沙），2012年第2期。

柯平：《重新定义图书馆》，《图书馆》（长沙），2012年第5期。

吴慰慈、杨文祥：《从传统图书馆学向现代图书馆学的转型与过渡——1996—2000年的中国图书馆学基础理论研究》，《图书馆》（长沙），2012年第1期。

王细荣：《“世界图书馆”理念及其实践述评》，《大学图书馆学报》（京），2012年第5期。

初景利、杨志刚：《物竞天择，适者生存——图书馆新消亡论论辩》，《图书情报工作》（京），2012年第11期。

樊丽萍：《传统图书馆：拐点或终点》，《文汇报》，2012年5月6日第1版。

潘捷军：《论图书馆事业对中国方志馆建设的历史贡献和现实启示》，《山东图书馆学刊》，2015年第1期。

马骏英：《试论档案部门走出封闭》，《陕西档案》（西安），1998年第6期。

任汉中：《档案馆社会化服务的理论探讨》，《档案管理》（郑州），2009年第3期。

吕元智：《我国公共档案馆服务绩效评价研究现状分析》，《档案学研究》（京），2010年第2期。

张照余：《档案馆“资治”、“存史”和“文化传承”功能辩证》，

《档案学研究》(京), 2004 年第 5 期。

冯惠玲等:《档案学科“十五”回顾与“十一五”展望》,《档案学通讯》(京), 2005 年第 4 期。

冯惠玲、周毅:《关于“十一五”档案学科发展的调查和“十二五”发展规划的若干设想》,《档案学研究》(京), 2010 年第 5 期。

任汉中:《档案文化:一个十分纠结的论题——浅述档案文化研究的几个问题》,《档案管理》(郑州), 2012 年第 2 期。

王新才、王海佼:《档案学发展的动力分析》,《档案学研究》(京), 2012 年第 2 期。

付华、范悦:《2012 年国际档案大会的过程、主题与特点》,《档案学研究》(京), 2012 年第 5 期。

[俄] r.A. 托玛什克著, 程艳等译:《阿穆尔州地志博物馆》,《北方文物》, 1998 年第 3 期。

杨志刚:《博物馆与中国近代以来公共意识的拓展》,《复旦学报》, 1999 年第 3 期。

马敏:《张謇与近代博览事业》,《华中师范大学学报(人文社科版)》, 2001 年第 5 期。

缪小咏:《参观阿穆尔州地志博物馆》,《江苏地方志》, 2005 年第 6 期。

徐贲:《全球化、博物馆和民族国家》,《文艺研究》(京), 2005 年第 5 期。

唐兰冬:《中国民族博物馆历史回顾与现状分析》,《中南民族大学学报:人文社科版》(武汉), 2007 年第 6 期。

国家文物局《博物馆事业中长期发展规划纲要(2011—2020 年)》(文物博函〔2011〕1929 号)。

苏东海:《什么是博物馆——与业内人员谈博物馆》,《中国国家博物馆馆刊》, 2011 年第 1 期。

张国超：《我国民办博物馆的发展现状、问题与对策》，《江西社会科学》，2011年第4期。

罗庆红（译）：《民族、后民族和跨文化认同》（人大复印资料“文化”2011年第9期）。

陈燮君：《博物馆文化的力量、情怀与智慧》，《文汇报》，2011年11月14日D版。

吕章申：《建设“世界一流”的国家博物馆》，《光明日报》，2012年7月9日第7版。

洪霞：《第一座国家博物馆的启示》，《光明日报》，2012年5月3日第11版。

洪霞等：《从精英掌控到大众文化空间——19世纪上半叶大英博物馆的建构与功能转换》，《史学集刊》，2012年第3期。

宋新潮：《博物馆如何把故事讲得更精彩》，《光明日报》，2012年5月9日第12版。

杨雪梅：《免费博物馆：如何变成大课堂》，《人民日报》，2012年5月18日第19版。

宋向光：《公共博物馆与社会文明发展》，《文汇报》，2012年7月2日D版。

吴建中：《新常态 新指标 新方向——吴建中馆长在2012年中国图书馆年会上的讲演》，《文汇报》，2013年1月7日D版。

温源等：《博物馆 为何门庭冷落?》，《光明日报》，2013年1月31日第16版。

陈燮君：《博物馆文化的昨天和明天》，《文汇报》，2013年2月18日D版。

徐红梅：《博物馆：激活记忆与创造力——访国际博物馆协会中国国家委员会主席宋新潮》，《人民日报》，2013年5月19日第12版。

陈原：《美术馆：有馆更要有美术》，《人民日报》，2011年11月25

日第 17 版。

范迪安：《美术馆体现着一个国家的文化自信》，《新华每日电讯》，2012 年 2 月 10 日第 13 版。

葛永海：《江南文化传统的时空形态》，《中国社会科学报》，2012 年 8 月 31 日 B－01 版。

孙秀菊：《现代图书馆建筑设计的特点》，《图书馆建设》，2001 年（增刊）。

沈济黄、李宁：《基于特定景区的博物馆建筑设计分析》，《沈阳建筑大学学报》（社会科学版），2008 年第 8 期。

鲁莉莉：《现代图书馆建筑设计理念与问题》，《科技情报开发与经济》，2009 年第 20 期。

严建强：《论博物馆的传播与学习》，《东南文化》，2009 年第 12 期。

严建强：《彰显个性　有效传达——以常州博物馆历史陈列策划与设计为例》，《文物世界》，2006 年第 5 期。

严建强：《特展与博物馆社会角色拓展》，《东南文化》，2013 年第 4 期。

杨志刚：《博物馆与中国近代以来公共意识的拓展》，《复旦学报：社科版》（沪），1999 年第 3 期。

张玉玲：《视听新媒体时代：变化刚刚开始》，《光明日报》，2013 年 6 月 13 日第 16 版。

钱茂伟、祝建伟：《中国方志数字图书馆建设的构想》，《中国地方志》，2005 年第 2 期。

后　　记

地方志是中华民族特有的传统文化形式，方志馆则是传承历史、弘扬民族文化传统的重要场所。在中国方志发展史上，从古时的史馆、翰林院、图志局、一统志馆，到近现代的通志局、地志博物馆，等等，都在不同程度上为方志馆的建设事业做出了贡献。中华人民共和国成立后特别是改革开放以来，全国方志界建馆热潮方兴未艾，方志馆事业发展持续繁荣。

2012 年 6 月，为进一步推动文化大省和文化强省建设，浙江省委、省政府制定了“重大文化设施建设计划”，浙江方志馆建设被提上议事日程。为做好这项工作，浙江省地方志办公室开展了大量前期调研和准备工作，并在办内先行立项进行课题研究。2013 年，在省社科院精心指导和大力支持下，按规范程序申报，经专家评审和国家社科规划办批准，《中国方志馆研究》课题喜获当年国家社会科学基金项目（项目批准号：13BTQ003），这也是近年来全国方志系统所获的第一个国家社科规划项目，深受鼓舞之余我们倍感压力。

课题立项后，我们立即以省方志办课题组原班人马投入研究工作，其所有研究人员均属于浙江省社会科学院的省社科重点基地——浙江历史文化研究中心，中心研究方向和旨趣也对课题研究提供了直接的激励和帮助。由于这是史志学科领域里的一次全新探索，课题组成员又普遍缺乏方志馆建设的实践经验，为此我们高度重视，认真对待，并制订了详细的计划方案。按分工，由我负责课题框架的总体设计、组织协调、各章大部分稿件的撰写、修改及全书统稿等工作，省方志办顾志兴研究员（第一章部分）、吕克军助理研究员（第三章部分）、汤敏华处长（第四章部分）、赵海良工程师（第五章部分）分别不同程度地承担了各章的调研和编写任务。吕克军还认真细致地承担了课题的责任编辑和对外联络等工作。颜越虎研究员前期也协助做了大量的资料收集等工作。

在近三年时间里，课题组先后赴江苏、江西、北京、广东等省市及本省湖州、余杭、义乌等地方志馆调研，并考察了上海世博馆、杭州城市规划馆、安徽名人馆等十多家相关场馆，同时陆续到北京、江苏、上海、四川、山东等省市及本省图书馆查阅了大量资料，另外还利用召开“纪念浙江通志局创立100周年座谈会”、出访德国考察柏林国家图书馆等多种机会，广泛调研和收集资料。其间，还相继在浙江省社会科学院、省方志办和江西、北京、广东及广州、深圳等地方志办多次召开专题研讨会，广泛听取各相关领域专家意见。经过努力，课题已通过专家评审鉴定，并在2016年3月，被国家社科规划办公布为“优秀”等级（在同期鉴定的230项课题中共有13项鉴定等级为“优秀”），同时还按要求出版（发表）了《方志馆史话》《中国方志馆沿革考》等一批前期成果。

这一项目自始至终得到了中国社会科学院、中国地方志指导小组和省内外有关部门领导的高度重视和大力支持。中国社会科学院副院长、中指组常务副组长李培林亲自为本书作序，原中国社会科学院副院长、中指组常务副组长朱佳木欣然担任课题组顾问并给予精心指导；中国地方志指导小组办公室赵芮、冀祥德、邱新立、刘玉宏及田嘉、李富强等领导，浙江省社会科学院、省社会科学联合会张伟斌、迟全华、邵清、俞晓光等领导，均先后通过参加课题汇报会、审阅书稿、协调解决困难问题等各种方式，对课题给予热情关心和指导。王铁鹏、方未艾、刘爱军、梅宏、李秋洪、温捷香、陈强、黄玲等全国各地方志机构领导，侯宏兴、张满满、吴莹岗等各地的方志馆同行，巴兆祥、严建强、傅荣校、葛立成、董郁奎、卢敦基、刘翔宇、和卫国、曾荣等各方面专家，都在这一过程中给予了精心指导和无私帮助。方志出版社李沛等同志做了大量严谨细致的审校和出版工作，对此，我们一并表示诚挚的谢意。

当然，尽管我们已作了不少努力，但由于条件和课题组水平有限，不足之处在所难免，敬请各位读者批评指正。我们真诚期望能以此书为全国方志馆建设事业尽绵薄之力，为全国地方志工作做出应有贡献。

潘捷军

2016年3月于杭州